Slowenisch als Fremdsprache im Alltag,
in der Kirche und in der Literatur.
Sechster Band.

Luise Maria Ruhdorfer:
Die Finkensteiner Haus- und Flurnamen.

Ein Krieger des Lichts weiß,
daß niemand immer gewinnt.

(Paulo Coelho: Handbuch des Kriegers des Lichts.
Zürich: Diogenes Verlag, 2001, S. 117.)

LUISE MARIA RUHDORFER:

DIE FINKENSTEINER HAUS- UND FLURNAMEN

Bibliografische Information der Deutschen Nationalbibliothek:
Die Deutsche Nationalbibliothek verzeichnet diese Publikation
in der Deutschen Nationalbibliografie; detaillierte bibliografische Daten sind
im Internet über http://dnb.ddb.de abrufbar.

ISBN 978-3-96103-769-8

www.rediroma-verlag.de
23,95Euro (D)

Inhaltsverzeichnis

Vorwort der Autorin

In meiner sechsteiligen Reihe „Slowenisch als Fremdsprache im Alltag, in der Kirche und in der Literatur“ enthält der Erste Band „Die slowenische Sprache und Kultur in Kärnten“. Darin bespreche ich die Entwicklung der Zweisprachigkeit in Kärnten, dann stelle ich Florjan Lipuš als Kulturkritiker vor, ich versehe darin slowenische Gebete, Kirchenlieder, Mess- und Kreuzwegtexte mit einer deutschen Übersetzung und ich veröffentliche dort schließlich Erinnerungsprosa über meine Eltern, Großeltern und eine meiner Urgroßmütter. Dieser Band erschien am 19. April 2016.

Im Zweiten Band fasse ich die Finkensteiner Passionsspieltradition kurz zusammen. Dann erläutere ich die Finkensteiner Vulgonamen (Haus-, Hof-), die sich auf der zweisprachigen Tourismuskarte der Marktgemeinde Finkenstein (01.05.2015) befinden und die von Bertrand Kotnik in mühsamer Kleinarbeit gesammelt und interpretiert wurden. Bei der Erklärung dieser Hausnamen stütze ich mich auch auf die Forschungsarbeit von Anton und Tatjana Feinig. In diesem Zweiten Band dokumentiere ich außerdem einige Grab- und Gedenkinschriften aus dem Ort St. Stefan, der den nördlichen Ortsteil des Marktes Finkenstein bildet, und ich stelle darin die slowenischen Inschriften im Barbara-Zyklus in der Pfarrkirche St. Martin am Techelsberg der Öffentlichkeit vor. Dieser Band erschien am 8. Juli 2016. Diesen Zweiten Band habe ich in korrigierter und ergänzter Form am 29. Mai 2019 dem Slowenischen Volkskunde-Institut Urban Jarnik in Klagenfurt zur Veröffentlichtung auf der Plattform www.flurnamen.at bzw. www.ledinskaimena.si im pdf-Format gratis zur Verfügung gestellt.

Der Dritte Band umfasst die Entwicklung des slowenischen Schrifttums und der slowenischen Literatur von den Anfängen bis zur Gegenwart. Ein wesentlicher Abschnitt widmet sich darin den slowenischen Reformatoren und ihren Schriften, vor Allem Primus Truber (Primož Trubar). Dieser Band erschien am 3. Mai 2019.

Der Vierte Band beinhaltet die slowenischen Wortformen mit Anwendungsbeispielen. Darin habe ich alle Wortformen der verschiedenen Deklinations- und Konjugationsschemata zum leichteren Verständnis ausgeschrieben. Dieser Band erschien am 6. Feber 2018.

Der Fünfte Band bringt schlussendlich zweisprachiges Kursmaterial.

In diesem Sechsten Band fasse ich die Entwicklung der Mallestiger (südlicher Teil des Marktes Finkenstein) Huben und Keuschen nach Hans Krawarik zusammen, nenne die St. Stefaner, Höflinger, Mallestiger, Goritschacher und Obergreuther Besitzer und Besitzerinnen sowie „Inwohner“ (jetzt Mieter) im slowenischen Dialekt des Villacher Beckens und konzentriere mich auf die Erläuterung der Flurnamen aus dem Nachdruck der Finkensteiner FLU-LED-Karte (2018). Außerdem enthält dieser Band eine Auflistung der Gedenkstätten und interessante Grabinschriften aus dem gesamten Gemeindegebiet der Marktgemeinde Finkenstein am Faaker See (Trška občina Bekštanj ob Baškem jezeru), ausgenommen ist der bereits im Zweiten Band bearbeitete Ortsteil St. Stefan (jetzt nördlicher Teil von Finkenstein). Stichtag für meine Ausführungen war der 23. Dezember 2019.

Meine Bücher aus dieser Reihe sind einerseits mein Beitrag zum friedlichen Zusammenleben beider Volksgruppen in unserem schönen Kärntnerland und andererseits eine besondere Dienstleistung für meine deutschsprachigen Landsleute, die der slowenischen Sprache nicht mächtig sind.

St. Stefan in Finkenstein/Šteben v Bekštanju, Montag, 29. Februar 2020

Dr. Luise Maria Ruhdorfer

Erster Abschnitt:

Die Finkensteiner Hausnamen

1.1 Korrekturen zur Printversion 2016

1.1.1 Einleitung

Der zweite Band zur Serie „Slowenisch als Fremdsprache im Alltag, in der Kirche und in der Literatur“ von Luise Maria Ruhdorfer erschien am 8. Juli 2016 mit dem Titel „Die Finkensteiner Vulgonamen und der Barbara-Zyklus in St. Martin am Techelsberg“ im Rediroma Verlag in Remscheid (D) als Printversion bzw. „book on demand“. In diesem Buch erläutert die Autorin die Bedeutung aller 480 Hausnamen aus ihrer Heimat- und Wohnsitzgemeinde Finkenstein am Faaker See, die in der zweisprachigen Tourismuskarte vom Juli 2015 aufscheinen. Diese Karte gilt als Produkt des FLU-LED-Projektes (Flurnamen – Ledinska imena) des Slowenischen Volkskundeinstitutes Urban Jarnik in Klagenfurt (Slovenski narodopisni inštitut Urban Jarnik v Celovcu, Leitung Martina Piko-Rustja). Sie wurde bereits im Herbst 2015 das erste Mal nachgedruckt. Ein weiterer Nachdruck erschien im Jahre 2018, in den auch Korrekturen eingearbeitet wurden. Seit einiger Zeit befinden sich die Daten aus dieser Karte und aus anderen ähnlichen Karten zum zweisprachigen Südkärntner Raum auf dem Internetportal www.flurnamen.at bzw. www.ledinskaimena.si unter „Fluren und Höfe, Beiträge und Abhandlungen“. Um obiges Buch als pdf-Dokument auf der erwähnten Plattform veröffentlichen zu können, hat die Autorin bis 29. Mai 2019 wichtige Korrekturen und Ergänzungen in ihrem ursprünglichen Printtext vorgenommen, die hier wiedergegeben werden, um sie auch jenen Interessierten zugänglich zu machen, die das Buch erworben haben und vielleicht nicht im Internet surfen. Die Seitenangaben in runden Klammern beziehen sich auf die Printversion, also auf das oben erwähnte Buch (2016). Wenn im Text nichts Anderes angegeben wird, stammen die Ergänzungen aus der persönlichen Wahrnehmung der Autorin. Durch die vorgenommenen Korrekturen verschieben sich in der elektronischen Version selbstverständlich die Seitenangaben. Korrekturen von Satzzeichen und Tippfehler werden hier nicht angeführt, wie z. B. auf S. 46: „~~Hofstadt~~ > Hofstatt“. Ich verweise noch ausdrücklich auf die Finkensteiner Chronik (2005).

1.1.2 Ortschaft St. Stefan/Šteben (S. 18-26)

Guáži/Gváži/Buáži/GUASCHI: Das kleine Feuerwehrhaus oder Rüsthaus wurde im Jahre 1921 errichtet. Im Juli 2019 war dort das Cafe Aleksander (S. 20).

Kováč/KOWATSCH/Schmied: Die Säge wurde inzwischen abgerissen und eine andere Betriebsstätte errichtet (S. 21).

Vávčar/WAUTSCHER/Waldhauser: An der Stelle der Bienenhütte befindet sich jetzt eine Garage (S. 25).

Vráncl/Bráncl/Wranzl: Die Badstube trug die Haus Nr. 15 (S. 25).

1.1.3 Weiler Höfling/Dvorec (S. 27-28)

Dŕzuc/Dŕzovc/DERSUTZ: Das Wohnhaus wurde 2018 umgebaut (S. 27).

1.1.4 Ortschaft Mallestig/Malošče (S. 29-32)

Die Entstehung der Mallestiger Vulgo- oder Hausnamen wird im Detail in diesem Buch im zweiten Unterkapitel nachgereicht.

Číčelj/TSCHITSCHELE – **Tórbatl** von „Torwart/Torhüter des Weidegatters“ (Deutung Ruhdorfer) (S. 30).

Fatíc/Fatéc/FATITZ: Ein neues Haus wurde errichtet (S. 30).

Kováč/KOWATSCH – **Stádler**: Die neue Raiffeisenkasse ist bereits in Betrieb (S. 31).

Pogáj/Poháj/Pápagej von „bogat“ (der Reiche), „pogajati se, pogajalec“ (verhandeln, der Verhandler) oder von „Papagei“ (Deutungen Ruhdorfer) (S. 31).

Pstòta/Hauptmann: Im Juli 2019 war der Mini-Golfplatz geöffnet (S. 32).

Ródar/Rôdar/RÅDER: Früher lebte dort ein Schneider (Information Franz Gasparin d. Ä.) (S. 32).

Vígelč/Víglič/Bíglič/Wieglitsch von „biu̯ dial./bel“[1] für „weiß“; (1759 Wiglitsch) (S. 32).

Vígelj/Vígele/Wígele/Wiegele: Im Juli 2019 war die Scheune bereits abgerissen (S. 32).

1.1.5 Kanzianiberg/Škocjan/Škocijan (S. 35)

Méžnar/Mesner: Besitzer 1904 Franz Warum (S. 35).

1.1.6 Ortschaft St. Job/Št. Job (S. 35-37)

Tíšlar/TISCHLER: ~~Dort stand früher einmal eine Windmühle.~~ > Dort war eine große Tischlerei, wo Windmühlen für den Handbetrieb zum Reinigen von Getreide hergestellt wurden. Das Unternehmen beschäftigte 24 Tischler, immer ein Geselle und ein Lehrling arbeiteten zusammen. Sie arbeiteten in zwei Partien zu je 12 Mann. Die heutige Familie Tarmann ist um 1700 aus Srednji vrh (Slowenien) zugezogen (S. 37).

1.1.7 Ortschaft Stobitzen/Stopca (S. 40)

Adúnka vielleicht auch in der Bedeutung von „Einzelkind, die Einzigartige“ (Deutung Ruhdorfer) (S. 40).

Kóla oder Kola Hans, Marktfirant und Harmonikaspieler Koller Hans (Deutung Ruhdorfer), in einem Neubau der 1960-er Jahre, nördlich der Bundesstraße (S. 40).

1.1.8 Ortschaft Oberaichwald/Hriber/Hribr/Zgornje Dobje (S. 62-67)

Zur Anmerkung „*is Vszhclach, …“: Nach einem Hinweis von Herrn Kavelar aus Drobollach und der Erklärung vom vulgo Škafar geht diese Ortsbezeichnung nicht auf „čebela“ für „Biene“, sondern auf „uš“ für „Laus“ zurück, weshalb dieser Ort früher auch „Lausach“ hieß. (S. 66-67. Siehe Kapitel Flurnamen unter „Veščele“.) – Vielleicht machte auch hier in der Nähe des Weinbergs (Vinca) die Reblaus große Probleme (LMR).

1.1.9 Ortschaft Altfinkenstein/Stari Grad (S. 72)

Bukóvnik/Baumgartner hatte vor 1920 einen großen Buchenwald auf Oberkrainer Gebiet (S. 72).

Štór/Štóri/SCHTORI von „stari“ für „der Alte“; belegte Hausnamen „Stori, Store, Starre, Starey, Starej“. (Hinweis von Christian Gallobitsch, erreichbar unter der e-Mail-Adresse christian.gallobitsch@gmail.com, siehe dazu auch www.gallobitsch.at) (S. 72).

[1] Slowenisch wird nicht extra vermerkt. Wenn ein Wort nicht dem deutschen Wortschatz zugezählt werden kann, dann zählt es hier in diesem Buch automatisch zum slowenischen Sprachschatz.

1.1.10 Ortschaft Oberferlach/Zgornje Borovlje (S. 75-80)

Hrómatar: ~~1674 wurde dieser als Jakob Cormatar Vater~~ > 1676 wurde dieser als Jakob Cromatar Vater (S. 77).

Kájžnik/Keuschnig: ~~1679 wurde er als Urh Safrron, vulgo Gracej Sohn, wieder Vater~~ > 1679 wurde er als Urh Saffron, vulgo Gracej Sohn, wieder Vater (S. 77).

Pintar/Pinter – **Kočúhar**/Kotschucher (S. 78 f.).

1.1.11 Ortschaft Ledenitzen/Ledince (S. 80-83)

Trátnik/Trattnig: Bewirtschaftet seit 1757 (Information Stefan Ressmann) (S. 83).

1.1.12 Weiler Kopain/Kopein/Kopanje (S. 88)

Kopánk/Kopánek/Gasthaus Sticker: ~~1785 vulgo Acholzer~~ > 1785 vulgo Achholzer (S. 88).

1.1.13 Schlussbemerkung

Durch obige Korrekturen und Ergänzungen ergeben sich selbstverständlich Änderungen in der alphabetischen Liste der Finkensteiner Hausnamen hinsichtlich der Bedeutung der einzelnen Bezeichnungen (S. 89-100) sowie in der Ableitung derselben (S. 101-110). Die Bearbeitung eines derartigen Themas kann an sich eigentlich niemals abgeschlossen sein, weil es sich dabei um eine lebendige Tradition handelt. Und daher nimmt die Autorin Hinweise gerne zur Kenntnis und sie entschuldigt sich auch ausdrücklich für etwaige Fehlinterpretationen. Und dass für einige Ortschaften oder Weiler nur sehr spärliche Informationen vorhanden sind, liegt an der Quellenlage. Bei den Vornamen (S. 111) gibt es die Ergänzung: Cvetka < ~~[Blume, Blüte]~~ > [Floriane].

1.1.14 Sonstige Korrekturen

Dann trägt die Autorin noch einige Kirchtage für das Jahr 2016 nach: bei der Anna-Hütte am Jepca-Sattel am 24. Juli, in Techanting am 28. August, in Korpitsch am 11. September, in Mallestig am 2. Oktober, am Kanzianiberg für Altfinkenstein und in Ledenitzen am 9. Oktober (S. 118).

Der slawische Dämon oder Hausgeist heißt „domovoj". (Zum Spruchband in der Filialkirche St. Margarethen zu Mallestig siehe S. 119.)

Der Bildteil wurde durch weitere Abbildungen zum Barbara-Zyklus in der Pfarrkirche St. Martin am Techelsberg vervollständigt (S. 140; neue Abbildungen 44-57 auf den Seiten 158-161 der pdf-Datei). Die Homepage der Autorin wurde inzwischen gelöscht (S. 141). Der Nachdruck (2018) der zweisprachigen Tourismuskarte der Marktgemeinde Finkenstein am Faaker See (Turistični zemljevid s slovenskimi hišnimi in ledinskimi imeni Trške občine Bekštanj ob Baškem jezeru) kann unter www.flurnamen.at bzw. www.ledinskaimena.si von jedermann eingesehen und korrigiert bzw. ergänzt werden (S. 141).

Die aktuelle Bio-Bibliographie der Autorin kann am Schluss dieses Buches nachgelesen werden (Printversion 2016, S. 159).

Der pdf-Datei wurden noch Ergänzungen aus dem Buch mit dem Titel „Die slowenische Sprache und Kultur in Kärnten" von Luise Maria Ruhdorfer angefügt. Diese beziehen sich auf die Seiten 122, 127 und 155 hinsichtlich der Grabinschriften von Jurij Jerman und Nejček Gastl sowie auf das Grabdenkmal Golob-Gastl auf dem Friedhof bei der Pfarrkirche St. Stefan bei Finkenstein/Mallestig (Šteben pri Bekštanju/Maloščah). Außerdem beinhalten diese Ergänzungen Abbildungen der Bauernhäuser beim vulgo Truppe in Obergreuth (po domače Trupi v Zgornjih Rutah), beim vulgo Erian in St. Stefan (po domače Erjan v Štebnu) und beim vulgo Schmied in St. Stefan (po domače Kovač v Štebnu) von den Seiten 138, 132 und 133.

Schließlich wurde in der pdf-Version vom 29. Mai 2019 noch der folgende Artikel über die Entstehung der Gastl-Säge in St. Stefan (Kovaževa žaga v Štebnu) hinzugefügt.

1.1.15 Die Gastl-Säge

Rosa Gastl (1855-1930) kaufte die vulgo Schmied-Keusche (EZ 1 KG St. Stefan) am 15. Oktober 1883 vom Schmied Johann Ulbing um 2.540 Gulden. Ab Feber 1884 ließ sie die um 1830 erbaute Säge samt der Wehranlage abreißen und neu errichten. Den Neubau der Säge leitete ein Herr Linasi. Dieser Neubau auf der Parzelle 55 kostete ungefähr 3.300 Gulden. In der Säge befand sich auch eine Küche mit einem Herdstein für den Sägler. Als Sägler waren in der Folge beschäftigt: „Herr Staffetti, Pietro Modale, Antonio und Augusto del Fabro". Geschnitten wurden auch für die Bauern der näheren Umgebung: „Tabuletti, Ponti, Scaretti, Moralli, Moraletti, Bilancali und Cantinelli". Rosa Gastl wollte in St. Stefan vor 1907 einen Bahnhof mit einem Anschlussgleis für ihre Säge auf ihrem Grund erreichen.

Urgroßmutter Rosa, Großvater Anton und Onkel Franz GASTL.

GASTL-Säge und Wehr mit Badeanlage, um 1935. Anton sen., Anton jun., Franz, Wilhelm Gastl.

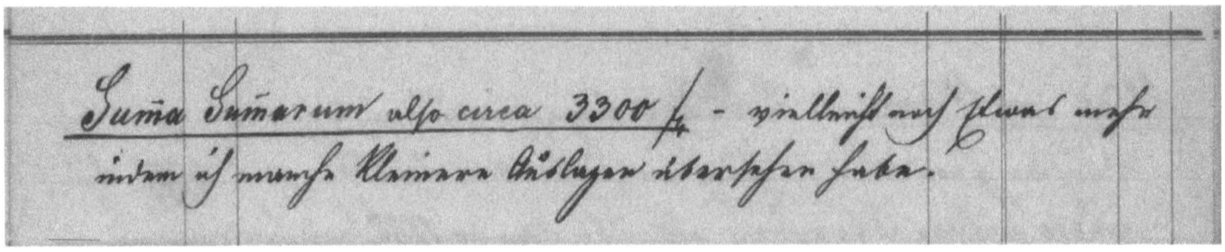

„Summa Summarum also circa 3.300 Gulden – vielleicht noch etwas mehr, in dem ich manche kleinere Auslagen übersehen habe.“ (Rosa Gastl, Kassabuch Säge 1884-1898, S. 9.)

In der Zwischenkriegszeit diente die Wehranlage am Seebach auch als Bad für die Sommerfrischler des Gasthofs Gallob, vulgo Nont, in Mallestig. Die Säge wurde von Rosas Sohn Anton Gastl (1879-1944) und ab 1950 vom Enkel Franz Gastl (1915-1982) betrieben und um 1960 renoviert. Damals hatte die Säge auch den Lichtstrom vom Seebach. Am Bahnhof Finkenstein (jetzt Haltestelle Gödersdorf) wurden Bretter für Italien verladen.

(Bei den erwähnten Personen handelt es sich um die Urgroßmutter, den Großvater und drei Onkel der Autorin.)

1.2 Die Entstehung der Mallestiger Hausnamen

1.2.1 Einführung

In meinem Buch „Die Finkensteiner Vulgonamen und der Barbara-Zyklus in St. Martin am Techelsberg“ (2016) beschäftige ich mich hauptsächlich mit der Erklärung der Finkensteiner Vulgo-/Haus-/Hofnamen, die teils slowenischen und teils deutschen Ursprungs sind; einige sind aus dem Friulanischen abgeleitet und wieder andere sind internationaler Herkunft.

In diesem Buch stütze ich mich vor Allem auf die Forschungsergebnisse des Bertrand Kotnik, die Franz Kattnig und Simon Trießnig im Buch „Zgodovina hiš južne Koroške“ (Geschichte der Häuser in Südkärnten) als Band 14 (2009) über die Vulgo-/Haus-/Hofnamen in der Urpfarre Maria Gail (Maria na Zilji) herausgegeben haben.

Ferner erschien im Juli 2015 die FLU-LED-Karte der Flurnamen (ledinska imena) der gesamten Marktgemeinde Finkenstein (Bekštanj), auf der auch die Hausnamen (hišna imena) verzeichnet sind. Diese Karte war eine Projektarbeit des Slowenischen Volkskundeinstitutes Urban Jarnik in Klagenfurt (Slovenski narodopisni inštitut Urban Jarnik v Celovcu) unter der Leitung von Martina Piko-Rustja, wobei die Koordination für Finkenstein von Simon Trießnig geleitet wurde. Initiatoren dieses Projektes waren bereits im Jahre 2011 die Obfrau des Slowenischen Kulturvereines SKD Jepa – Baško jezero Anica Lesjak-Ressmann und die Einheitsliste Finkenstein (Enotna lista/EL Bekštanj) unter dem stellvertretenden Obmann Simon Trießnig. Obige Karte war bald vergriffen und wurde noch im Jahre 2015 das erste Mal nachgedruckt. Ein weiterer Nachdruck, bei dem auch weitere Korrekturen berücksichtigt wurden, kam Ende 2018 heraus.

Hans Krawarik veröffentlichte im „37. Jahrbuch des Stadtmuseums 2000. Neues aus Alt-Villach“ den Artikel „Finkenstein – Mallestig als frühmittelalterliches Zentrum. Eine fluranalytisch-siedlungsgenetische Darstellung“ (S. 47-83).

Außerdem stellte mir Hans Urschitz, Besitzer vulgo Reži, alte Haus Nr. 13 in Mallestig (Malošče), eine Kopie des Klagebegehrens meiner Urgroßmutter Rosa Martinschitz, geborene Gastl, Besitzerin beim vulgo Schmied (Kovač), alte Haus Nr. 1 in St. Stefan (Šteben), gegen die Ortschaft Mallestig bezüglich einer Schlägerung zur Verfügung. Dieses Begehren wurde vom Landesgericht Klagenfurt (Celovec) am 29. Mai 1904 zur Kenntnis genommen.

Ergänzend zu meinen bisherigen diesbezüglichen Ausführungen möchte ich hier festhalten, dass die Hausnamen (hišna imena) zu den Personennamen (lastna/osebna imena) zählen, ebenso wie die Vor- (imena) und Zu-/Nach- bzw. Familiennamen (priimki). Das Wort „vulgo" (insgemein; po domače) kommt aus dem Lateinischen „volgare; vulgus (um 1261)" und bedeutet „gemeinhin, gewöhnlich; Volk, Menge".

Aus allen obgenannten Quellen führe ich nun die Entwicklung der Mallestiger Huben und Keuschen zusammen. Dieser zweite Abschnitt stellt eine wichtige Erweiterung der Ausführungen über die Mallestiger Hausnamen in meinem Buch „Die Finkensteiner Vulgonamen" (S. 29-32) dar.

1.2.2 Drei Mallestiger Althöfe

Der erste Althof in Mallestig wurde in der ersten Hälfte des 7. Jh. vom Slawen Mallost (Malost) gegründet. Er beschäftigte zahlreiche Mägde und Knechte. Erst später folgten je ein Wehrhof in Fürnitz und einer in Faak am See, jeweils in 3,5 km Entfernung (2000, S. 72 u. S. 74). Dieser Althof entspricht dem vulgo Némec/Níəmc/Nímec, alte Haus Nr. 20 (2016, S. 31). Krawarik bezeichnet diesen Althof als vulgo Niemitz-Hube (2000, S. 72). Dieser Wehrhof des Mallost gab der späteren Ortschaft Mallestig (Malstih, Malstikh, Malstickh, Mällästik, Mallesteckh, Malošče) auch ihren Namen (2016, S. 15). Er war als sogenannter Wehrhof die erste Ansiedlung in der näheren Umgebung seit der totalen Verwüstung jeder Zivilisation in der Völkerwanderungszeit, nach der Blütezeit des römischen Imperiums. Das Gebiet war von den Slawen so gerodet worden, dass man sich bei Gefahr von Wehrhof zu Wehrhof durch Feuerzeichen verständigen konnte (LMR).

Das Mallestiger Kulturland umfasste um das Jahr 600 eine Fläche zw. 400 und 450 Joch (einschließlich 73 Joch Mooswiesen), in der ersten Hälfte des 8. Jh. zw. 250 und 300 Joch und in der ersten Hälfte des 9. Jh. zw. 130 und 180 Joch pro Hof (2000, S. 72). Die Ansiedlung Mallestig (Malošče) gehörte von 800 bis 824 zum kaiserlichen Lehen der Herzöge von Friaul (Furlanija). Im Jahre 824 wurde dieses Gebiet im Unteren Gailtal (Spodnja Zilja) von Kaiser Ludwig dem Frommen an das Patriarchat Aquileia (Oglcj) übertragen (2000, S. 72).

Im 9. oder 10. Jh. kam es zur ersten Besitzteilung des Althofes vulgo Némec, alte Haus Nr. 20, und zwar wurde die sogenannte Scheusslich-Hube, alte Haus Nr. 23, ausgesiedelt. Die Größe der Huben betrug im späten 9. Jh. um die 90 Joch, ab dem Jahre 1000 lag sie bei 60 Joch und im späten 11. Jh. betrug sie nur noch zwischen 33 und 37 Joch. Diese Scheusslich-Hube hatte damals Kulturland im Ausmaße zw. 90 und 110 Joch und gehörte zum Patriarchat Aquileia (2000, S. 74). Hierbei handelt es sich um das schon lange nicht mehr vorhandene Haus mit dem Hausnamen Pstòta/Háuptmann, westlich des ehemaligen Gemeindeamtes gelegen (2016, S. 32). Auf dem Gelände der ehemaligen Pstòta/Háuptmann-Hofgebäude befindet sich noch ein Mini-Golf-Platz (LMR).

Die nächste Besitzteilung des Althofes vulgo Némec wurde um das Jahr 1000 vorgenommen. Der Althof wurde in zwei Hälften geteilt, und die Knes-Hube, alte Haus Nr. 47, ausgesiedelt. Diese hatte damals ungefähr 70 Joch Kulturland, war um 1100 Bamberger Besitz und wurde um das Jahr 1150 ein Lehen der Finkensteiner Herrschaft (2000, S. 74 und S. 76). Die Knes-Hube bei Krawarik entspricht der Hube vulgo Kúes/Kúəs/Kos (2016, S. 31).

1.2.3 Mallestiger Huben im Mittelalter

Aus den drei Mallestiger Althöfen vulgo Némec/Niemitz (alte Haus Nr. 20), vulgo Pstòta/Háuptmann/Scheusslich (alte Haus Nr. 23) und vulgo Kúes/Knes (alte Haus Nr. 47) wurden bis um 1150 zwölf Höfe und bis 1300 noch weitere neun Huben ausgegliedert (2000, S. 59, 63 u. 79; LMR).

Die genaue Besitzteilung und die Herrschaftsverhältnisse können bei Hans Krawarik (2000) nachgelesen werden. Die sogenannte alte Hausnummer wurde im vorigen Absatz als Ordnungsbegriff/Zahl dem Hausnamen bereits vorausgestellt.

Die Kirche am Kanzianiberg wurde im Jahre 1301 zur Eigenkirche der Herrschaft Finkenstein. 1340 wurde dann die Seelsorge von St. Kanzian nach St. Stefan verlagert. Es gab im 14. und 15. Jh. einige Kirchenhuben (z. B. Nr. 30 – Branditsch) und Pfarrhofgüter. Im 16. Jh. wurden zahlreiche Keuschen errichtet. Im Jahre 1580 gab es in Mallestig (Malošče) mehr als 18 Huben und 6 Halbhuben. Zwischen 1580 und 1785 gab es wenige Parzellenverkäufe. Innerhalb eines Jahrtausends war aus dem Wehrhof vulgo Némec ein Dorf mit etwa 350 Einwohnern geworden (2000, S. 68, 81 u. 83).

1.2.4 Die Mallestiger Anwesen in der Neuzeit

In weiterer Folge werden die Hausnamen aus meinem Buch (2016, S. 29-32) und die dort bereits vorhandenen Angaben aus dem Buch Bertrand Kotnik (2009, S. 182-184) in gekürzter Form übernommen und durch die Forschungsergebnisse von Hans Krawarik (2000) und andere Erkenntnisse ergänzt. Von Krawarik werden auch die Tabellen „Ackergrößen und Hubentypen in Mallestig um 1580“ (S. 68) und „Behauste Liegenschaften (Hausnummern) von Mallestig 1822“ (S. 55) eingearbeitet. Ferner wird das Erkenntnis des Landesgerichtes Klagenfurt vom 29. Mai 1904 berücksichtigt.

Nach Krawarik (2000) gab es um 1580 in Mallestig (Malošče) ungefähr ein Drittel der Hausbesitzer mit deutschem und ein Drittel mit slowenischem Familiennamen sowie ungefähr 18 Prozent mit einer Mischform (Familienname eher deutsch, Vorname eher slowenisch). Die Familiennamen Sabunco und Mertschel stammen aus dem „welschen“ (italienischen) Kanaltal. Krawarik bezeichnet Wieglitsch von Wiegele, Kranitz von Krainer, Klamar von Klemen und Pranditsch von Prant als slawische Angleichungen (S. 59).

Um 1820 gab es in Mallestig (Malošče) 23 Huben und 26 Keuschen. Das war im Umkreis die größte Siedlung am Lande. Die Häuser waren im Erdgeschoss aus Stein errichtet, im Obergeschoss aus Holz gezimmert und die Dächer mit Stroh oder Brettern eingedeckt (2000, S. 47).

Die Angaben zu den einzelnen Huben oder Keuschen werden wie folgt gereiht: die alte Hausnummer, der Vulgo-/Haus-/Hofname, dessen Bedeutung nach Kotnik, Angaben zum Althof (AH) bzw. Mittelalter (MA) nach Krawarik, Kotniks Ergebnisse (BK), Krawariks Resultate (HK, 1580, 1822, H. = Herrschaft, F. = Finkenstein), Besitzer laut Landesgerichtserkenntnis (1904), Ergänzungen (LMR).

Das Ausmaß der Besitzungen wird von Hans Krawarik in Joch (J.) und Quadratklafter (Qu.) übernommen (2000, S. 55 u. 68). 1 Joch sind 5.754 m^2 und 1 Klafter sind 1,8965 Meter (2016, S. 16). 1 Tagbau betrug 1579 zw. 1 u. 1,5 Joch, ein Vierteltagbau 460-480 Quadratklafter (2000, S. 67).

1 – **Komátar/Komáter**/Kommeter – Kummet-Erzeuger, Sattler. – Kameter Keusche entstand zw. 1450 und 1550; um 1580 kamen Kirchengründe von der Wutte Hube zur Kameter Keusche; 1606 Kameter Keusche, halbe Kirchenhube, 1766 Viertelhube (HK). – 1750 Hanß Graber, 1759 Comather (BK). – 1822 Kameter, Keusche, 4 J. 105 Qu., H. F. – 1904 Kommetter, Matäus Urschitz.

2 – **Kanglč/Kánglič**/KANGLITSCH – kangla > Kannenerzeuger, Blechschmied oder candela > Kerzenzieher. – Ganglitsch Keusche entstand nach 1647 (HK). – Mich. Kangelz (BK). – 1822 Ganglitsch, Keusche, 1 J. 775 Qu., H. F. – 1904 Ganglitsch, Joh. Warum.

3 – **Švivnik/Svívnik**/SCHWIUNIG – Hammerschwinger, Schmied, Fassbinder oder Dreschflegel-Schwinger. – Schwimnig Keusche entstand nach 1647 (HK). – 1695 Schübinigg (BK). – 1822 Schwimnig, Keusche, 1 J. 380 Qu., H. F. – 1904 Schwiunig, Josef Kandutsch.

4 – **Šeli**/SCHELLI/Urschi – Uršula/Urška/Ursula. – **Grábner**, der am Graben Wohnende. – Keusche entstand nach 1785 (HK); 1822 Graber 865 Qu., H. F. – 1904 Georg Urschitz, vulgo Ambrusch.

5 – **Amruš/Ambruš**/Amrusch – Ambrož/Ambrosius. – Entstand um 1130; MA Ambrusch; 1521 und 1580 Ambrusch, Hube, Besitzer Peter, Schuster; (1609 war Peter Valentin 70 Jahre alt; er war in seiner Jugend 3 Jahre Halterbub in Mallestig; HK). – 1789 Mich. Fugger, vulgo Ambrusch (BK). – 1822 Ambrusch, Hube, 10 J. 1210 Qu., H. Rosegg. – 1904 Ambrusch, Georg Urschitz.

6 – **Mikvavel/Mikvávlič**/MIKLAU – Miklavž/Nikolaus. – Entstand um 1130; MA Miklauschitz; vor 1531 Nigkhl, 1531 Ruprecht (HK); 1580 Miklauschitz, Hube; 1700 Getreide nach St. Stefan (HK). – 1759 Mäkhualitsch (BK). – 1822 Miklauschitz, Hube, 15 J. 170 Qu., H. F; und Nr. 36. – 1904 Miquaulitsch, Joh. Wieltsch.

7 – **Gróbar/Graber**/Grabner – Wurzelgraber/Totengräber oder der am Graben Lebende. – Entstand um 1100, kam vor 1300 zur H. F. (HK); MA Graber; 1531 H. F. (HK); 1580 Graber, Hube, 7 J. 660 Qu. – 1789 Mich. Truppe, vulgo Graber (BK). – 1822 Graber, Hube, 10 J. 760 Qu., H. F. – 1904 Grabner, Josef Kanduth.

8 – **Kuk** – Kekec/Gregor, Nachname Kekh, kukati/gucken, kuka/Käfer/Insekt oder Kuckuck/ kukavica; „am Ortsrand besteht eine gute Möglichkeit für den Bauern zum Ausgucken über das flache Land“ (Dieter Greve, 2011, S. 19). – Entstand nach 1200 (HK); MA Kock; 1580 Kock, Hube, 9 J. 330 Qu.; um 1580 Michael Gugk, kaufte Nr. 46 (HK). – 1606 Jak. Kheckh (BK). – Um 1770/1790 Gregor Urschitz; und Nr. 10; danach Bruder Johann Urschitz (HK). – 1822 Kock, Hube, 18 J. 1520 Qu., H. Burgamt Villach-Bamberg. – 1904 Kuck, Franz Urschitz.

9 – **Premrl/Premrú** – premrl/ungelenk. – Entstand um 1100, kam vor 1300 zur H. F. (HK); MA Pramaron; 1521 und 1580 Pramaron, Hube, Marius Wanker. – Caspar Urschitsch, vulgo Premeru (BK). – Nach 1790 Johann Urschitz; auch Nr. 8 und Nr. 10 (HK). – 1822 Pramaron, Hube, 17 J. 165 Qu., H. Rosegg. – 1904 Premrou, Franz Urschitz.

10 – **Plozi/Blôzi/Plôzej**/PLÅßI – Blaž/Blasius oder pleša/Kahlschlag. – Entstand nach 1200 (HK); 1579 waren das Haus baufällig, Michael Gugk (8) wollte es neu erbauen (HK); 1580 Kock-Zulehen, Hube, 6 J. 1585 Qu.; vor 1700 Napokoy, dann Wanker (HK). – 1751 Martin Blaßl (BK). – 1770/1790 Gregor Urschitz; zu Nr. 8 (HK); 1822 Kock, Zulehen, 1470 Qu., H. Burgamt Villach-Bamberg. – 1904 Blaschitz, Joh. Müller.

11 – **Peterl/Péterle** – Peter. – 1789 Peterl (BK). – **Rúpelč/Rópač**/Ruprechter – Rupert. – Rägätsch Keusche entstand nach 1647 (HK). – 1759 Räpätsch (BK). – 1822 Rägätsch, Keusche, 1305 Qu., H. F. – 1904 Rapatsch, Franz Urschitz.

12 – **Puklč/Púklič**/PUCKLITSCH – Sohn des Buckligen. – Puglitsch Keusche entstand nach 1647 (HK). – 1789 Val. Aichholzer, vulgo Pugglitsch (BK). – 1822 Puglitsch, Keusche, 1 J. 285 Qu., H. F. – 1904 Poglitsch, Matäus Urschitz.

13 – **Reži/Réžej**/RESCHI – Erazem/Erasmus oder reži/der Lebhafte/Rührige. – Reschny Keusche entstand nach 1647 (HK). – Reschei (BK). – 1822 Reschey, Keusche, 1 J. 65 Qu., H. F. – 1904 Reschei, Matäus Urschitz.

14 – **Hojzl/Hójzelj/Hoisl** – Hoja/Johann/Hans oder osel/Esel/Hösel/Hojzelj. – 1606 Peter Wigile, Schuster; Keusche entstand nach 1647 (HK). – 1767 Hoisl (BK). – 1822 Hoisel, Keusche, 2 J. 555 Qu., H. F. – 1904 Hoisl, Ursula Quedritsch.

15 – **Vigeljč/Vígelč/Víglič/Bíglič**/Wieglitsch – bel/weiß. – 1580 Wieglitsch, Halbhube, 4 J. 70 Qu.; 1606 Wieglitsch, Hube, Getreidedienst an die Pfarre Maria Gail, Jury Pachilän; Reformation H. F.; 1700 Philip Tonder (HK). – 1759 Wiglitsch (BK). – 1766 Wieglitsch, Halbhube (HK); 1822 Wieglitsch, Hube, 4 J. 150 Qu., H. F. – 1904 Wieglitsch, Lorenz Truppe.

16 – **Bvatín/Blatín** – Valentin/Valtan/Valtin. – Entstand um 1150 (HK); MA Wuatni; 1521 und 1580 Wuatni, Juri Mager. – Nach 1611 Phil. Sabunca (BK). – 1822 Wuatni, Hube, 9 J. 390 Qu., H. Rosegg. – 1904 Sabunka oder Woatin, Franz Samonig.

17 – **Pogáj/Poháj** – bogat/reich > der Reiche (2009), pogajalec/der Verhandler oder Papagei (2016). – Entstand im 13. Jh., kam zw. 1450 und 1550 zur H. F. (HK); MA Papagey; 1570 Steffan Germitsch; 1579 Gebäude aus Holz (HK); 1580 Papagey, Hube, 9 J. 1540 Qu.; um 1600 Hans Enzi, zu Nr. 18 (HK); 1822 Papagey, Hube (Inzy), 9 J. 175 Qu., H. Burgamt Villach-Bamberg. – 1904 Pohai, Marie Wedam und Johanna Pucher.

18 – **Íncen/Ínze**/Lenz – Innocentius/Lovrenc/Lorenz. – Entstand im 13. Jh., zuerst Bamberger H., dann H. Seenuß in Villach (HK); MA Enzi; 1580 Enzi, Hube, 11 J. 1040 Qu.; um 1580 Clement Enzi; um 1600 Hans Enzi; plus Nr. 17 (HK). – Nach 1611 Pangraz Enzi (BK). – 1766 Inze/Enzi, Valentin Feichter (HK); 1822 Enzi, Hube, 10 J. 300 Qu., H. F. – 1904 Inze, Filipp Poglitsch. – Haus liegt westlich vom Pogaj, Scheune abgerissen.

20 – **Nemec/Níəmc/Nímec**/NIEMETZ – Nemec/der Deutsche. – Entstand vor 650, AH Niemitz, MA Niemitz (HK); 1580 Niemitz, Hube. – Niemitz (BK). – 1822 Niemitz, Hube, 19 J. 188 Qu., H. F. – 1904 Niemetz, Franz Aichholzer.

21 – **Moteljč/Môtelč/Môtlič**/MÅTHLITSCH – Matevž/Matthäus. – Matlitsch Keusche ist wahrscheinlich die zweitälteste Keusche an der Brücke im Graben, entstand um 1600; im Graben gab es 1606 einen Mesner und eine Mühle (HK). – 1730 Matheß Ulbing (BK). – 1822 Matlitsch, Keusche, 3 J. 710 Qu., H. F. – 1904 Matlitsch, Josef Dermutz.

22 – **Umeljč/Úmlič**/UMELITSCH – Hummel/der aufgeregte Mensch. – Umlitsch Keusche entstand nach 1647, älteste Keusche an der Brücke im Graben (HK). – Umlitsch (BK). – 1822 Umlitsch, Keusche, 2 J. 755 Qu., H. F. – 1904 Umelitsch, Anna Lepuschitz.

23 – **Pstòta/Háuptman** – stotnik/der Hauptmann. – Entstand im 10. Jh.; AH **Scheusslich**, H. Aquileia; kam samt Zulehen um 1300 zur H. F. (HK); MA Scheusslich; 1579 stand nur mehr das Wohnhaus bzw. ein Keller mit einem Kasten (HK); 1580 Hauptmann, Hube und Zulehen, 13 J. 150 Qu.; um 1570 Sebastian Scheisslich; 1580 Stephan Wigele, Wohnhaus

und Keller gemauert, Stadel und Stall nicht mehr vorhanden (HK). – 1789 Thom. Wigele, vulgo Hauptmann (BK). – 1822 „Scheusslich, Hube“, 6 J. 1425 Qu., H. Burgamt Villach-Bamberg; 1822 Hauptmann, Zulehen, 2 J. 1570 Qu., H. Stift Arnoldstein (bis 1782). – 1904 Curand Gregor Müller, vulgo Wiegele. – Liegt westlich vom alten Gemeindeamt (jetzt Musikschule); wurde zur Gänze abgerissen (LMR). – Scheusslich/Scheisslich von „scheißen“ für „die Notdurft verrichten“ (LMR), war schon 1570 Familienname.

24 – **Vigelj/Vígele/Wígele**/Wiegele – wigant/der Kämpfer/Recke oder Vorname Weigand/-Wiegandt. – Entstand um 1150 (HK); MA Wiegele; 1580 Wiegele, Hube, 6 J. 1240 Qu.; um 1580 Lucas Wigelle; 1606 Pfarrhof-Gut St. Stefan; um 1698/1700 Stephan Wigele (HK). – 1770 Andree Wigele (BK). – 1822 Wiegele, Hube, 19 J. 400 Qu., H. F. – 1904 Wiegele, Curand Gregor Müller.

25 – **Svec/Su̯éc/Svétec**/SWETZ – svet/heilig, svetec/svetník/der Heilige. – Smititz Keusche entstand nach 1647 (HK). – 1759 Georg Melcher, vulgo Svetiz (BK). – 1822 Swertitz, Keusche, 1 J. 335 Qu., H. F. – 1904 Svetitz, Joh. Tender.

26 – **Kališnik**/KALISCHNIG – kališ/kaluža/Pfütze/Moos. – Entstand um 1150 (HK); MA Kalischnig, Keusche; 1580 Kalischnig, „Keusche“, 7 J. 335 Qu. – 1579 Blasius Ka-l(l)ischnigg; 1647 Mathia Gälischnig (BK). – 1822 Kallischnigg, Keusche, 2 J. 755 Qu., H. Kirche Villach-St. Jakob. – 1904 Kalischnig, Franz Umele.

27 – **Skledar/Sklíədar/Sklíjdar**/SKLEDER – skleda/skodela/Schüssel > der Töpfer/Schüsselmacher. – Keusche entstand zw. 1770 und 1780 (HK). – 1789 Gr. Samonig, vulgo Sklieder (BK). – 1822 Sklieder, Keusche, 1 J. 5 Qu., H. F. – 1904 Sklieder, Carl Mikl.

28 – **Máger** – 1822 Mager, Keusche, H. F; zu Nr. 29; 1606 Juri Mager, Tafern (Taberne/Gasthaus); danach Marchia Schrennkh (Mager Schenke); 1647 Mager Keusche (HK). – (Aichwaldhof entstand als AH vor 1100; wurde später in 29 Mager, 30 Prontič und 31 Kranjc aufgeteilt (HK).

29 – **Máger** – der Magere oder maior domus/der Verwalter des Zehents. – Wurde im 11. Jh. als Meierhof gerodet; MA Mager und Amtmann; 7.7.1449 das Kloster Millstatt erwirbt vom Kloster Moggio diese Hube; ab 1523 H. F.; 1531 Mager Huebe, Florian Cantzian (HK); 1580 Mager, Hube, 23 J. 1500 Qu. – 1606 Jury Mager (BK). – 1822 Mager, Hube, 26 J. 50 Qu. H. F; und Nr. 28. – 1904 Mager, Carl Mikl. – Dt.: Maicrhof/Meierei (LMR). – Siehe „Pri Magru“ auf der Karte. Wurde nach einem Brand abgerissen und am Erlenweg gegenüber dem Sportplatz neu aufgebaut (LMR). – Der „Mager/Meier“ entspricht als „Amtmann eines Grundherrn“ dem westfälischen „Schulte“ (Gisbert Strotdrees/GS 57).

30 – **Prontič**/BRÅNDTITSCH – Branntweinschenke, durch Brandrodung urbar gemacht oder der Sohn vom Pront/Bråndt. – (Um 1200 entstanden. LMR). – MA Branditsch, Kirchenhube St. Stefan (HK); 1580 Branditsch, Hube, 11 J. 685 Qu.; 1606 Pranditsch, Hube, Getreidedienst an die Pfarre St. Stefan, Jury Mager; Reformation 1700 Lorentz Fugger (HK). – 1759 Jac. Matitsch, vulgo Prandtitsch (BK). – 1822 Pranditsch, Hube, 16 J. 1225 Qu. H. F. – 1904 Branditsch, Josef Feichter.

31 – **Krajnc/Kránjec**/KREINZ – Kranjec/Krainer. – Entstand vor 1250; MA Kranitz; 1521 und 1580 Kranitz, Hans Crainer. – 1606 Jac. Crainer (BK). – 1822 Kranitz, Hube, 9 J. 590 Qu., H. Rosegg. – 1904 Krainer, Matäus Wielitsch.

32 – **Gracl/Grácelj**/Gratzl – Pantokrator/der Allmächtige/Zeus oder Vorname Pankratius/Pankratz. – Gräzl Keusche entstand nach 1647 (HK). – Gratzl-Keusche (BK). – 1822

Gratzel, Keusche, 1 J. 670 Qu. H. F. – 1904 Gratzl-Wirt, Magdalena, Marie und Ludmilla Stark.

33 – **Ropotév/Ropotóv**/ROPOTAU – Robot > der die Robot Leitende oder ropot/Lärm > an der Straße/neben dem Schmied. – 1606 Mathias, Schneider; Rapothon Keusche entstand nach 1647 (HK). – Rapothou (BK). – Um 1700 Biertaberne, später Badstube (HK); 1822 Rapothon, Keusche, 2 J. 730 Qu. H. F. – 1904 Ropotou, Val. Baumgartner.

34 – **Uršič**/URSCHITSCH/Finkensteinerhof – vrh/Kogel > der am Kogel Lebende oder Vorname Urh/Ulrich > der junge Ulrich. – Entstand nach 1250 (HK); MA Urschitz; 1521 und 1580 Urschitz, Gregor Urschitz, Hube; 1606 Simon Walh (Urh/Vrh) (HK). – Bis 1686 Simon Urschiz, ab 1686 Mathes Wanckher (BK). – 1800 Peter Urschitz (HK); 1822 Urschitz, Hube, 23 J. 110 Qu., H. Rosegg. – 1904 Urschitz, Jos. Koffler.

36 – **Mikvavel** – 1822 Miklauschitz, Keusche, H. F; zu Nr. 6; Keusche entstand zw. 1770 und 1780 (HK).

37 – **Fôltič**/VÅLTITSCH/Valtitsch – Folti/Valentin. – Voltitsch (BK). – 1606 Andreas Lämpel, Schneider; Valtitsch Keusche entstand nach 1647 (HK); 1822 Valtitsch, Keusche, 1 J. 610 Qu. H. F. – 1904 Valtitsch, Joh. Gallobitsch. – War zwischen vulgo Uršič und Rodar, wurde abgerissen (LMR).

38 – **Rodar/Rôdar**/RÅDER – Rad > der Wagner. – Rader (BK). – Rader Keusche entstand nach 1647 (HK); 1822 Rader, Keusche, 1 J. 365 Qu. H. F. – 1904 Rader, Franz Gasparin. – Seit 1783 lebte dort ein Schneider (LMR, Information Franz Gasparin d. Ä., 2017).

39 – **Cegnar**/ZEGNER – Cehnar/Zechner > der den Zehent Kassierende. – Zechner Keusche entstand nach 1647 (HK); 1822 Zechner, Keusche, 1380 Qu. H. F. – 1904 Zechner, Matäus Wielitsch.

40 – **Mikvavčič**/MIKLAUTSCHITSCH – Miklavž/Nikolaus. – Entstand um 1100 (HK); 1580 Miklauschitz, Hube, 8 J. 340 Qu.; vor 1570 Bruder Symon Sabunco; 1570-86 Mathia Sabunco; und Nr. 47/48; 1580 stattliche Gebäude neu errichtet, Stall unter dem Stadel, auf dem Keller war ein Kasten aufgemauert; 1590 Lucas Mertschel; 1600 Stephan Sabunco (HK). – 1609 Lienhard Miglauschiz (BK). – 1643 Peter Sabunca und Georg Zimmermann; um 1660 Nr. 40 und Nr. 48/49; 1665 Mathes Urschitz; 1700 Getreide für Pfarre St. Stefan, H. Himmelberg (HK); 1822 Miklauschitz, Hube, 25 J. 735 Qu., Valentin Urschitz, H. Burgamt Villach-Bamberg. – 1904 Miquautschitz, Jos. Urschitz.

41 – **Žiher**/SCHICHER – Sigmund, Sighard, Sigurd. – Schicher zuerst H. F., ab 1280 H. St. Kathrein-Spital; 1579 Thomas Jamnigg (HK); 1580 Schieber, Halbhube, 4 J. 705 Qu. – 1789 Kasper Fugger, vulgo Schicher (BK). – 1822 Schieber, Hube, 8 J. 270 Qu., H. St. Kathrein-Spital. – 1904 Schicher, Matäus Wielitsch.

42 – **Fatic/Fatéc**/Fatitz – laz/Rodung/Neubruch. – Entstand nach 1250; kam vor 1340 zur H. F. (HK); MA Fätitz; 1531 H. F. (HK); 1580 Fätitz, Hube, 2 J. 750 Qu.; 1606 Besitzer Adam, Fleischker/Fleischer (HK). – Fatitz (BK). – 1822 Fätitz, Hube, 8 J. 339 Qu. H. F. – 1904 Fatitz, Joh. Ulbing.

43 – **Klemen** – Klemen/Klement/Clemens/Clement. – Klemen Keusche entstand nach 1647 (HK); 1822 Klamar, Keusche, 1 J. 95 Qu. H. F. – 1904 Klemann, Gregor Walluschnig.

44 – **Buti** – MA Wutte, zu Nr. 45; 1580 Wutte, Halbhube, 9 J. 635 Qu.; um 1580 Jakob Wudy; 1606 Wutte, Getreidedienst an die Pfarre St. Anna in Villach, Mathia Hoya; Refor-

mation H. F.; 1700 Paul Samonig (Nr. 44 und Nr. 45, HK). – 1766 Wutte, Halbhube (HK). – 1822 Wutte, Hube, 15 J. 425 Qu. H. F.; zu Nr. 45.

45 – **Buti**/Wutte/Wutti – butej/Wiedehopf. – Entstand vermutlich vor 1150 (LMR, HK); MA Wutte; und Nr. 44. – 1904 Wutti, Jos. Samonig.

46 – **Tavpi**/Taube – tubahus/Taubenhaus > der Taubenzüchter. – Entstand nach 1200 (HK); MA Truppe; 1580 Truppe, Halbhube, 3 J. 545 Qu.; 1579 starb Lucas Faspolich, Gori Germitsch wurde Vormund der minderjährigen Kinder und verkaufte das Anwesen an Michael Gugk, daher 1590-1600 Zulehen von Nr. 8; östlich hatte M. Scheusslich (Nr. 23) eine Keusche erbaut, die aber 1575 verschwand; Tavpi Keusche war um 1580 abgekommen; 1590 Juri Heinrich; 1600-43 Bartholomäus Heinrich; 1665-69 Thomas Heinrich (HK). – 1789 Thom. Fugger, vulgo Tauppe (BK). – 1822 Truppe, Hube, 7 J. 445 Qu., H. Burgamt Villach-Bamberg. – 1904 Taupe, Joh. Fertschei.

47 – **Kues/Kúəs/Kos** – kos/Amsel. – AH Knes; entstand nach 1000; MA Knes; 1531 H. F. (HK); 1580 Knes, Hube, 9 J. 1255 Qu. – 1761 Kueß (BK). – 1822 Knes, Hube, 13 J. 370 Qu. H. F. – 1904 Kuess, Carl Samonig.

48 – **Rožan**/Roschan – Rožan/der Rosentaler. – Entstand um 1150 (HK); vor 1570 Bruder Symon Sabunco; 1570-86 Mathia Sabunco; und Nr. 49; zu Nr. 40; der Schuster hatte eine Keusche errichtet, die um 1570 abgekommen war (HK); 1580 Roschanz, Halbhube, Zulehen, 3 J. 640 Qu. – 1789 Geo. Urschitz, vulgo Reschan (BK). – 1822 Roschanz, Zulehen, 5 J. 175 Qu., Valentin Urschitz; zu Nr. 40; H. Burgamt Villach-Bamberg.

49 – **Rožan** – Roschanz-Zulehen – 1570-86 Mathia Sabunco; und Nr. 48, zu Nr. 40 (HK). – 1822 Valentin Urschitz; zu Nr. 48 und Nr. 40 (HK).

50 – **Klemenc/Klamíənc/Klamínjc**/KLEMENZ – Klemen/Klement/Clemens/Clement. – Entstand um 1130; MA Klemenz; 1461 Besitzer Medrag/Medweg, Leininger Gut; vor 1531 Hanns; 1531 Walchauser/Balthasar (HK); 1580 Klemenz, Hube, 5 J. 905 Qu.; um 1580 Juri Clement (HK). – 1606 Andree Clemienz (BK). – 1673 waren die Gebäude vollkommen abgekommen; 1681 hatte Peter Hoya abgewirtschaftet; 1684 musste der Schwiegersohn Georg Urschitz alles neu aufbauen (Ehrungsprotokoll 1673-93, HK). – 1822 Klemenz, Hube, 11 J. 1535 Qu. H. F. – 1904 Klemienz, Val. Dermutz.

51 – **Čičelj**/TSCHITSCHELE – čičati/sitzen/hocken. – Tschitschele Keusche entstand nach 1647 (HK). –Tschitschele (BK). – Um 1700 war Georg Krintz gewesener Torwärtl für das Weidegatter nach St. Stefan und in die Dobrova (HK). – 1822 Tschitschele, Keusche, 1 J. 165 Qu. H. F. – 1904 Tschitschele, Joh. Simonitsch.

52 – **Gril/Grílj/Grílc/Gríljc**/GRILL – kleine Grille > der hagere Mensch. – Grilliz Keusche entstand zw. 1450 und 1550; 1606 Grilliz Keusche, Besitzer Peter, Weber (HK). – 1747 Caspar Griliz (BK). – 1766 Grilliz Keusche, Viertelhube (HK); 1822 Griltsch, Keusche, 3 J. 5 Qu. H. F. – 1904 Grilz, Josef Dermutz.

53 – **Požárnik**/POSCHARNIG – požar/Brandrodung. – Potschainig Keusche entstand zw. 1450 und 1550; um 1580 Marco Posarnig; 1606 Potschainig Keusche, halbes Kirchengut, Besitzer Valtan, Weber (HK). – 1606 Marco Poschärnig (BK). – 1822 Potschainig, Keusche, 3 J. 995 Qu. H. F. – 1904 Poscharnig, Joh. Pirker.

54 – **Nont**/Fleischhauerei Gallob/Café Tomi – Nanti/Ferdinand. – Entstand um 1130; MA Nant; 1461 Besitzer Steffan (HK); 1580 Nant, Halbhube, 10 J. 1110 Qu. – Nant (BK). –

1766 Nant, Halbhube (HK); 1822 Nant, Hube, 11 J. 1495 Qu. H. F. – 1904 Nant, Jos. Valentinitsch.

55 – **Jakl/Jôkelj/Jòkl/Jókl** – Jokej/Jakob. – Jakele (BK).

56 – **Šintar**/SCHINDER – šintar/Wasenmeister > Tierkadaververwerter. – Keusche entstand zw. 1770 und 1780 (HK). – 1789 Wasenmeister (BK). – 1822 Wasenmeister, Keusche, H. F. – Befindet sich am Erlenweg gegenüber dem Sportplatz (LMR).

59 – **Frjan**/Ferian – Ferjan/Florjan/Florijan/Ferian/Florian. – Vor 1606 Florian Fosman (Florian), 1606 Sohn Andre Fosman (Florian) (HK).

61 – **Kovač**/KOWATSCH – kovač/Schmied. – **Stádler** – stadeler/der Verwalter des Herrschaftsstadels.

62 – **Potočnik/Potúəčnk**/POTOTSCHNIG – potok/Bach > der am Bach Lebende.

63 – **Dobernik/Dôbrnk**/Dobernig – deber/Schlucht > der an der Schlucht Lebende (LMR).

64 – **Barti/Párti/Pártl**/Bartl – Bartolomej/Bartholomäus.

66 – **Kvančnik/Klánčnik**/KLANTSCHNIG – klanec/Hang > der am Hang Lebende (LMR).

68 – **Joz**/Sepp – Jožef/Josef.

71 – [Občinski uràd/Gemeindeamt] > Musikschule (LMR).

72 – **Kotičnik/Kotíčnjak**/KOTITSCHNIG – kot/Winkel > der Siedler im Winkel. – Befindet sich am Weinbergweg (LMR).

Zu den alten Hausnummern 19, 35, 57, 58, 60, 65, 67, 69 und 70 konnten in den angegebenen Quellen keine Angaben gefunden werden. Jeweils die erste Bezeichnung wurde aus der FLU-LED-Karte (2018) übernommen. Die Gehöfte Incen/Inze (18), Pstota/Hauptmann/Scheusslich (23), Mager (im Ort, 29) und Fôltič (37) existieren nicht mehr. Kotičnik (72), Mager (neu) und Šintar (56) liegen außerhalb des Kartenausschnittes mit dem Markt Finkenstein (Bekštanj), Ortsteil Mallestig (Malošče).

Manche Angaben von Hans Krawarik (2000) konnten den einzelnen Anwesen nicht eindeutig zugeordnet werden. Er erwähnt, dass ein Niklas Dersula der Kirche dient, die Keusche aber 1647 dem Caspar Gritz zugeschrieben wurde. Hier müsste Nr. 22 (Umeljč) wohl Nr. 52 (Gril) heißen, und die Jahreszahl müsste 1747 lauten. Dann war vermutlich Mathias Zechner im Jahre 1606 Besitzer der vulgo Kameter Keusche, Nr. 1 (S. 62).

Bei Krawarik (2000) entstehen durch die abweichende Schreibweise der Hausnamen zum Teil große Bedeutungsveränderungen, wie z. B. bei: Schwiunig > Schwimnig (3), Mikvavel > Miklauschitz/Nigkhl (6), Premru > Pramaron (9), Räpätsch > Rägätsch (11), Pogaj > Papagey (17), Svetec > Smititz/Swertitz (25), Mager Schenke > Marchia Schrennkh (28), Krajnc > Kranitz (31), Ropotov > Rapothon (33), Vrh/Urh > Walh (34), Schicher > Schieber (41), Fatitz > Fätitz (42), Klemen > Klamar (43), Tavpi > Truppe (46), Kues > Knes (47), Poscharnig > Potschainig (53), Frjan/Florian > Fosman (59).

Während Pogaj der Reiche oder der Verhandler bedeutet, kommt Papagey vom entsprechenden Vogel. Tavpi bezeichnet einen Taubenhändler, Truppe kommt von trup/Körper ohne Gliedmaßen bzw. einer Militäreinheit. Kues leitet sich von kos/Amsel ab, Knez kommt aber von knez für Fürst. Die Veränderung von Mikvavel zu Miklauschitz ist sehr problematisch, weil es in Mallestig noch den Hausnamen Mikvavčič/Miklautschitsch (42) gibt. Die Veränderung von Graber zu Grabner (7) oder umgekehrt (4) kommt in der Literatur öfter vor. Andere Namensänderungen können jedoch toleriert werden.

Zeittafel zu den Besitzteilungen

1. Althöfe (AH)
vor 650: 20 Nemec, Wehrhof;
im 10. Jh.: 20 > 23 Scheusslich/Pstota;
nach 1100: 20 > 47 Knes (Flur D).

2. Huben im Mittelalter (MA)
bis 1150:
23 Scheusslich > (Aichwaldhof) > (Flur A) 29 Mager > (Flur E) 16 Bvatín u. 24 Vigelj;
47 Knes (Flur D) > (Flur B) 5 Amruš u. 6 Mikvavel;
47 Knes (Flur D) > (Flur C) 50 Klemenc u. 54 Nont;
47 Knes (Flur D) > (Flur F) 40 Mikvavčič u. 48 Rožan;
(Flur H) 7 Gróbar, 9 Premrl u. 44/45 Buti;
bis 1300:
29 Mager (Flur A) > 30 Prontič > 31 Krajnc;
(Flur H) 8 Kuk u. 46 Tavpi;
(Flur G) 17 Pogáj u. 18 Incen;
(Flur H) 34 Uršič u. 42 Fatic;
41 Žiher.
(Flur A – H sind Bezeichnungen bei Hans Krawarik, 2000.)

3. Keuschen im Mittelalter (MA)
bis 1150: 29 Mager (Flur A) > (Flur E) 26 Kališnik;
47 Knes (Flur D) > (Flur F) 49 Rožan;
bis 1300: (Flur H) 10 Plozi (später Kuk Keusche).

4. Huben in der Neuzeit:
1580: 15 Vigelč.

5. Keuschen in der Neuzeit:
1450-1550: 1 Komátar, 52 Gril, 53 Požarnik;
vor 1606: 59 Frjan;
1606: 28 Mager-Taberne; bereits um 1606 gab es beim Hojzl (14) einen Schuster, beim Ropotév (33) und beim Foltič (37) je einen Schneider;
um 1600: 21 Moteljč;
nach 1647: 2 Kanglč, 3 Švivnik, 11 Peterl/Ruplč, 12 Puklič, 13 Reži, 14 Hojzl, 22 Umeljč, 25 Svec, 32 Gracl, 33 Ropotév, 37 Foltič, 38 Rodar, 39 Cegnar, 43 Klemen, 51 Čičelj;
1770-1780: 27 Skledar, 36 Mikvavčič, 56 Šintar;
nach 1785: 4 Šeli/Grabner;
noch später: 55 Jakl, 61 Kovač/Stádler, 62 Potočnik, 63 Dobernik, 64 Barti, 66 Kvančnik, 68 Joz, [71 Občinski urad/Gemeindeamt], 72 Kotičnik.

(Die Zahlenangabe vor dem Vulgo-/Hausnamen bezieht sich auf die alte Hausnummer.)

FLU-LED-Karte Finkenstein/Bekštanj, Ortsteil Mallestig/Malošče

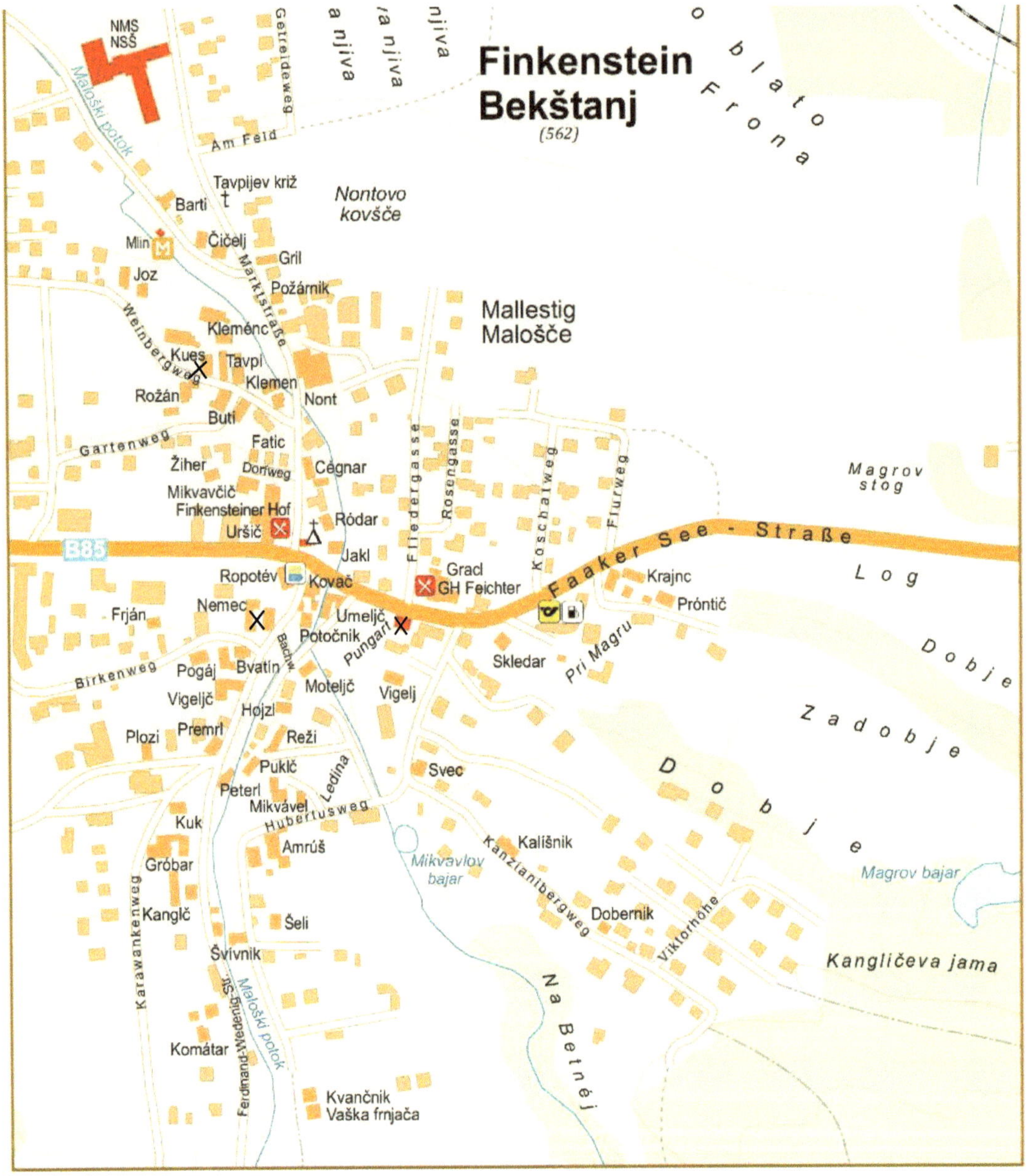

FLU-LED-Karte 2018, SVKI Urban Jarnik, Klagenfurt,
Ausschnitt Finkenstein/Bekštanj, Ortsteil Mallestig/Malošče.
Die Althuben Nemec (20), Pstota (23) und Kues (47)
wurden jeweils durch ein **X** gekennzeichnet (LMR).

FLU-LED-Karte KG Mallestig/Maloščе und KG St. Stefan/Šteben

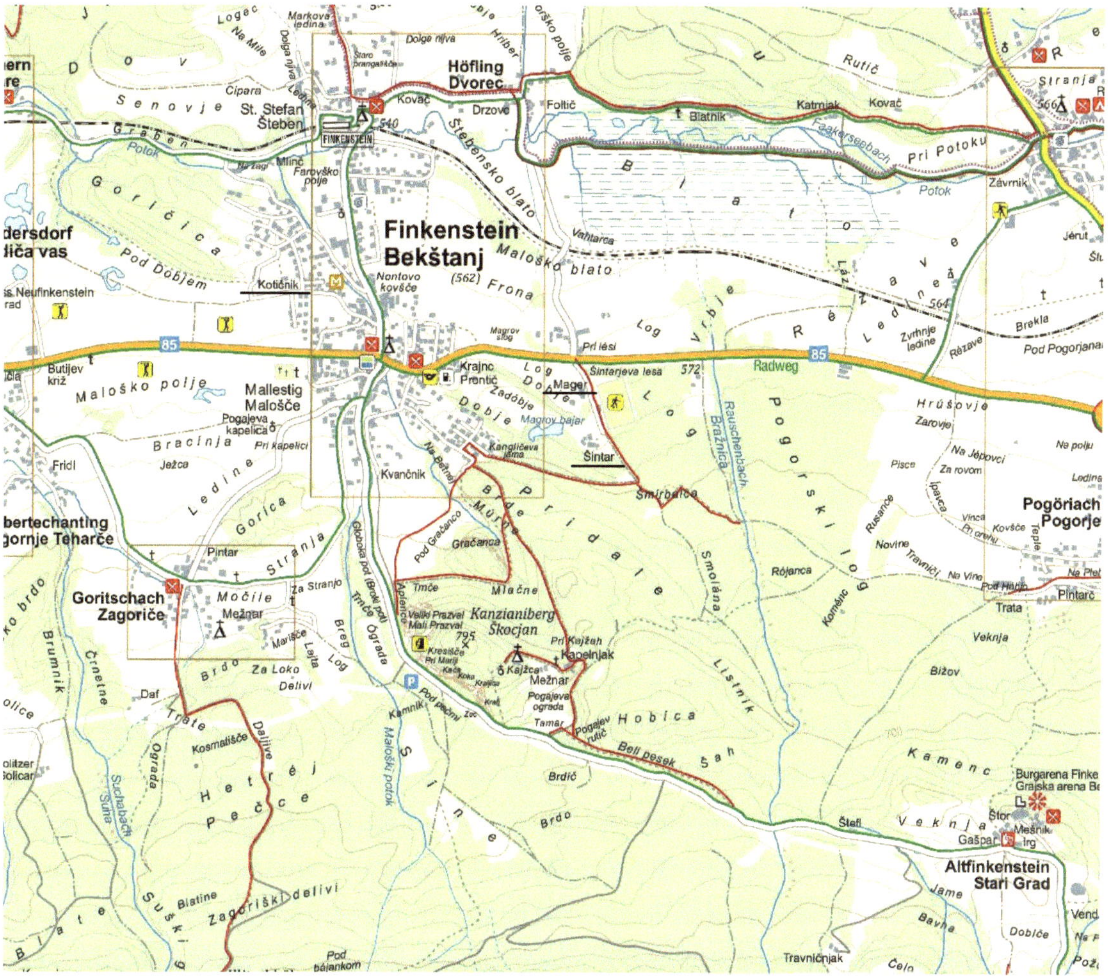

FLU-LED-Karte 2018, SVKI Urban Jarnik, Klagenfurt,
Ausschnitt Finkenstein/Bekštanj, Ortsteile Mallestig/Maloščе und St. Stefan/Šteben.
Die Kotičnik-Keusche (72) befindet sich am Weinbergweg (westlich), die Mager-Hube (neu, früher 29) und die Šintar-Keusche (56) am Erlenweg (östlich) von Mallestig (Maloščе).
Die entsprechenden Vulgo-/Haus-/Hofnamen wurden unterstrichen (LMR).

Die Entwicklung der Höfe in Mallestig/Malošče

1. Hälfte 7. Jh.	9./10. Jh.	um 1150	1580
			Mager (29)
			Branditsch (30)
			Kranitz (31)
			Miklauschitz (6)
			Ambrusch (5)
	Scheusslich 90-110 J	Scheusslich	Scheusslich (23)
			Wiegele (24)
			Wuatni (16)
			Kalischnig (26)
			Klemenz (50)
			Nont (54)
			Enzi (18)
			Papagey (17)
Mallost 400-450 J	Niemetz	Niemetz	Niemetz (20)
			Kock (8)
			Kock Zul. (10)
			Truppe (46)
			Graber (7)
			Pramaron (9)
		Knes 70 J	Knes (47)

Jh./Jahrhundert, J/Joch; Zul./Zulehen; Zahlen in runden Klammern sind spätere/„alte" Hausnummern

Flurbezeichnungen bei Hans Krawarik (2000):
Flur A: Mager, Branditsch, Kranitz;
Flur B: Miklauschitz, Ambrusch;
Flur C: Klemenz, Nant;
Flur D: (konnte nicht genau eruiert werden);
Flur E: Scheusslich, Wiegele, Wuatni, Kalischnig;
Flur F: (konnte nicht genau eruiert werden);
Flur G: Enzi, Papagey;
Flur H: Kock, Kock Zul., Truppe, Graber, Pramaron.

1.3 Ergänzungen zur pdf-Datei vom 29.05.2019

Aus der korrigierten und ergänzten Version zum Buch „Die Finkensteiner Vulgonamen" (2016) wurde am 29. Mai 2019 eine pdf-Datei erstellt. Der erwähnte Datensatz wird auf die Vulgo-/Haus-/Hofnamen und Besitzer bzw. Besitzerinnen der einzelnen Huben und Keuschen gekürzt. Wenn in den Quellen nur der Vorname eines Besitzers angegeben ist, dann wurde bei einem vorliegenden Verwandtschaftsverhältnis der Nachname aus vorangegangenen Angaben ergänzt. Neu entdeckte Vulgo-/Haus-/Hofnamen werden im Text kurz erklärt. Die einzelnen Ortschaften und Weiler werden geographisch von Westen nach Osten des Gemeindegebietes angeordnet. Die genaue Reihung ist im Inhaltsverzeichnis angeführt.

Zusätzliches Material, und zwar das Seelenstandsregister der Pfarre St. Stefan aus dem Jahre 1777, von Christian Gallobitsch auf seiner Homepage www.gallobitsch.at veröffentlicht, und das Einwohnerverzeichnis im Landgericht Finkenstein vom Jahre 1841 (vgl. Finkenstein, Chronik, 2005, S. 551-563) vervollständigen die Angaben[2]. Gallobitsch führt im Seelenstandsregister 1777 neben dem Hausherrn (Besitzer) auch die Hausherrin (Besitzerin) und deren Alter an. Er hat alle Angaben ins Deutsche übersetzt, im Original sind sie vorwiegend in Latein. Die deutsche Schreibweise der Eigennamen ist jedoch oft sehr verballhornt. „Hube" oder „Keusche" wird daraus auch übernommen, wenn diese Angaben im Buch 2016 noch fehlen. Bei den Angaben von 1841 wird immer auch der Vulgo-/Haus-/Hofname übernommen. Die alte Haus Nummer/Nr. wird zuletzt angefügt, wenn sie bekannt ist. Gelegentlich werden Informationen aus dem Buch von Gisbert Strotdrees (GS, 2018) hinzugefügt. Schließlich werden noch die Anzahl der landwirtschaftlichen Besitzungen (LwB), der Vulgo-/Haus-/Hofnamen (VHN) und der Varianten zu den Eigennamen (Var) in eckigen Klammern angegeben. Dieselbe Angabe in Slowenisch und Deutsch zählt als ein Eigenname.

1.3.1 Oberrain/Zgornji Breg

Kávc/KAUTZ; Keusche; 1841 Georg Ulbing (vulgo Kautz-Keusche); Nr. 2.

Mólč/MOUTSCH; Hube; 1841 Johann Napokoy (vulgo Maltsch-Hube); Nr. 5.

Ópan; Hube; 1841 Jakob Reiter (vulgo Opan-Hube); Nr. 1.

Péc/PETZ; Hube; 1841 Jakob Gallob (vulgo P[e]c-Hube); Nr. 6.

Píntar/Pinter; Hube; 1841 Sebastian Binder (vulgo Binder-Hube); Nr. 4.

Púklč/PUCKLITSCH; Hube; 1841 Kaspar Puglitsch (vulgo Puglitsch-Hube); Nr. 7.

Rék/RECK; Hube; von „der Recke" für „Kämpfer, Krieger, Held", „die Recke" für „etwas Langgestrecktes, ein Zaun, eine Hecke, eine Stange"; vgl. „das Reck" für „das Turngerät"; 1841 Johann Kofler (vulgo Röck-Hube); Nr. 8.

Škrbínar/SCHKARBINER/**Gasthof Muschett**; Gutshof; 1841 Mathias Petrisch (das vulgo landtägliche Skarbina Gut); Nr. 3.

[8 LwB, 9 VHN, 0 Var]

---

[2] Interessante Informationen zu den Besitzverhältnissen während der Reformationszeit gibt auch Oskar Sakrausky in seinem Buch über Agoritschach, 1960, z. B. auf S. 19 zum Nagerschnighof/Nagerčnik in Untertechanting. – Viele wichtige Erkenntnisse liefert die Chronik der Gemeinde Finkenstein, 2005, z. B. ab S. 52 über Die Grundherrschaft Finkenstein, ab S. 57 über Die Bauern als Untertanen, auf S. 67 über Die Samonig-Hube in Altfinkenstein, ab S. 68 über Die Wukounig-Hube/Bukovnik in Altfinkenstein, ab S. 70 über den Bergbau in der Grundherrschaft und Das ehemalige Gut Müllnern, ab S. 72 über Weitere ehemalige Hammerwerke und Nagel-schmieden, ab S. 144 über den Hof vulgo Heinschele/Hajnžele in Ledenitzen, ab S. 198 über die Betriebe in Fin-kenstein (Zählung 1856 und 1912) usw.

1.3.2 Unterrain/Spodnji Breg

Gáli/Galle/Halle; Keusche; 1841 Thomas Merlin (vulgo Halle-Keusche); Nr. 5.

Krámar/Kramer; Keusche; 1841 Philipp Hochkofler (vulgo Kramer-Keusche); Nr. 4.

Martinc von „Martin“; Hube; 1841 Lukas Onitsch (vulgo Martinc-Hube); Nr. 3.

Požárnik/POSCHARNIG; Hube; 1841 Johann Lautmann (vulgo Poscharnigg-Hube); Nr. 7.

Rôdar/Rader von „Rad“ für „Wagner“; Hube; 1841 Johann Kofler (vulgo Rader-Hube); Nr. 1.

Ríbič/RIBITSCH; Hube; 1841 Johann Muschet (vulgo Ribitsch-Keusche); Nr. 8.

Urbánč/URBANITSCH; Hube; 1841 Georg Weber (vulgo Urbantsch-Keusche); Nr. 2.

[7 LwB, 7 VHN, 0 Var]

1.3.3 Fürnitz/Brnca

Cigój/ZIGOI.

Címprč/Címperč/ZIMPERITSCH; Hube; 1841 Andreas Achatschitsch (vulgo Zimpritsch-Keusche); Nr. 21.

Číčelj/Číčele/TSCHITSCHELE; Hube; 1789 Seb. Andermoutz, 1841 Blasius Dermoutz (vulgo Tschitschele-Hube); Nr. 11.

Čóšl/Čášl/TSCHÅSCHL; Hube; 1789 Thom. Müllner, 1841 Ulrich Müller (vulgo Tscha-[s]chel-Hube; Nr. 29.

Erján/Erian; Keusche; Badstube von Čošl/Čašl; Nr. 30.

Fárovž/FARUSCH.

Fránc/FRANZ; Keusche; 1737 Florian Copanigg, 1841 Johann Kopeinigg (vulgo Franz-Keusche); Nr. 1.

Góbern/Góberle; Keusche; 1741 Jac. Scarbina, 1841 Johann Lautmann (vulgo Gaberl-Keusche); Nr. 19.

Hirschenwirt; Keusche; 1797 Thom. Merlin, 1841 Thomas Merlin (vulgo Hirschenwirth-Keusche); Nr. 34.

Hójž/HOISCH; Hube; 1789 Thom. Wieltsch, 1841 Franz Wieltsch (vulgo Hoisch-Hube); Nr. 28.

Jákl/Jáklč/JÅCKL; Halbhube; 1676 Matheuß Achaz, 1841 Kaspar Abrutsch (vulgo Jackele ½ Hube); Nr. 17.

Kocjánc/Kocjánč/Kocijánč/KOTZIANITSCH; Keusche; 1789 Martin Kozian, 1841 Katharina Fina (vulgo Katzianka-Keusche); Nr. 2.

Kompánj/KOMMPAN; Hube; 1789 Simon Koman, 1841 Johann Komann (vulgo Kompein-Hube); Nr. 7.

Krófič/KROFITSCH; Hube; 1609 Mates Khropisch, 1841 Sebastian Zollner (vulgo Kropfitsch-Hube); Nr. 22.

Krúglč/Krúglič/KRUGLITSCH; Hube; 1789 Joh. Hasler, 1841 Michael Haßler (vulgo Kruglitsch-Hube); Nr. 24.

Máli/Málej/Malle; Hube; 1606 Jury Malle, 1841 Jakob Abrutsch (vulgo Malle-Hube); Nr. 25.

Marínčnjak/Márinč/MARINTSCHNIG; Keusche; 1789 Anton Kaballar, 1841 Johann Samonig (fürstbischöflicher Hofkaplan, vulgo Marinitsch-Keusche); Nr. 16.

Márovt/MAROLT; Keusche; 1789 Lukaß Kendolf, 1841 Sebastian Binder (vulgo Maroth-Keusche); Nr. 15.

Márk; Viertelhube; 1789 Georg Melhor, 1841 Thomas Melcher (vulgo Mark ¼ Hube); Nr. 14.

Médnik; 1737 Mathes Wuecher; Nr. 8.

Méžnar/Mesner; Keusche; 1789 Peter Noväck, 1841 Margareth Novak (vulgo Meßner-Keusche); Nr. 5.

Mizlánčič/Mislánčič/MISLANTSCHITSCH; Hube; 1789 Thom. Urschitz, 1841 Thomas Urschitz (vulgo Meslantschitsch-Hube); Nr. 27.

Mlínarč/MÜLLNERITSCH; Halbhube; 1789 Bärtl Ambrusch, 1841 Matthäus Abrutsch (vulgo Müllneritsch ½ Hube); Nr. 3.

Oprésnik/Opríjsnik/OPRIEßNIG; Hube; 1606 Jac. Aprießnigg, 1841 Sebastian Baumgartner (vulgo Oprißnigg-Keusche); Nr. 13.

Pívc/PIUTZ; Hube; 1789 Petter Voith, 1841 Joseph Podlippnigg (vulgo Piutz-Hube); Nr. 20.

Rebelwirkl – **Schuster** – **Urschounigg** von „Schuster/čevljar" bzw. „uš/Laus/Reblaus"; Keusche; 1841 Maria Ottowitz (vulgo Urschounigg- oder Schuster-Keusche, auch Renbenwirker-Keusche); Nr. 36.

Rôdar/RÅDER; Keusche; 1789 Niklas Pirker, 1841 Anton Pirker (vulgo Rader-Keusche); Nr. 23.

Štrámelj/STRAMMEL; Hube; 1737 Jakob Coschier, 1841 Sebastian Pirker (vulgo Strammel-Hube); Nr. 31.

Šústar/Šúštar/Schuster; Halbhube; 1606 Khentian Schuester, 1841 Michael Uodar (vulgo Schuster ½ Hube); Nr. 18.

Urbánjak/URBANIAK; Keusche; 1742 Andre Primoschiz, 1841 Andreas Primoschitz (vulgo Urbaniak-Keusche); Nr. 6.

Vúšej/WUSCHI; Dreiviertelhube; 1606 Juri Wuschi, 1841 Andreas Kofler (vulgo Wuschey ¾ Hube); Nr. 4.

Zôtlar/Sátler/SÅTTLER; Keusche; 1797 Klement (vulgo Satler), 1841 Katharina Rudolph (vulgo Sattler-Keusche); Nr. 32.

Žávpah/SCHAUBACH; Hube; 1742 Thomas Saubah, 1841 Anton Kreutzer (vulgo Schaupach-Hube); Nr. 12.

Žnídar/SCHNIDER – **Kásperl** – **Jörgitsch** von „Jörg" für „Sohn des Jörg"; Keusche; 1797 Kasper Meschnig, 1841 Georg Lientschnigg (vulgo Jörgitsch-Keusche); Nr. 33.

Žvížgovc/SCHWISCHGUTZ; Hube; 1789 Thom. Wieltsch, 1841 Johann Wieltsch (vulgo Schwischgoutz-Hube); Nr. 9.

[35 LwB, 39 VHN, 1 Var]

1.3.4 Dorndorf/Trnje

Tínč/TINTSCH; Keusche; 1797 Valentin Uderman, 1841 Ursula Udermann (vulgo Ti[n]tsch-Keusche); Fürnitz 35.

[1 LwB, 1 VHN, 0 Var]

1.3.5 Sigmontitsch/Zmotiče

Ambrúš/Omrés/Amrusch; Hube; 1740 Greg. Koch, 1841 Matthäus Kofler (vulgo Ambrusch-Hube); Nr. 14.

Bájdl/Vájdl/Wájdl/Waidl – **Púglič**/Pucklitsch; Hube; 1770 Georg Puglitsch, 1841 Johann Puglitsch (vulgo Weidel-Keusche); Nr. 7.

Fužínjak/Fəžínjak/Hammerschmied; Keusche; 1767 Primuß Kofler, 1841 Primus Kofler (vulgo [F]aschiniak-Keusche); Nr. 10.

Góbič/Gólobič/Golobíč/GÅBITSCH; Keusche; 1841 Franz Ulbing (vulgo Gallobitsch-Keusche); Nr. 8.

Hója/Hój/Gój; Hube; 1789 Mathias Petritsch, 1841 Mathias Petritsch (vulgo Hoja-Hube); Nr. 11.

Kadróvc/Kadróvčənk/KADRÅUTZ; Keusche; 1789 Jacob Tharmom, 1841 Kaspar Tarmann (vulgo Kadroutschnigg-Keusche); Nr. 9.

Kájžnik/Kájžnk/Kájžənk/KEUSCHNIG; Keusche; 1789 Georg Arich, 1841 Franz Arrich (vulgo Keuschnigg-Keusche); Nr. 3.

Ójceva žága/Oitz-Säge; um 1860 erwähnt. (Siehe auch vulgo Ojc, Obergreuth.)

Oráž/ORASCH; 1672-1684 **Arrashof**; Doppelhube, Gutshof; 1841 Simon Muschet (vulgo Arrasch-Doppelhube); Nr. 12.

Orážev kríž/Oraž-Kreuz.

Plézovc/Plézvəc/PLÖSUTZ; Hube; 1629 Lorenz Plesaliz, 1841 Martin Puglitsch (vulgo Pleßoutz-Hube); Nr. 4.

Plóšč/PLÅßI; Hube; 1606 Adam Mosetitsch, 1841 Johann Puglitsch (vulgo Plaschitz-Hube); Nr. 2.

Prángar; Hube; 1602 Andree Pranger, 1841 Gregor Wiltsch (vulgo Pranger-Hube); Nr. 1.

Potóčnik/POTOTSCHNIG von „potok" für „Bach" als „der am Bach Lebende".

Trébnar/Trébner; Hube; 1647 Bärtl Trebner, 1841 Johann Binder (vulgo Trebner-Hube); Nr. 5; später Haus Nr. 25 und 29.

Vštínč/Vstínc/USCHTINITSCH; Hube; 1789 Mathias Kreutzer, 1841 Johann Kreuzer (vulgo Aust[in]tsch-Hube); Nr. 6.

[15 LwB, 16 VHN, 8 Var]

1.3.6 St. Job/Št. Job

Čelígi/TSCHELIGI; 1841 Matthäus Lautischer (vulgo Tscheligi-Hube); Neu-St. Job 10/Alt-St. Job 19.

Ȅncele/ENZELE; 1719 erwähnt, 1700 und 1720 Johan Florian, 1741 Marco Spizer, 1789 Lienhard Spizer, 1841 Sebastian Samonigg (vulgo E[n]zele-Keusche); Neu-St. Job 9/Alt-St. Job 12.

Ȅncelnov kríž/Encele-Kreuz.

Frtála/FERTALA; bis 1597 Gašpar Fortaille, ab 1597 bis 1601 seine Witwe und Sohn Štefan Fortaille, ab 1601 bis 1602 Rup Peyaz/Ruepl Peyoz, ab 1602 Tomaž Uschnig, 1606 Gašpar Forthey/Chasper Vartailli, 1652 Jurij Fertala; 1670 Urban Fortala, 1785 und 1815 erwähnt, 1841 Anton Fertalla (vulgo Fertalla-Hube); Neu-St. Job 3/Alt-St. Job 6.

Golób/Gau̯ób/Gallob – **Mlínar**/Müller; 1647 Hanz Pürkh, 1663 und 2666 Tomaž Pisig, bis 1675 Tomaž Pürkh, 1679 Tomaž Pürkh (vulgo Inzel/Enzele), ab 1675 bis 1692 Partl Gallob, ab 1692 Primož Gallob, 1789 M. Fertschnigg, 1841 Martin Gallob (vulgo Müllner- und Gallob-Keusche); Neu-St. Job 8/Alt-St. Job 11; liegt zwischen Zdižen und Tavčar.

Golób/Gallob; 1521 erwähnt, bis 1524 Miha Galab, 1606 Achaz Gallob, 1785 Lukaz Kronig (vulgo Gallob-Hube); Neu-St. Job 11/Alt-St. Job 14.

Górč/Górič/Gúərč/GREGORITSCH; 1606 Gregor Petschacher, dann Hannß Pettschar, um 1664 Hanz Petschar, 1679 erwähnt, bis 1680 Blaž Petschar und Peter Koch, ab 1680 Gory Meschnig, 1841 Andreas Meschnigg (vulgo Gregoritsch-Keusche); Neu-St. Job 6/[Alt-St. Job 9].

Kájžar/Kaiser; 1647 Lip Tributsch, 1660 Gory Tributsch, dann Blasy Meißlizer, 1661 vulgo Werze erwähnt, 1700 Valentin Muscheta, 1737 Lorenz Gallob, 1741 Hanz Gallob (auch vulgo Werze), 1787 erwähnt; Alt-St. Job 3/[Alt-St. Job 6].

Kóman – Jakob; 1531 Toman Lippe (auch vulgo Tautscher), 1606 bis 1610 Jury Khueman/ Juri Coban, ab 1610 Blaž Coban, 1613 erwähnt, 1785 Jurij Populare, 1841 Gregor Populari (vulgo Koman-Hube); Neu-St. Job 4/Alt-St. Job 7.

Kováč/KOWATSCH; 1647 bis 1671 Partl Trebner/Trebnar (vulgo Caißlerus), 1674 Jakob Pündter, bis 1696 Partl (vulgo Treffner), ab 1696 Šiman Äschgan, 1789 Egidy Aschgan, 1841 Lukas Ambrusch (vulgo Schmid-Keusche); Alt-St. Job 5.

Méžnar/Mesner; 1619 erwähnt, 1647 Hanzl Galab, 1662 bis 1682 Partl Waffen, ab 1682 Jurij Papallary, 1733 Urban Popollary, 1789 und 1797 Lovrenc Waldhausser/Lovrenc Walthasar, 1841 Bartl Gallob (vulgo Meßner-Keusche); Neu-St. Job 14/Alt-St. Job 17.

Némec/Níəmc/Nímc/NIEMETZ – **Werze/Erzy/Barza**/Wertze von „dvorec" für „der kleine Hof" (Feinig, 2004/05, 327); 1606 Martin Moßler, 1609 Wölfl Mossler, 1652 Miha/Michael Werze, 1678, 1685 und 1700 Primož Wertze/Niemz/Erzy, 1741 Hanz Gallob, 1841 Paul Lamprecht (vulgo [N]iemitz-Hube); Alt-St. Job 2.

Oprésnik/Opríəsnk/Oprísnik/OPRIEßNIG; Hube; 1482 Janes Oppriesnick, 1506 Juri Oppriesnick, 1841 Anton Urschitz (vulgo Oprißnigg-Hube); Neu-St. Job 12/Alt-St. Job 15.

Plézovc/Plézu̯əc/Plésovc/PLÖSUTZ; 1606 Andree Plessäbitsch, 1785 Luka Kronig, 1841 Jakob Kronig (vulgo Pleßoutz-Hube); Neu-St. Job 5/Alt-St. Job 8.

Šúlnik/SCHULLNIG; 1753 erwähnt, 1770 (Zulehen von vulgo Kajžar), 1841 Johann Lamprecht (vulgo Schullnig-Hube); Alt-St. Job 1.

Távčar/TAUTSCHER; 1531 Thoman Lippe (auch vulgo Jacobn/Koman), 1606 Lukaz Tautscher, 1647 Lucaß Tauscher, 1789 Urban Oprießnig, 1841 Paul Oprißnigg (vulgo Tautscher-Keusche); Neu-St. Job 13/Alt-St. Job 16.

Tíšlar/TISCHLER.

Úmelj/Úmele; 1531 Simon Humilli (vulgo Trabit), 1606 Paul Humele, 1647 Peter Koch, 1741 Hanz Ottowitz, 1785 Primož Schneider, 1841 Georg Schneider (vulgo Umele-Hube); Neu-St. Job 7/Alt-St. Job 10.

Zdížen/Zdíšn/Stießen; 1504 Matevž Sdisen, 1521 Gregorij Styssen, 1524 Gori Dissen, 1606 Andre Disn, bis 1619 Jurij Dison, ab 1619 Miklavž Dison, 1785 Jurij Poshlep, 1841 Georg Dermoutz (vulgo Stisch[en]-Hube); Neu-St. Job 10/Alt-St. Job 13.

[18 LwB, 23 VHN, 16 Var]

Die Ortschaft „St. Job" wurde früher als „St. Job zu Oberlatschach" bezeichnet.

1.3.7 Frießnitz/Breznica

Frjánc/FERIANZ; 1506 und 1554 Florijan/Florian Maurer, 1585 und 1606 Achatz Maurer/ Achaz Florian, 1654 erwähnt, bis 1655 Johan/Hanß Gailler, 1657 Cazian Farianz, 1770 Simon Melchior, 1805 Josef Melcher, 1841 Philipp Melchior (vulgo Jerneg[/Florianz]-Hube); Korpitsch 19.

Kájžnik/Keuschnig; Keusche; 1749 erwähnt, bis 1770 Matija Scarbina, ab 1770 Anton Gregory, 1841 Anton Gregory (vulgo Keuschnigg-Keusche); Korpitsch 21.

Tríp/Trípa; 1590 besaß Achaz Triepe, 1606 Bartl Tripa, 1653 Vid/Faidil Tripa, 1681 und 1682 erwähnt, 1841 Ursula Skarbina (vulgo Tripp-Hube); Korpitsch 22.

[3 LwB, 3 VHN, 3 Var]

1.3.8 Korpitsch/Grpiče

Bedlàv/BEDLAU; bis 1733 Andrej Wedlou, danach Matej Spizar, 1758 bis 1761 Miha Spizer; Korpitsch-Graben Nr. 16, später Korpitsch.

Frlíč/FERLITSCH; Hube; 1606 Peter Ferlitsch, 1654 Lukaz Ferlizh, 1668 Mateij Farliz, 1770 Michael Maurer, 1841 Joseph Maurer (vulgo Ferlitsch-Hube); Nr. 9.

Dolínar von „dolina“ für „Tal“ als „der im Tal Wohnende“.

Grílc/GRILLITZ; 1606 Jakob Grilliz, 1647 Andre Grilliz, 1670 bis 1696 Ožbolt Griliz, ab 1696 Mert Griliz, 1741 Toman Arrich, 1800 Stephan Arrich, 1841 Stephan Arrich (vulgo Grillz-Keusche); Nr. 5.

Hájnželjč/Hájnželč/HANSCHELITSCH; Hube; 1739 Joannes Hänschl, 1770 Valentin Widiz, 1671 und 1673 Tomaž Vidaz/Vidits, 1679 Tomaž Scarbina, 1701 und 1750 Caspar Bidiz/Gašpar Widiz, 1748 Gregor Widiz, 1671 Tomaž Vidaz, 1701 Caspar Bidiz, 1841 Georg Pacher (vulgo Hansel-Hube); Nr. 14.

Hudét/Hdét; 1654 Lukaz Koman, 1683 Adam Coman, 1689 Lenga Khomanin, 1723 erwähnt, 1741 Lovrenc Komon, 1770 Toman Komann, 1785 Valentin Fuker, 1841 Mathias Oitzel (vulgo Hudeth-Keusche); Nr. 6.

Kávc/KAUTZ – **Weber**; 1590 Primus Weber, 1606 und 1648 Urban Weber/Kautschitsch, 1788 erwähnt, 1789 Andrej Janach, 1841 Peter Stubner (vulgo Kautz-Keusche); Nr. 2.

Kopájnik/Kopeinig; 1524 Gory Coppain, 1554 und 1576 Ruepl Copainig/Khopanig, 1678, 1685 und 1689 Mathes Coman/Matej Cupeinnig, 1804 Primus Spitzer, 1841 Joseph Spitzer (vulgo Kopeinigg-Hube); Nr. 12.

Kováč/KOWATSCH – **Schmid** von „Schmied“; 1647 Pavel Schmidt, 1656, 1661, 1664 bis 1692 Martin/Mörtl Marlin/Mahrlin, ab 1692 Partl Mahrlin, 1741 Bartl Merlin, 1770 Hanß Merlin, 1841 Jakob Merlin (vulgo Schmid-Keusche), 1865 erwähnt; Nr. 7.

Krémpič/KREMPITSCH; 1730, 1731, 1734 und 1737 Jakob/Jacob Millner/Millar/Kremp, bis 1738 Jurij Kremp, 1795 und 1802 Anton Milner; Korpitsch-Graben Nr. 18; später Korpitsch.

Krévs/KRËUß; 1590 Jakob Kroißpacher, 1606 Jacob Khreuß, 1653 und 1668 Jakob Kreus/ Crossinpogor, bis 1756 Andrej Kroissenbacher, ab 1756 Jakob Kroissenbacher, 1804 Matheus Kroisenbacher, 1841 Kaspar Kroisenbacher (vulgo Kreuß-Hube), 1870 Jakob Creus; Nr. 1.

Krófl č/Krófel(č)/KROFLITSCH; 1570 Achaz Khröphl, bis 1606 Avguštin Kröpfl, ab 1606 Matheß, 1654 Rup Krofl, 1656 und 1659 Blasy Krofl/Blasius Kropfel, 1785 Primož Kuggi, 1795 Jakob Kuggi, 1841 Jakob Kugy (vulgo Kropfitsch-Hube); Nr. 13.

Kvánčnik/QANTSCHNIG von „klanec" für „Steilhang" als „der am Steilhang Lebende".

Mastígi – Koman von mittelhochdeutsch „kamp" für „Kamm", der Kammmacher (Feinig, 2004/05, 122); 1580 Jury Mastigey, 1653 Andrej Koman, 1680 Andrej Khoman, bis 1783 Primož Mastige, 1783 bis 1734 Andrej Mastige, ab 1734 Gregor Mastige für Bruder Toman, 1745 Gregor Koman, 1841 Valentin Komann (vulgo Mastige-Hube); Nr. 10. (Vgl. LMR, 2016, 46.)

Méšnik/Meschnig; 1590 Gregor Meschnigg, 1606 Gregor Mesnig/Meßnigg, 1653 Matija Meshnik, 1656 Adam Meshnik, 1841 Matthäus Halle (vulgo Meschnigg-Hube); Nr. 8.

Mólč/MOUTSCH; Hube; 1521 Jerney, 1654, 1655 und 1656 Achazij Modelz/Ahac Jernej/ Achatius Molizh, ab 1688 bis 1706 Jerne „Trüpe", ab 1706 bis 1712 seine Witwe Lucija, ab 1712 und 1723 Peter „Trippa", 1785 Anton Koman, 1841 Lorenz Komann (vulgo Moltsch-Hube samt vulgo Mastige-Zulehen, Keusche, Nr. 20); Nr. 17.

Púšč/Púšča/PUSCHTSCHA; Keusche; 1841 Thomas Hochkofler (vulgo Augustin-Zulehen [/zur Uštin-Hube, Nr. 3]); Nr. 11.

Serájnik/Sereinig; 1606 Jakob Sereinigg, 1694 erwähnt, 1719, 1737 und 1755 Jurij Serainig/ Spizer, 1792 und 1803 Paul Spizer/Pavel Spitzer; Korpitsch-Graben Nr. 17, später Korpitsch.

Štrékar/Štréker/STRECKER – **Zeiner** (siehe Cajnarjeva kajža im Korpitsch-Graben, LMR, 2016, 48); 1780 Christoph I., 1805 erwähnt; Korpitsch-Graben 12, später Korpitsch.

Tandéj/TANDE; bis 1736 Maria Tandeika, 1769 Simon Gregori; Korpitsch-Graben 15, später Korpitsch.

Trovánj/TROWAN; 1647 bis 1674 Franz Strosakh, ab 1674 bis 1690 Witwe bzw. Tochter und Miha Koller, ab 1690 Tomaž Ferlitsch, 1741 Lovrenc Ferlitsch, 1770 Jakob Wuttey, 1806 Jakob Opricßnigg, 1841 Jakob Oprißnigg (vulgo Trounin-[/Trovann-]Keusche); Nr. 4.

Uštín/USCHTIN; 1564 Augustin Maurer, [1606] Florijan Maurer, 1663 und 1667 Vitus Maurer (vulgo Apresnig), 1785 Valentin Schmucker, 1827 Tomaž Hochkofler, 1841 Thomas Hochkofler (vulgo Augustin-Hube [und vulgo Pušč, Keusche, Nr. 11]); Nr. 3.

Zlán/Zelán/SLAN – **Gailer** von „Gail, Gailtal"; 1656 und 1662 bis 1679 Rup Gailer/Gayller, ab 1679 bis 1690 Tomaž Gayller, ab 1690 bis 1696 Partl Gailler, ab 1696 Gregor Aicher, 1770 Jakob Spitzer, 1841 Gregor Binder (vulgo Sellan-Hube); Nr. 15.

Žmávc/SCHMAUTZ; – **Jáklič**/JAKLITSCH; 1805 erwähnt, 1806 und 1809 Andrej Kreuzer/ Krauzer; Korpitsch-Graben Nr. 13 und/oder 14, später Korpitsch.

Žnídarč/Žnídar/SCHNIDERITSCH; 1653 und 1658 bis 1674 Štefan Zueder/Zweder, 1674 seine Witwe Eva Zueder, ab 1674, 1678 und 1681 bis 1692 Jurij Wallar/Uolar/Volar, ab 1692 Matevž Wollar, 1741 Mathes Wollär, 1770 Urban Wollär, 1841 Jakob Wollar (vulgo Schnideritsch-Keusche); Nr. 16.

[25 LwB, 29 VHN, 15 Var]

1.3.9 Korpitsch-Graben/Grpiški graben

Balóserjeva kájža/Walaßer-Keuschl; Keusche; 1768 Georg Kreuzberger, bis 1772 Lenart Wenzl; Nr. 6.

Cájnarjeva kájža/Zeiner-Keusche; Keusche; 1764 Anton Juvan, 1775 Janez Loger, 1767 Franc Sternath, 1771 Johann Peitler; zuerst Graben Nr. 6, dann Korpitsch-Graben 3.

Címpermanova kajža/Zimmermann-Keusche; Keusche; 1797 Georg Fleischhaker; Nr. 5.

Jákob, mlín in žága/Jakob, Mühle und Säge – Peitler/Beutler von „das Obst zum Most Pressen durch Schütteln eines Baumes ernten“ (vgl. Opresnik in St. Job, LMR, 2016, 36); Keusche; 1611 Salomon Abriser, 1772 Gašpar Oppriesnigg, 1809 Gašpar Oprießnig, 1730 Jakob Opriesnig, 1728 Martin Opresnek; Nr. 9.

Kravínč/KRAWINITSCH; Keusche; 1709, 1712 bis 1731 Tomaž Pinthar/„Crauana“/„Krauenitsch“, ab 1731 bis 1749 Jacob „Kravanitsch“ (auch 1728 und 1732 „Jacob Krauianiak“), 1761 Tomaž „Kraivainia“, 1778 Jakob Kravina, 1795 Franc Krauania; Nr. 10.

Míhorič/MICHORITSCH; Keusche; 1711 Jurij Michoriz, 1785 Mathias Merlin; Nr. 19.

Šájsl/Scheißl; Keusche; 1785 Jakob Merlin, 1794 Gašpar Koffler; Korpitsch-Graben Nr. 8; später Korpitsch.

Trabínar/Trebínar/Trabiner; Hube; 1654 und 1655 Toma Tribinar/Thomas Terbinar/Thomas Gregori, 1676, 1679 und 1685 Gaspari Gergori/Gregori/Gaspar Gregori/Caspar Gargori/Gašpar Gregori, bis 1756 Lucas Gregori, bis 1763 Šiman Gregori, ab 1764 und 1775 Miha Gregori (auch 1763), 1794 und 1805 Hanz Gregori/Hansl Gregory; Korpitsch-Graben 1, später Korpitsch.

Upravíteljeva híša/Verweser-Haus; Gewerkschaft; 1762 Herr Franc Krištof Bruner als Verwalter für Herrn Johan Jakob Neydiser, bis 1772 Franc Huber als Verwalter, 1780 Tomaž Regenfelder als Verwalter, 1785 Herr Johann von Neidieser als Eigentümer, ab 1792 Johan Wiser als Verwalter; Nr. 7.

Žebljárjeva kájža/Nagelschmidt-Keusche; Keusche; bis 1740 Matevž Thoman, 1762 Gregor Sadraschnig, 1770 Andrej Sadraschnig, 1773 Martin Lasar, 1774 Jakob Praviza, 1775 Tomaž Crobath, 1778 Mattheus Zhamasher/Čemažar, 1781 Mathia Leban, 1775 Jernej Pessjak; Nr. 4.

[10 LwB, 11 VHN, 7 Var]

1.3.10 Müllnern/Mlinare

Búti/Bútej/Wutti; Keusche; 1606 Gregor Wutti, 1647 bis 1680 Primož Wutty, ab 1680 bis 1696 Motez Füscher, ab 1696 seine Witwe für ein Kind, 1733 Franc Fischer, 1777 Andreas Fischer (62 Jahre alt, vulgo Wutte, und Maria Moschitzin, 62 Jahre alt), 1789 Andrej Fischer, 1841 Maria Moschitz (vulgo Wutte-Keusche); Nr. 1.

Čínž/TSCHINSCH; bis 1647 Blaž Crainner, ab 1647 bis 1680 Toman Gailer, ab 1680 bis 1693 Franc Gailer, ab 1693 Jurij Glawein, 1737 Hanß Glawein/Moßer, 1777 Franz Moser (56 Jahre alt, vulgo Tschinsch, und Apollonia Samoniggin, 55 Jahre alt), 1841 Sebastian Fritz (vulgo Tschi[n]sch-Keusche); Nr. 3.

Fábrka/Nudelfabrik/Dorfcafé/Finkensteiner Nudelfabrik; Gewerkschaft; Nagelschmiede: 1659 „Maister“ Ziperian Panzier, Juni 1660 Stefan Marhoff, Mai 1660 Georg Mikiz, 1663 Antony Massier und Jakob Glauzäner/Zeriner, 1665 Hanz Panzier, 1682 Matheus Leuig; Drahtzieher: 1682 Ruep Wuecherer; Verwalter: 1665 Herr Georg Gundy; Eigentümer:

1682 Herren Jouio in Müllnern, 1770 Herr Pallesi; Verwaltung im Haus Nr. 8, Wohnhaus Nr. 9, Hammerwerk Nr. 10, Schmieden Nr. 11 und 12. – Eigentümerin: 1841 Franziska Gräfin von Stubenberg für die Nebengebäude Nr. 9, 10, 11, 12 und 13, Gewerkschaft Müllnern. (Siehe Finkenstein-Chronik, 2005, S. 70 ff. Vgl. dazu Fußnote 2 auf S. 25.) – 1777 Altes Gewerkenhaus, Nr. 8, Einwohner: der Tischler Thomas Purgstaller (42 Jahre alt), und der Heizer Johann Lepuschitz (43 Jahre alt) samt Familien und anderen Personen. – 1777 Neue[s] Gewerk[en]haus, Nr. 9, Hausherr Herr Thomas Orasch (43 Jahre alt), Hausherrin Frau Cäcilia Lileggin (53 Jahre alt), Sekretär Franz Aicholzer (19 Jahre alt), Köchin Anna Alleschin (32 Jahre alt) samt Familien und anderen Personen. – 1777 „Im Graben", Nr. 12, Einwohner: der Zeiner Peter Schicher (34 Jahre alt) sowie die Drahtzieher Rupert Fertschnigg (39 Jahre alt) und Martin Fertschnigg (32 Jahre alt) samt ihren Familien.

Flájškar/Fleischhacker – **Štéfl**/Stef; 1606 Blasius Pettrouz und Christoff Tschalliga, 1647 bis 1689 Primož Pettrauiz/Petrobiz, ab 1689 bis 1737 Urban Tscheliga, ab 1737 Krištof Tscherliga, 1770 Christoph Tscherliga, 1777 Lukas Tschelligi (45 Jahre alt, vulgo Fleischker, sowie Maria Tschelligin, 70 Jahre alt, Witwe, frühere Hausherrin), 1841 Johann Tscheligi (vulgo Fleischhauer-Keusche; Nr. 5.

Mále/Málej/Malle; Halbhube und Mauthmühle; 1606 Hanz Mälle und Petternell Chäder, 1647 Andrej Oprießnigg, 1686 Andre Gallob, 1737 Lukaz Gallob, 1741 Hanz Domenigg, 1777 Michael Domenigg (29 Jahre alt, vulgo Malle, und Maria Lepuschitzin, 23 Jahre alt, außerdem der Müller Michael Petritsch, 25 Jahre alt, und der Lehrling Urban Domenigg, 17 Jahre alt), 1841 Lukas Lepuschitz (vulgo Malle-Hube samt Mauthmühle); Nr. 6.

Ótrt/OTTERT; 1606 Witwe des Peter Gotthardt, 1647 Motez Galaz, nach 1660 Foltan Paullin, 1681 Miha Ottowaz, vor 1700 Miha Paullin, ab 1700 Jakob Markhobitsch, 1733 Jakob Marcobitsch (vulgo Saller), 1777 vulgo Otherth- oder Saller-Keusche erwähnt, 1789 Andrej Trebier (auch vulgo Saller), 1841 Mathias Pernull (vulgo Ottert-Keusche); Nr. 2.

Úkelj/Úkele; 1647 bis 1670 Hanz Prenner, ab 1670 seine Witwe und ihr Stiefsohn Lukaz Prenner (bis 1688)/Luca Pretnor (1660)/Luca Prenar (1663), ab 1688 Pongrac Mokherl, 1737 Katra Moggerl, 1777 Jakob Kenzian (37 Jahre alt, vulgo Ukele, und Lucia Rastnerin, 28 Jahre alt), 1841 Bartl Wiegele (vulgo Uckele-Keusche samt Uckele-Zulehen); Nr. 4.

Zolar/Zôlar/Såler; Hube und Mauthmühle; bis 1597 Krištof Kuge, ab 1597 Partl Saaler, 1606 Matija Saller, nach 1611 Matija Paul, 1737 Jakobitsch, 1770 Georg Markobitsch, 1777 Stefan Müller (vulgo Saller oder Cavalar), 1841 Johann Lautmann (vulgo Saller-Hube samt Mauthmühle); Nr. 7.

[8 LwB, 10 VHN, 13 Var]

Zugriff auf die HP Christian Gallobitsch für das Personenregister 1777 für die Hausnummern 1 bis 9 und 12 der Ortschaft Müllnern erfolgte am 24.01.2020 vor 13:00 Uhr.

1.3.11 Gödersdorf/Vodiča/Diča vas

Báštej/Bóštej/BASCHTE; 1606 Bastl Triesnigg, 1741 Cazian Walthauser, 1777 Jakob Walthauser (28 Jahre alt, vulgo Waste, und Agnes Mörtlin, 24 Jahre alt), 1841 Lukas Waldhauser (vulgo Waste-Keusche); Alt-Gödersdorf. 4.

Brnéz/WERNÖß/Vernös; vor 1600 bis 1606 Primož Dermolz, 1606 Jurij Dermolz, 1606 bis 1633 Primož (Werneß), ab 1633 Urban (Werneß), 1656 Urban Dermou, 1661 Urban Werneß, 1740 Lucaß Dermouz, 1777 Anton Dermouiz (54 Jahre alt, vulgo Werness, und Maria Moserin, 52 Jahre alt), um 1785 Anton Dermouz, 1841 Thomas Dermoutz (vulgo Wernes-Hube); Alt-Gödersdorf 7.

Búši/Búšej/BUSCHI; 1606 Hanz Wuschy, bis 1663 Kanci Buschey, ab 1663 seine Witwe und Jurij Samounigg, 1777 Thomas Clemienz/Klemenz (37 Jahre alt, vulgo Wusche, und Agnes Fuggerin, 35 Jahre alt), 1789 Tomaž Klemienz, 1841 Johann Klemenz (vulgo Wuschy-Hube); Neu-Gödersdorf 11/Alt-Gödersdorf 18.

Cájhen/Zeichen; Hube; 1606 Andrej Zeichen, 1674 Gregor Zeichen, 1777 vulgo Zeichen erwähnt, 1841 Joseph Napokoy (vulgo Zeichen-Hube); Neu-Gödersdorf 2/Alt-Gödersdorf 9.

Čelígi/TSCHELIGI; Hube; 1606 Krištof Tschalliga, 1647 Gory Tscheligey/Tscheliga, 1654 Gregor Zhiligei, 1759 Hanz Koch, 1777 vulgo Tschelligi erwähnt, 1841 Johann Truntschitsch (vulgo Tscheligi-Hube); Neu-Gödersdorf 14/Alt-Gödersdorf 22.

Fánjak/FANIAK – **Gláser**; 1647 Partl Marcoiz/Marcobiz, 1659 Johann Fainig, 1664 erwähnt, ab 1682 bis 1697 Jurij Predaukh, ab 1697 Marija Predaukh, noch 1720 Jurij Predaukh, 1741 Jacob Rath, 1777 Urban Omann (47 Jahre alt, vulgo Fanjak, und Maria Mörtlin, sowie Jakob Rath, 64 Jahre alt, Witwer, früherer Hausherr), 1789 Urban Obmann, 1841 Georg Omann (vulgo Feiniak-Keusche; Neu-Gödersdorf 5/Alt-Gödersdorf 12.

Florján; Hube; 1606 Florijan Prahinig, 1643 Jurij Prachinig, 1647 Jurij Prohinner, 1741 Tomaž Prachiner, 1777 Thomas Perhiner (45 Jahre alt, vulgo Florian, und Anna Perhinerin, 49 Jahre alt), 1841 Johann Truntschitsch (vulgo Florian-Hube); Neu-Gödersdorf 3/Alt-Gödersdorf 10.

Hrvát/HORWAT; Hube; 1606 Hanz Khrabath, 1777 vulgo Krawath erwähnt, um 1785 Tomaž Klamienz, 1841 Simon Kleminz (vulgo Kroboth-Hube); Alt-Gödersdorf 3.

Kárlar/Karler vom PN „Karler", von „Karl".

Kôtnik/Kattnig; bis 1602 Partl Gatnigg, ab 1602 bis 1603 Jurij Gattnigg, ab 1603 an Rip(e)l Prossen, 1606 Jury Khatnigg, 1652 Gregor Kotnik, 1777 Simon Fritz (35 Jahre alt, vulgo Kattnigg, und Maria Marcowizin/Markowitz, 33 Jahre alt), 1841 Johann Fritz (vulgo Kattnigg-Hube); Neu-Gödersdorf 10/Alt-Gödersdorf 17. – 1777 Kattnigg Badstube erwähnt, (Alt-Gödersdorf) 19.

Krájnc/KREINZ; Hube; 1606 Krištof Crainz, 1647 Blasse Crainer, 1777 Georg Mörtl (56 Jahre alt, vulgo Krainz, und Maria Ojzin, 42 Jahre alt), 1785 Jurij Mörtl, 1841 Johann Waldhauser (vulgo Kranitz-Hube); Alt-Gödersdorf 2.

Márkovc/MARKUTZ; 1606 Mathes Markhou, 1643 Urban Markhowitz/Marcuiz, 1656 Urban Märcobiz, 1730 Jergl Marcobitsch, 1750 Jurij Marckowitsch, 1777 vulgo Marcowiz erwähnt, 1841 Johann Dermoutz vulgo Markowitz-Hube); Neu-Gödersdorf 4/Alt-Gödersdorf 11.

Méžnar/Mesner; Keusche; 1659 Gregor Wiellitsch, 1777 Anton Wuchrer/Wucherer (57 Jahre alt, vulgo Mösner, und Agnes Anderlin, 59 Jahre alt), um 1785 Miha Putritsch, 1841 Franz Müller (vulgo Meßner-Keusche); Neu-Gödersdorf 1/Alt-Gödersdorf 8.

Mlín.

Múnter; 1647 bis 1678 Marina Schneiderin/(žnidarca), ab 1678 Pavel Waißnig, 1700 Paull Waißnig, 1720 auch Pavel Waißnig, 1741 Franc Nouakh, 1777 Simon Paumgartner/ Baumgartner (33 Jahre alt, vulgo Munter, und Gertrude Petermonin/Petermann, 27 Jahre alt, (Alt-Gödersdorf) 20), 1841 Urban Baumgartner (vulgo Munter-Keusche); Neu-Gödersdorf 12/Alt-Gödersdorf 19.

Nápokoj/NAPOKOI; 1606 Matevž Nepakhoy, 1777 Gregor Fleiss (21 Jahre alt, vulgo Napokoj, und Barbara Osganin/Oschgan, 22 Jahre alt, sowie Maria Fleissin, 60 Jahre alt, Witwe, frühere Hausherrin), um 1785 Gregor Flesi, 1841 Martin Fleiß (vulgo Napokoy-Hube); Alt-Gödersdorf 5. – 1777 Napokoj Badstube erwähnt, (Alt-Gödersdorf) Nr. 6.

Nôvi grád/Schloss Neufinkenstein; Gutshof.

Ohác/ÅCHATZ; 1655 Ohac Kowianka, 1669 Matija Cociancha, 1740 Gregor Kaziankha, 1777 Maria Komarin (37 Jahre alt, Witwe, vulgo Achaz), 1841 Simon Katholnigg (vulgo A[ch]atz-Hube); Neu-Gödersdorf 6/Alt-Gödersdorf 13.

Pétrovc/PETRUTZ; Hube; 1606 Blasy Petrouz, 1647 bis 1664 Jakob Plaßkho, ab 1664 bis 1678 Anton Klebein, ab 1678 Gregor Aichholzer, 1777 Simon Aicholzer (47 Jahre alt, vulgo Petrouiz, und Maria Fuggerin, 40 Jahre alt), 1789 Simon Aichholzer, 1841 Johann Aichholzer (vulgo Petroutz-Hube); Neu-Gödersdorf 8/Alt-Gödersdorf 15.

Prosén/PROßEN; Hube; vor 1603 Jurij Kotnik/Gatnigg, ab 1603 bis 1612 Riepel Prossen, ab 1612 Matevž Coban, 1628 und 1629 Matevž Prossen, 1740 Miha Sämonig, 1777 Johann Samonigg (59 Jahre alt, ledig, vulgo Prossen), 1841 Lukas Binder (vulgo Pro[ß]en-Hube); Neu-Gödersdorf 14/Alt-Gödersdorf 21.

Spódnji Méšnik/Unterer Meschnig; Hube; 1665 erwähnt, 1777 Lukas Koffler (48 Jahre alt, vulgo Meschnigg, der untere, und Eva Lepuschitzin, 40 Jahre alt), 1841 Johann Kofler (vulgo M[e]schnigg-Hube); Gödersdorf 23. – 1777 Meschnig, des unteren Badstube; Andreas Lepuschitz (73 Jahre alt, Witwer), (Alt-Gödersdorf) 24.

Úrh/URCH; 1660 und 1661 Meister Ulrich Schneider/Urh Kopanigg, 1759 Hanz Lepuschitz, 1777 Johann Lepuschitz (52 Jahre alt, vulgo Ulrich, und Maria Smolin/Smole, 27 Jahre alt), 1841 Lukas Lepuschitz (vulgo Urich-Keusche); Neu-Gödersdorf 7/Alt-Gödersdorf 14.

Zgórnji Méšnik/Oberer Meschnig; 1777 Andreas Pinter (64 Jahre alt, vulgo Meschnigg, der obere, und Maria Skerbina/Skarbina, 60 Jahre alt), 1789 Andrej Pinter. – Hausname bestand bis 1793 (vgl. vulgo Mešnik, Altfinkenstein 16); Alt-Gödersdorf 1.

Žíher/SCHICHER; 1606 Šiman Crainer, 1741 Matija Flaschberger, 1777 Leonhard Schimonitsch (48 Jahre alt, vulgo Schicher, und Eva Graillin, 42 Jahre alt), 1841 Matthäus Simonitsch (vuglo Sch[ic]her-Keusche); Neu-Gödersdorf 9/Alt-Gödersdorf 16.

[24 LwB, 24 VHN, 13 Var]

Bernard Kotnik (2009) verwendet zweierlei Nummerierungen für Gödersdorf, Christian Gallobitsch jedoch nur eine durchgehende Hausnummernauflistung, was hier in der Bezeichnung „Alt-Gödersdorf" zum Ausdruck kommt.

Zugriff auf die HP Christian Gallobitsch für das Personenregister 1777 für die (alten) Hausnummern 1 bis 24 der Ortschaft Gödersdorf erfolgte am 13.01.2020 vor 12:40 Uhr.

1.3.12 Stobitzen/Stopca

Adúnka; Badstube von vulgo Pekič; Nr. 4.

Kóla/Kola Hans für „Koller Hans".

Kováč/KOWATSCH; Keusche; 1686 Jac. Cropfitsch, 1777 Georg Egarthner (37 Jahre alt, vulgo Schmid, und Maria Pirkerin), 1841 Joseph Kaufmann (vulgo Schmid-Keusche); Nr. 2.

Pékič/PÖKITSCH/Seminarhotel/**Hotel Zollner**; Keusche; 1777 Jakob Tressnigg/Trießnig (66 Jahre alt, vulgo Pökitsch, und Agnes Feichterin, 56 Jahre alt), 1789 Trentin, 1841 Urban Dermoutz (vulgo Böckitsch-Keusche); Nr. 3.

Šústar/Schuster; Keusche; 1606 Lucaß, 1777 Bartholomäus Marcowiz/Markowitz (37 Jahre alt, vulgo Schuster, und Maria Jamnigin, 30 Jahre alt), 1841 Anton Ehegartner (vulgo Schuster-Keusche); Nr. 1.

[6 LwB, 6 VHN, 3 Var]

Zugriff auf die HP Christian Gallobitsch für das Personenregister 1777 für die Hausnummern 1-3 der Ortschaft Stobitzen erfolgte am 25.01. 2020 vor 13:20 Uhr.

1.3.13 Neufeld

Rájtar/Reiter.

[1 LwB, 1 VHN, 0 Var]

1.3.14 Susalitsch/Žužalče

Blátnik/BLATNIG.

Črníkelj/TSCHERNIKELE; Hube; 1841 Lukas Brandner (vulgo Tschernikele-Hube); Nr. 9.

Érman; Hube; 1841 Anton Kofler (vulgo Ehrmann-Hube); Nr. 6.

Fák.

Kocjánk/KOZIANK von „Kancijan/Kanzian"; Hube; 1841 Lorenz Sabunka (vulgo Katzianka-Keusche); Nr. 3; nicht Kozjánk.

Líp.

Mušét/MUSCHET; Hube; 1841 Georg Muschet (vulgo Muschet-Hube); Nr. 2.

Óšenk/OSCHENK; Hube; 1841 Michael Ottowitz (vulgo Oschounigg-Hube); Nr. 7.

Óvnič/OUNITSCH; Hube; 1841 Michael Aichholzer (vulgo O[n]itsch-Hube); Nr. 8.

Spódnji Kájžnik/Unterer Keuschler; Keusche; 1841 Thomas Melchior (vulgo Untere Keuschnig-Keusche); Nr. 11.

Strnád/STERNATH; Hube; 1841 Johann Müller (vulgo Sternad-Hube); Nr. 5.

Strníšč/STERNISCHITSCH; Hube; 1841 Georg Binder (vulgo Sternischitz-Hube); Nr. 1.

Tínc/TINZ.

Zgórnji Kájžnik/Oberer Keuschler; Keusche; 1841 Gregor Müller (vulgo Obere Keuschnig-Keusche); Nr. 10.

[13 LwB, 14 VHN, 8 Var]

1.3.15 Untertechanting/Spodnje Teharče/Tehanče

Bérger; Keusche; 1841 Mathäus Kopeinnig (vulgo Berger-Keusche); Nr. 12.

Číčla/TSCHITSCHLIN.

Dobernigg-/Juri von „deber" für „Schlucht" (Feinig, 2004/05, 43) und „Jurij" für „Georg" als „der an der Schlucht Lebende Georg"; Keusche; 1841 Johann Mikula (vulgo Dobernigg- oder Jur[i]-Keusche); Nr. 20.

Dravc/Drautz, von „Drava" für „Drau" als „der an der Drau Lebende"; Keusche; 1777 Blasius Wieltsch (vulgo Drauz, und Maria Umelin/Umele), 1841 Valentin Wiltsch (vulgo Drautz-Keusche); Nr. 10.

Férm; Keusche; 1777 Josef Preinz (vulgo Ferm, und Maria Fuggerin, 40 Jahre alt), 1841 Johann Preinz (vulgo Ferm-Keusche); Nr. 11 (vgl. Obertechanting, LMR, 2016, 39).

Fájdlč/FEIDLITSCH; Keusche; 1777 Ursula Wieltschin (47 Jahre alt, Witwe, vulgo Feidlitsch), 1841 Simon Warum (vulgo Weidlitsch-Keusche); Nr. 9.

Frídl.

Ížnik/ISCHNIG; Hube; 1777 Georg Wigele/Wiegele (46 Jahre alt, vulgo Ischnigg, und Magdalena Perhinerin, 46 Jahre alt), 1841 Andrä Wiegele (vulgo Ischnigg-Hube); Nr. 5.

Kopánčič/KOPANTSCHITSCH; Hube; 1777 Nikolaus Onitsch (28 Jahre alt, vulgo Kopantschitz, und Agnes Pirkerin, 29 Jahre alt, sowie Margaritha Onitschin, 56 Jahre alt, Witwe, frühere Hausherrin), 1841 Johann Kremser (vulgo Kopantschitsch-Hube); Nr. 7 (vgl. Obertechanting, LMR, 2016, 40).

Krájnc/KREINZ; Hube; 1777 Primus Waluschnigg (41 Jahre alt, vulgo Krainz, Nr. 1, und Ursula Sawunkin, 37 Jahre alt), 1841 Johann Walluschnig (vulgo Kranniz-Hube); Nr. 1 und 2.

Krótar.

Kvánfar/KLAMPFER; Hube; 1777 Michael Wigele/Wiegele (60 Jahre alt, vulgo Klampfrer, Nr. 6, und Anna Sandrisserin, 58 Jahre alt), 1841 Johann Lepuschitz (vulgo Klampferer-Hube); Nr. 7 (vgl. Obertechanting, LMR, 2016, 40).

Lója/LOJA; Keusche; 1841 Johann Adunka (vulgo Loyout[z]-Keusche); Nr. 15.

Ménten; Hube; 1841 Valentin Woschitz (vulgo [Men]ten-Hube); Nr. 4.

Méžnar/Mesner; Keusche; 1841 Johann Muschet (vulgo M[e]ßner-Keusche); Nr. 13.

Müllner von „Müller" für „mlinar"; Keusche; 1841 Anton Krainer (Müllner-Keusche); Nr. 17.

Nágerčnik/Nagerschnig/Stiegerhof/Landwirtschaftliche Fachschule; Gutshof; 1841 Blasius Lapusch (vulgo Nagertschnigg oder Stiegerhof, Nr. 21, und Maierhaus, Nr. 22). (Siehe Oskar Sakrausky: Agoritschach, 1960, S. 19. Vgl. dazu Fußnote 2 auf S. 25.)

Nágerčnik-/Nagerschnig-/Nagelschmied-Keusche; Keusche; 1841 Johann Stroitz (vulgo Nagelschmied-Keusche), Nr. 16.

Napokój/NAPOKOI; Hube und Keusche; 1841 Franz Wieltsch (vulgo Napoko[y]-Hube, Nr. 8, samt Napok[oy]-Zulehen, Nr. 3 [Keusche]), (vgl. Obertechanting, LMR, 2016, 40).

Pápaž/PAPESCH; Keusche; 1841 Michael Krainer (vulgo Papesch-Keusche); Nr. 14.

Tischler von „Tischler" für „mizar"; Keusche; 1841 Joseph Lepuschitz; Nr. 19.

Tóni; Keusche; 1841 Maria Kraßnig (vulgo Rebernigg- oder Thone-Keusche); Nr. 18.

Žnídar/SCHNIDER.

[23 LwB, 26 VHN, 11 Var]

Zugriff auf die HP Christian Gallobitsch für das Personenregister 1777 für die Hausnummern 1, 5-7 sowie 9-11 der Ortschaft Untertechanting erfolgte am 25.01. 2020 vor 13:20 Uhr.

1.3.16 Obertechanting/Zgornje Teharče/Tehanče

Hobján/HOBIAN; Hube; 1777 Andreas Waluschnigg (70 Jahre alt, Witwer, vulgo Fabian), 1841 Thomas Walluschnigg (vulgo Fabian-Hube); Nr. 2.

Írgovc/IRGUTZ; Hube; 1777 Paul Oman (46 Jahre alt, vulgo Jörgouitz, und Gertrude Tharmanin/Tarman, 40 Jahre alt), 1841 Matthäus Omann (vulgo Jergoutz-Hube); Nr. 4.

Kalíšnik/KALISCHNIG; Hube; 1777 Blasius Moser (vulgo Kallischnigg, und Maria Wuchrerin/Wucherer, sowie Primus Moser, 67 Jahre alt, früherer Hausherr), 1841 Lukas Sabunka (vulgo Kallischnig-Hube); Nr. 5.

Katzianka von „Kanzian/Kancijan"; Hube; 1777 Simon Moser (37 Jahre alt, vulgo Koziank, und Maria Rudolffin), 1841 Johann Moser (vulgo Katzianka-Hube); Nr. 1.

Kávc/KAUTZ; Hube; 1777 Mathäus Preinz (47 Jahre alt, vulgo Kauz, und Maria Pinterin, 29 Jahre alt, sowie Andreas Preinz, 76 Jahre alt, Witwer, früherer Hausherr), 1841 Lukas Binde (vulgo Kautz-Hube); Nr. 3.

Polurtschniak-/Krautniack; von „poluren" für „halbstündig" bzw. „Kraut" für „kapus dial./zelje"; vermutlich Keusche; 1841 Andrä Klampferer (vulgo Polurtschniak- oder Krautniack-Keusche); Nr. 10.

Tómažič/TOMASCHITSCH; Hube; 1777 Gregor Pirker (52 Jahre alt, vulgo Tomashitz, und 46 Jahre alte Hausherrin), 1841 Johann Kattnig (vulgo Thomaschitz-Hube); Nr. 6.

[7 LwB, 8 VHN, 5 Var]

Zugriff auf die HP Christian Gallobitsch für das Personenregister 1777 für die Hausnummern 1 bis 3 der Ortschaft Obertechanting erfolgte am 24.01.2020 vor 13:00 Uhr. Zugriff auf dieselbe HP für dasselbe Register für die Hausnummern 4 bis 6 der Ortschaft Obertechanting erfolgte am 25.01.2020 vor 13:20 Uhr.

1.3.17 St. Stefan/Šteben

Árih/Arrich; 1921 Franz Pinter; Nr. 39, Nr. 41 (1971).

Cêlnjak/ZELLNIAK – **Šúəštar**/Schuster – **Inšpéktar**/Inspektor; 1757 Barbara Flaschberger, 1777 Johann Wieltsch (40 Jahre alt, vulgo Schuster, Nr. 5, und Margaritha Wuchrerin/Wucherer, 38 Jahre alt), 1789 Johan Wieltsch, 1841 Martin Odunka (vulgo Schuster-, Zellniack- oder Einsiedler-Keusche), 1844 Martin Adunka, 1921 Johann Hochmüller; Nr. 5, geteilt in Nr. 5/1 oder 5a **Celnjak** und 5/2 oder 5b **Šuəštar/Gregar**.

Čári/TSCHARRE – **Crónig/Khrónigg** – 1921 **Spodnji Ledrar** (vgl. Ledrar); 1606 Andre Cleimienz, 1660 Gregor Clemienz, noch 1660 bis 1681 Avguštin Marburger, ab 1681 Partl Cronig, ab 1728 Matevž Ramuschnig, 1741 Mathes Rämuschnig, 1777 Mathäus Graci (28 Jahre alt, vulgo Tschare, Nr. 30, und Margaritha Rosmarin, 25 Jahre alt), 1841 Johann Samonigg (vulgo Tscharre- oder Lederer-Keusche), 1844 Johann Samonig, 1921 Theresia Donesch; Nr. 30. – Beim vulgo Čari (Nr. 30), Guaži (Nr. 29), Lederer (Nr. 28) und Mlinar (Nr. 27) wurden die Hausnummern oftmals vertauscht.

Égnarč/Gegneritsch; 1606 Urh Hochkhofler, bis 1729 Michael Hochkoffler, ab 1729 Gregor Hochkoffler, 1737 Gregor Hochkoffler, später Bärtl Hochkofler, 1777 Gregor Hochkoffler (19 Jahre alt, vulgo Gegneritsch, und Margaritha Graberin, 19 Jahre alt), 1841 und 1844 Gregor Hochkofler (vulgo Gegneritsch-Hube), 1921 Josef Hochkofler; Nr. 3 (Hube) und 4 (Keusche). – 1777 vulgo Gegneritsch-Keusche (Nr. 4) erwähnt.

Fárovž/FARUSCH/Pfarrhof; ehemaliger Gasthof, Gutshof; 1606 von Jakob Hochkofler (Kovač/Schmied, Nr. 1) zur Hälfte mitbewirtschaftet; Nr. 31.

Grégar/Gregor – Šúəštar/Schuster; 1777 Johann Wieltsch (40 Jahre alt, vulgo Schuster, Nr. 5, und Margaritha Wuchrerin/Wucherer, 38 Jahre alt), 1921 Gregor Wucherer; Nr. 5/2 oder 5b.

Guážar/Gvážar/Glaser; 1729 Valentin Lepuschiz, 1777 Jakob Lepuschitz (61 Jahre alt, vulgo Glaser, und Barbara Kroniggin, 38 Jahre alt), 1841 Johann Preinz (vulgo Glaser-Keusche), 1844 Johann Pirker, 1845 Valentin Panzier, 1921 Josef Unterweger; Nr. 9.

Guáži/Gváži/Buáži/GUASCHI – **Flájškar**/Fleischhacker; 1661 Peter Gradischnig/Raditschnig, 1720 Primož Tscherliga, 1789 Casper Tscherliga, 1680 bis 1683 Mathes Wetschar/ Matevž Pötschar/Matevž Wetschar, 1841 und 1844 Bartl Lepuschitz (vulgo Fleischhauer-Keusche), 1921 Lorenz Urschitz; Nr. 29. – Beim vulgo Čari (Nr. 30), Guaži (Nr. 29), Lederer (Nr. 28) und Mlinar (Nr. 27) wurden die Hausnummern oftmals vertauscht.

Kášča/KASCHTSCHA; 1921 Rupert Kofler; Nr. 36; östlich am Vavčar-Stadel angebaut.

Kómac/Komatz; 1921 Lorenz Kneß; Nr. 40.

Kováč/KOWATSCH/**Schmied**; 1606 Jakob Hochkofler (bewirtschaftete auch den Pfarrhof/ Farovž zur Hälfte, Nr. 31), 1658 Miha Streggl, 1696 Gašpar Ulbing, 1777 Jakob Ulwing/Ulbing (30 Jahre alt, vulgo Schmid, und Christina Petscharin, sowie Ulwingin/Ulbing Rosina (58 Jahre alt, Witwe, frühere Hausherrin), 1841 und 1844 Johann Ulbing (vulgo Schmide-Keusche), 1921 Rosa Martinschitz; Nr. 1.

Kováčeva žága/Kovač-/Schmied-Säge (abg./abgerissen/porušena).

Krámarč/Krameritsch/Kirchenwirt; 1682 Martin Mauerer, 1733 Marthin, 1777 Jakob Umele (vulgo Krameritsch, und Familienmutter Katharina Haslerin), 1785 Jakob Umelle, 1841 Simon Müller (vulgo Krameritsch-Keusche), 1844 Johann Müller, 1921 Gregor Graber, davor Johann Graber; Nr. 18.

Kríž v Vranclnovem gozdu/Kreuz im Vrancl-Wald.

Lédrar/Lederer – Kávc/Weber; 1647 Toman Weber, nach 1660 bis 1677 Martin Madaco, ab 1677 Gregor Gailler, 1777 Jakob Fugger (vulgo Lederer, Nr. 28, und Maria Umlin/ Umele, 26 Jahre alt), 1841 Blas Lepuschitz (vulgo Wuasche-Keusche), bis 1844 Andreas Gäller, ab 1844 Blaßius Lepuschitz, 1921 Theresia Donesch; Nr. 28. – Beim vulgo Čari (Nr. 30), Guaži (Nr. 29), Lederer (Nr. 28) und Mlinar (Nr. 27) wurden die Hausnummern oftmals vertauscht.

Lènc/Lenz – Kreuzerl vom Familiennamen Kreizer; 1606 Peter Balthasar, danach Lovrenc Guettenstainer, 1729 Martin Koffler, 1760 Jožef Kreizer, danach Georg Hochmüllner, 1777 Georg Hochmüller (vulgo Lenz, und Maria Kreyzerin, sowie Maria Kreyzerin, 72 Jahre alt, frühere Hausherrin), 1841 Thomas Hochkofler (vulgo Lenzbauer-Hube), 1844 und 1850 Tomaž Hochmüller, 1921 Ferdinand Unterweger; Nr. 19.

Lépušič/Púšč/Lepuschitz; 1606 Florian Lepusitsch, zwischen 1660 und 1690 Christian Lepuschnig, danach Hanz Fugger, 1700 Andre Graber, 1777 Georg Graber (49 Jahre alt, vulgo Lepuschitz, und Ursula Oppriessniggin, 43 Jahre alt), 1785 Jurij Graber, 1841 Gregor Graber (vulgo Lepuschitz-Hube), 1844 Georg Graber, 1921 Matthäus Ulbing; Nr. 23 (Hube) und 33 (Keusche).

Lúk; 1647 Lorenc Guetenstainer, 1654 bis 1677 Lucas Limpl/Limbl, ab 1677 Gregor Schmonigg, 1777 Georg Piwer/Piber (34 Jahre alt, vulgo Luk, und Familienmutter Maria Schallerin, 26 Jahre alt, sowie Urban Püber/Puber/Piwer?/Piber?, 66 Jahre alt, Witwer), 1789

Jurij Piber/Püber, 1841 Jakob Piber (vulgo Luck-Keusche), 1844 Jakob Lieber, 1921 Gertraud Ribar; Nr. 10.

Márk; 1606 Blaž Khopanig, 1660 Jurij Andrej Tänzl, 1682 Markež Maurer, 1777 Thomas Fugger (38 Jahre alt, vulgo Markele), 1789 Tomaž Fugger, 1841 Matthäus Wranzel (vulgo Markele-Hube), 1844 Mattheus Vranzl, 1921 Maria Müller; Nr. 8.

Méžnar/Mesner; seit 1531, 1685 Boštjan Mörtl (auch 1647), danach Blaž Mörtl, 1750 Wigille (Mößner), 1777 ein 39 Jahre alter Mesner (vulgo Mösner/Mesner, und eine Hausherrin), 1785 Peter Wiggele/Wigele, 1841 Simon Wiegele (vulgo Meßner-Keusche), 1844 Franz Wiegele, 1921 Agnes Hochkofler, dann Johann Hochkofler; Nr. 20.

Míhič/MICHITSCH; 1921 Michael Oman; Nr. 37.

Mírtl/Mörtl; seit 1531, 1606 bis 1729 Chasper/Caspar Mertl, ab 1729 Matthaeus Marcobitsch, 1777 Mathäus Marcowiz/Markowitz (62 Jahre alt, Witwer, vulgo Mörtl, früherer Hausherr), 1841 und 1844 Johann Müller (vulgo Mörtl-Hube), 1921 Gregor Müller, danach Edmund Müller; Nr. 6.

Mlínar/Müller – Ónitsch; Keusche und Mauthmühle; 1606 Florian Plaschkho, 1682 Mattheus Wucherer, 1729 Hanz Wuecherer, 1777 Mathäus? Wuchrer/Wucherer (vulgo Müllner, und die Hausherrin, außerdem ein Müller namens Anton), 1785 Johan Wuhherer, 1841 Philipp Wucherer (vulgo Müllner-Keusche samt Mauthmühle); 1844 Philipp Wucherer, 1921 Josefa Tomaschitz; 1921 Parz. Nr. 32/2 Johann Sebastian (vulgo Juritz in Turdanitsch); Nr. 27. – Beim vulgo Čari (Nr. 30), Guaži (Nr. 29), Lederer (Nr. 28) und Mlinar (Nr. 27) wurden die Hausnummern oftmals vertauscht.

Mlínč/MLINTSCH; 1921 Maria Gallob (Rjan, Nr. 17); Grundstück durch den 1907 vollendeten Bahnbau Villach-Rosenbach in zwei Hälften zerschnitten. Mühle abgerissen, Garage.

Pájštua/Badstube; 1844 Ortschaft St. Stefan (Brechelstube), 1921 Ortschaften St. Stefan und Weiler Höfling (Badstube), danach Franz Pinter; Nr. 34; jetzt Villacher Weg, rechts, nach dem Würtz-Haus.

Píhlarca/Frau Pichler – Krépfla/Frau Kröpfl; ab 1907 und 1921, Staatseisenbahn Verwaltung, dann ÖBB; Nr. 38; beide Gebäude abgerissen, jetzt Parkplatz und Haltestellenunterstand.

Prônt/Bråndt; 1606 Kristof Prandt, 1661 Lukaz Fugger; 1729 Leonhard Fugger, 1777 Paul Aicholzer (46 Jahre alt, vulgo Prand, früherer Hausherr, und Ursula Pinterin, frühere Hausherrin), 1789 Paul Aichalzer, 1841 und 1844 Philipp Truppe (vulgo Brand-Hube), 1921 Gregor Truppe; Nr. 21 (Hube) und 22 (Keusche). – 1777 vulgo Prand-Badstube (Nr. 22) erwähnt.

Ríbič/Ribitsch; 1606 Lenart Rauchenpacher (vermutlich Pfarrer), 1647 Jury Crainer, 1648 Rudolf von Wiettenstain, 1660 Helena Wuechrer und Martin Umbele, 1688 und 1700 Andrej Umbele, 1729 Florian Umbele, 1777 Gregor Umele (vulgo Ribitsch, und Agnes Tschaklerin/Tschachler, sowie Mathäus Umele, 63 Jahre alt, früherer Hausherr, und Agnes Vaderin, 65 Jahre alt, frühere Hausherrin), 1789 Gregor Umbelle, danach Gregor Fischer, 1841 Franz Ribitsch (vulgo Ribitsch-Hube), 1844 Franz Urschitz, 1921 Josef Fertschei; Nr. 7. – 1777 Franzl-Keusche (Nr. 7) erwähnt.

Rján/Erján/Erian; 1606 Hanz Jeron, 1729 Andrej Wigelle, 1737 Mertl Wigelle, 1785 Johan Wigelle, 1841 Georg Wiegele (vulgo Erion-Hube), 1844 Gregor Wiegele, 1921 Maria Gallob; Nr. 17.

Rožán/Roschan; 1606 Krištof Matitschitz, 1729 Mert Lepuschiz, 1777 Johann Lepuschiz/Lepuschitz (42 Jahre alt, vulgo Roschan, und Anna Urschitzin, 30 Jahre alt, sowie Johann Lepuschitz, 74 Jahre alt, früherer Hausherr, und Margaritha? Tressniggin?/Trießnig, 65 Jahre alt), 1785 Johan Lepuschitz, 1841 und 1844 Oswald Aichholzer (vulgo Roschan-Hube), 1921 Simon Unterweger; Nr. 16.

Smònk/Samonig; 1654 Lampret Sagmaister, 1697 Jurij Simonig, 1700 Gregor Smollnig, 1741 Primus Smolnig/Smolnigg, 1777 Primus Smolnigg (vulgo Smolnigg, und Maria Urschitzin, 52 Jahre alt), 1841 Johann Fritz (vulgo Smounigg-Keusche) und Johann Kattnig (Vormund); 1844 Johann Fritz, 1921 Maria Feichter; Nr. 25.

Spódnji Frjàn/Unterer Ferian; 1700 Andrej Umbele, 1789 Andrej Lepuschiz (Nr. 32), 1841 Anna John (vulgo Florian-Keusche), 1844 Georg Aichholzer, 1921 Josef Mörtl; Nr. 26.

Spódnji Špánčič/Unterer Supantschitsch; vor 1764 Paul Kobald, 1777 vulgo Supantschitsch (der untere) erwähnt, 1841 Primus Odunka, 1844 Primus Odunka (vulgo Supantschitsch-Keusche), 1921 Johann Kazianka; Nr. 24.

Urbàn/Urban – Crámar/Kramer; 1688 Jury Matitsch, vorher Kristijan Lepuschitsch (Nr. 23), 1729 Martin Oder (Nr. 18), 1733 Marthin (Nr. 18), bis 1759 Martin Maurer (Nr. 8), ab 1759 Urban Schußnigg, 1767 Urban Suschnigg, 1777 Urban Suschnigg (vulgo Kramer, und Margaritha Ottowizin, 48 Jahre alt), 1841 und 1844 Maria Dermoutz (vulgo Kramer-Keusche), 1921 Anton Robitsch; Nr. 12.

Váhtarca/Uáhtarca/Wächterhäuschen (Pihlarca – Krepfla); ab 1907, auch 1921 Staatseisenbahn-Verwaltung, dann ÖBB/Österreichische Bundesbahnen; Nr. 38; sl. nekdanja progovna čuvajnica; siehe „Pri Vahtarci".

Vávčar/WAUTSCHER/**Waldhauser** von „Walddiener, Waldverwalter, Förster" für „gozdar"; 1606 Jury Balthaußar, danach bis 1678 Ruep Valthauser, 1692 Šiman Balthausser, 1729 Lovro Walthaußer/Walthauser, 1777 Josef Urschitz (28 Jahre alt, vulgo Walthauser, und Maria Walthauserin, 35 Jahre alt), 1789 Jožef Urschiz, 1841 Joseph Fugger (vulgo Waldhauser-Hube), 1844 Josef Vugger/Fugger, 1921 Rupert Kofler; Nr. 11.

Vráncl/Bráncl/Wranzl; 1606 Balthasar Fränzl, 1647 Simon Wrann, 1662 Simon Fränzl, 1687 Thoman Franzl, 1729 Tomaž Franzl/Fränzl, 1841 Mathäus Vranzl (vulgo Wranzl-Hube), 1844 Matheus Wranzel, 1921 Anton Logar; Nr. 13, 14. – Badstube war Nr. 15.

Zgórnji Frjàn/Oberer Ferian; 1789 Andrej Lepuschiz, 1841 Anton Gailer (vulgo Florian-Keusche), 1844 Kaspar Werman, 1921 Valentin Trattnik; Nr. 32.

Zgórnji Špánčič/Oberer Supantschitsch; vor 1764 Paul Kobald (Nr. 24), 1777 Maria Kowaldin (33 Jahre alt, Witwe, vulgo Supantschitz, der obere), 1841 Johann Kugi (vulgo Supantschitsch-Keusche), 1844 Johann Kuggi, 1921 Josef Sabunka; Nr. 2.

[37 LwB, 46 VHN, 19 Var]

Zu St. Stefan siehe Besitzerliste im Bildmaterial, ohne Jahreszahl, jedenfalls nach 1777 und vor 1921, höchstwahrscheinlich um 1840. Informant Kurt Rauter (Finkenstein).

Zugriff auf die HP Christian Gallobitsch für das Personenregister 1777 für die Hausnummern 1-7, 9-12, 16, 18-25, 27 und 28 sowie 30 der Ortschaft/KG St. Stefan (jetzt Markt Finkenstein) erfolgte am 25.01. 2020 vor 13:20 Uhr.

1.3.18 Höfling/Dvorec

Buátnik/Blátnik/WUATNIG; 1643 Stöphele zu Höffling, 1647 Stephali Plätnig, 1655 bis 1679 Jakob Dersolla, ab 1679 Matija Samonigg, 1673 Urban Sämonigg, 1777 Georg Samonigg (vulgo Wuattnigg, Nr. 4, und Magdalena Dragathinin, 53 Jahre alt), 1841 Mathäus Skarwitzel (vulgo [W]uatnigg-Keusche), 1844 Lorenz Kelch, 1921 Simon Bartl; Nr. 2.

Dŕzuc/Dŕzovc/DERSUTZ; 1606 Valentin Dersola (Nr. 6), 1729 und 1737 Gregor Gäller/ Gayller, 1777 Agnes Franzl (19 Jahre alt, vulgo Dersouiz, und Lukas Sawunka, 20 Jahre alt, Zulehen zur Nr. 11, sowie Ursula Gaillerin, 56 Jahre alt, frühere Hausherrin, und Thomas Franzl, 62 Jahre alt), 1789 L. Sabuncka, 1841 und 1844 Josef Sabunka (vulgo Dersoutz-Hube), 1921 Johann Wielitsch; Nr. 7. (Vgl. Nr. 11.)

Fôltič/VÅLTITSCH; 1606 Gory Müllner, 1671 Mattheuß Gayller, 1693 Janez Faichter, 1729 Tomaž Feichter, 1733 Hanz Feichter, 1777 Johann Osgan/Oschgan (55 Jahre alt, vulgo Valtitsch, und Maria Wuchrerin/Wucherer, 48 Jahre alt), 1841 Andreas Aschgan (vulgo Waltitsch-Hube samt Mauthmühle), bis 1844 Johan Oschgan, ab 1844 Andreas Oschgan, 1921 Josef Ferdinand Oschgan; Nr. 5. – 1777 und 1844 Valtitsch Badstube, Nr. 6.

Frôncla/FRÅNZLA; 1606 Franz Sternisch, 1729 Gregor Gälle (Nr. 7), nach 1660 bis 1770 Drzuc-Zulehen (Nr. 7), 1761 Hanz Franze, 1777 Agnes Franzl (19 Jahre alt, vulgo Dersouiz Zulehen, Nr. 11, und Lukas Sawunka, 20 Jahre alt), 1841 Joseph Sabunka, 1844 Josef Sabunka, 1921 Johann Wielitsch; Nr. 11. (Vgl. Nr. 7.)

Kátrnjak/KATERNIAK; 1647 Andrej Pezelin, 1654 Jerne Turickh, 1659 Franz Tomaž, 1683 Jurij Gaggl, 1729 Sagmeister am Moos, 1741 Štefan Gaggl, 1777 Mathias Kattnig (50 Jahre alt, vulgo Katternigg, und Maria Kokallin, 46 Jahre alt), 1841 Valentin Türk (vulgo Katternigg-Keusche), bis 1844 Klemen Tschopp, ab 1844 Valentin Türk, 1921 Magda Gailer; Nr. 1.

Martínč/MARTINTSCH; 1606 Jurij Marthin, bis 1713 Gregor Frankh, ab 1713 bis 1729 oder 1739 Boštjan Frankh, ab 1729 oder 1739 bis 1777 Lenart Frankh, ab 1777 Martin Frankh/ Frank (27 Jahre alt, vulgo Martinitsch, und Maria Opriessniggin, 32 Jahre alt, sowie Leonhard Frank, 62 Jahre alt, früherer Hausherr, und Magdalena Mauserin, 62 Jahre alt), 1841 Johann Frank (vulgo Mertnitsch[/Martintsch]-Hube), bis 1844 Martin Fran[k], ab 1844 Johann Frank, 1921 Johann Frank; Nr. 8. – 1777 Martinitsch Badstube erwähnt, Nr. 10. – 1844 Badstube und 1921 Keusche, Nr. 9.

Žágmošter/Sagmeister; Gewerkschaft; 1647 Simon Hueber, nach 1660 Jakob Meißlizer, 1690 Urban Mauerer, 1700 und 1701 bis 1702 Urban Maurer, ab 1702 Hanza Müllner, 1741 Stefan Graber, 1750 und 1759 Josepha Moßerin, 1770 Frau Mosser, 1777 Klemens Tschopp (25 Jahre alt, ledig, vulgo Stachler, Nr. 3, und Anton Tschopp als Heizer, 21 Jahre alt, sowie Josef Legath als Wassergeber, 17 Jahre alt), 1777 auch vulgo Schagar erwähnt (Nr. 2), 1841 Franziska Gräfin von Stubenberg (½ Keusche); Nr. 3 und 4; am „Potok“ südlich vom „Blatnik“, besteht schon lange nicht mehr.

[7 LwB, 7 VHN, 10 Var]

Zu Höfling siehe Besitzerliste im Bildmaterial, ohne Jahreszahl, jedenfalls nach 1777 und vor 1921, höchstwahrscheinlich um 1840. Informant Kurt Rauter (Finkenstein).

Zugriff auf die HP Christian Gallobitsch für das Personenregister 1777 für die Hausnummern 1 bis 8 und 10 bis 11 des Weilers Höfling erfolgte am 13.01.2020 vor 12:40 Uhr.

Der Ortsname „Höfling“ könnte auch entstanden sein aus „Hövel/Höfel“ für „Hügel“ (GS 137), im Sinne von „von Hügeln umgebener Weiler“.

1.3.19 Mallestig/Malošče

Amruš/Ambruš/Amrusch; entstand um 1130, 1521 und 1580 Peter (Schuster), 1609 Peter Valentin erwähnt, 1777 Michael Fugger (vulgo Ambrusch, und Ursula Graberin), 1789 Mich. Fugger, 1822 erwähnt, 1841 Johann Fugga (vulgo Ambrusch-Hube), 1904 Georg Urschitz; Nr. 5.

Barti/Párti/Pártl/Bartl; Nr. 64.

Buti/Wutte/Wutti; entstand vor 1150, im Mittelalter erwähnt, um 1580 Jakob Wudy, 1606 Mathia Hoya, in der Reformation erwähnt, 1700 Paul Samonig, 1766 und 1822 erwähnt, 1841 Johann Samonigg (vulgo Wutte-Hube), 1904 Jos. Samonig; Nr. 45 (Hube) und 44 (Keusche).

Bútijev kríž/Wutti-Kreuz.

Bvatín/Blatín; entstand um 1150, im Mittelalter erwähnt, 1521 und 1580 Juri Mager, nach 1611 Phil. Sabunca, 1777 vulgo Wuatin (Miquautschitsch-Zulehen) erwähnt, 1822 erwähnt, 1841 Georg Urschitz (vulgo Wuat[in]-Hube), 1904 Franz Samonig; Nr. 16.

Cegnar/ZEGNER; entstand nach 1647, 1822 erwähnt, 1841 Gregor Wieltsch (vulgo Z[e]chner-Keusche), 1904 Matäus Wielitsch; Nr. 39.

Čičelj/Číčele/TSCHITSCHELE – **Tórbatl** für „Torwart/Torhüter des Weidegatters“; entstand nach 1647, um 1700 Georg Krintz, 1777 Jakob Schume/Schumi (vulgo Tschitschile, und Maria), 1822 erwähnt, 1841 Franz Schuny (vulgo Tsch[it]schele-Keusche), 1904 Joh. Simonitsch; Nr. 51.

Dobernik/Dôbrnk/Dobernig; Nr. 63.

Fatic/Fatéc/Fatitz; entstand nach 1250, vor 1340, im Mittelalter, 1531 und 1580 erwähnt, 1606 Adam (Fleischker/Fleischer), 1777 vulgo Fatiz erwähnt, 1822 erwähnt, 1841 Mathäus Ulbing (vulgo Fati[t]z-Hube), 1904 Joh. Ulbing; Nr. 42; verkauft, abgerissen > Neubau.

Fôltič/VÅLTITSCH/Valtitsch; entstand nach 1647, 1606 Andreas Lämpel, 1777 Georg Samonigg (31 Jahre alt, vulgo Valtitsch, und Maria Jankin, 29 Jahre alt, sowie Mathäus Samonigg, 58 Jahre alt, Witwer, früherer Hausherr), 1822 erwähnt, 1841 Georg Samonig (vulgo [V]altitsch-Keusche), 1904 Joh. Gallobitsch; Nr. 37; gegenüber Rodar, abgerissen.

Frjan/Ferian; vor 1606 Florian Fosman, 1606 Andre Fosman; Nr. 59.

Gracl/Grácelj/Gratzl/Gasthof Feichter; entstand nach 1647, 1777 Agnes Wigelin/Wiegele (vulgo Grazl, sowie Gertrude Gaillerin, 72 Jahre alt, Witwe, frühere Hausherrin), 1822 erwähnt, 1841 Joseph Taschwer (vulgo Gratzel-Keusche), 1904 Magdalena, Marie und Ludmilla Stark; Nr. 32.

Gril/Grílj/Grílc/Gríljc/GRILL; entstand zw. 1440 und 1450, 1606 Peter (Weber), 1747 Caspar Griliz, 1766 erwähnt, 1777 Andreas Primoschitz (vulgo Griliz, und Maria Melcherin, 37 Jahre alt), 1822 erwähnt, 1841 Lukas Stephanitsch (vulgo Grillz-Keusche), 1904 Josef Dermutz; Nr. 52.

Gróbar/Graber/Grabner; entstand um 1100, vor 1300, im Mittelalter, 1531, 1580 und 1822 erwähnt, 1777 Michael Truppe (vulgo Graber, und Gertrude Aicholzerin, sowie Eva

Aicholzerin, 70 Jahre alt, Witwe, frühere Hausherrin), 1789 Mich. Truppe, 1841 Maria Aschgan (vulgo Graber-Hube), 1904 Josef Kanduth; Nr. 7.

Hojzl/Hójzelj/Hoisl; entstand nach 1647, 1606 Peter Wigile, 1767 erwähnt, 1777 Michael Lakner (30 Jahre alt, vulgo Hoisl, und Agnes Tharmanin, sowie Franz Lakner, 77 Jahre alt, früherer Hausherr, und Maria, 52 Jahre alt, frühere Hausherrin), 1822 erwähnt, 1841 Georg Wohlmuth (vulgo Hoisel-Keusche), 1904 Ursula Quedritsch; Nr. 14.

Íncen/Ínze/Lenz; entstand im 13. Jh., im Mittelalter erwähnt, um 1580 Clement Enzi, um 1600 Hans Enzi, nach 1611 Pangraz Enzi, 1766 Valentin Feichter, 1777 Georg Feichter (39 Jahre alt, vulgo Inze, und Maria Urschitzin, 37 Jahre alt), 1822 erwähnt, 1841 Johann Feichter (vulgo Enzi-Hube), 1904 Filipp Poglitsch; Nr. 18; westlich vom Pogaj, Scheune abgerissen. – 1777 Inze Keusche erwähnt, Nr. 17.

Jakl/Jôkelj/Jòkl/Jókl; Nr. 55; 1777 vulgo Nand-Badstube (Nr. 55) erwähnt, 1841 Johann Baumgartner (vulgo Jackele-Keusche, Nr. 57). Siehe vulgo Nont, Nr. 54.

Joz/Sepp; Nr. 68.

Kališnik/KALISCHNIG; entstand um 1150, im Mittelalter erwähnt, 1579 Blasius Kal(l)ischnigg, 1580 erwähnt, 1647 Mathia Gälischnig, 1777 vulgo U. Kasisach (Urschitz-Zulehen) erwähnt, 1822 erwähnt, 1841 Johann Umele (vulgo Kallischnigg-Keusche), 1904 Franz Umele; Nr. 26.

Kanglč/Kánglič/KANGLITSCH; entstand nach 1647, danach Mich. Kangelz, 1777 Thomas Lepuschitz (66 Jahre alt, Witwer, vulgo Kanglitsch), 1822 erwähnt, 1841 Johann Lepuschitz (vulgo Ganglitsch-Keusche), 1904 Joh. Warum; Nr. 2.

Klemen; entstand nach 1647, 1777 Lukas Preinz (39 Jahre alt, vulgo Clemen, und Maria Arrichin, 29 Jahre alt), 1822 erwähnt, 1841 Johann Preinz (vulgo Klaman-Keusche), 1904 Gregor Walluschnig; Nr. 43.

Kleménc/Klamíənc/Klamínjc/KLEMENZ; entstand um 1130, im Mittelalter und 1580 erwähnt, 1461 Medrag/Medweg, vor 1531 Hanns, 1531 Walchauser/Balthasar, um 1580 Juri Clement, 1606 Andree Clemienz, 1673 erwähnt, 1681 Peter Hoya, 1684 Georg Urschitz, 1777 Simon Truppe (55 Jahre alt, vulgo Clemienz, und Margaritha Urschitschin/ Urschitz, 57 Jahre alt), 1822 erwähnt, 1841 Anton Truppe (vulgo Klemenz-Hube), 1904 Val. Dermutz; Nr. 50.

Komátar/Komáter/Kommeter; entstand zw. 1450 und 1550, 1580 und 1606 erwähnt, 1750 Hanß Graber, 1759, 1766 und 1822 erwähnt, 1777 Georg Fugger (31 Jahre alt, vulgo Kometer, und Ursula Primoschitzin, 21 Jahre alt, sowie Agnes Graberin, 67 Jahre alt, frühere Hausherrin), 1841 Johann Fugger (vulgo Kometer-Keusche), 1904 Matäus Urschitz; Nr. 1.

Kotičnik/Kotíčnjak/KOTITSCHNIG; Nr. 72.

Kovač/KOWATSCH – **Stádler**; Nr. 61.

Krajnc/Kránjec/KREINZ; entstand vor 1250, im Mittelalter erwähnt, 1521 und 1580 Hans Crainer, 1606 Jac. Crainer, 1777 Maria Petscharin (vulgo Krainz, und Thomas Gailler, sowie Barbara Kroniggin, 54 Jahre alt, Witwe, frühere Hausherrin), 1822 erwähnt, 1841 Johann Kronig (vulgo Kranitz-Hube), 1904 Matäus Wielitsch; Nr. 31.

Kues/Kúəs/Kos; entstand nach 1000, Althof, im Mittelalter erwähnt, 1531, 1580, 1761 erwähnt, 1777 Johann Samonigg (vulgo Kuess, und Margaritha Melcherin, sowie Maria Samoniggin, 64 Jahre alt, frühere Hausherrin), 1822 erwähnt, 1841 Georg Samonigg (vulgo Kueß-Hube), 1904 Carl Samonig; Nr. 47.

Kuk; entstand nach 1200, im Mittelalter erwähnt, um 1580 Michael Gugk, 1606 Jak. Kheckh, 1777 Michael Urschitz (58 Jahre alt, vulgo Kugg, und Maria Webarin/Weber), um 1770/1790 Gregor Urschitz, danach Johann Urschitz, 1822 erwähnt, 1841 Johann Urschitz (vulgo Kock-Hube, Nr. 8, samt Zulehen, Nr. 10, [Keusche]), 1904 Franz Urschitz. – *„Brink"* als „Spähposten", von lat. „specula" (GS 83).

Kvančnik/Klánčnik/KLANTSCHNIG; Nr. 66

Máger; entstand im 11. Jh., im Mittelalter, am 07.07.1449 und ab 1523 erwähnt, 1531 Florian Cantzian, 1580 erwähnt, 1606 Jury/Juri Mager, 1777 Georg Samonigg (28 Jahre alt, vulgo Mager, und Maria Martitschin, 21 Jahre alt, sowie Augustin Urschitz, 53 Jahre alt, früherer Hausherr, und Gertrude Tressniggin/Trießnig, 51 Jahre alt, frühere Hausherrin), 1822 erwähnt, 1841 Johann Mikel (vulgo Mager-Hube samt Keusche), 1904 Carl Mikl; Nr. 29 (Hube) und 28 (Keusche, ab 1647). – 1777 vulgo Mager-Badstube (Nr. 28) erwähnt. – Alle Gebäude abgerissen, siehe „Pri Magru", Neubau siehe Erlenweg.

Mikvavčič/MIKLAUTSCHITSCH; entstand um 1100, vor 1570 Symon Sabunco, 1570 bis 1586 Mathia Sabunco, 1590 Lucas Mertschel, 1600 Stephan Sabunco, 1609 Lienhard Miglauschiz, 1643 Peter Sabunca und Georg Zimmermann, 1665 Mathes Urschitz, 1700 erwähnt, 1777 Georg Urschitz (vulgo Miquautschitz, und Maria Aicholzerin, 24 Jahre alt), 1822 Valentin Urschitz, 1841 Valentin Urschitz (vulgo Miklautschitsch-Hube), 1904 Jos. Urschitz; Nr. 40 und 47/48/49; verkauft, abgerissen.

Mikvavel/Mikvávlič/MIKLAU; entstand um 1130, vor 1531 Nigkhl, 1531 Ruprecht, 1580, 1700, 1759 erwähnt, 1777 Mathäus Gallob (53 Jahre alt, vulgo Miquaulitsch, und Gertrude Arrichin, 50 Jahre alt), 1822 erwähnt, 1841 Johann Greille (vulgo Miguälitsch-Hube), 1904 Joh. Wieltsch; Nr. 6 (Hube) und 36 (Keusche, entstand zw. 1770 und 1780).

Mlin/Kuesov mlin/Kues-Mühle.

Moteljč/Môtelč/Môtlič/MÅTHLITSCH; entstand um 1600, 1606 erwähnt, 1730 Matheß Ulbing, 1777 Bartholomäus Ulwing/Ulbing (48 Jahre alt, vulgo Mathlitsch, und Lucia Aicholzerin, 48 Jahre alt), 1822 erwähnt, 1841 Johann Komann (vulgo Mathilitsch-Keusche), 1904 Josef Dermutz; Nr. 21.

Nemcc/Níəmc/Nímec/NIEMETZ; entstand vor 650, Althof, im Mittelalter, 1580 erwähnt, 1777 Michael Aicholzer (vulgo Niemitz, und Maria Urschitzin, sowie Lukas Aicholzer, früherer Hausherr, und Maria Aicholzerin, frühere Hausherrin), 1822 erwähnt, 1841 Georg Aichholzer (vulgo [Nie]mitz-Hube), 1904 Franz Aichholzer; Nr. 20.

Nont/Fleischhauerei Gallob/Café Tomi; entstand um 1130, 1461 Steffan, 1580 und 1766 erwähnt, 1777 Jakob Napokoj (54 Jahre alt, vulgo Nand, und Agatha Wigelin/Wiegele, 48 Jahre alt), 1822 erwähnt, 1841 Johann Napokoy (vulgo Na[nn]t-Hube), 1904 Jos. Valentinitsch; Nr. 54. – 1777 vulgo Nand-Badstube (Nr. 55) erwähnt. Siehe vulgo Jakl, Nr. 55.

Občinski uràd/altes Gemeindeamt > **Musikschule/Glasbena šola**; Nr. 71; östlich vom vulgo Umeljč und vom Minigolfplatz.

Peterl/Péterle – **Rúpelč/Rópač/Ruprechter**; entstand nach 1647, 1759 erwähnt, 1777 Jakob Graber (28 Jahre alt, vulgo Ropatsch, und Sidonia Hojin/Hoja), 1789 und 1822 erwähnt, 1841 Peter Lepuschitz (vulgo [R]opatsch-Keusche), 1904 Franz Urschitz; Nr. 11.

Plozi/Blôzi/Plôzej/PLÅßI; entstand nach 1200, 1579 Michael Gugk, 1580 erwähnt, vor 1700 Napokoy, dann Wanker, 1751 Martin Blaßl, 1777 Premeru-Zulehen erwähnt (Nr. 10), 1770/1790 Gregor Urschitz, 1822 erwähnt, 1841 Johann Urschitz, 1904 Joh. Müller; Nr. 10, (zu vulgo Kuk, Nr. 8).

Pogáj/Poháj/Pápagej; entstand im 13. Jh., im Mittelalter und zw. 1440 und 1450 erwähnt, 1570 Steffan Germitsch, 1579 und 1580 erwähnt, um 1600 Hans Enzi (Nr. 18), 1822 erwähnt, 1841 Michael Tonder (vulgo Papagey-Hube), 1904 Marie Wedam und Johanna Pucher; Nr. 17.

Pogájeva kapélica/Pogaj-Bildstock.

Potočnik/Potúəčnk/POTOTSCHNIG; Nr. 62.

Požárnik/POSCHARNIG, entstand zw. 1440 und 1450, um 1580 Marco Posarnig, 1606 Valtan (Weber), 1606 Marco Poschärnig, 1777 Jakob Hasler (74 Jahre alt, vulgo Poscharnigg, und Maria Reichmanin, 63 Jahre alt), 1822 erwähnt, 1841 Gregor Hassler (vulgo Poscharnigg-Keusche), 1904 Joh. Pirker; Nr. 53.

Premrl/Premrú; entstand um 1100, vor 1300 und im Mittelalter erwähnt, 1521 und 1580 Marius Wanker, dann Caspar Urschitsch, 1777 Johann Urschitz (vulgo Premeru, und Maria Wuttin, sowie Kaspar Urschitz, 68 Jahre alt, früherer Hausherr), nach 1790 Johann Urschitz (auch Nr. 8 und 10), 1822 erwähnt, 1841 Johann Urschitz (vulgo Pramoron-Hube), 1904 Franz Urschitz; Nr. 9.

Prontič/BRÅNDTITSCH; entstand um 1200, im Mittelalter und 1580 erwähnt, 1606 Jury Mager, 1700 Lorentz Fugger, 1759 Jac. Matitsch, 1777 Georg Martitsch (26 Jahre alt, vulgo Prand, und Maria Ulwigin/Ulbing, sowie Johann Perhinerin, früherer Hausherr), 1822 erwähnt, 1841 Joseph Napokoy (vulgo Branditsch-Hube), 1904 Josef Feichter; Nr. 30.

Pstòta/Háuptman/Hauptmann – **Scheusslich** (vgl. Šajsl im Korpitsch-Graben, LMR, 2016, 48); entstand im 10. Jh., Althof, um 1300 und im Mittelater erwähnt, um 1570 Sebastian Scheisslich, 1579 erwähnt, 1580 Stephan Wigele, 1777 vulgo Hauptmann (Wigele Zulehen) erwähnt, 1789 Thom. Wigele, 1822 erwähnt, 1841 Thomas Wiegele (Hauptmanns-Zulehen, Nr. 23), 1904 Curand Gregor Müller (auch Nr. 24); Nr. 23; abgerissen > jetzt Minigolfplatz, östlich vom Umeljč.

Puklč/Púklič/PUCKLITSCH; entstand nach 1647, 1777 Valentin Aicholzer (vulgo Puklitsch, und Hausherrin), 1789 Val. Aichholzer, 1822 erwähnt, 1841 Franz Aichholzer (vulgo Puglitsch-Keusche), 1904 Matäus Urschitz; Nr. 12.

Reži/Réžej/RESCHI; entstand nach 1647, 1777 Sebastian Spizer (36 Jahre alt, vulgo Reshe, und Maria Moserin, 26 Jahre alt, sowie Helena Moserin, 58 Jahre alt, Witwe, frühere Hausherrin, sowohl als auch Schusterlehrling Anton Majir/Maier, 20 Jahre alt, und Schusterknecht Johann Samonigg, 27 Jahre alt), 1822 erwähnt, 1841 Anton Sarnitz (vulgo Reschey-Keusche), 1904 Matäus Urschitz; Nr. 13.

Rodar/Rôdar/RÅDER; entstand nach 1647, 1777 Mathäus Kattnigg (52 Jahre alt, vulgo Rader, und Ursula Smolin/Smole, 52 Jahre alt, frühere Hausherrin), 1783 und 1822 erwähnt, 1841 Stephan Ulbing (vulgo Rader-Keusche), 1904 Franz Gasparin; Nr. 38.

Ropotév/Ropotóv/ROPOTAU; entstand nach 1647, 1606 Mathias (Schneider), um 1700 erwähnt, 1777 Simon Preinz (29 Jahre alt, vulgo Ropotou, und Ursula Komanin, sowie

Bartholomäus Koman, 52 Jahre alt, früherer Hausherr), 1822 erwähnt, 1841 Johann Preinz (vulgo Ropotou-Keusche), 1904 Val. Baumgartner; Nr. 33.

Rožan/Roschan; entstand um 1150, vor 1570 Symon Sabunco, 1570 bis 1586 Mathia Sabunco, 1777 Georg Urschitz (73 Jahre alt, früherer Hausherr, vulgo Roschan/Miquautschitz-Zulehen, Nr. 49), 1789 Geo. Urschitz, 1822 Valentin Urschitz (Nr. 40), 1841 Valentin Urschitz (vulgo Roschan-Zulehen, Nr. 49); Nr. 48 und 49.

Skledar/Sklíədar/Sklíjdar/SKLEDER; entstand zw. 1770 und 1780, 1777 vulgo Skliedar (Mager-Keusche) erwähnt, 1789 Gr. Samonig, 1822 erwähnt, 1841 Johann Mayer (vulgo Sklieder-Keusche), 1904 Carl Mikl; Nr. 27.

Svec/Su̯éc/Svétec/SWETZ; entstand nach 1647, 1759 Georg Melcher, 1777 Georg Melcherin (vulgo Suetiz, und Maria Wieltschin, 48 Jahre alt), 1822 erwähnt, 1841 Johann Kanzian (vulgo Swetitsch-Keusche), 1904 Joh. Tender; Nr. 25.

Šeli/SCHELLI/Urschi – **Grábner**; entstand nach 1785, 1822 erwähnt, 1904 Georg Urschitz (Nr. 5); Nr. 4.

Šintar/SCHINDER – **Wasenmeister** für „Abdecker" als Entsorger von Tierkadavern; entstand zw. 1770 und 1780, 1777 vulgo Wigele-Badstube (Nr. 56) erwähnt, 1789 und 1822 erwähnt; Nr. 56; 1841 Georg Wohlmuth (vulgo Wasenmeister-Keusche), Nr. 58. Siehe vulgo Vigelj, Nr. 24.

Švivnik/Svívnik/SCHWIUNIG; entstand nach 1647, 1695 und 1822 erwähnt, 1777 Georg Kraner (vulgo Schibiunigg, und Barbara Kindlin, 66 Jahre alt), 1841 Jakob Smounigg (vulgo Schwiunigg-Keusche), 1904 Josef Kandutsch; Nr. 3.

Tavpi/Taube; entstand nach 1200, im Mittelalter erwähnt, bis 1575 M. Scheusslich (Nr. 23), bis 1579 Lucas Faspolich, 1579 (Gori Germitsch Vormund), ab 1579 Michael Gugk (Nr. 8), 1580 erwähnt, 1590 Juri Heinrich, 1590 bis 1600 Zulehen zu Nr. 8 (vulgo Kuk), 1600 bis 1643 Bartholomäus Heinrich, 1665 bis 1669 Thomas Heinrich, 1777 vulgo Tauppe erwähnt, 1789 Thom. Fugger, 1822 erwähnt, 1841 Thomas Fugger (vulgo T[aup]e-Hube), 1904 Joh. Fertschei; Nr. 46.

Tavpijev križ/Tavpi-Kreuz.

Umeljč/Úmlič/UMELITSCH; entstand nach 1647, 1777 Georg Preinz (60 Jahre alt, vulgo Umlitsch, und Maria Pinterin), 1822 erwähnt, 1841 Johann Preinz (vulgo Umlitsch-Keusche), 1904 Anna Lepuschitz; Nr. 22.

Uršič/URSCHITSCH/**Finkensteinerhof/Finkensteiner Hof**; entstand nach 1250, im Mittelalter erwähnt, 1521 und 1580 Gregor Urschitz, 1606 Simon Walh (Urh/Vrh), bis 1686 Simon Urschiz, ab 1686 Mathes Wanckher, 1777 Bartholomäus Urschitz (vulgo Urschitz, und Maria Tharmanin/Tarmann, 35 Jahre alt, sowie Maria Urschitzin, 72 Jahre alt, Witwe, frühere Hausherrin), 1800 Peter Urschitz, 1822 erwähnt, 1841 Peter Urschitz (vulgo Urschitz-Hube), 1904 Jos. Koffler; Nr. 34. – 1777 vulgo Urschitz-Badstube (Nr. 35) erwähnt.

Váška frnjáča/Dorf-Leindörrofen, von „frnača" aus it. „fornace" für „Ofen"; jetzt eine Brunnstube für die Wasserversorgung.

Vigelj/Vígele/Wígele/Wiegele; entstand um 1150, im Mittelalter erwähnt, um 1580 Lucas Wigelle, 1606 erwähnt, um 1698/1700 Stephan Wigele, 1770 Andree Wigele, 1777 Thomas Wigele/Wiegele (31 Jahre alt, vulgo Wigele, und Barbara Marcowizin/Markowitz, 25 Jahre alt), 1822 erwähnt, 1841 Thomas Wiegele (vulgo [W]iegel-Hube), 1904 Curand

Gregor Müller (auch Nr. 23); Nr. 24. Siehe vulgo Šintar, Nr. 56. – 1777 Gregor Wigele/ Wiegele (63 Jahre alt, vulgo Wigele Auszugskeusche, Nr. 19).

Vigeljč/Vígelč/Víglič/Bíglič/Wieglitsch; 1580 erwähnt, 1606 Jury Pachilän, in der Reformation erwähnt, 1700 Philip Tonder, 1759 und 1766 erwähnt, 1777 vulgo Wiglitsch erwähnt, 1822 erwähnt, 1841 Anton Tonder (vulgo Wieglitsch-Hube), 1904 Lorenz Truppe; Nr. 15.

Žiher/SCHICHER; entstand vor 1280, 1579 Thomas Jamnigg, 1580 erwähnt, 1777 Kaspar Fugger (36 Jahre alt, vulgo Schicher, und Maria Aicholzerin, 29 Jahre alt), 1789 Kasper Fugger, 1822 erwähnt, 1841 Paul Napokoy (vulgo Schicher-Hube), 1904 Matäus Wielitsch; Nr. 41.

[60 LwB, 74 VHN, 37 Var]

Zugriff auf die HP Christian Gallobitsch für das Personenregister 1777 für die Hausnummern 1 bis 3 und 5 bis 18 der Ortschaft/KG Mallestig (jetzt Markt Finkenstein) erfolgte am 13.01.2020 vor 12:40 Uhr. Zugriff auf dieselbe HP für dasselbe Register für die Hausnummern 18 bis 35, 37 und 38, 40 bis 43, 46 und 47 sowie 49 bis 56 der Ortschaft/KG Mallestig (jetzt Markt Finkenstein) erfolgte am 24.01.2020 vor 13:00 Uhr.

1.3.20 Goritschach/Zagoriče

Bráček/Vráček/BRATSCHEK; um 1660 Adam Ratschnig oder Mihael Ottabitz, 1674 Jurij Ottouitz, 1691 Primož Lepuschitsch, 1719 sein Sohn Primož Lepuschitsch, 1750 erwähnt, 1777 Jakob Lepuschitz (63 Jahre alt, vulgo Wratschegg, und Anna Melcherin, 47 Jahre alt), 1785 Jakob Lepuschitz, 1841 Johann Lepuschitz (vulgo Wratschick-Hube); Nr. 3.

Dáf.

Fégelj/Fégele; 1606 Lukas Schneider, 1660 Motez Schneider, bis 1699 Partl Schneider, ab 1699 Hanz Laßnig, 1733 Jakob Jäggl, danach Jury Jäggl, 1777 Gregor Urschitz (34 Jahre alt, vulgo Fegele, und Ursula Pinterin, 37 Jahre alt), 1841 Georg Truppe (vulgo Fegele-Hube); Nr. 6.

Hlébein/Hlébajn – Nachbar von mittelalterlich „nah gebur" für „der nahe Bauer" (Feinig, 2004/05, 174); 1606 Hanßl Clewein, 1647 bis 1695 Gaspar (vulgo Nachpar), 1700 Georg Trießnig (Nachbar), bis 1702 Cathar. Triesnigin, ab 1702 Maria Triesnigin, 1710 Hanß Rainer, 1725 Partl Koschat, danach Hansl Zwanzger, 1733 Hanßl Zwänzger, 1777 Johann Juritsch (22 Jahre alt, vulgo Hleban, und Eva Ottowizin, 20 Jahre alt, sowie Agnes Juritschin, 62 Jahre alt, Witwe, frühere Hausherrin), 1789 Josef Juritsch, 1841 Anton Juritsch (vulgo Hlewein-Keusche); Haus Nr. 19.

Hójzl/Hójzelj/Hoisl; 1606 und 1654 Plasy Fleischkher, 1660 Andrej Gallab, danach und 1720 Bendl Puter/Putter, 1725 Hanß Hoiz, 1733 Hanz Hoiz, danach Partl Mössner, 1777 Andreas Mösner/Mesner (37 Jahre alt, vulgo Hoisl, und Margaritha Komarin, 27 Jahre alt), 1789 A. Meßner, 1841 Philipp Urschitz (vulgo Hoisel-Keusche); Nr. 17.

Jáklč/Jáklič/Jákelč/JACKLITSCH; 1606 Jakob Zmeyrer, 1654 Joannes Zmaier, 1660 Hanz Zmeyrer, 1686 Jakob Zmeyrer und Lenart Lepuschitsch, 1700 Jakob Zmeyerer, 1725 Jakob Zwayrer, 1733 Jakob Zweyrer, 1739 Paul Toff und Hanß Tschaschl, 1770 Paul Toff, 1777 Paul Tooff/Toff (50 Jahre alt, vulgo Jaklitsch, und Agnes Truppin, 47 Jahre alt), 1841 Johann Merling (vulgo Jacklitsch-Keusche; Nr. 12.

Kájžca/Keuschlein.

Kleménč/Klamíənč/Klamínjc/KLEMENITSCH; 1606 Valtan Conrad, 1660 Motez Conrath, 1737 erwähnt, 1741 Matija Conrath, 1777 Josef Conrad (66 Jahre alt, vulgo Clementsch, und Maria Hochkofflerin, 59 Jahre alt), 1789 Jožef Conrad, 1841 Georg Suschnig (vulgo Klementsc[h]-Hube); Nr. 1.

Kórat; 1606 Foltan Conrad und Jakob Conrath, 1647 Matija Conrad, 1660 Matija Konrath und Matija Markobiz, 1700 Matevž Conradt und Tomaž Melcher, 1759 Matija Conrath (vulgo Clemientsch) und Illy Truppe, 1777 vulgo Karrath erwähnt, 1841 Johann Truppe (vulgo Korath-Keusche); Nr. 7.

Májar/Maier; 1606 Boštjan Mayr, 1647 Štefan Hainrich, 1683 bis 1689 Clemen Petscher, ab 1689 Martin Napokoy, 1684 bis 1695 Martin Nepakhoy/Nepakoy, 1689 Witwe des Martin Nepokhoy für Tochter Marjeta, 1685 Matevž Triessnig, 1710 erwähnt, 1733 Partl Haßler, 1777 Jakob Quedritsch (40 Jahre alt, vulgo Mayr, und Agnes Arnoldin, 40 Jahre alt), 1789 Andrej Lepuschiz, 1841 Michael Lepuschitz (vulgo Mayer-Keusche); Nr. 16.

Méžnar/Mesner; 1606 Jakob Sluga, 1647 Thonny Sluga, 1660 Partl Schluga, dann Gašpar Schluga, 1700 bis 1701 Mertel Schlugga, ab 1701 und 1720 Andrej Sclugga/Schlugga, 1741 Gregor Jeßenigg, 1777 Lorenz Jessenigg (34 Jahre alt, vulgo Mösner, und Agnes Walthauserin, 34 Jahre alt), bis 1789 L. Jeßenig, ab 1789 Urban Kazianka, 1841 Matthäus Katzianka (vulgo Meßner-Keusche); Nr. 15.

Nímec/Níəmc/NIEMETZ; 1686 Lenart Lepuschitz/Lienhart Lepuschitsch, 1777 Mathias Lepuschitz (67 Jahre alt, vulgo Niemitz, und Maria Feichterin, 60 Jahre alt), 1785 Miha Lepuschitz, 1841 Lukas Lepuschitz (vulgo Niemitz-Hube); Nr. 4. – 1777 Niemitz Badstube erwähnt, Nr. 5.

Orétec/Orétəč/Lorenz – Vrbán/Urban; 1647 Barbara Juritschin, 1660 bis 1693 Urban Conradt, ab 1693 Franz Gayller, 1695 Valentin Canradt, 1759 Lovrenc/Lorenz Schumi, 1777 Valentin Schume/Schumi (60 Jahre alt, vulgo Urban, und Maria Rudolff, 56 Jahre alt), 1841 Johann Katzianka (vulgo Oretitsch- oder Urban-Keusche); Nr. 14.

Píntar/Pinter; 1606 Jurij Piber, 1647 Pangraz Weber/Pongraz Wöber, nach dessen Tod Tochter Jera und dann auch Schwiegersohn Pangraz, 1693 Miha Jelitsch, 1720, 1730 und 1733 Florian Hoya, danach Hanz Vrschiz, 1777 Andreas Urschitz (34 Jahre alt, vulgo Pinter, und Christina Kopaniggin, 30 Jahre alt), 1789 Andre Vrschiz, 1841 Johann Suschnigg (vulgo Binder-Keusche); Nr. 13.

Polín/Jaus(e)nhof/Buschenschenke; 1606 Hanz Pauln (vulgo Rueprecht), 1609 Hanß (Sohn von Paullen, Hammerwerk in Müllnern), 1647 Partl Paulin, 1660 Primož Paullin, 1737 Toni Rudolff, 1741 Hanz Rudolff, 1777 Johann Rudolff (57 Jahre alt, vulgo Paulin, und Maria Rupizin, 53 Jahre alt), 1841 Gregor Rudolph (vulgo Paulin-Hube); Nr. 2.

Ponják/Póponjak/Popovnják/Pépelnjak; 1606 Michl (Sohn vom Pauln), 1647 Partl Triesnig, bis 1693 Gregor Papio (vulgo Triesnig), danach Foltan Khoffler, 1700 erwähnt, 1733 Valentin Koffler, 1741 und 1753 erwähnt, dann Primož Schmalle, 1777 Maria Smolin/Smole (Witwe, vulgo Popounjak), 1789 Jakob Smolle, 1841 Peter Smolle (vulgo Po-[p]ou[niac]k-Keusche); Nr. 18.

Rúpelč/Rúəplč/RUPLITSCH; 1647 Jury Tepann, 1660 Ruep Khueg, 1700 Ruep Gugg, 1673 Ruep Gugg, 1733 Hanz Greylle, 1777 Paul Graille (50 Jahre alt, vulgo Ruplitsch, und Maria Kurin, 30 Jahre alt), 1785 Peter Gruelle/Greille, 1841 Andre Demensig (vulgo Rupitsch-Keusche); Nr. 8; besteht schon lange nicht mehr.

Šímon/Šíman/SCHIMAN; 1606 Christan Zmaierer, 1654 Ruep Zmayrer, danach Šiman Zmeyrer, dann bis 1699 Nescha Zmeyerer, ab 1699 Matthes Zmeyerer, 1700 Miha Melcher, 1733 Miha Melcher, 1777 Nikolaus Melcher (58 Jahre alt, vulgo Schiman, und Gertrude Lepuschitzin, 36 Jahre alt), 1789 Miha Melcher, 1841 Joseph Melcher (vulgo Schimon-Hube); Nr. 9.

Šímanova kájža/Šíman-Keusche; gegenüber vom Korat. – 1777 Schiman Badstube erwähnt, Nr. 10.

Trísnik/Tríǝsnk/Trießnig; 1606 Hanz Triesnig, 1647 und 1660 Partl Trießnigg, 1759 Jakob Hochkoffler, 1777 Jakob Hochkoffler (58 Jahre alt, vulgo Tressnigg, und Maria Napokojin, 50 Jahre alt), 1841 Georg Trießnigg (vulgo Trießnigg-Hube); Nr. 11.

[19 LwB, 23 VHN, 15 Var]

Zu Goritschach siehe Besitzerliste im Bildmaterial, ohne Jahreszahl, jedenfalls nach 1777 und vor 1921, höchstwahrscheinlich um 1840. Informant Kurt Rauter (Finkenstein).

Zugriff auf die HP Christian Gallobitsch für das Personenregister 1777 für die Hausnummern 1 bis 19 der Ortschaft Goritschach erfolgte am 13.01.2020 vor 12:40 Uhr.

1.3.21 Kanzianiberg/Škocjan/Škocijan

Kapélnjak/KAPELLNIAK; bis 21.5.1801 Magdalena-Kapelle, 1841 Johann Graber (vulgo Kapelnig-Keusche); Goritschach 24, dann Mallestig 64.

Méžnar/Mesner; 1609 Matheuß Mesner, 1647 Primuß Messner, bis 1689 Matevž Crainer, ab 1689 Gašpar Crainer, bis 1696 Pavle Meßner, ab 1696 seine Witwe Ana und Jurij Oman, 1700 Primuß Meßner, bis 1727 Jury Aman, 1759 Hanß Fridl, 1777 Jakob Warum (29 Jahre alt, vulgo Kanzian Mößner, und Maria Paumgartnerin/Baumgartner, 30 Jahre alt, sowie Maria Warum, 57 Jahre alt, frühere Hausherrin), 1789 J. Warum, 1841 Johann Warum (vulgo Meßner-Keusche), 1904 Franz Warum; Goritschach 20, dann Mallestig 60.

Samotárska kájža/Kájžca/Einsiedlerkeusche/Keuschlein; ab 1785 Barbara Flaschberger, ab 1833 zum vulgo Ilč, Obergreuth, später zum vulgo Meßner am Kanzianiberg; Goritschach 21, dann Mallestig 61; jetzt nicht mehr vorhanden.

[3 LwB, 3 VHN, 3 Var]

Zugriff auf die HP Christian Gallobitsch für das Personenregister 1777 für die Hausnummer Goritschach 20 erfolgte am 13.01.2020 vor 12:40 Uhr.

1.3.22 Obergreuth/Zgornje Rute

Arnéj(c)/Arnéjovc/Arnëutz; Hube; 1606 Adam Jerney, 1647 Gabriel Mosser, danach Adam Moser, 1694 Jurij Moser, 1740 Gregor Sämonigg, 1766 erwähnt, 1777 Anton Samonigg (36 Jahre alt, vulgo Arnejouiz, und Katharina Gallobin, 30 Jahre alt, sowie Gregor Samonigg, 72 Jahre alt, früherer Hausherr, und Gertrude Moserin, 75 Jahre alt, frühere Hausherrin), 1802 Gašpar Samounick/Casper Samounigg, 1841 Bartl Samonigg (vulgo Arneutz-Hube); Obergreuth 4, später Korpitsch.

Ílč/Jéč/Jílič/Illitsch; Hube; 1606 Adam Triesnig, 1643 Matevž Drießnig, 1742 Jakob Trießnigg, 1777 Thomas Trehsnig/Trießnig (vulgo Illitsch), 1789 Tomann Trießnig, 1841 Georg [T]rießnig (vulgo Illitsch-Hube); Obergreuth 12, später Goritschach. – 1785 und 1789 Barbara Flaschberger, Einsiedlerkeusche am Kanzianiberg; 1833 zum vulgo Ilč. – 1777 vulgo Illitsch-Badstube (Nr. 13) erwähnt.

Golícar/Holitzer; Keusche; 1841 Johann Koman (vulgo Hollitzer-Keusche); Obergreuth, dann Obertechanting 9, jetzt Techanting, Holitzerweg.

Kájžarič/KAISERITSCH; Keusche; 1654 Doniž (vulgo Hoitz), nach 1660 Peter Rabitsch, 1735 Jožef Robizh, 1772 bis 1777 Primož Robizh, 1777 Gašpar/Caspar Robizh, ab 1777 Gregor Gallob (vulgo Hoiz), 1841 Anton Gallob (vulgo Kaiseritsch-Keusche, Nr. 2); Obergreuth 3 (zu Ojc, Nr. 1), dann Korpitsch; jetzt nicht mehr vorhanden.

Kopánk/Kopanig; Hube; 1777 Peter Rudolff (43 Jahre alt, vulgo Kopanigg, Nr. 8, und Maria Moserin, 42 Jahre alt, sowie Anton Rudolff, 76 Jahre alt, früherer Hausherr), 1841 Johann Zollner (vulgo Kopeinigg-Hube); Obergreuth, dann Obertechanting 23, jetzt Techanting, Holitzerweg.

Mlín/nekdanji Trupijev mlin/ehemalige Truppi-Mühle.

Nájbirt für Neuwirt; Hube; 1841 Blasius Lapusch (vulgo Neuwirth-Hube); Nr. 24 und 25.

Obere Neuwirths-Hube; von „oberer", „neu" und „Wirt"; Hube; 1777 in Obergreuth Nr. 6 erwähnt.

Ójc/Oitz; Hube; 1606 [Matheß] Hoytzer, 1647 Thonny Hoitz, 1653 Martin Oiz, 1659 erwähnt, bis 1697 Toni Hoiz, ab 1697 Paul Galab, 1785 Gregor Gallob; 1841 Anton Gallob (vulgo Oitz-Hube); Obergreuth 1 (vgl. Kajžarič, Nr. 2, dann Nr. 3), später Korpitsch.

Trúpi/Trúpe/Truppi/Truppe[3]; Hube; 1606 Hanß Trupey, 1660 Gregor Truppe, 1700 Matija Truppe, 1777 Mathäus Truppe (57 Jahre alt, vulgo Truppe, Nr. 10, und Margaritha Zwanzgerin, 42 Jahre alt, sowie Bartholomäus Truppe, 89 Jahre alt, früherer Hausherr, und Helena Skerbinin/Skarbina, 77 Jahre alt, frühere Hausherrin), 1841 Matthäus Gallob (vulgo Tru[pp]e-Hube, Nr. 26); Obergreuth 12, dann Nr. 23, jetzt Techanting, Holitzerweg 13. – 1777 vulgo Truppe-Badstube (Nr. 11) erwähnt.

Untere Neuwirths-Hube; von „unterer", „neu" und „Wirt"; Hube; 1777 in Obergreuth Nr. 7 erwähnt.

Žága/nekdanja Trupijeva žaga/ehemalige Truppi-Säge.

[10 LwB, 10 VHN, 9 Var]

Zugriff auf die HP Christian Gallobitsch für das Personenregister 1777 für die Hausnummern 4, 6 bis 8 und 10 bis 13 der Ortschaft Obergreuth erfolgte am 24.01.2020 vor 13:00 Uhr.

1.3.23 Faak am See/Bače

Bauernmarkt/Kmečki trg.

Bundessportheim/Zvezni športni dom.

Búti/Bútej/Wutti; bis 1596 Primož Wuti, ab 1596 Andrej Wuti, dann Florijan Pläßko, ab 1600 Ahac Müllneritsch, 1631 Jakob Sabe, bis 1729 Thomaß Sareinigg, ab 1729 Valentin

[3] Besitzer laut Ahnenliste Truppe-Gallob, erstellt von Wolfgang Schnabl, vor 1990, nach den Pfarrmatrikeln von St. Stefan-Finkenstein/Mallestig, von LMR erweitert: Gregor Truppe (um 1607-1672), Matthäus Truppe (um 1630-1708), Johann Truppe (*1665), Bartholomäus Truppe (1696-1783), Matthäus Truppe (1720-1785), Agnes Gallob, geb. Truppe (1766-1833, verheiratet mit Leonhard Gallob, †1801, Jagdunfall, siehe Wegkreuz), Matthias Gallob (1796-1857), Matthäus Gallob (1828-1906), Andreas Gallob/Andrej Golob (1855-1919). Kinder: Johann Gallob (1884-1942, vulgo Truppe, Obergreuth, und vulgo Polin, Goritschach); Maria Gallob, verh. Gastl (1882-1950, vulgo Erjan/Rjan, St. Stefan) und Anna Johanna, verh. Wieltsch (1888-1966, vulgo Drzuc, Höfling). Enkel: Johann Augustin Gallob (1905-1987, vulgo Truppe in Obergreuth und vulgo Mušet in Susalitsch.) Die Ahnenliste wurde in Deutsch erstellt. Diese Vorfahren/Verwandten von LMR waren alle Kärntner Slowenen. Sie schrieben sich daher vor Andrej „Golob" bzw. „Trupi" und hatten slowenische Vornamen.

Rastner, [1799] Thoman Serenigg, dann Andree Wuti, 1841 Bartl Pirker (vulgo Wutte ¾ Hube); Nr. 27.

Cvánckar/Cváncikar/Zwanziger; 1658 Simon Ottobiz (Pierwirth), um 1661 Blasy Ottobiz, 1687 Blasy Ottouz, 1698 und 1707 Gregor Treiber, 1841 Johann Treiber (vulgo Zwanzger-Keusche samt Zulehen); Nr. 8.

Čárej/TSCHARE; 1701 und 1706 Matija Zarei/Pogatschar, 1759 Hanz Hochkoffler, 1841 Thomas Petritsch (vulgo Tscharre- oder Petritsch-Keusche); Nr. 23.

Drávc/DRAUTZ; 1606 Bärtl Simonitsch, 1700 Lip Simonitsch, bis 1729 Bärtl Simonitsch, ab 1729 Urban Gaggl, bis 1777 Andrej Kreolz, 1841 Johann Kreulz (vulgo Drautz-Keusche); Nr. 12.

Fónar/FONER; bis 1624 Peter Florjan, danach dessen Witwe, ab 1646 Luka oder Urh Florjan, 1647 Bärtl Floritsch, 1686 Partl Florian, bis 1686 Luka Florian, ab 1686 Urban Weillitsch, 1696, 1698 und 1701 Lukaz/Lukas Florian/Funar, 1700 Urban Wiellitschnig, bis 1729 Christoph Michellitsch, ab 1729 Thomas Aicholzer, 1789 Urban Aichholzer, 1841 Johann Aichholzer (vulgo Floner-Hube); Nr. 2.

Gregórč/Gráhorč/GREGORITSCH/**Kärntnerhof**; 1606 bis 1617 Gregor Fischer/Vischer, ab 1617 bis 1625 Hanzl/Hanz Wielitsch, ab 1625 bis 1646 seine Witwe und Gregor Bairtl, ab 1646 Hanzl Fischer, 1670 und 1674 Miha Partl/Gregoritsch, 1678 bis 1695 Gregor Pürkher, ab 1695 und 1729 bis 1740 Motez Pirker/Pürkher, ab 1740 Sohn Jožef, 1841 Mathias Pirker (vulgo Gregoritsch ½ Hube); Nr. 28.

Jérut; Hube; bis 1600 Klemen Geroldt, ab 1600 bis 1628 Hanze Wuecherer/Geroldt, 1682 und 1684 Gregor Jerozit/Butei, 1729 und 1746 Matija Wutti/Geroldt, 1789 Anton Wuttey, 1841 Johann Wutte (vulgo Jerut-Hube); Nr. 3.

Jérutov kríž/Jerut-Kreuz.

Júrč/JURITSCH; 1521 Lienhart Vischer, bis 1608 Štefan Vischer, ab 1608 und 1622 bis 1670 Jakob/Jacob Fischer/Juritsch, ab 1670 seine Witwe und Jakob Trießnig, 1729 Jury Klewein, 1841 Johann Tschemaniak (vulgo Juritsch-Hube); Nr. 9.

Káščar/KASCHTSCHER; bis 1674 Gašpar Prandt und Jakob Tander, ab 1674 Kocijan Thander, 1733 Jakob Wöber, 1789 Valentin Weber, 1841 Mathias Glantschnigg (vulgo Kaschtschar-Keusche); Nr. 16.

Kováč/KOWATSCH – **Schmid** von „Schmied"; Keusche; 1521 Paternell Schmid, 1606 Partl Schmidt, 1729 Gašpar Püber, bis 1681 Vrban Copänig/Kopanik, ab 1681 bis 1690 Jakob Piber, ab 1690 Martin Tander, 1789 Lovrenc Sdißen, 1841 Matthäus Stießen (vulgo Schmid-Keusche); Nr. 18, im Ort.

Kováč/KOWATSCH; westlich des Ortes.

Krámar/Kramer; 1729 Valentin Wigelle, 1841 Georg Pirker (vulgo Krammer-Keusche); Nr. 24.

Kúk; 1606 Jakob Gugkh, 1647 Mörth Thoner, 1660 bis 1681 Martin Tander und 1660 bis 1679 Gregor Tander, bis 1681 Štefan, ab 1687 Andrej, ab 1701 Thoman Trundtschitsch, bis 1729 Jakob Tander, ab 1729 bis 1777 Val. Wrize/Fritz, ab 1777 Sohn Lovrenc, 1841 Thomas Fritz (vulgo Kuck ½ Hube); Nr. 15.

Márkovc/Márkovc, mlín/MARKUTZ – **Müllner** von „Müller" für „mlinar"; 1606 Jury Marcobiz, 1686 und 1693 Matevž Marcobiz, 1729 Tomaž Marcobitsch, 1779 erwähnt, 1841 Johann Markowitz (vulgo Markowitz ½ Hube); Nr. 31.

Méžnarč/Méžnarič/MESNERITSCH; 1617 erwähnt, 1692, 1695 und 1710 Matija „faber“ (Schmied)/Meschnar/Mesnariz, 1737 Lipe Meißlizer, danach Miha Poglitsch, 1841 Martin Walluschnigg (vulgo Meßneritsch-Keusche); Nr. 30.

Mikúč/MIKUTSCH; 1521 Lukaß und Lienhart (Mikutsch), bis 1596 Pongrac (Mucutsch), ab 1596 Jurij (Mucutsch), bis 1646 Simon (Muggutsch), ab 1646 bis 1673 Jakob Lepuschitsch, ab 1673 Jožef Koffler, bis 1729 Pangraz (Makhutsch), ab 1729 Mathes Wigelle, bis 1756 Matija Vlbing, ab 1756 Peter Pinteritsch, 1789 Peter Pinter, 1841 Matthäus Janscha (vuglo Mikutsch-Hube); Nr. 13.

Mírtek/Mértek; 1606 Hanz Schuester, bis 1702 Martin Tschemerniäkh, ab 1702 Martin Kalcher, 1706 bis 1710 Martin Zemerniak, ab 1710 Hanz Wucherer, bis 1729 Hanß Schuster, ab 1729 Thomas Tschemerniäkh, 1766 Jožef Pürker, 1841 Valentin Tschmneriak (vulgo Mörtick ½ Hube samt Mauthmühle, Nr. 22); Nr. 21.

Mlínarč/MÜLLNERITSCH – **Müllner** von „Müller“ für „mlinar“; 1521 Tomaž Müllner, 1523 Blaž Müllner, bis 1621 Vostl Müllneritsch, 1625 Motez Kuptschitsch, bis 1735 Jakob Müllner, ab 1735 bis 1740 Matija Müllner, ab 1740 seine Witwe Neža, 1841 Philipp Müllneritsch (vulgo Mlinaritsch-Keusche); Nr. 19.

Múrovc/MURUTZ; 1647 Andre Wutty, 1668 bis 1692 Mihl Tander, 1692 Jakob Tander, ab 1692 und 1700 Pavel Wöber/Weber, 1741 Simon Wöber, 1764 Mathias Weeber, 1841 Johann Weber (vulgo Muroutz-Keusche); Nr. 37.

Némec/Nímec/NIEMETZ; Hube; bis 1628 Ruepp Vnderweger, dann Simon Vnderweger, 1688 Matija Niemitz, 1701, 1704, 1710 und 1711 Gašpar Unterwegar/Niemez/Casper Unterberger/Gašpar Begar, 1710 Mathia Petrobitsch, bis 1729 Jacob Ortner, ab 1729 Jacob Vndterweger, 1733 Jakob Underweger, 1841 Simon Unterweger (vulgo Niemitz-Hube); Nr. 1.

Oháček/ÅCHATSCHEK; vor 1662 Martin Vndterwegger, ab 1662 Jakob Achaz, 1841 Philipp Müllneritsch (vulgo Achatschick-Keusche); Nr. 25.

Orínc/ORINZ – **Uhrar/Wucherer**; bis 1619 Jakob Lorenz, ab 1619 bis 1669 Jurij Lorenz 1670 und 1682 Jakob Uhrar/Lorenz, 1690 Johan Lorinz, bis 1729 Tomaž Wuecherer, ab 1729 Jakob Kalcher, ab 1757 und 1781 Miha Kalcher, 1841 Matthäus Aichholzer (vulgo Orinz-Hube, Nr. 32), 1841 Simon Smolley (vulgo Orinz-Keusche, Nr. 40); Nr. 32.

Otóčnik/~~Otóžnik~~/**Otúčnik**/OTOTSCHNIG/~~OTOSCHNIG~~ – **Neubauer, Seebauer**; Realität/Gutshof; bis 1741 Jožef Jurij Geroldt, ab 1741, 1747, 1755, 1756 und 1759 Lovrenc Gaggl/Geroldt/Kaggl/Lorenz Kaggl, 1841 Seine Durchlaucht Herr Friedrich von Liechtenstein (vulgo Otutschnigg- oder Insel-Realität); Nr. 39.

Pávkar/PAUKER – **Kattnigg** von „kot“ für „Winkel, Ecke“, also „Winkler/Ecker“; bis 1614 Lukaz Schwarz, ab 1614 bis 1661 Jurij Lepuschiz, 1661 Achac Lepuschiz, ab 1661 Marinka und Jurij Christian, 1710 bis 1734 Andrej Christiantschiz/Christianschiz, 1734 bis 1736 Simon Graber, ab 1736 bis 1758 seine Witwe und Gregor Unterweeger, ab 1758 und 1789 Gašpar Unterweger, dann Jakob Lorenz, [1789] Gregor Undterweger, 1841 Matthäus Unterweger (vulgo Pauker ½ Hube); Nr. 11.

Píber/PIEBER; Hube; 1521 Lukaz Pyber, bis 1614 Kocijan Woschiz/Božič, ab 1614 bis 1627 Primož Woschiz, 1627 der Finkensteiner Pfleger, dann Jernej Fischer für Sohn Pavel (1643), 1641 erwähnt, 1701 bis 1728 Urban Maurer, ab 1728 bis 1770 Štefan Walluschnig, ab 1770 Anton Walluschnig, 1841 Matthäus Walluschnig (vulgo Biber-Keusche); Nr. 4.

Prônt/Bråndt; 1606 angeblich Balthasar Fischer, bis 1729 Walthauser Fischer, ab 1729 Michael Aichholzer, 1737 Miha Aicholzer, 1841 Gregor Rabitsch (vulgo Brandt ¾ Hube); Nr. 17.

Prôntov kríž/Prônt-/Bråndt-Kreuz.

Réjovc/Réjouc/RËJUTZ; 1531 Rueprecht Rec, 1606 Urban Rea, 1647 und 1650 Lenart Rea/Reauz, 1785 Andrej Prosen, 1841 Anton Treiber (vulgo Rejoutz ½ Hube); Nr. 6.

Sóbej/SOBE; 1606 Adam Sobey, bis 1649 Jakob Sabe, 1841 Johann Primick (vulgo Sobey-Keusche); Nr. 33.

Sobéičič/SOBETSCHITSCH; bis 1660 Lucaß Wöber, ab 1660 bis 1685 Gregor/Gory Wöber, 1683 und ab 1685, 1686, 1688 und 1695 Jurij Sternad/Sternath/Georg Sternadt/Jurij Sobej/Schobeizitsch, 1789 Miha Sternadt, 1841 Johann Stießen (vulgo Sobetschitsch-Keusche); Nr. 36.

Špétnjak/SCHPETNIAK; bis 1737 Gregor Püerkher, ab 1737 Anthoni Oder, 1712 Matevž Pürker/Purker, 1841 Matthäus Oder (vulgo Spetniack-Keusche); Nr. 35.

Tóndar/Tonder; 1604 wahrscheinlich Hanz Enzi, 1606 Andreas Enzi, 1685 und 1698 bis 1729 Andreas Tonder/Andrej Tondrer/Andreas Enzi, ab 1729 Michael Aiholzer, 1841 Matthäus Aichholzer (vulgo Tonder ¾ Hube); Nr. 25.

Torbátl/Tórbatl; 1636 Urban Paumbgartner, bis 1660 Simon Catollnigg, ab 1660 bis 1696 Urban Catollnig/Catolnig, ab 1696, 1699 und 1700 seine Witwe und Marx Ottowiz/Markež Torbertl/Ottobiz, bis 1700 Vrban Catollnig, ab 1700 Marx Ottobiz, 1741 Avguštin Cathollnig, 1841 Johann Fritz (vulgo Thorwartl-Keusche); Nr. 14.

Wiltsch von „bel/weiß“ (Feinig, 2004/05, 338), „Weiß“; Dreiviertelhube; 1841 Anton Wiegele (vulgo Wiltsch ¾ Hube); Nr. 5.

Vúhrar/Ùhrar/Wucherer; 1531 Michel Wehrer, bis 1600 Besitzer von vulgo Jerut, ab 1600 Hanzej Wuecherer, 1606 Ruep Wuecherer, 1729 Partl Wuecherer, 1841 Jakob Tuder (vulgo Wucherer ¾ Hube); Nr. 38.

Závrnik/SAVERNIG; 1606 Lenart Sauernig, bis 1729 Leonhard Sauernig, 1647 Luka Trunkh, ab 1729 Jakob Trunkh, 1789 Jurij Trunck, 1841 Andreas Trunk (vulgo Sauernigg ½ Hube); Nr. 20.

Zvínjak/Sbínjak/SBINIAK; bis nach 1660 Ruep Markovic, danach und 1675 bis 1677 Ruep Zenz, 1680 Witwe Sabina und Sohn Jakob Zentz, 1687 erwähnt, 1759 Zenz (Sabinakh), 1841 Joseph Zenz (vulgo Sabiniak-Keusche); Nr. 29.

Žímelj/Žímele/SCHIMMEL; 1660 Simon, 1668 und 1670 erwähnt, 1733 Miha Wuecherer, um 1660 Simon Hueber, 1691 Urban Mauerer (1700 „Saag am Moß“), 1789 J. Sternath, 1841 Lukas Walluschnig (vulgo Schemele-Keusche); Nr. 34.

[37 LwB, 43 VHN, 23 Var]

Die Geschichte der Höfe und Keuschen in Faak am See kann man nachlesen in: „Hans Krawarik: Faak am See – bevor die Touristen kamen: Zur Dorfentwicklung im gemischtsprachigen Südkärnten bis ca. 1900. Hamburg: Verlag Dr. Kovač, 2020“.

1.3.24 Pogöriach/Pogorje

Andréjovc/ANDRËUTZ; 1660 Michael Fischer, nach 1660 und 1700 Andrej Mörtl/Merthl (1700 auch vulgo Mesner), 1729 Mörtl Stephantschiz, 1785 Urh Stephantschitz, 1841 Lorenz Melcher (vulgo Andreitz-Keusche); Nr. 4.

Aríšek/Oríšek/ARISCHEK; 1606 Adam Arrischggo, 1637 Adam Harischo, 1647 Gregor Arrischggo, 1669 Tomaž Arisco, 1676 Ožbolt Arisko, 1729 Adam Triessnig, 1741 Gregor Trießnig, 1785 Jurij Trießnig, 1841 Johann Writze (vulgo Aritschi[k]-Hube) und Theresia Writze (Vormund); Nr. 23.

Brícej/BRITZE; 1527 Brize Rotnickh, 1606 Matheß Friz, 1669 Matija Bricci, 1729 Hänßl Wirze, 1785 Thomas Writze, 1841 Johann Writze (vulgo Writze-Hube); Nr. 3.

Fájdlč/FEIDLITSCH – **Rader** von „Rad" für „Radmacher/Wagner"; 1726 Vitus Feidl, 1729 und 1741 Hanz Lepuschitz (vulgo Rader), 1785 Johan Melcher, 1841 Kaspar Wucherer (vulgo Veidel-Keusche); Nr. 2.

Hedétič/HEDETITSCH; 1606 Peternel Chudet, 1677 und 1678 Matija Hudet/Trupei, bis 1729 Peternell Hudeth, ab 1729 Jacob Crainer, 1789 Peter Wrizer, 1841 Johann Writze (vulgo Hedotitsch-Keusche); Nr. 7.

Hríbernik – **Supan** für „Ortsvorsteher"; 1657 Supan, 1676 Primož Hribernig, 1729 Andree Wutty, 1841 Johann Hochmüller (vulgo Hribernigg-Keusche); Nr. 8.

Kopájnik/Kopeinig; Hube; 1606 Witwe Marjeta/Marina und Peter Micula, um 1637 Andre Gregoritsch, 1655 und 1660 oben erwähnter Peter Micula als Petter/Peter Mikhula, danach Luka Steffantschitz, 1698 Valentin Stephaniz/Stephanziz, bis 1729 Andro Gregoritsch, ab 1729 Geo. Stephantschiz, 1841 Maria Trantin (vulgo Kopainigg-Zulehen); Nr. 9. (Vgl. Pogöriach 20; vgl. Ratnitz, LMR, 2016, 59 f.)

Kopánk/Kopájnik/Kopeinig; Keusche; 1606 Marina Khopanigin, 1609 Matevž Capainig, 1657 Andre Gregoritsch, 1677 Lukaz Copäunig (vulgo Stephanschiz), bis 1729 Andrej Gregoritsch, ab 1729 Georg Stephäntschiz, 1750 Gregor Stephantschiz, 1785 Primož Trentin, 1841 Maria Trantin (vulgo Kopanigg-Hube); Nr. 20, (vgl. Pogöriach 9).

Kótnik; 1606 Andre Khottnig und Matheß Kattnig, um 1637 Jury Kattnig, bis 1729 Jury, ab 1729 Mathes Kattnigg, 1789 Anton Kattnig, 1841 Lorenz Kattnig (vulgo Kattnigg-Hube); Nr. 16.

Krájnč/Krájnc/KREINITSCH; 1599 Urban Crayner, 1606 Gregory Khrainz, bis 1715 Toman Kofler, ab 1715 bis 1778 Urh Trießnigg, 1729 Gregori (vulgo „obiger Triessnig"/ Orišek), ab 1778 und 1789 Hanzej/Johan Trießnigg, 1841 Johann Trießnigg (vulgo Krainer-Hube); Nr. 19.

Kúhar/KUCHER – **Martitsch** von „Martin"; 1606 Lucaß Kucher, 1647 Jakob Kucher, 1659, im März 1668 und 1670 Štefan Martizh/Kuchar, 1711 Jurij Martiz, 1729 Lucas Kuchar, 1789 Johan Martitsch, 1841 Johann Martitsch (vulgo Kucher-Hube); Nr. 21.

Lúmpl; 1606 Müchl Lümpl, 1694 Gašpar Lumpl, bis 1728 Jakob Dragatin, ab 1728 Motez Kattnigg, bis 1729 Michl Lümpl, ab 1729 Caspar Kattnig, 1789 Jožef Kattnig, 1841 Johann Kattnig (vulgo Lumpel-Hube); Nr. 18.

Marínč/MARINITSCH – **Glaz** von „Nikolaus" (Feinig, 2004/05, 66); 1647 Thony Marin, 1695, 1700 und 1702 Miha Flath/Glas/Mariniz, 1785 Jožef Petschar, 1841 Joseph Hochmüller (vulgo Marinitsch-Keusche); Nr. 5.

Mikvàv/MIKLAU; 1729 Jurij Koffler, 1789 Jožef Ulbing, 1841 Thomas Ulbing (vulgo Mi[q]uo-Keusche); Nr. 10.

Pečlín/PETSCHLIN – **Pippe** für „Zapfhahn an Fässern"; 1606 Thomas Pütschelin, 1643 Christoph Pipy, 1680, 1684 und 1700 Simon Pezelin/Pipan/Pippe, 1696 erwähnt, 1729 Thomas Pippe, 1789 Johann Pippe; (Nr. 1 und 6, vulgo Roschan, Keusche), 1841 Andreas Pippe (vulgo Petschl[in]-Hube, Nr. 1, samt Ros[c]han-Zulehen, Nr. 6).

Píntarč/PINTERITSCH; 1729 Jožef Prachin(er), 1785 Gregor Urschitz, 1841 Lukas Preinz (vulgo Binder-Keusche); Nr. 11.

Pútrič/PUTRITSCH – **Lánzer**; Keusche; bis 1647 Motez Lanzer, ab 1647, 1670 und 1679 Jakob Lanzer/Lanzär/Puter, 1729 Anton Dragatin, 1841 Anna Koller (vulgo Putteritsch-Keusche); Nr. 13. – *„der Pott"*/rundes, künstlich geschaffenes Gefäß (GS 124).

Ródar/Ráder/RÅDER; Keusche; bis 1822 Lukaz Ulbing (vulgo Zlan/Sellan), ab 1822 Jurij Plautz, 1841 Anton Succaglia (vulgo Roder-Keusche); Nr. 26.

Šúštar/Schuster; bis 1676 Andrej Wrizi; ab 1676 Gregor Wirze, vor 1785 Tomaž Writze (vulgo Bricej), um 1785 Jakob Walluschnig; Nr. 12.

Zlán/Sellan/SLAN – **Gailler** von „Gail, Gailtal"; 1606 Matija Jurco und Ožbolt Geyller, 1647 Matija Jurco und Rup Gailler, 1668 Lambert Gailler, 1677 Rup Gailler, 1678 und 1683 Lambert Sillan/Lampret Sällan sowie zwischen 1677 und 1690 Lampret Gailler, bis 1729 Hanz Jurco und Ožbolt Geyller, ab 1729 Peter Truntschiz (vulgo Slan) und Andree Pipp (vulgo Rachay), 1785 und 1789 Johan Trunschitz, bis 1822 Lukaz Ulbing, 1841 Lorenz Seuher (vulgo Sellan-Hube); Nr. 14.

Žímanč/Žígmontič/SCHIMANITSCH – **Machor/Michor** von „Michael"; 1527 Sigmund von Pogoriach, 1606 Šiman Machor, 1650 Walthauser/Boltežar Khattnigg, bis 1659 Urban Khatnig, ab 1659 Mathes Wrize, bis 1684 Urban Khattnig, ab 1684 Tomaž Khattnigh, bis 1729 Simon Machor, ab 1729 und 1741 Hanß Kattnig, 1789 Johan Trentin, 1841 Thomas Trantin (vulgo Sigmantitsch-Hube) und Johann Writze (Vormund); Nr. 24.

[21 LwB, 29 VHN, 23 Var]

1.3.25 Ratnitz/Ratenče

Christantschitsch von „Kristijan/Christian"; Hube und Keusche; 1841 Johann Wutty (vulgo Christantitsch-Hube samt Zulehen); Nr. 4 und 5.

Fôlt/FÅLT.

Klamnják/KLEMENIAK; Hube; 1841 Johann Wucherer (vulgo Klemeniock-Hube); Nr. 8.

Malt – Mathe, „Malt" vielleicht von „Maut" für „cestnina" oder „Malt, Mathe" für „Matthias/Matija"; Keusche; 1841 Matthias Mörtl (vulgo Malt- oder Mathel-Keusche); Nr. 10.

Némec/NIEMETZ; Hube; 1841 Valentin Mikula (vulgo Niemitz-Hube).

Ratschitsch von „rače" für „Wassergerinne/-zulauf" (Feinig, 227); Keusche und Mauthmühle; 1841 Augustin Preinz (vulgo Ratschitsch-Keusche samt Mauthmühle); Nr. 1.

Smònk/Samonig; Keusche; 1841 Markus Stephantschitsch (vulgo Smounig-Hube); Nr. 9.

Štíkar/Sticker.

Úršič/URSCHITSCH/**Urschitz**; Hube und Keusche; 1841 Valentin Wutty (vulgo Urschitz-Hube, Nr. 6, samt Zulehen, Nr. 7).

[9 LwB, 9 VHN, 7 Var]

1.3.26 Latschach (ober dem Faaker See)/Loče (nad Baškim jezerom)

Aprísnik/APRIEßNIG.

Bébar/BEBER; 1521 Jacob Weber, bis 1598 Motez Weeber, ab 1598 seine Witwe Kuna Weeber und Miha Uhrar/Wuecherer, ab 1618 bis 1646 Ahac Uhrar/Wuecherer (vulgo Weber), ab 1644 Gašpar und Benedikt Ulbing (zur Hälfte) und ab 1646 (Gesamtbesitz), 1770 Jakob Ulbing (vulgo Juritsch) und Janez Gailler (beide vulgo Weber), 1785 Simon Gailler (vulgo Weber), 1841 Matthäus Gailler (vulgo Weber-Hube); Nr. 5.

Bírt – Neuwirth von „neu" und „Wirt"; 1554 Tomaž Wirt, 1606 und 1609 Thomaß Wierth/ Wirdt, 1787 Hube Neuwirth/Wirtitsch erwähnt, 1841 Lorenz Mörtl (vulgo Wirth-Hube); Nr. 4.

Fárovž/FARUSCH.

Gromátar/Hromátar; bis 1600 Jakob Ulbing, ab 1600 bis 1629 Jurij Gromader/Gruemater, ab 1629 Urh Gruemater, 1647 und 1660 bezahlte Urh Gruemadter den Pachtzins für die Alm, ab 1652 Peter Aicholzer, um 1690 bezahlte Michl Lepuschitz den Pachtzins für die Alm, 1737 bis 1742 Matija Lepuschitz (vulgo Gruemether), ab 1742 Schwiegersohn Tomaž Samonigg, 1841 Jakob Samonig (vulgo Grometer-Keusche); Nr. 9.

Jámnik.

Júrč/JURITSCH – **Vlbing/Ulbing** von „Wolfgang"; 1521 Jurj, 1554 Peter Juritsch, bis 1626 Adam Juritsch, 1626 Benedikt Juritsch erwähnt, bis 1662 Adam Vlbing, ab 1662 bis 1667 Sohn Gašpar Vlbing, ab 1667 bis 1710 Sohn Andrej Vlbing (1669 und 1685 als Andrej Juriz erwähnt), 1673 Lukaz Vlbing erwähnt, ab 1710 bis 1716 Sohn Andrej Vlbing (vulgo Juriz, 1711 erwähnt), ab 1716 bis 1721 Witwe und Gregor Gloya, ab 1721 bis 1738 Witwe des Andrej Vlbing sowie des Gregor Gloya und Urban Trantin, ab 1738 Sohn Jakob Vlbing (vulgo Juritsch), 1772 Matheus Ulbing (vulgo Ulbing oder Juritsch), 1785 Matija Ulbing (vulgo Juritsch), 1841 Joseph Ulbing (vulgo Juritsch-Keusche, Nr. 8, samt Juritsch-Hube, Nr. 7).

Kájžca/Keuschlein.

Lebíček/Libíček/LEBITSCHEK; ab 1700 Jakob Caualier (vulgo Plasch, zur Hälfte, 1697, 1698 und 1699 als Jakob Kaualier/Caualier/Gaualier erwähnt), 1754 Miha Ulbing (vulgo Libitschikh, zur Hälfte), 1789 Josef Ulbing (Halbhube, vulgo Lubitschig), 1841 Matthäus Ulbing (vulgo [L]ubitschick ½ Hube); Nr. 10.

Méžnar/Mesner – Zenz/Gasthof Zenz; 1606 Motez Mesner, 1647 bis 1683 Šiman Ramuschnig/Ramusch (vulgo Mesner), 1679 Primož Rumolznig erwähnt, ab 1683 bis 1684 Sohn Primož Rumolznig, (1711 als Primož Rumolznig, vulgo Trantin in Outschena, erwähnt), ab 1684 Sohn Peter Rumouznig (1689 und 1695 als Peter Rumouznig/Ramusch erwähnt), 1759 Gregor Ramuschnigg (vulgo Mesner), 1841 Valentin Woschitz (vulgo Meßner-Keusche); Nr. 3.

Plôž/PLÅSCH/Plasch/**Gasthof Pirker**; 1606 Jurij Mächtl, 1647 Jurij Reichman, ab 1662 bis 1700 Blaž/Blasy Reichmann (ab 1662 Dorfvorsteher von Aichwald in Latschach, 1700 und 1720 zur Hälfte), 1700 Jakob Caualier (vulgo Libitschikh, zweite Hälfte), ab 1700 Sohn Mihael Caualier (zur Hälfte, vorerst Übernahme ohne Wirkung), 1741 Miha Reichman (vulgo Plasch), 1789 Martin Kazianka (vulgo Plasch, zur Hälfte), 1841 Theresia Skarbina (vulgo Plasch ½ Hube) und Anton Treiber (Vormund, vulgo Rejovc, Faak); Nr. 11.

Roćíćnik/ROTSCHITSCHNIG – **Púšnik/Puschnig**.

Stára šóla/die alte (Volks-)Schule.

Témec/Teméc/Themetz; 1554 Jurij Tamitz, 1649 Jakob Samonig, 1666 und 1669 Rup Temezh/Tomez erwähnt, 1670, 1677, 1698, 1701 und 1712 Matija Tomez/Tumez/Temez/ Mathias Samounigg/Semler erwähnt, bis 1686 Jakob Samonig, ab 1686 (Tochter Jera und Schwiegersohn) Matevž Scerbina, 1694 und 1700 Marija Samouniza (Tochter des Rup Samnig) erwähnt, 1741 Hyeronimuß Scärbina (vulgo Tamiz), 1841 Johann Skarbina (vulgo Tamitz-Hube); Nr. 7, (vgl. Oberaichwald 4).

Žíher/SCHICHER; 1521 Sigmu(n)d, 1554 bis 1600 Thomas Sicher, 1600 Koban Sicher erwähnt, ab 1600 bis 1618 Urban Sicher, ab 1618 bis 1626 Klemen Sicher, irgendwann danach bis 1667 Witwe und Benedikt Juritsch, 1647 und 1700 zahlte Wedan/Bedan Juritsch/ Sicher den Pachtzins für die Alm, ab 1667 bis 1702 Schwager Jurij Kolsar/Golßer (vulgo Ulbing, 1668, 1672 und 1677 als Jurij Kolsa/Golser/Schicher erwähnt), ab 1702 bis 1746 Sohn Toman Golßer (auch 1720 erwähnt), ab 1746 Sohn Andrej Golßer, 1841 Jakob Simtschitsch (vulgo Schicher-Keusche); Nr. 6.

[14 LwB, 19 VHN, 12 Var]

1.3.27 Oberaichwald/Hriber/Hribr/Zgornje Dobje

Adámec/ADAMETZ; 1654 Adam Lorenz, 1671 Jurij Dersala (1669 als Jurij Dersouiz erwähnt), 1685 Jožef Dersola (1697 als Jožef Dersouiz erwähnt), 1742 Miha Derssolla (vulgo Adamouz), 1785 Miha Dersola (vulgo Adamouz), 1841 Kaspar Dersola (vulgo Adamitsch-Keusche); Nr. 22.

Blážek/Blážik/PLASCHEK; 1647 und 1654 Gory Rausch, 1659 bis 1673 Blase/Blaž Cornel, ab 1673 bis 1688 Lukaz/Luka Carnel (1669, 1671 und 1681 als Lukaz Blasik/Carnel/Zernei erwähnt), 1673 Matevž Carnel erwähnt, ab 1688 Witwe des Luka Cornel für Sohn Hanzej/Hanz Cornel, 1690 dessen Mutter und Geschwister für Bruder Urban Cornel, 1700 Motez Regatschnig, 1741 Lovrenc Regatschnig (vulgo Wuäschikh), 1758 Florijan Regatschnig (vulgo Wuaschig), 1841 Johann Rogatschnig (vulgo Wuaschek-Keusche) und Johann Treiber (Vormund); Nr. 16.

Bóšt/BÅSCHT; 1654 Boštjan Seraynigg, 1694 Blaž Kanzian (1697, 1703 und 1711 als Blasy Bost/Kenz/Basht erwähnt), 1742 Thomaß Kenzian (vulgo Bast), 1785 Peter Martintschitsch (vulgo Wost), 1841 Johann Kanzian (vulgo Wast-Keusche); Nr. 26.

Drmastín/Dermastín; 1647 Matija Hämerly, bis 1660 Gregor Dersola, ab 1660 bis 1690 Avguštin Dermästia/Avgustin Dermastia (1686 als Avguštin Dermästia erwähnt), ab 1690 Sohn Andrej, danach seine Mutter und Hanz Ziterer, 1741 Hanz Zwitterer (vulgo Termästin), 1785 Johan Treiber (vulgo Dermastin), 1841 Johann Krainer (vulgo Dermasin-Keusche, Nr. 12, [Hube]) und Ursula Preinz (Vormund). – 1841 Franz Preinz (vulgo Dermastin-Keusche, Nr. 31) und Ursula Preinz sowie Johann Kreiner (Vormunde).

Gregórn; 1647 Gregor Weber, 1654 Boštjan Weber, 1659 Lenart Schwerz und Jurij Lessiak (1672 als Lenart Schbarz erwähnt), 1741 Gregor Reichman (vulgo Gregori), 1841 Valentin Reichmann (vulgo Gregor[y]-Keusche) und Agnes Reichmann sowie Johann Simonitsch (Vormunde); Nr. 13.

Hábnar – Schwarzhafner für „Ofensetzer"; bis 1647 Fridl Schalle, ab 1647 bis 1679 Lamprecht Haffner, 1679 Sohn Boštjan Haffner (1688, 1692 und 1695 als Boštjan Grabnar/

Habnar/Bostian Hoffner erwähnt), 1785 Miha Fermb (vulgo Hafner oder Schwarzhafner), 1841 Michael Wucherer (vulgo Hofner-Keusche); Oberaichwald 27, später Faak am See.

Hánzeljč/Hánzelč/Hánzelc na Hríbru/HANSELITSCH in Oberaichwald; 1647 Blasy/Blaž Reichman (1666 als Blaž Reichman, Auszügler, und 1667 erwähnt), irgendwann nach 1647 bis 1680 Hanz Reichman (1669 als Hanz Reichmon erwähnt), ab 1680 Sohn Luka Reichmon (von Beruf Weber, 1685 und 1704 als Lukaz Reichmon/Luka Raichmon erwähnt), 1690, 1694 und 1697 Folt (vulgo Hanseli) erwähnt, 1694 Ehefrau Eua (Anselinka) erwähnt, 1742 Folt Wrize (vulgo Hanslitsch), 1785 Jurij Fritz (vulgo Hannslitsch), 1841 Franz Frit[z] (vulgo Hanslitsch-Keusche); Nr. 20.

Hélar – Mischiakh von „Michael"; 1595 Chrishjen/Križej Heller erwähnt, 1595 Sohn Jakob Heller (Pogöriach), ab demselben Tag im Jahre 1595 Vid Zimperman, 1647 Lukaz Fischer, 1660 bis 1674 Urban Crainer, ab 1674 Sohn Jury Crainer (1694, 1698 und 1701 als Jury Kraner/Jurij Hellar/Jurij Kandoff erwähnt), 1742 Michl bzw. Jurij Khristani (vulgo Mischiakh), 1753 Jurij Khristani (vulgo Mischinäk) erwähnt, 1785 Lorenz Kristany (vulgo Heller), 1841 Gregor Mörtl (vulgo Heller-Keusche); Nr. 28.

Jánah/Jannach; 1647 Gašpar Jonnach/Jannoch, irgendwann bis 1687 Partl Jannach, ab 1687 Sohn Pavel Jannach (1698 als Paul Janach erwähnt), 1789 Georg Jannach (vulgo Jannach), 1841 Dionis Janach (vulgo Janach-Keusche); Nr. 15.

Klamén, mútni mlín/KLEMENN, **Mautmühle**; bis um 1638 Familie Prachiner, 1647 Arnolt, 1654 Klemen Puebe, von 1669 bis 1698 Thoman/Toman Pambgartner (1672, 1674 und 1683 als Toman Pamgartner erwähnt), ab 1698 Sohn Andrej Pamgartner (1699, 1701, 1703 und 1708 als Andrej Hartner/Paumgartner/Painiger/Gartner erwähnt), 1785 Thomas Haßler (vulgo Klement), 1841 Mathias Aietz (vulgo Klemen-Keusche); Nr. 18.

Kompánj/KOMMPAN/**Kompein – Weber**; 1654 Hanz Schalle, 1660 Urban Compein (1674 und 1680 als Urban Compang/Compag erwähnt), 1741 Bärtl Gäller (von Beruf Weber), 1841 Bartl Gailer (vulgo Kompein- oder Weber-Keusche); Grundbuch: vulgo Weber oder Kompein; Nr. 14.

Kováč/KOWATSCH – **Messner, Schmid** von „Schmied"; 1647 Pavel Rabitsch, irgendwann bis 1687 Blaž Rabitsch, ab 1687 Sohn Avguštin Rabitsch, 1700 Matija Meßner (1727 als Schmied Motez Mössner erwähnt), 1785 Lukas Meßner (vulgo Schmid), 1841 Bartl Meßner (vulgo Schmid-Keusche); Grundbuch: vulgo Messner oder Schmid, Oberaichwald Nr. 31, und vulgo Konatschitsch, Oberaichwald Nr. 1; Nr. 32.

Kóvačič/KOWATSCHITSCH; 1606 Matija Schmidt erwähnt, irgendwann bis vor 1647 Blaž Prossen, danach vor 1647 Matevž Cropfitsch, 1647 Plassee Robitsch, bis 1691 Jakob Rabitsch, ab 1691 Matevž Kropfitsch, 1737 Michl Robbisch (vulgo Kanatschiz), 1789 Miha Rabitsch (vulgo Konaschitz), 1841 Johann Rabitsch (vulgo Konatschitsch-Keusche); Nr. 1.

Krúmp; bis 1623 Blaž Krumptschitsch, ab 1623 Ehefrau Lucija u. a., 1737 Urban Krump, danach Hanz Meschnig, 1789 Johann Marinitsch (vulgo Krump), 1841 Johann Marinitzsch (vulgo Krump-Keusche); Nr. 2.

Lékš na Pléšu/LEKSCH NA PLESCHU/**Lexi an der Rauth**; 1750 Jurij Woschitz (vulgo Lekš), 1785 Jurij Feichter (vulgo Löksch), 1789 Martin Woschitsch (vulgo Löx), 1841 Jakob Ebner (vulgo Dominical-Le[x]-Keusche); Nr. 33.

Lékš na Vínci/Lékš/LEKSCH NA WINTZI/**Lexi am Weinberg**; 1647 Lex Sereinig erwähnt, 1660 bis 1666 Löx Sereinigg, ab 1666 bis 1701 Jurij Woschitsch/Boschitsch (1678 als Jurij Melhior und 1701 als Auszügler Jurij erwähnt), Ehefrau Meta erwähnt (auch 1700 als Meta Woschitschia erwähnt), ab 1701 Sohn Matija Boschitsch, 1742 Jurij Woschitz (vulgo Löx), 1785 Jurij Feichter (vulgo Leksch an der Winza), 1841 Johann Oder (vulgo Le[x]-Keusche); Nr. 24.

Lesják/LESSIAK; bis 1659 Gregor Weber, 1659 bis 1680 Jurij Lessiak (1671 als Jurij Lesiakh erwähnt), ab 1680 bis 1685 Tochter Ana und Ehemann (1685 Witwe Anna Lisser, geborene Lesiak, erwähnt), ab 1685 Andrej Preinz, 1789 Miha Preinz (vulgo Lessiack), 1841 Johann Ulbing (vulgo Lesiak-Keusche); Nr. 11.

Lóran; vor 1660 Andree Woran, 1660 Simon Raichman, 1669 Ruep Marcowitsch, danach Simon Starnigg, danach und auch noch 1720 Lovro Reichman, 1741 Marco Reichman (vulgo Larän), 1785 Miha Graber (vulgo Loran), 1841 Philipp Golser (vulgo Loran-Keusche); Nr. 30.

Markúc/MARKUTZ; 1647 Marko Crainer, (1668 Blažej Craner, Benedikt Greylle und Ožbolt Crainer in einer Strafsache erwähnt), ab 1670 bis 1697 Ožbolt Kranar/Crainer (1674 als Ožbolt Crainz erwähnt), ab 1697 seine Witwe Marinca, 1741 Gašpar Crainer (vulgo Markutz), 1841 Joseph Krainer (vulgo Markutz-Keusche); Nr. 7.

Martínjak, Martin – Schuester von „Schuster"; 1647 Miha Zenz, 1660 Pavel Zenz, 1680 Jury Wöber (1673 und 1679 als Jurij Weber/Wöber erwähnt), ab 1680 bis 1684 seine Witwe Katra Olbinka (auch 1683 erwähnt), ab 1684 Martin Simonitsch (1684 und 1688 als Martin Schimoniz/Sobei erwähnt), (1688 Filip Schimoniz erwähnt), 1785 Jurij Schimonitsch (vulgo Martin/Schuester/Martinjak), 1841 Joseph Simonitsch (vulgo Martiniack-Keusche; Nr. 21.

Mêrtl; bis 1786 Valentin Maurer (vulgo Svetnjak), ab 1786 Maurer Martin Rabbitsch, 1841 Johann Treiber (vulgo Mörtl-Keusche); Nr. 9, (vgl. Nr. 8).

Naturel Hoteldorf Schönleitn.

Péterl – Milner von „Müller"; 1654 bis 1688 Peter Rabitsch, ab 1688 bis 1689 Sohn Gašpar Rabitsch, ab 1689 seine Schwester Märinga und Ehemann Gregor Robitsch (1693, 1697, 1697, 1703 und 1709 Gregor Robitsch und Ehefrau Marija, Gregor Peter/Millner/Mliner/ Buthei, vulgo Milner, erwähnt), 1742 Jožef Millner (vulgo Petterle), 1785 Maria Müllnerin (vulgo Peterl), 1841 Joseph Ulbing (vulgo Peterl-Keusche); Nr. 25.

Róbič/Robíč/Robitsch; 1647 Valtan Rabitsch, (1668 Peter Robizh erwähnt), (1670 Andrej Robiz erwähnt), (1693 Gregor Robitsch erwähnt), 1700 Peter Rabitsch, (1705 Jakob Robitsch erwähnt), 1785 Martin Preinitsch (vulgo Rabitsch), 1841 Katharina Pirker (vulgo Rabitsch-Keusche); Nr. 6.

Skúkič/SKUKITSCH; 1647 bis 1658 Foltan Schalle, ab 1658 bis 1660 Sohn Andrej Schalle, ab 1660 bis 1666 oder 1670 Blaž Reichman (als Pächter), 1692 Primož Reichman, ab 1701 Miha Primoschitsch, 1742 Luka Primaß (vulgo Skuekitsch), 1841 Gregor Primoschitz (vulgo [Sk]ukitsch-Keusche; Nr. 19.

Svétnjak/SWETNIAK; 1647 Caspar Maurer, bis 1681 Mertel/Mertl Maurer, ab 1681 und auch 1720 Sohn Jožef Maurer, 1741 Lip Maurer (vulgo Svetniakh), 1785 bis 1786 Valentin Maurer (vulgo Zwietnig/Suetnigg), 1841 Matthias Maurer (vulgo Suetnigg-Keusche); Nr. 8, (vgl. Nr. 9).

Škáfar/SCHKAFFER – **Pinter** von „Fassbinder“; bis 1688 Valentin Reichman, ab 1688 Matija Bohheniz (1680, 1691 und 1698 als Matija Wohiniz/Bichinz/Bohiniz erwähnt), 1741 Andrej Wochinz (vulgo Skäffär, auch 1742 als Andrej Wohinz, vulgo Pinter, erwähnt), 1841 Joseph Wohinz (vulgo Skaffer-Keusche); Nr. 29.

Temèc/Temíc/Themetz; 1841 Johann Skarbina (vulgo Timnitz-Keusche); Grundbuch: vulgo Thamitz; Nr. 4 und 5, (vgl. Latschach 7).

Úrh/URCH; bis 1786 Martin Köfer (vulgo Žiher), ab 1786 Maurermeister Urh Gartner, 1841 Jakob Ebner (vulgo Urick-Keusche, Nr. 33, samt Schmied-Grund, Nr. 34).

Žíher/SCHICHER; 1654 Matevž Golser, ab 1660 bis 1679 Mutter des Miha Golser, ab 1679 Bruder (von Miha) Jurij Golser (1667, 1668 und 1672 Jurij Schiher/Kolsar/Galser erwähnt), (ab 1679 Witwe des Miha Golser als Auszüglerin erwähnt), (1683 Jurij Golser zahlte Erbteil nach Enkelin Jera Sicherin an Hanz Sicher und Eva Samoniggin aus), 1741 Primož Köffer (vulgo Schicher), 1841 Franz Aichholzer (vulgo Schicher-Keusche); Nr. 10.

[29 LwB, 36 VHN, 51 Var]

1.3.28 Unteraichwald/Deber/Debr/Spodnje Dobje

Amrúš/Amrusch; 1606 Pavel Prossen, 1647 bis 1663 Urban Prossen, ab 1663 bis 1698 Sohn Peter Prossen (auch 1668 erwähnt), ab 1698 Sohn Mihi Prosen (1668 als Miha geboren, 1700 und 1709 als Michael Prosen/Prossen erwähnt), 1707 Ehefrau Maria Ambrushin erwähnt, 1841 Matthäus Proßen (vulgo Amrusch-Keusche); Nr. 5.

Bvátnik/BLATTNIG.

Cúndernjak/TZUNDERNIAK; 1647 Caspar Draxler, Mathia Preiniz und Gory Schumy, irgendwann bis 1693 Vid Prainiz, 1693 Pflegesohn und Kusin Gregor Preiniz, ab 1693 bzw. ab 1694 und 1700 Matevž Skerbina/Skarbinä, 1742 Miha Schmalle, 1789 Motej Smolle (vulgo Zunderniak), 1841 Jakob Quantschnig (vulgo Zunder[nia]k-Keusche); Nr. 2.

Fôlt/FÅLT; 1756 vulgo Valt erwähnt, 1785 Valentin Walluschnig (vulgo Schuster), 1789 Jakob Walluschnig (vulgo Valt), 1841 Joseph Walluschnigg (vulgo Walt-Keusche); Nr. 1.

Fránc/FRANZ.

Hójž/HOISCH; 1647 Mathes Wurzer, 1676 Pavel Tschemerniäck (1671 und 1674 als Pavel Zhemerniak/Wurzer erwähnt), 1741 Matheus Tschemerniackh (vulgo Hoisch), 1841 Anton Cravina (vulgo Hoisch-Keusche); Nr. 28.

Hríbernik; 1647 Hanz Bärthl, irgendwann bis 1690 Jakob Hribernig (1671, 1674 und 1679 als Jakob Pärtl/Bartl/Hribernig erwähnt), ab 1690 bis 1693 seine Witwe, 1741 und noch 1789 Miha Pärtl/Bärtl (vulgo Hribernig), 1841 Martin Bartl (vulgo Hribernigg-Keusche); Nr. 14.

Jákl/Jókelj/JÅCKL – **Starnig**; 1660 vulgo Melhar (auch vulgo Žimanc in Untergreuth), 1685 vulgo Starnig erwähnt, irgendwann bis 1699 Hanz Bastiantschitsch, ab 1699 Jakob Melcher für Sohn Jakob Melcher, 1741 Motez Melcher (vulgo Jäggl), 1789 Tomaž Woschiz (vulgo Jäggelle), 1841 Jakob Woschitz (vulgo [J]akele-Keusche); Nr. 29, (vgl. Nr. 22).

Kalíšnik/KALISCHNIG; 1647 Hanz Galischnig (1664 als Hanz Gallischnig erwähnt), 1662 Matheß „Primgkh“ (1670 und 1672 als Matevž Primik/Halishnig erwähnt), 1666 Janez

Primik erwähnt, 1789 Boštjan Primigg (vulgo Kallischnig), 1841 Joseph Mikula (vulgo Kallischnigg-Keusche); Nr. 26.

Kóbovt/KOBOLD; 1734 Peter Writze (vulgo Kobalt), 1785 und 1789 Johann Fritz/Writze (vulgo Kowald/Kobald), 1841 Andreas Schuschnig (vulgo Kobold-Keusche); Nr. 23.

Kováč/KOWATSCH; 1641 Lenart Melchior, 1654 Gory Melcher und Urh Ulbing (bis 1674), ab 1674 bis 1691 Blaž Prossen, ab 1691 und 1700 Matevž Cropfitsch (vulgo Kovač), 1841 Thomas Meßner (vulgo Hammerschmied-Keusche samt Schmiede); Nr. 15.

Krájcar/KREITZER.

Kúri/Kury; 1606 Balthasar Khure, irgendwann bis 1686 und danach Gašpar Kattnig (1672 als Gašpar Currei erwähnt), ab 1686 Gašpar Kattnig (1695 als Gasper Kottnig erwähnt) und Peter Prossen, 1692 Ehefrau (von Gasper Kottnig) Agnes Cureinza erwähnt, 1741 Miha Kattnig (vulgo Kuri), 1785 Johan Kattnig (vulgo Kury), 1841 Maria, verwitwete Ruppitsch (vulgo Kure-Keusche); Nr. 6.

Lénarč/LENARITSCH; 1606 Adam (beim See), 1647 Primuß (beim Seelen), 1658 Primus Fischer (beim klain See), 1759 Miha Fischer (vulgo Leonhardtitsch), 1785 Jakob Fischer (vulgo Leonahrtitsch), 1841 Augustin Fischer (vulgo Leonharditsch-Keusche); Nr. 7.

Lúkaz/LUKAS – **Knopf- oder Schnurrmacher**; 1785, 1786 und 1789 Knopfmacher Lukas/ Lukaz Gutekunst, 1841 Andreas Kopannigg (vulgo Schnurrmacher-Keusche); Grundbuch: vulgo Schnurrmacher oder vulgo Lukas; Nr. 32.

Málar; bis 1777 Jurij Kropfitsch, ab 1777 und 1789 Maler Franc Trunk/Trunck (vulgo Maller), irgendwann bis 1820 Franz Graefitsch, ab 1820 Witwe des Franz Trunk, 1841 Franz Kropfitsch (vulgo Mahler-Keusche); Grundbuch Mahler-Keusche; Nr. 31.

Pojéc/PÅJETZ; 1606 Andree Hoyz, 1647 Achaz Pojez, 1709 Jurij Zwietnig (vulgo Boiez) erwähnt, 1789 Gregor Zwietnigg (vulgo Pojez), 1841 Johann Bergmann (vulgo Pojetz-Keusche); Grundbuch: vulgo Oitz, korrigiert auf Pajetz; Nr. 3.

Répele; 1647 bis 1658 Rueph Läbitsch/Labitsch, ab 1658 und 1659 Casper Messner/Gašpar Meßner (1677 und 1680 als Gašpar Riepl/Mesner erwähnt), 1742 Andree Mößner (vulgo Reppelle), 1755 und 1789 Anton Misotitsch/Mosetitsch (vulgo Reppele/Repelle), 1841 Agnes Katholnigg (vulgo Repele-Keusche); Nr. 18.

Ríglar/Ríglar, mlín/Riegler Mühle; 1606 Jerne Rigler („Müllanger und Rigelle"), 1647 und noch 1700 Tomaž Melchior/Melcher (vulgo „mall"/Klein Rigler), 1726 Müller Peter Melcher (vulgo Rigler) erwähnt, 1789 Michael Melcher (vulgo Rigler), 1841 Johann Schwinger (vulgo Riegler-Keusche samt Mauthmühle); Nr. 11.

Rója/ROJA.

Sáčnik/SATSCHNIK – **Vertnig** von „vrt" für „Garten" oder **Gartner** von „Garten, Gärtner"; 1661 bis 1696 Andrej Rabitsch (1661 Andrej Rabitsch und Marjeta erwähnt, 1670 und 1685 Ehepaar Andrej Robitsch und Marjeta erwähnt), 1694 und 1695 Catharina Sazhnigin/Vrtnigin erwähnt, ab 1696 bis 1700 Urban Vertnig/Verthnig/Ortner, 1700 und 1701 Sohn Franc Ortner erwähnt, 1703 Barbara Gartnerin erwähnt, 1708 Maria Satznigin (vulgo Gartnerin) erwähnt, 1741 Motez Miggl (vulgo Sätschnig), 1785 Jakob Samonigg (vulgo Satschnigg), 1841 Georg Samonig (vulgo Satschnigg-Keusche); Nr. 25.

Sklédar; 1629 Schisselmacher erwähnt, 1647 Andree Melchior, irgendwann bis 1691 Kazian Melcher, ab 1691 Sohn Toman Melcher, 1742 Filip Melcher (vulgo Skliedär), 1789 Simon Melcher (vulgo Sklieder), 1841 Johann Melcher (vulgo Sklieder-Keusche); Nr. 20.

Štrékar/SCHTREKAR; 1643 bis 1695 Bernhardt Ströckher/Streckher, ab 1695 Sohn Andrej Streckher, 1700 vulgo Streckher an der Stelle des früheren „Strekhamer"/Streckhammer erwähnt, 1740 Motez Haubtman, 1785 Johan Cronig (vulgo Strecker), 1841 Johann Kronigg (vulgo Strecker-Keusche);Nr. 9.

Štréker/SCHTREKER; bis 1674 Toni Geiger, ab 1674 Lukas Khronig; Grundbuch: Kronig-Keusche (Nr. 19) bei der Kronig-Hube (Nr.12); Nr. 19, (vgl. Untergreuth 12).

Vozíčnjak/Vožíčnjak/WOSITSCHNIAK – **Wuatnigg/Mooskeuschler** von „blato" für „Moos"; ab 1764 bis 1794 Uhrmachermeister Jurij Kropfitsch, bis 1794 vulgo Schlosser-Keusche erwähnt; ab 1794 Sohn Gregor Kropfitsch; (vgl. Nr. 17). – Ab 1794 Uhrmachermeister Jurij Kropfitsch (vulgo Uoschitsch-/Oschiz-Keusche); Grundbuch: Wuatnigg oder Ouschitschnigg; Operate des stabilen Katasters: vulgo Mooskeuschler; Nr. 33. – 1841 Thomas Meßner (vulgo Wuatnigg-Keusche); Nr. 34.

Žímant/Žímanc/SCHIMANT – **Melcher** von „Melchior"; bis 1674 Gregor Melcher, ab 1674 bis 1685 Sohn Gregor/Gory Melcher, ab 1685 war seine Mutter Auszüglerin beim vulgo Simonitsch und beim vulgo Starnig, irgendwann bis 1811 Anton Melcher, ab 1811 Sohn Anton Melcher (auch vulgo Melhar), 1841 Michael Melcher (vulgo Schimon-Keusche); Grundbuch: Simontitsch oder Melcher; Nr. 22 (vgl. Nr. 29).

Žlósar/SCHLOSSER/**Fleischhauerei Erlach**; 1685 Matthaeus Cromfiz, bis 1691 Jakob Rabitsch, ab 1691 Schmied Matevž Kropfitsch (1693 und 1696 als Matevž Kroffitsch/Krofitsch erwähnt, auch vulgo Kovač), 1732 „šlosar"/Schlosser Gregor Kropfitsch erwähnt, 1785 Jurij Kropfitsch (vulgo Schlosser), 1790 Johan Krofitsch und Ehegattin Liza (geborene Bon, starb 1805) erwähnt, 1841 Kaspar Kropfitsch (vulgo Schloßer-Keusche); Nr. 17, (vgl. Nr. 33).

[27 LwB, 36 VHN, 42 Var]

1.3.29 Untergreuth/Spodnje Rute

Hója/Martinihof; 1527 Conrat Hoy, 1647 Miha Hoyä, 1779 vulgo Hoya erwähnt, 1789 Jurij Hoya (vulgo Hoya), 1841 Johann Hoja (vulgo Hoja-Hube); Grundbuch: vulgo Hojoutz Hube mit einem Zulehen; Nr. 1.

Ížnik/Jéžnik/Ischnig; 1527 Andre Jesnickh, 1647 bis 1686 Simon/Šiman Aicholzer (1650 auch vulgo Zwainziger), 1670 Eua Hishniza erwähnt, ab 1686 und 1700 Hanz/Hannß Aichholzer (1703 als Hanz Aicholzer, vulgo Jeshnig, erwähnt), 1789 Tomaž Aichholzer (vulgo Jeschnig), 1841 Johann Aichholzer (vulgo Ischnigg-Hube); Nr. 6.

Kóbvar/KOBWAR/**Kofler/Kogler**; 1527 Blasy Khoblar, 1606 Jakob Ulbing, danach 1653 Saloman Fugger (1672, 1674 und 1691 als Martin Fukar/Salamon/Fukar erwähnt), irgendwann bis 1780 Valentin Fugger (vulgo Kobar), 1785 Sohn Valentin Fugger (vulgo Kofler, auch 1780 erwähnt), 1841 Simon Schaunigg (vulgo Kofler-Hube); Nr. 5.

Krájnc/KREINZ; 1527 Clement Krainz, 1606 Michl Khreinz, bis 1647 Tomaž Crainer, ab 1647 Partl Trupe, 1678 Bärtl Trupe, 1689 Peter Crainer (1678, 1683 und 1693 als Peter Cränär/Crainz/Crainer, vulgo Krainz, erwähnt), 1841 Johann Krainer (vulgo Kra[in]er-Hube); Nr. 8.

Krónek – Geiger von „Geiger", **Strecker** (vgl. Štrekar in Korpitsch, LMR, 2016, 46); 1527 Sigmundt Kronnich (auch schon 1521 als Sigmundt Khranigkh erwähnt), 1606 und 1621 Thomas Khronigg/Thoman Granigg erwähnt, ab 1656 oder ab 1659 Sohn Lukaz Granigg (vulgo Khronigg). – Irgendwann bis 1674 Toni Geiger (Keusche), ab 1674 Lukaz Granigg, 1742 Jakob Crannigg, 1841 Johann Kronigg (vulgo Kronigg-Keusche); Grundbuch: Kronig-Keusche ist Strecker-Keusche; Nr. 12.

Mélhar/Melcher; 1527 vulgo Melher erwähnt, 1606 Tomaž Melchior, irgendwann bis 1674 Gregor Melcher (auch schon 1664 als Gregor Melchior erwähnt, war 1674 bei seinem Tode 70 Jahre alt), ab 1674 Sohn Gregor Melcher (1692 als Gregor Melhar erwähnt), 1693 Ehefrau Helena Melcherza erwähnt, 1700 Gory Melcher, 1785 Jožef Melcher (vulgo Melcher), 1841 Franz Melcher (vulgo Melcher-Hube); Nr. 14.

Mooserau von „Moos, Au" für „blato, log"; Gewerkschaft; 1841 Franziska Gräfin von Stubenberg (Gewerkschaft Mooserau); Nr. 30.

Pallehsstöckels von „Palais" für „Palast/palača" und von „Stöckl" für „einstöckiges, nobles, gemauertes Haus/sl. enonadstropna „nobel" hiša (Feinig, 279); Gutshof; 1841 Franziska Gräfin von Stubenberg (vulgo Pallehsstöckel); Nr. 13.

Pávelč/Pávlič/Pólič/Paulitsch; 1600 Paulle erwähnt, 1606 und 1647 bis 1658 Paul Steffanschiz/Paul Stephänitsch/Pavel Stephanitsch (auch 1621 als Ruepp Paule erwähnt), ab 1658 bis 1692 Sohn Hanz Setphanitsch/Stephantschiz, 1692 Tochter Nesa erwähnt, ab 1692 bis 1696 Tochter Katra (auch von Hanz) und Urban Stolz (1693 und 1695 als Urban Stephantschitsch/Stuz erwähnt), ab 1696 Witwe Katra und Štefan Wugenig (vulgo Pämgarthner, 1697 und 1699 als Štefan Paumgartner erwähnt), 1785 Filip Paumgartner (vulgo Paulitsch), 1841 Johann Baumgartner (vulgo Paulitsch-Hube); Nr. 16, (vgl. Nr. 9).

Úlbing; 1527 Jasbolt Vlfing, 1606 Lorenz Vlbing, 1654 bis 1689 Jurij Vlbing (1670 und 1673 als Jurij Vlbin/Olben erwähnt), ab 1689 bis 1694 Sohn Toni Vlbing (schon 1684 als Antoij Olbin erwähnt), ab 1694 bis 1707 seine Witwe für die Söhne Jakob und Matija Vlbing, ab 1707 Sohn Jakob Ulbing (1708 und wahrscheinlich 1713 als Jakob Ulbing/ Achöller erwähnt), 1785 Gregor Ulbing (vulgo Ulbing); Nr. 10. – 1841 Lukas Ulbing (vulgo U[lb]ing-Hube); Nr. 11.

Úrhrar/URCHRAR/**Wucherer**; 1527 Valentin Vochrer, irgendwann bis 1598 Matevž Weeber, ab 1598 Witwe Kuna Weeber und Miha Wuechrer, 1606 Khentian Wuechrer, irgendwann bis 1683 Peter Wuecherer, ab 1683 bis 1696 Sohn Peter Wucherer (1685, 1687 und 1695 als Peter Wuehrer/Wuechrer/Vrhrar erwähnt), 1781 Miha Wucherer, 1841 Anton Wucherer (vulgo Wucherer-Hube); Nr. 18.

[11 LwB, 18 VHN, 9 Var]

1.3.30 Outschena/Ovčna/Ovčena

Cénc/Zenz.

Hálar/Haller.

Hanz von „Hanz, Janez" für „Hans, Johann".

Klínar.

Knòp/KNÅPP; Keusche; 1841 Johann Ratz (vulgo Knapp-Keusche); Nr. 10.

Kúnštl/KUNSCHTL; Keusche; 1841 Georg Samonig (vulgo Kunstel-Keusche); Nr. 9.

Májrof/MEIERHOF; Keusche; – **Nájbirt, Neubauer**; Hube; 1606 Christan Neuwiert, 1669 Herr Hanß Egarter (vulgo Neuwirth), 1647 Herr Hieronim Rueßdorff, 1650 Herr Hanns Vaith Stadler, 1676 Herr Stephan Velluz, danach Herr Georg Moßmüllner, 1700 Frau Anna M. Stainpeisserin, 1730 Frau von Quatterburg, 1741 Herr Joh. Geo. von Aineth,

1789 Frau M. C. von Neydißer; 1679 Herr Geo. Seyfriedt Velluzi von Ventoua (Pfleger auf Burg Finkenstein); Untergreuth 7. – (Personen, die als „Herr" bzw. „Frau" bezeichnet wurden, waren „freie Bürger", also keine Untertanen einer Herrschaft, die zehentpflichtig waren. – Najbirt; Hube; 1777 Thomas Preinz (34 Jahre alt, vulgo Noipauer, und Agatha Kranerin/Kraner, 26 Jahre alt), 1841 Franz Preinz (vulgo Mayerhofer-Hube) und Ursula Preinz sowie Johann Krainer (Vormunde); Nr. 1. – Majrof; Keusche; 1841 Johann Krainer (vulgo Mairitsch-Keusche); Nr. 4.

Marburger von „Grenz-Burg" für „grad na meji"; Keusche; 1841 Gregor Trantin (vulgo Marburger-Keusche); Nr. 12.

Mikváv/MIKLAU; Keusche; 1841 Andreas Kuttermann (vulgo Miquo-Keusche); Nr. 13.

Novínjak/NOWINIAK; Keusche; 1777 Georg Trantin (23 Jahre alt, vulgo Novinjak, Nr. 19, sowie Sidonia Trantin, 48 Jahre alt, ledige Mutter des Hausherrn), 1841 Johann Trantin (vulgo Noviniak-Keusche); Nr. 13.

Pécnar/PETZNER; Keusche; 1841 Joseph Kofler (vulgo Petzner-Keusche); Nr. 14.

Píntarč/PINTERITSCH; Keusche; 1841 Franz Binder (vulgo Binderitsch-Keusche); Nr. 11.

Šíman/SCHIMAN; Keusche; 1841 Franz Hoja (vulgo Schimon-Keusche); Nr. 16.

Trantín; Keusche; 1711 Primož Rumolznig (1679 vulgo Mežnar in Latschach), 1841 Johann Trantin (vulgo Trantintsch-Keusche); Nr. 6.

Walddiener von „Walddiener, Waldverwalter, Förster" für „gozdar"; Keusche; 1841 Johann Trantin (vulgo Walddiener-Keusche); Nr. 2.

Samonig/Zamoník; 1841 Gregor Baumgartner (vulgo Samonig-Hube); Mittergreuth 11.

Stadler – Zwanzger; „Stadler" von mhd. „stadeler" für „der Besitzer/Aufseher/Verwalter des Stadels/Stadelhofes/der Landwirtschaft"; „Zwanzger" von „Zwanziger, gewisse Rekruten", sl. Cvanckar; 1777 erwähnt, Nr. 18.

Žágar/SCHAGER/Sagler; Keusche; 1841 Georg Hoja (vulgo Sagmeister-Keusche); Nr. 8.

[18 LwB, 20 VHN, 11 Var]

Die Ortschaft „Outschena" wurde früher auch als „Otschina" bezeichnet.

Zugriff auf die HP Christian Gallobitsch für das Personenregister 1777 für die Hausnummern 1, 18 und 19 der Ortschaft Outschena erfolgte am 25.01.2020 vor 13:20 Uhr.

1.3.31 Altfinkenstein/Stari Grad

Aríh/Arrich; Keusche; 1777 Jakob Smole (58 Jahre alt, vulgo Arrich, und Agnes Waluschniggin, 59 Jahre alt), 1841 Mathias Zollner (vulgo Arrich-Keusche); Mittergreuth 8, später Altfinkenstein.

Bukóvnik/Baumgartner/Baumgartnerhöhe – Eder von „Einöder", erstes Gehöft in Gereut/Mittergreuth/Altfinkenstein; Hube; 14. Jh. vulgo Ederbauer erwähnt, Mitte des 15. Jh. Mitbegründer des Kärntner Bauernbundes unter Peter Wunderlich, 1611 Stephan Baumgartner, 1678 Hof und Sägewerk erwähnt, 1777 Johann Koffler (42 Jahre alt, vulgo Wukounigg, und Katharina Paumgartnerin/Baumgartner, 39 Jahre alt), 1841 Kaspar Baumgartner (vulgo Wukounigg-/Wukounig-Hube, Holzfirma und Sägewerk), danach Johann Baumgartner, danach Valentin Baumgartner; Mittergreuth 6, später Altfinkenstein. (Vgl. Finkenstein-Chronik, 2005, S. 68 f. Vgl. dazu Fußnote 2 auf S. 25.) – 1777 vulgo Wukounigg-Badstube (Nr. 5) erwähnt.

Bukóvnik/Baumgartner; Keusche; 1841 Georg Zwanziger (vulgo Baumgartner-Keusche, Altfinkenstein 18, samt Müllner-Gründe, Nr. 21).

Címprč/ZIMPRITSCH; Keusche; 1777 Johann Enggo (32 Jahre alt, vulgo Zimpritsch, Nr. 7, und Maria Conradin, 28 Jahre alt, sowie Eva Enggin, 46 Jahre alt, Witwe, frühere Hausherrin), 1841 Peter Urschitz (vulgo Zimpritsch-Keusche); Mittergreuth, später Altfinkenstein.

Cvánckar/Zwanzger/Zwanziger; Hube; 1777 Andreas Zwanzger (39 Jahre alt, vulgo Zwanzger, und Maria Pinterin, 30 Jahre alt), 1841 Johann Zwanziger (vulgo Zwanzger-Hube); Mittergreuth 2, später Altfinkenstein. – 1777 vulgo Zwanzger-Badstube (Nr. 13) erwähnt.

Faschinionk von „fužina, fužinjak“ für „Hammerwerk, Eisenhütte“ als „Gewerkschaft“; Keusche; 1841 Johann Kofler (vulgo Faschinionk-Keusche); Altfinkenstein 13.

Franz von „Franz/Franc“; Keusche; 1841 Johann Waldhauser (vulgo Franz-Keusche); Altfinkenstein 19.

Gášpar/GASCHPAR; Hube; 1841 Georg Dermoutz (vulgo Kaspar-Hube); Altfinkenstein 17.

Grájska aréna Békštanj/Burgarena Finkenstein; Pfleger auf der Burg Finkenstein (vgl. Finkenstein-Chronik, 2005, S. 26 ff. und S. 47).

Írg.

Méšnik/Meschnig; Hube; ab 1793 (vgl. vulgo Zgornji Mešnik, Alt-Gödersdorf 1); 1841 Joseph Janscha (vulgo Meschnig-Hube); Altfinkenstein 16.

Míhelč/MICHELITSCH; Hube.

Mikúl; Hube; um 1604 Michael Aicholzer, 1777 Johann Aicholzer (37 Jahre alt, vulgo Mikula, und Maria Kattniggin, 30 Jahre alt, sowie Andreas Aicholzer, 83 Jahre alt, füherer Hausherr, und Maria Aicholzerin, 70 Jahre alt, frühere Hausherrin), 1841 Andreas Binder für Sohn Matthäus Binder (vulgo Mikula-Hube); Mittergreuth 9, später Altfinkenstein. – 1777 vulgo Mikula-Badstube (Nr. 10) erwähnt.

Müllner von „Müller“; Keusche; 1841 Matthäus Podlippnigg, (Georg Zwanziger und Matthäus Hoja, vulgo Müllner-Keusche), (vgl. vulgo Bukovnik, Keusche, Nr. 18; vgl. vulgo Stori, Nr. 15); Altfinkenstein 21.

Samonig von „samonica dial., samoničevje dial., samonikla rastlina“ für „Preiselbeere, Preiselbeersträucher“ von „nicht vom Menschen kultivierte Pflanze“; Hube; 1467 Adam Samonig, 1604 Peter und Jakob Samonig, danach Urban Samonig, danach Johann Samonig, danach bis 1772 Urban Samonig, ab 1772 Sohn Georg Samonig, 1777 Georg Paumgartner/Baumgartner (36 Jahre alt, vulgo Samonigg, und Katharina Samoniggin, 36 Jahre alt, sowie Magdalena Samoniggin, 70 Jahre alt, Witwe, frühere Hausherrin), 1794 bis 1832 Bartholomäus Baumgartner, 1832 bis 1870 Sohn Gregor Baumgartner (vulgo Samonig-Hube), ab 1870 Neffe Lukas Schaunig, ab 1909 Gregor Schaunig; Mittergreuth 11, später Altfinkenstein. (Vgl. Finkenstein-Chronik, 2005, S. 67. Vgl. dazu Fußnote 2 auf S. 25.) – 1777 vulgo Samonigg-Badstube (Nr. 12) erwähnt.

Štéfl/SCHTEFL; Keusche; 1841 Johann Waldhauser (vulgo Stephele-Keusche); Altfinkenstein 20.

~~**Štór/Štóri/SCHTORI/**~~**Stori/Store/Starre/Starey/Starej** von „stari“ für „der Alte“; Keusche; 1841 Matthäus Hoja (vulgo Stare-Keusche und Müllner-Keusche Grundanteile, Nr. 21); Altfinkenstein 15. (Zur Namensberichtigung durch Christian Gallobitsch siehe Unterkapitel 1.1.9.)

Trátnik/Trattnig; Hube; 1777 Mathias Kreuzer (55 Jahre alt, Witwer, vulgo Trattnigg), 1841 Matthäus Kreutzer (vulgo Trattnig-Hube), um 1900 Rosa Martinschitz, geborene Gastl, um 1930 vom vulgo Cvanckar gekauft; Mittergreuth 3, später Altfinkenstein. – 1777 vulgo Trattnigg-Badstube (Nr. 4) erwähnt.

Travníčnjak/Trávnčnjak/TRAUNTSCHNIAK; Keusche; 1777 vulgo Traventschnjak erwähnt, 1841 Franz Podlippnigg (vulgo Trauntschnigg-Keusche); Mittergreuth 1, später Altfinkenstein.

Véndl/WENDL.

[20 LwB, 20 VHN, 11 Var]

Die Ortschaft „Altfinkenstein" wurde ursprünglich als „Gereut" und später als „Mittergreuth" bezeichnet. 1527 gab es 12 Greuther Huben. (Vgl. Finkenstein-Chronik, 2005, S. 67.) Siehe dazu Vierter Abschnitt: Einige slowenische Anwesen/Nekatere slovenske domačije.

Die Entwicklung der Herrschaft Finkenstein kann man nachlesen in: „Franz Xaver Kohla, Gustav Adolf von Metnitz, Gotbert Moro: Kärntner Burgenkunde. Erster Teil. – Kärntner Burgen, Schlösser, Ansitze und wehrhafte Stätten. Klagenfurt: Geschichtsverein für Kärnten, 1973".

Zugriff auf die HP Christian Gallobitsch für das Personenregister 1777 für die Hausnummern 1 bis 13 der Ortschaft Mittergreuth (jetzt Altfinkenstein) erfolgte am 24.01.2020 vor 13:00 Uhr.

1.3.32 Petschnitzen/Pečnica

Abrúč/Gabrúč/ABRUTSCH; 1521 Mathe Gabrutsch (auch Mühle), 1527 vulgo Gabrutsch erwähnt, irgendwann bis 1667 Pavel Gabruz (starb 1667 ungefähr 90 Jahre alt), 1678 Simon Gabruz (1693 als Simon Habrutsch zweimal erwähnt), irgendwann bis 1731 Hanz (Gabrutsch), ab 1731 bis 1757 Sohn Jurij Gabrutsch, ab 1757 Söhne Hanz und Pavel Gabrutsch (samt Mauthmühle); Nr. 11.

Blatínc/Blatínč/Bvatínč/BLATINITSCH – **Walluschnig** von „brlog" für „Tierbau" (Feinig, 2004/05, 326); 1626 Urban Wlatinitsch, bis 1628 Valtan Wlatinitsch, 1628 vulgo Blatinč erwähnt, ab 1628 Sohn Andrej Wlatinitsch, vermutlich 1643 bis 1670 Jurij (vulgo Stüßen/ Zdižen), ab 1670 bis 1701 Sohn Vincenc (1673, 1675, 1680 und 1701 als Enzi Jesnig/ Vincenc Valentinic/Vincenc Valeniz, vulgo Stissen, und als Vicenz Stüßen erwähnt), 1696 Kuna Buatinigin erwähnt, ab 1701 bis 1709 Sohn Foltan (1703 und 1709 als Valentin „stissen"/Valtan Stüssen erwähnt), ab 1709 Witwe und Hanz Wallutsch, ab 1756 Toni Petschnigg (vulgo Wuattintsch oder Walluschnigg); Nr. 12.

Bóštelč/BOSCHTELITSCH; ab 1636 bis 1641 Ruep Schuester, ab 1641 bis 1667 Tochter und Boštl Kopeinig/Boštjan Capeinig, ab 1667 bis 1673 Sohn Blaž/Plosy Copeinig, ab 1673, bis 1688 Schwester Eva und Lukaz Tschegly/Lukaz Scheissler (1676 als Eva und Luka Bastl erwähnt), ab 1688 bis 1690 Matija Gabrutsch, ab 1690 bis 1704 Lip/Lippe Woschüz, ab 1704 bis 1739 Gregor Friz/Fritz (vulgo Lippitsch), ab 1739 Sohn Ožbolt Fritz, 1785 Anton Fritz (vulgo Wasteltsch); Nr. 4.

Čémernjak/TSCHEMERNIAK; 1527 Jury Darsalu, irgendwann bis 1602 Hanz Dersalle, ab 1602 Tomaž Tschemerniackh, irgendwann bis 1689 Benedict Tschemerniackh (auch schon 1666 als Benedict Zemeriak erwähnt), ab 1689 Sohn Jakob Tschemerniackh, irgendwann bis 1728 Jurij Tschemerniackh, ab 1728 bis 1756 Hanz Walluschnigg, 1785 Janez Walluschnig (vulgo Tschemerniak); Nr. 2.

Einsiedlerca/EINSIEDLERZA.

Fárovž/FARUSCH.

Gábručev mlín/GABRUTSCH MÜHLE; 1521 Gabruč („alte Mülstatt"), 1686 bis 1689 Eraßamb Gaßel (Mühle), ab 1689 Sohn Hanz Gaßel (Mühle „am Schätpach"/Scheidebach Worounitza), 1703 vulgo „Arraisen Müll" und Keusche am Worounitzabach erwähnt, 1757 Mühle von der Gabruč-Keusche getrennt und 1773 wieder mit dieser vereint; Nr. 1.

Gášpar/Gašpárč/GASCHPAR – **Gabrutsch** von „Gabriel"; 1521 Casp(er) von Trostenhaim, 1626 Peter Casparitsch erwähnt, ab 1626 bis 1664 Schwager Foltan Gabrutsch, ab 1664 bis 1704 Sohn Matija Gabrutsch (1668 und 1671 als Matija Gabruz/Gasparisch, vulgo Caspriz, erwähnt), ab 1704 bis 1727 Sohn Andrej Gabrutsch, ab 1727 Sohn Toni Gabrutsch, 1741 Haus abgebrannt, ab 1748 bis 1774 Anton Gabrutsch, ab 1774 Schwiegersohn Matija Mickhl (auch vulgo Tomaž „zu Pograd"); Nr. 8.

Kávc/KAUTZ; bis 1618 Mikl Mallegornig, ab 1618 bis 1628 Schwiegersohn Jakob Schuester, ab 1628 Sohn Gregor Schuester, irgendwann bis 1650 Ruep Schuester, 1693 bis 1728 Jurij Schuester (auch 1696 erwähnt, vulgo Kauz), 1728 Adam Schuester erwähnt, ab 1728 Tochter Lucija und Bräutigam Jurij Ulbing; Nr. 5.

Péčnik/PETSCHNIG; 1597 Jakob (vulgo Pedtschnigg „an Troistenhaimb" samt Mühle in Petschnitzen), irgendwann bis 1670 Lucas Peiznigg/Luka Petschnig (starb 1670 im Alter von 100 Jahren), ab 1670 bis 1705 Sohn Hanz/Hans Petschnig (1676 als Janez Peznigg erwähnt), ab 1705 Sohn Primož Petschnig (1710 als Primož Petshnigg erwähnt); Nr. 6.

Die Ortschaft „Petschnitzen" (Kirche St. Martin unter Petschnitzen) wurde früher auch als „Trostenhaim" bezeichnet.
[10 LwB, 11 VHN, 11 Var]

1.3.33 Oberferlach/Zgornje Borovlje

Boróvnik/Boróvc/BORUTZ/**Hotel Mittagskogel**; irgendwann bis 1670 Miha Lassnig (vulgo Borouiz, starb 1670 im Alter von 100 Jahren), ab 1670 bis 1699 Adam Lescounik/Haslinger (vulgo Warauz, 1676 als Adam Borouiz erwähnt), ab 1699 bis 1713 (1706 als Marko Mekina/Markus Melcher erwähnt), ab 1713 Witwe (Keusche samt Wirtshaus), 1747 und 1761 Sohn Jurij Melchior/Melcher (vulgo Warauz und „Würth", schon 1706 als Jurček Mekina erwähnt), 1785 Sohn Jurij Melhior/Melcher (vulgo Waroutz); Nr. 1.

Cvánckar/Cváncigar/Zwanziger; 1647 Urban Ottouriz, 1700 Simon Ottobiz, ab 1702 Hanß Kofler (vulgo Ottobiz), 1710 Andrej Rader (vulgo Zwanzigar) erwähnt, 1759 Filip Trießnigg (vulgo Zwanzgger); Nr. 13.

Čávnik v Paradížu/TSCHAUNIK W PARADISCHU/**Paradieskeusche** (im Sauerampfergebiet); 1781 Weber Primož Stephantschitsch (im Waldstück „Čavje"), 1785 Primuß Päradeiser (vulgo Truppe); Nr. 33.

Čémernjak/TSCHEMERNIAK; bis 1629 Jurij Schneider (starb 1630), 1632 Jurij Schneider erwähnt, nach 1630 Tochter Eva und Jurij Schuestar, 1666 Benediktus Zemerniak erwähnt, 1699 bis 1670 Jurij Suestar/Schuestar erwähnt, ab 1670 bis 1677 Sohn Jurij Laßnig/Lasnig, ab 1677 Bedan Zemerniäkh, danach Bruder Jurij Zemerniäkh (auch 1680 als

Jurij Zemerniak erwähnt), 1785 Johann Walluschnigg (vulgo Tschemerniagg); zuerst Nr. 26 (Keusche), dann Nr. 2.

Frídl; bis 1657 Peter Safran (vulgo Dersolle ober Petschnitzen), ab 1657 bis 1668 bzw. 1690 Friderik/Fridl/Friedrich Warumb (Keusche bis 1668, Hube bis 1690), ab 1665 bis 1668 Boštjan Jannesch (Pächter der Keusche), ab 1668 Blaž Latschin/Uščin (Keusche), ab 1690 Sohn Avguštin Worum (Sohn des Friderik Warumb, Hube, auch 1690 und 1693, vulgo Fridl, sowie auch schon 1685 und 1688 als Avguštin Fridl/Augustin Worum erwähnt), irgendwann bis 1705 und ab 1706 und 1709 Gregor Warumb/Borumb, ab 1705 bis 1706 Sohn Matjaž Warumb (Hube); Nr. 21.

Grácej/Gráci/GRATZE; irgendwann Andrej, irgendwann bis 1598 Valtan Grazi, 1598 Witwe erwähnt, ab 1598 bis 1629 Schwiegersohn Ahac Meßner/Grazi (ab 1629 Auszügler), ab 1629 bis 1662 Schwiegersohn Primož Grazi/Fischer (vulgo Grazi, 1678 Primož Grazi gestorben), ab 1662 bis 1678 Pavel Grazi (Halbhube), ab 1678 bis 1735 Sohn Foltan Grazi (Sohn vom Primož, Halbhube), ab 1735 bis 1757 Sohn Primož Grazi, ab 1757 Sohn Valentin Grazi; Nr. 18.

Grôf/Gráf/GRÅF – **Puebe** vielleicht von „pop“ für „Pope“ (LMR); 1521 Mathe Puebe, irgendwann bis 1604 Kocijan Puebe (1604 gestorben), ab 1604 bis 1626 Sohn Gregor Puebe, ab 1626 bis 1653 Matevž/Mattheus Pubej (vulgo Graf, auch vulgo Enci/Enzi, 1627 und 1632 als Tuechweber Puebe/Mattheus/Matevž Puebe, vulgo Graff, erwähnt), ab 1653 Martin Paumbgartner/Paumgartner (vulgo Graf oder Pubi/Puebe), 1666 Urh Pomgartar (1670 als Urh Groff erwähnt), danach bis 1745 Miha Woschüz/Woschitz, ab 1745 Sohn Jurij Woschitz (vulgo Graff); Nr. 12.

Hóšeč/HOSCHETSCH – **Sereinigg** von „na sredi“ für „in der Mitte“; 1669 bis 1710 Jurij Suestar (1677 und 1706 als Jurij Goschitz/Serainig/Sereinig erwähnt), 1699 Jurij Lorenz und Ehefrau Marjeta erwähnt, ab 1710 bis 1712 Witwe Marjeta (vulgo Sereinig), ab 1712 bis 1740 Blaž Petternelz, ab 1740 Kusin (vulgo Sereinigg-Keusche beim vulgo Peternell), 1766 Johan Peternell (vulgo Katschitsch, 1785 als Johan Peternel, vulgo Gatschitsch, erwähnt); Nr. 24.

Hrómatar; ab 1632 bis 1670 Hanz Grumeter/Gromatar (starb 1670 im Alter von 90 Jahren, vulgo Gabruč), ab 1671 Witwe des Matevž Laßnig und Jakob Florianz (1673 und 1676 als Jakob Ferianz/Cromatar erwähnt), vor 1748 Lukaz Laßnigg (vulgo Grumather), ab 1748 Gregor Worumb (vulgo Fridl); Nr. 22.

Kájžnik/Keuschnig; bis 1614 Lenart Tersalle, ab 1614 bis vor 1628 Müller Martin Gabruč, vor 1628 bis 1639 Tochter Afra und Mathes Pube (vulgo Graff), ab 1639 bis 1674 Peter Saffran, ab 1674 und 1679 Urh Fischer/Saffron (vulgo Gracei-Sohn), ab 1712 bis 1731 Gregor Saffran (Sohn des Peter Saffran), ab 1731 bis 1756 Schwiegersohn Jurij Anderwaldt, ab 1756 und 1766 Sohn Jurij Anderwalt; Nr. 10.

Krájcar/Kohlmesser/Ìlle/KREITZER; 1776 bis 1785 Weber Ilij Jannach (vulgo Koll-Rescher), ab 1785 Weber und Tuchmacher Jurij Krainer (vulgo Kohlmaßer, 1785 noch einmal erwähnt, vulgo Kohlmesser oder Kreutzer oder Ille); Nr. 31.

Kvéder/Queder; bis 1626 Lenart/Leonhart Puff (vulgo Zaingall/Cankl), ab 1626 Urban Queder (1666, 1670 und 1685 als Urban Quederz/Wosichz/Quedriz erwähnt), 1703 und 1712 Jurij Kueder/Woschizh erwähnt (1728 gestorben), ab 1745 bis 1767 Andrej Woschitsch (vulgo Quedritsch, auch Rodung beim vulgo Borovc), Nr. 11.

Lesják/LESSIAK; 1608 bis 1643 Jurij Tersalle, 1643 Sohn Partl Derßolle erwähnt, ab 1643 bis 1649 Peter Saffran, ab 1649 Urban Lessiakhh, danach bis 1720 Enkelin und Tomaž Wigele (1680, 1684 und 1693 Tomaž Lasiak/Franc/Lesiak erwähnt), ab 1720 bis 1744 Sohn Lipi/Lipp Lesiak (1680 geboren), ab 1744 Sohn Hanzej (1766 und 1771 als Johann Lesiakh/Lesiak erwähnt, auch Gemischtwarenhandlung); Nr. 26.

Lúkaz/LUKAS.

Mirtl/Mírti/Mért – Walluschnig von „brlog" für „Tierbau" (Feinig, 2004/05, 326); bis 1677 Jurij Lasnig, ab 1677 Bedan/Benedikt Zemerniäkh, danach bis 1729 Bruder Jurij Zemerniäkh, ab 1729 Hanz Walluschnig, 1780 Tschemerniack-Keusche, vulgo Waluschnig oder Merth, von der Čemerniakh-Hube getrennt; Nr. 28.

Mikúč/MIKUTSCH; 1521 vulgo Mikutsch erwähnt, irgendwann bis 1622 Ožbolt Muchutsch, 1622 Witwe erwähnt, ab 1622 bis 1649 Sohn Hanz Mugutsch, ab 1649 bis 1663 Sohn Foltan/Valthan Mukhutsch, ab 1663 bis 1676 Witwe und Hanz Urbaniz, ab 1676 bis 1712 Sohn Jurij Mukhutsch (1684, 1689, 1696 und 1700 als Jurij Mikiz/Vrbanz/Mikutsch/Mecatsh/Vrbaniz, vulgo Mogutsch, erwähnt, 1733 starb Jurij Urbaniz), ab 1712 bis 1750 Gašpar Pettschnig/Petschnigg, ab 1750 Sohn Ožbolt (vulgo Mogutsch); Nr. 16.

Pártelc/PARTELITZ – **Kauffmon** von „Kaufmann"; 1695 Partl Kauffmon erwähnt (1699 als Partl Kuptschis erwähnt), irgendwann bis 1703 Jurij Tschemerniackh, ab 1703 bis 1740 Partl Khaufman (1705 und 1708 als Partl Coptschitz/Kuptschiz erwähnt), ab 1740 bis 1747 Sohn Valentin Kuptschiz (vulgo Tschemerniack oder Barthlmee Kauffmann Badstuben), 1747 Witwe erwähnt, ab 1747 Stiefsohn Lipi, 1785 Phil. Kaufman (vulgo Partlitz); Nr. 27.

Pintar/Pinter – **Kočúhar/Kotschucher** – **Bergmann**; 1615 Perkman (Keusche an der Kolschitzen in Gotschuchen), 1780 Keusche bei der Schmelzhütte (in der Nähe des vulgo Borovc) erwähnt, 1785 Urban Bergman/Bergmann (auch vulgo Jurey oder Humer in Gotschuchen Nr. 10 bei St. Margarethen im Rosental), 1835 Jernej Kugge (vulgo Kotschucher), 1835 Pfarrverzeichnis: vulgo Pinter und Gotschucher; Nr. 34.

Pogvájan/POGWEIAN; 1521 Anthonj Poglaien, irgendwann bis 1597 Peter Pogleien, ab 1597 bis 1611 Tochter Schwegga und Partner Motez Widman, ab 1611 bis 1676 Urh Samonikh, ab 1676 Jernej Widmann (1681 und 1685 als Jernej Samounigg/Poguaien erwähnt), 1785 Jernej Safran (vulgo Poguajan); Nr. 6.

Prími.

Ropáč/ROPATSCH – **Preiniz** von „Prinz" (Feinig, 2004/05, 215); irgendwann bis 1604 Jannesch/Janez Mildner/Mlinar, ab 1604 bis 1623 Hanz Enzi (auch vulgo Tanner/Tonder in Faak), ab 1623 bis 1625 Martin Gabrutsch, ab 1626 Motez Pubej (auch vulgo Graf), 1673 bis 1686 Tomas/Tomaž Ropatsch (auch vulgo Graf-Bauer, 1676, 1680, 1688 und 1694 als Tomaž Ruep/Preiniz/Ropazh erwähnt), ab 1686 bis 1695 Miha/Miha Paul, ab 1695 Miha Preinz, ab 1767 bis 1771 Martin Smolle (vulgo Repätsch oder Preinitsch), ab 1771 Webergeselle/-gehilfe und Schwiegersohn Johan Lesiack; Nr. 5.

Róštar/ROSCHTER – **Mahler** für „Müller"; 1774 bis 1775 Maler (Müller) Franc Trunk/ Trunck (vulgo Roster-Keusche neben der Rost-Hütten vulgo Mahler), 1775 Schneider Johan Rabitsch und Sohn (vulgo Roštar beim vulgo Borovc), 1835 Lovrenc Katnig (vulgo Rastner/pod Roster (unter der Köhlerei); Nr. 32.

Štánhauer/SCHTEINHAUER; 1775 Anton Misotič/Misotitsch für Sohn Johan (vulgo Steinhauer bei der Schmelzhütte unter dem vulgo Borovc, auch vulgo Reppele in Aichwald), 1785 Anton Steinhauer (auch vulgo Repele), 1835 Franz Misotitsch (vulgo Steinhauer); Nr. 30.

Strékar/Štrékar/Kínstler/STRECKER; 1775 bis 1779 Jurij/Juri Haubtman für Sohn Urban/ Vrban (vulgo Strekar/Štrekar), 1775 bis 1779 Jurij Hauptman (vulgo Kinstler/Künstler/ Štrekar), ab 1779 Müller Jožef Lepuschitz/Lepušič; Nr. 29.

Úkčič/Úkšič/UKTSCHITSCH; bis 1616 Lukaz Laznig, ab 1616 bis 1618 Tochter Eva und Schwiegersohn Jakob Teubl/Schuester (Keusche „am Schatbach"/am Scheidebach Worounitza), ab 1618 bis 1661 Miha Lassnigg, ab 1661 bis 1665 Taufkind Andrej Jannesch, ab 1665 bis 1670 Witwe und Partner Andrej Haßlinger, 1670 Lampret Widman, ab 1670 bis 1703 Kristjan Romusch/Kristjan Ramusch, 1744 bis 1768 Gregor Ramusch (vulgo Vikhitsch/Uggschitsch), ab 1768 Weber Pavel Woschitsch; Nr. 23.

Uščín/USCHTSCHIN – **Schaller** von „luščina" für „Schale einer Frucht"; ab 1668 Fridl Warum (Hube), ab 1668 Blaž Latschina (1672 und 1686 als Blaž Vshin/Blasy Laschina erwähnt, Keusche), 1710 bis 1729 Sebastian Vszina/Boštl Loschin, ab 1729 Sohn Šiman Loschin (1766 als Simon Schaller erwähnt), 1835 Primož Schaller (vulgo Lutschina); Nr. 25.

Váznik/Láznik/LASSNIG; 1521 Anton Lasnigkh, 1643 Adam Laßnig, irgendwann bis 1710 Ruep Lassnig, ab 1710 Sohn Urban (Rodung Lina/glina/„Tonerde"), 1785 Matheus/Matevž Laßnig; Nr. 8.

[27 LwB, 40 VHN, 48 Var]

1.3.34 Ledenitzen/Ledince

Aríh/Arrich; bis 1598 Urban Lientschigg, ab 1598 bis 1602 Peter Stramber, ab 1602 bis 1603 Lampret Albinger, ab 1603 bis 1621 Arih aus Schlatten/Hainrich am Stadel/Urban Arih/ Hainrich, ab 1621 bis 1679 (Witwe Suetka/Schwethka und) Sohn Hanzel Arih, ab 1679 bis 1710 Sohn Mert Arih (vulgo Hainrich Huebe), ab 1710 Andrej Spittaler (Hof des Hanz Kofler bzw. Mert Hainrich), irgendwann bis 1714 Baltazar Spittaler, ab 1714 Jurij Kürcher (1718 als Jurij Kirger, vulgo Harih, erwähnt), dann Sohn Jurij Kirger (vulgo Martin Heinrich-Hube); Nr. 4.

Čénjak/TSCHENIAK; bis 1634 Miha Maurer, ab 1634 Sohn Boštjan Maurer, irgendwann bis 1671 Bedan Maurer, ab 1671 bis 1699 Sohn Gašpar Mauerer, ab 1699 bis 1733 Sohn Partl (im Feber und März 1701 und im Jahre 1716 Barthol. Zeniak/Partl Maurer/Mauerer erwähnt), ab 1733 seine Witwe für einen ihrer Söhne, irgendwann bis 1757 Andrej Mauerer, ab 1757 Sohn Hanz Maurer (vulgo Teschiellnig-Keusche); Nr. 16.

Hájnžele/HEINSCHELE; bis 1595 Gašpar Mildner, 1595 Erben erwähnt, ab 1595 Miklavž (Sohn vom vulgo Jakob), irgendwann bis 1624 Jännesch Mülner, 1624 Tochter Helena erwähnt; ab 1624 bis 1660 Sohn Andree/Andrej Millner (vulgo Markuč), ab 1660 bis 1664 Urban (vulgo Markuč), bis 1664 Hanz Müllner/Hanß Miller (vulgo Markuč-Keusche), ab 1664 Urban (Sohn des Hanz Müllner, vulgo Markuč); ab 1624 bis 1664 Sohn Hanß Miller (vulgo Pulvermacher-Keusche), ab 1664 Sohn Urban (auch vulgo Pulvermacher-Keusche), ab 1729 und 1745 Sohn Peter Milnar (vulgo Markuč und vulgo Hansele, auch schon 1712 und 1715 als Peter Milnar/Hanseli erwähnt); Nr. 12. (Siehe Finkenstein-Chronik, 2005, S. 144 ff. Vgl. dazu Fußnote 2 auf S. 25.)

Jók/JÅCK; bis 1632 Adam Partl, ab 1632 bis 1640 Štefan Pühler/Pichler, ab 1640 bis 1654 Stiefsohn Toman Nußbaumer, ab 1654 bis 1657 Adam Leitner, ab 1657 bis 1663 bzw. 1692 Gašpar Kofler/Kobar/Koblar, ab 1663 Schwager Motez Spüzer (1. Hälfte), ab 1692 bis 1711 Sohn Hanz (1666 geboren, 2. Hälfte), ab 1711 bis 1717 Urban Cadolnickh/Cadollnig (2. Hälfte), ab 1717 seine Witwe für Sohn Jakob (bis 1756, 2. Hälfte), ab 1756 Schwiegersohn Luka Kirchbaumer (2. Hälfte), 1780 vulgo Jack oder Kattolnig erwähnt, 1835 Peter Koller (vulgo Jack); Nr. 2.

Kováč/KOWATSCH.

Kvéder/QUEDER – **Janež** von „Janez" für „Johannes"; ab 1590 bis 1604 Lenart Zankl, ab 1604 bis 1626 Stiefsohn Simon Puff (Sohn des Lenart Puff, 1608 als Weber und 1626 als Auszügler samt Ehefrau erwähnt), ab 1626 bis 1690 Urban Queder (vulgo Zainggl), ab 1690 bis 1767 Schwiegersohn Jurij Janesch, ab 1767 Lovrenc Sailler (vulgo Kveder oder Janež), 1785 Johann Oschgan (vulgo Queder); Nr. 13.

Matévž/Matévžic/MATTËUSCH – 1688 bis 1725 Primož Mates/Ambrusch (1699 als Primož Ambrusch erwähnt, ab 1725 Auszügler), ab 1725 Gregor, 1745 bis 1786 Geo. [Georg] Ambrusch (vulgo Matheuschitsch-Keusche), ab 1786 Sohn Primož Ambrusch (vulgo Matheuschitsch-Keusche); Nr. 9.

Miškóvnik/Miškóvnk/MISCHKULNIG – **Woschitz** von „božič" für „Jesuskindlein" (LMR); bis 1641 Peter Woschitz, ab 1641 Schindelmacher Andrej Gallatsch, irgendwann bis 1716 Andrej Woschiz (1679 und 1696 als Andrej Wosiz/Boschitz erwähnt), ab 1716 bis 1750 Tochter Urša und Hanz Friz, ab 1750 bis 1759 Sohn Motez Mischgonigg (vulgo Woschitz), ab 1759 Witwe und Hanzej Roschan, ab 1778 Johan Friz (vulgo Woschitz oder Mischkonick/Mischkonickh); Nr. 18.

Píntar; 1628 vulgo Pinter erwähnt, 1643 Lucas Pinter erwähnt, 1694 und 1700 Matej/Matija Pintar erwähnt, 1835 Lukaz Binter (vulgo Bitner); Nr. 10.

Plóšč/Plážič/PLÅSCHTSCH; 1698 Volthan Queder (1693 und 1706 als Valentin Queder/ Val. Quedar erwähnt), 1785 Jakob Queder (vulgo Blaschitz) ; Nr. 6.

Pvážej/PLASCHE; 1635 bis 1650 Schuster Blasi Janitsch/Blažej Janesch, ab 1650 bis 1688 Sohn Andrej Janesch, ab 1688 bis 1721 Sohn Primož Janesch (1693 und 1696 als Primož Janasch erwähnt), ab 1721 bis 1756 Sohn Simon Janesch, ab 1756 bis 1777 Sohn Gregor Janesch (vulgo Plasy), 1785 Karl Jännesch (vulgo Blasche); Nr. 15. (Vgl. vulgo Škafar, Nr. 11.)

Ropáč von „Rupert/Ruprecht".

Škáfar/SCHKAFFER; 1635 bis 1650 Schuster Blasi Janitsch/Blaž Janesch, ab 1650 bis 1688 Sohn Andrej Jannesch, ab 1688 bis 1721 Primož Janasch/Primaß Jannesch (1693 als Primož Janasch erwähnt), 1694 Ehefrau Maria Janasiza erwähnt, ab 1721 bis 1756 Sohn Simon Jannesch, 1722 bis 1756 Tischler Šiman Laßnig erwähnt, ab 1756 Sohn Gregor (vulgo Plasy-Keusche, Nr. 15), ab 1756 Sohn Tomaž Janesch (vulgo Škafar-Keusche, 1785 als Tomaž Janesch, vulgo Skaffer, erwähnt); Nr. 11. (Vgl. vulgo Pvažej, Nr. 15. Vgl. auch vulgo Tišlar, Nr. 20.)

Tíšlar/TISCHLER; 1756 bis 1773 Tischler Šiman Laßnig/Laßnigg, 1756 vulgo Tischler erwähnt, 1773 Weber und Tischler Valentin Stüssen (1785 als Valentin Stiessen, vulgo Tischler-Keusche, erwähnt); Nr. 20. (Vgl. vulgo Škafar, Nr. 11.)

Tómele; bis 1664 Gašpar Kofler/Koblar, ab 1664 Motez Spüzer (Hälfte), danach Schwiegersohn Toman Kofler (Hälfte), irgendwann bis 1703 Lovrenc Koffler (Hälfte), ab 1703 bis 1708 Hanz Koffler (Hälfte), ab 1708 bis 1733 Jurij Schobiz/Subic/Schuebic (Hälfte), ab 1733 bis 1767 Sohn Andrej, ab 1767 Sohn Tomaž Schuwiz (Hube vulgo Thomele); Nr. 3.

Trátnik/Trattnig – bewirtschaftet seit 1757 (Information Stefan Ressmann).

Vámpret/WAMPRET – **Ottowiz** von „Otto"; 1621 Tischler und Drechsler Mert Wäzolnigg, ab 1630 bis 1649 Luka Paumbgartner (vulgo Tischler), ab 1649 bis 1667 Schwiegersohn Erazem Gaßl (auch vulgo Gabruč-Mühle an der Borovnica), ab 1667 Lampret Ottowiz (1667 und 1673 als Lampret Kosel/Lambert Ottobiz erwähnt), irgendwann bis 1731 Jakob Ottobiz, ab 1731 bis 1770 Schwiegersohn Stüssen (vulgo Lamprecht Ottobiz-Keusche, 1745 als Primus Ottobiz, vulgo Uampratt, erwähnt), 1770 Sohn Jakob Stüßen (vulgo Lamprecht-Keusche); Nr. 7.

[17 LwB, 20 VHN, 15 Var]

1.3.35 Unterferlach/Spodnje Borovlje

Arnéjc/Arneitz/Jernéz; irgendwann bis 1598 Andrej Smoia, ab 1598 bis 1604 Jurij Jernez, ab 1604 bis 1659 Bruder Partl Jernez, ab 1659 bis 1722 Sohn Hans (vulgo Jernez/Arnejc-Hube), ab 1722 bis 1759 Sohn Miha Jernez/Arnejc, 1759 Mühle und Säge von der Smolnik-Hube getrennt, ab 1759 bis 1785 Sohn Matevž (Mühle und Säge) und Sohn Jožef (Bauernhof vulgo Jernez/Arnejc), 1785 Jožef Arneitz; Nr. 24. (Siehe vulgo Smoja in Unterferlach und vulgo Mlinar in Mallenitzen.)

Bóšič/Bóžic/BOSCHITSCH/**Boschitz/Woschitz**; ab 1597 Peter Woschiz (1622 als Peter Woschitsch erwähnt), 1646 Ožbolt Woschitsch, irgendwann bis 1734 Matevž Woschiz; Nr. 6.

Gášpar/Hášpar/GASCHPAR; bis 1665 Boštjan Laßnig, ab 1665 bis 1692 Tochter Marinka und Jurij Jernez, ab 1692 bis 1731 Sohn Gašpar Jernez, ab 1731 Sohn Hanzl Jernez, 1770 Caßper Jernöz (vulgo Spizer); Nr. 16.

Hájhar/CHEICHER; 1785 Johan Grillitsch/Grilitsch (vulgo Geiger); Nr. 4.

Jánež/Jánaž/JANESCH; 1609 bis 1635 Tomas/Tomaž Jannisch, ab 1635 bis 1640 bzw. 1645 Stiefsohn Doniž Janisch/Jannesch, ab 1640 Jurij Hainrich/Arih (1. Hälfte), ab 1645 bis 1656 Adam Leuthner (2. Hälfte), ab 1656 Pulvermacher Miha Leitner (2. Hälfte), 1785 Lovrenc Leitner (2. Hälfte, vulgo Janež); Nr. 18. (Siehe vlg. Pulfermacher, Mallenitzen.)

Júrjovc/JURJUTZ; bis 1640 Doniž Janisch (Hälfte), ab 1640 bis 1679 Schwester und Jurij Hainrich/Arih (Hälfte), ab 1679 Sohn aus 2. Ehe Jurij Hainrich/Arih (Hälfte), irgendwann bis 1722 Hannß Hainrich (1699 als Hanz Juriauts, vulgo Jury, erwähnt, Hälfte), ab 1722 Sohn Miha Hainrich (Hälfte); Nr. 19. (Vgl. Nr. 18).

Kúpčič/KUPTSCHITSCH – **Maurer**; irgendwann bis 1621 Partl Maurer, ab 1621 Sohn Gabriel Maurer, irgendwann bis 1681 Tomaž Maurer, ab 1681 bis 1727 Sohn Jurij Maurer (1682 und 1683 als Jurij Maurer/Kuptschitsch erwähnt), ab 1727 bis 1757 Valentin Kuftschitsch, ab 1757 Sohn Hanz (vulgo Maurer-Keusche); Nr. 14.

Kvóknjak/Kóknjak/KWOKNIAK – **Koller** von „Coloman", für „Kohlenhändler" und von „kolar" für „Rader/Wagner" (Feinig, 2004/05, 121); irgendwann bis 1750 Andrej Rassinger (vulgo Vah), ab 1750 bis 1758 Zimmermann und Fassbinder Andrej Ternjak/Terniagg (vulgo Koller), ab 1758 Sohn Matija Terniagg; Nr. 25.

Pétrič/PETRITSCH – **Krajnc** von „(Ober-)Krainer" – **Tonder** von „Anton (?)" (Feinig, 2004/05, 295); irgendwann bis 1597 Miklav Woschiz, ab 1597 bis 1641 Peter Woschiz, ab 1641 Schindelmacher Andrej Gallatsch, irgendwann bis 1654 Jakob Gallatsch, ab 1654 Sohn Klemen Andree, irgendwann bis 1674 Klemen Tonder, ab 1674 bis 1676 Fassbinder Jurij Bohinc/Wohinz, 1676 Hanz Lesjak, ab 1676 Markež Krajnc, 1754 Peter Krajnc (vulgo Cränner/Krajnc oder Tänttner/Tonder); Nr. 5.

Rávš/Rausch; 1598 vulgo Rausch erwähnt, 1609 Hans Rausch, irgendwann bis 1691 Marko Kattnig, ab 1691 bis 1706 Bruder Filip Kattnig (auch schon 1679 und 1687 erwähnt), ab 1691 bis 1699 bzw. 1706 (Pächter) und ab 1706 Hanz Toman, 1761 Jurij Kattnig (vulgo Rausch); Nr. 22.

Smója/SMOJA – **Koller** (siehe Nr. 25); 1521 Lienhart Smoya, irgendwann bis 1598 Andrej Smoia, ab 1598 bis 1604 Jurij Arnejc/Jernez, ab 1604 bis 1659 Bruder Partl Arnejc/Jernez, ab 1659 Sohn (von Partl) Andrej, irgendwann bis 1740 Gregor Koller (vulgo Schmaya), ab 1740 bis 1747 Sohn Andrej Koller (vulgo Smoiz), irgendwann bis 1755 Gregor Koller, ab 1755 Sohn Koncijan (vulgo Smoiz oder Koller); Nr. 11. (Siehe vulgo Arnejc in Unterferlach.)

Šúštarč/Šúəštarč/SCHUSTERITSCH – **Thoman** von „Thomas"; irgendwann bis 1612 Jurij Schuester, ab 1612 bis 1623 Sohn Boštjan Schuester, 1612 Söhne Boštjan, Urh und Melhar sowie Töchter Katra, Mojca und Ajta erwähnt, 1623 schwangere Witwe und drei Kinder erwähnt, ab 1623 bis 1634 Jurij Schuester (vulgo Thoman), 1634 Urban Spizer, 1699 bis 1739 Jožef Scheuster/Spüzer (vulgo Schusteritsch, 1696 als Jožef Schuesteriz erwähnt), ab 1739 bis 1740 Sohn Primož Spüzer, ab 1740 bis 1764 Matija Warumb (Sohn des Fridl Warumb), ab 1764 Jurij Sticker; Nr. 9. (Vgl. vulgo Pulvermacher, Nr. 3.)

Tóman; 1630 Jakob Thoman, 1667 Jernej Thomon erwähnt, 1695 Ursula Thomanza erwähnt; Nr. 2.

Účaž/UTSCHASCH – **Špicar** von „spitzig" oder für „Spezereienhändler" (Feinig, 2004/05, 273) – **Božič** für „Jesuskindlein"; irgendwann bis 1684 Gregor Jannesch, ab 1684 bis 1702 Toman Wositsch (1685 als Tomaž Woschiz erwähnt), ab 1702 bis 1741 Schwiegersohn Lukaz Spüzer, ab 1741 bis 1776 Sohn Matija Spitzer (vulgo Spizer-/Spicar- oder Woschitsch-/Bošič-Keusche erwähnt), ab 1776 Sohn Lukas Spizer (vulgo Ugoschitsch-Keusche), 1785 Primož Spitzer (vulgo Utschasch); Nr. 8.

Váznik/WASSNIG; irgendwann bis 1596 Oswald/Ožbolt Laßnigg (für den Schwager), irgendwann bis 1649 Jurij Laßnig, ab 1649 bis 1709 Sohn Florijan Laßnig, ab 1709 bis 1737 Schwiegersohn Lukaz Frankh, ab 1737 bis 1774 Sohn Hanzej Frankh, ab 1774 Sohn Andrej Frankh (vulgo Laßnig); Nr. 20.

Zéčjak/SETSCHIAK.

Žágar/SCHAGER/**Sagler**; irgendwann bis 1621 Lipp Weber, ab 1621 bis 1626 Tochter Špeta und Schwiegersohn Hanz Rader, ab 1626 bis 1652 Gašpar Säger, ab 1652 bis 1665 Sohn Ruep Saiger, ab 1665 Witwe und Toni Trattnig (1666 und 1670 als Antoni Tratnik/Anton Sagger erwähnt), 1770 vulgo Säger/Žagar erwähnt; Nr. 15.

[17 LwB, 25 VHN, 20 Var]

1.3.36 Mallenitzen/Malence

Blátnik/Blatnig.

Hájnželj/Hájnže/HEINSCHEL; irgendwann bis 1614 Weber Štefan Thomasiz, ab 1614 bis Juni 1623 Caspar Millner/Mülner, ab Juni bis August 1623 Witwe Katra, August 1623 Neffen Hanz Rader, Jurij und Rup Zepiz erwähnt, ab August 1623 bis 1659 erwähnter Hanz Rader, ab 1659 bis 1697 Sohn Matjaž/Matija Rader, ab 1697 und 1746 Sohn Hanz Rader (1696 und 1704 als Janez Rodar, vulgo Puasko, bzw. Janez Puasko erwähnt), 1746 Tomaž Carl als alleinstehender Einwohner erwähnt, 1769 Lenart Rader (vulgo Hänsche) erwähnt; Nr. 11. (Vgl. vulgo Mlinar, Nr. 6.)

Jánež/JANESCH.

Korén; irgendwann bis 1763 Tomaž Koren, ab 1763 Sohn Gašpar Koren, 1835 Jakob Koren (vulgo Koren); Nr. 13.

Krížnik/KRISCHNIG.

Kúri/Kúrej/Kury; 1672 Gašpar Currei erwähnt (1675 als Gašpar Kottnig erwähnt), 1777 bis 1780 Johan Fucker (vulgo Romavh-Grundstück), 1785 Keusche erwähnt, 1835 Tomaž Kattnig (vulgo Kuri); Nr. 14.

Mlínar/Müller; ab 1607 Partl Jernez, 1623 Tomaž Jernez (vulgo Mlinar-Keusche), dann Söhne Hanz Rader, Jury und Ruep Zepiz erwähnt, irgendwann bis 1659 erwähnter Hanz Rader, ab 1659 Sohn Matjaž Rader (1668 und 1673 als Matija Zepiz/Radar erwähnt), irgendwann bis 1722 Hanz Jernez (Bauernhof, Mühle und Säge, 1720 als Müller Jerneiz erwähnt), ab 1722 bis 1759 Sohn Miha Jernez (Bauernhof, Mühle und Säge), 1759 Bauernhof vulgo Smolnigg in Unterferlach von der Mühle und Säge getrennt, ab 1759 Sohn Matevž Jernez, 1785 Matheus Arneitz (vulgo Mühlner); Nr. 6. (Siehe vulgo Arnejc in Unterferlach. Vgl. vulgo Hajnželj, Nr. 11.)

Pártl/Bartl; irgendwann bis 1678 Adam Leitner, ab 1678 Matija Peitschnig, dann bis 1740 Sohn Partl Petschnig, ab 1740 bis 1775 Sohn Blaž Koller/Kollar und Tochter von Partls Schwester (vulgo Raader), ab 1775 Schustergeselle/-gehilfe und Schwiegersohn Mihael Woschitsch, 1785 Miha Woschitz (vulgo Partlitz- oder Partl-Keusche); Nr. 5.

Plávc/PLAUTZ.

Prosén/Proßen; irgendwann bis 1780 Tomaž Ščedemnik/Tschedemnigg, ab 1780 Lenart Kattnik, 1785 Franc Katnig (vulgo Prosen); Nr. 15.

Púlfermacher; irgendwann bis 1616 Jurij Pulvermacher, ab 1616 bis 1624 Müller Jannesch (vulgo Janež-Keusche in Unterferlach, 1621 und 1632 als Jurij Pulvermacher erwähnt), ab 1624 Hans/Hanß Miller, ab 1634 bis 1655 Jurij Pulvermacher/Leuthner (ab 1634 auch Keusche des Urban Spizer, vulgo Šuštarč in Unterferlach), ab 1655 bis 1659 Sohn Adam Leitner („Pulverstempf"-Keusche, 1622 und 1664 als Adam Leitner in Villach-St. Nikolai erwähnt) und Sohn Miha Leitner (vulgo Šuštar-Keusche in Unterferlach), ab 1659 bis 1696 nur erwähnter Miha Leitner (Pulverstampfe), ab 1696 bis 1713 Sohn Lovrenc Leitner (Halbhube und Keusche), ab 1713 Sohn Matjaž Leitner (Halbhube und Keusche); Nr. 3. (Siehe vulgo Janež in Unterferlach. Vgl. vulgo Šuštarč in Unterferlach.)

Résman/RESSMANN; irgendwann bis 1602 Boštjan Reßman, ab 1702 Witwe Katra (Keusche, Mühle und Säge, sie war 30 Jahre lang Bäuerin gewesen), 1629 Boštjan Reßman, 1643 Boštjan Ottowiz (vulgo Reßman) erwähnt, irgendwann bis 1690 Petter Reßman (Keusche, Mühle und Säge), ab 1690 bis 1735 Sohn Hanz Reßman (Keusche, Mühle und

Säge, 1694 und 1704 als Janez/Johan Resman erwähnt), 1696 Maria Resmonca erwähnt, ab 1735 bis 1758 Sohn Tomaž/Toman Reßman, ab 1758 und 1779 Sohn Mihael/Miha Resman (Mauthmühle, Säge, Hangrodung „Nadauach“ und Alm, 1779 auch Waldparzellen); Nr. 2.

Štéfan/SCHTEFAN.

Štófel/SCHTOFFEL; 1794 Keusche vom vulgo Štofel in St. Johann bei St. Jakob im Rosental getrennt, 1835 Filip Lederer (vulgo Stoffel); Nr. 17.

Vávhar/WALCHER; ab 1829 Bernhard Wogar (Lodenwalkkeusche), 1835 Lenart Wogar (vulgo Walcher); Nr. 19.

Vóranc/Óranc/WORANZ; irgendwann Tomaž Tschedemnik/Ščedemnik (an der Dobraua), nach diesem und 1785 Lovrenc Katnig (vulgo Maier-Keusche), 1835 Boštjan Kattnigg (vulgo Lorenz); Nr. 16.

Žágarč/Žáharč/SCHAGERITSCH; 1666 und 1670 Anton Tratnik/Sagger erwähnt, ab 1679 bis 1718 Peter Anthanitsch (Grund bei der „Jernezen Saag“, 1677, 1680 und 1686 als Peter Zuden/Toniz/Anthaniz, vulgo Sagmaister-Keusche, erwähnt), ab 1718 bis 1763 Sohn Jožef Anthanitsch (Sagmeister-Keusche, 1745 als Jožef Antonitsch erwähnt), 1721 Matej Sagaritsch erwähnt, ab 1763 bis 1776 Sohn Boštjan Antonitsch (vulgo Antonitsch- oder Sagmeister-Keusche); Nr. 9.

[17 LwB, 17 VHN, 17 Var]

1.3.37 Kopain/Kopein/Kopanje

Čávnjak/TSCHAUNIAK.

Dóbernigg/Trpínjak/TERPINIAK von „deber“ für „Schlucht“ (Feinig, 2004/05, 43 und 40 (Dabernig); irgendwann bis 1633 Georg Spizer, ab 1633 Sohn Urban Spizer, 1647 Marx Reiner (Keuschler „an der Terpin“), irgendwann bis 1731 Jakob Dobernigg, ab 1731 bis 1746 Neffe Urban Popolare, ab 1746 Neffe Urban Dabernig (vulgo Terpiniakh), 1783 Anton Dabernig (vulgo Terpiniakh); Nr. 6.

Ílč/ILLITSCH/**Illitsch**; irgendwann bis 1607 Ilja/Gilgen Gailler, ab 1607 Sohn Tomaž Gailler, irgendwann bis 1758 Tomaž Gailler (auch schon 1717 und 1723 als Tomaž Geiller/ Haller, Sohn des Matija Haller, erwähnt), 1731 Bruder Anton Gailler erwähnt, ab 1758 Sohn Jakob Gailler (vulgo Jllitsch und Kahlschlag „Sgoriuz“); Nr. 2.

Ílčeva kapélica/Ilč-/Illitsch-Bildstock.

Kopánk/Kopánek/Gasthaus Sticker – Aichholzer von „Eichenwald“ (LMR); 1521 Symon Rosegger (1527 als Simon Capanückh erwähnt), 1596 Urban Copeinigg erwähnt, 1645 und 1647 Adam Copeinig und Schwiegersohn Simon Aichholzer, ab 1751 bis 1753 Sohn Primož Aicholzer, 1785 Sohn Johann Kopeinig (vulgo Achholzer und Gereuth „Stadtlstein“, auch schon 1753 als Hanz Kopeinig erwähnt, dieser war damals 1 Jahr alt); Nr. 1.

Óžem/OSCHEM; irgendwann bis 1598 und ab 1604 bis 1614 Erasmus Eder (1614 als Auszügler samt Ehefrau Prisna erwähnt), ab 1598 bis 1604 Kristan Dellacher, ab 1614 bis 1640 Adam Artner/Arttner, ab 1640 bis 1665 Marko Reiner, ab 1665 bis 1688 Adam Schonitsch/Scomonigg, ab 1688 bis 1707 Blaž Woschiz, 1744 bis 1745 Schwiegersohn Tomaž Schuebiz/Schuewiz (vulgo Aschem, auch schon 1704, 1707 und 1708 als Tomaž Cossar/Schobiz/Shuebez erwähnt), 1709 Ehegattin Urša Osmin erwähnt; Nr. 4.

Primož/PRIMOSCH. [6 LwB, 8 VHN, 8 Var]

Diese Besitzerliste ließe sich durch empirische Forschungen noch erweitern. Man könnte auch andere Quellen erschließen, z. B. die Matriken aus der Pfarre St. Stefan-Finkenstein/Šteben-Bekštanj, in denen Pfarrer Ivan Kuchling 1917 die Einheimischen in Slowenisch und die Auswärtigen in Deutsch erfasste. Er nannte z. B. den vulgo „Lautižar“ (Waldhauser/Vavčar). Meine Mutter wurde am 1. Juni 1917 als „Alojzija Angela Gastl“ (Aloisia ...) getauft.

1.4 Die Bedeutung der Hausnamen im Schulsprengel der VS Mallestig

1.4.1 St. Stefan/Šteben

Vornamen: Árih/Heinrich, Bráncl/Vráncl/Franz, Čári/Zacharias, Erján/Rján/Jürgen, Frjàn/Florian, Grégar/Gregor, Kómac/Coloman, Lènc/Lorenz, Lépušič/Púšč/Philipp, Lúk/Lukas, Márk/Markus, Míhič/Michael, Mírtl/Martin, Urbàn/Urban, Vávčar/Balthasar.

Nachnamen: Crónig, Krépfla/Frau Kröpfl, Píhlarca/Frau Pichler, Prônt/Brandt.

Berufe: Crámar/Krámarč/Gemischtwarenhändler, Flájškar/Fleischhacker, Guážar/Glaser, Guáži/Glas/Gastwirt, Inšpéktar/Inspektor/Polizist, Kávc/Weber, Kováč/Schmied, Lédrar/Ledererzeuger/Gerber, Mlínar/Müller, Prônt/Schnapsbrenner, Ríbič/Fischer, Špánčič/Dorfvorsteher, Šúəštar/Schuster, Váhtarca/Bahnwärter, Vávčar/Waldverwalter/Förster.

Tätigkeiten: Čári/zaubern/Grenzstein versetzen, Méžnar/Mesner, Púšč/Pfeifenraucher.

Funktionen: Cérkev/Kirche, Fárovž/Pfarrhof, Kášča/Getreidekasten, Pájštua/Badstube, Váhtarca/Bahnwärterhäuschen.

Herkunft: Cêlnjak/Zelle/Einsiedelei, Égnarč/Gegendtaler, Krámarč/Sohn vom Kramar, Rožán/Rosentaler.

Umgebung: Buáži/auf dem Moos, Prônt/Brandstatt, Smònk/Pechfackel.

Tiere: Crónig/Kranich, Ónitsch/kleiner Widder.

Lagen: Spódnji/der Untere, Zgórnji/der Obere.

1.4.2 Höfling/Dvorec

Vornamen: Fôltič/Valentin, Frôncla/Franz, Kátrnjak/Katharinas Sohn, Martínč/Martin.

Beruf: Žágmošter/Sägemeister.

Tätigkeiten: Dŕzuc/Brechelstube/Lein-Reinigung, Kátrnjak/vierteljährliches Fasten.

Umgebung: Buátnik/am Moos.

Tier: Kátrnjak/katorna (furl.)/Lerche/škrjanec.

1.4.3 Mallestig/Malošče

Vornamen: Amrúš/Ambrosius, Bárti/Bartholomäus, Bvatín/Valentin, Fôltič/Valentin, Frjàn/Florian, Grácl/Pankratius, Hójzl/Hans, Íncen/Lorenz, Jákl/Jakob, Józ/Sepp, Klemèn/Clemens, Klemènc/Clemens, Kúk/Gregor, Mikvávčič/Nikolaus, Mikvável/Nikolaus, Môtelč/Matthäus, Nônt/Ferdinand, Péterl/Peter, Rúpelč/Rupert, Plôzi/Blasius, Réži/Erasmus, Šéli/Ursula, Úršič/der junge Ulrich, Vígelj/Weigand, Žíher/Sigmund.

Nachnamen: Kúk/Kekh, Prόntič/Sohn vom Bråndt, Pstòta/Scheusslich/Scheisslich.

Berufe: Gróbar/Wurzelgraber/Totengräber, Kánglč/Blechschmied/Kerzenzieher, Komátar/Kummeterzeuger, Kováč/Schmied, Prόntič/Schnapsbrenner, Ródar/Radmacher/Wagner, Sklédar/Schüsselmacher, Šíntar/Tierkadaververwerter, Távpi/Taubenzüchter, Vígelj/Soldat.

Tätigkeiten: Čičelj/der Sitzende, Kúk/der Guckende, Pogáj/der Verhandler, Ropotév/der die Robot Leitende, Švívnik/Schwingen des Hammers (Schmied, Fassbinder, Dreschflegel).

Funktionen: Cégnar/Zechner, Tórbatl/Torwart (Weidegatter), Grácl/Zeus (höchster Gott bei den alten Griechen), Stádler/Scheunenverwalter, Máger/Gutshofverwalter, Pstòta/Hauptmann.

Herkunft: Krájnc/Oberkrainer, Némec/der Deutsche, Rožán/Rosentaler.

Umgebung: Dôbernik/in der Schlucht, Fatíc/Rodung, Grábner/am Graben, Kalíšnik/an der Pfütze, Kotíčnik/im Winkel, Kvánčnik/am Steilhang, Plôzi/Kahlschlag, Potôčnik/am Bach, Požárnik/der abgebrannte Hof, Próntič/Brandstatt, Ropotév/Lärm (Straße, Schmiede), Úršič/am Kogel.

Tiere: Búti/Wiedehopf, Hójzl/Esel, Kúes/Amsel, Kúk/Insekt, Pogáj//Papagei, Úmeljč/Hummel.

Eigenschaften: Gríl/hagerer Mensch, Máger/der Magere, Pogáj/der Reiche, Premŕl/der Ungelenke, Púklč/Sohn des Buckligen, Réži/der Lebhafte, Svéc/der Heilige, Vígelč/Sohn des Weißen, Úmeljč/der Aufgeregte.

1.4.4 Goritschach/Zagoriče

Vornamen: Bráček/Friedrich, Dáf/David, Hójzl/Hans, Jáklč/Jakob, Klemènč/Clemens, Kórat/Konrad, Orétec/Lorenz, Polín/Paulin, Rúpelč/Rupert, Šímon/Simon, Trísnik/Dietfried.

Berufe: Hlébein/Dachschindelerzeuger, Píntar/Fassbinder.

Funktionen: Májar/Gutshofverwalter, Méžnar/Mesner.

Herkunft: Nímec/der Deutsche.

Tier: Hójzl/Esel.

Eigenschaften: Bráček/der Summende, Fégelj/Flegel („Stritzi“), Hlébein/der Ungeschickte.

Gegenstände: Bráček/Kirchenharz, Kájžca/kleine Keusche, Kórat/Spinnrad, Ponják/Aschenlade/Kohlenmeiler, Trísnik/Siegerprämie.

1.4.5 Kanzianiberg/Škocjan/Škocijan

Funktionen: Kapélnjak/Kapellenbesitzer (> Goritschach > Mallestig), Méžnar/Mesner (> Goritschach > Mallestig), Samotárska kájža/Kájžca/Einsiedlerkeusche/Keuschlein (> Obergreuth > Goritschach > Mallestig).

1.4.6 Obergreuth/Zgornje Rute

Vorname: Ílč/Elias (> Kanzianiberg > Goritschach).

Eigenschaft/Tätigkeit: Trúpi/Körper ohne Gliedmaßen/Truppe/Militär (> Techanting).

Es gehörten auch noch einige Anwesen in Altfinkenstein/Stari Grad zum Schulsprengel der VS Mallestig (jetzt Finkenstein).

1.5 Einige Finkensteiner Besitzer und Besitzerinnen sowie „Inwohner“

Nun folgt eine alphabetische Liste der St. Stefaner, Höflinger, Mallestiger, Goritschacher und Obergreuther Besitzer und Besitzerinnen sowie „Inwohner“ (heute wären das Mieter), also der Bauern und Bäuerinnen, Keuschler und Keuschlerinnen sowie (Unter-) Mieter und die allgemeine Familienbezeichnung, die aus dem Vulgo-/Haus-/Hofnamen hervorgeht, wobei zuerst der Mann und dann die Frau genannt werden, zumal sich die Bezeichnung für die Besitzerin von jener des Besitzers ableitet. Dem vorangestellt wird die Aussage „pr dial.“ für „pri/beim“. Der Ortsbezeichnung in Klammern wird die alte Hausnummer angefügt, sofern sie bekannt ist bzw. jemals bestanden hat.

Der Weiler Höfling (Dvorec) zählt zur KG St. Stefan (Šteben) und die Anwesen am Kanzianiberg (Škocjan/Škocijan) gehören zur Ortschaft Goritschach (Zagoriče) und somit zur KG Mallestig (Malošče).

Ambrúš/Amrúš/Omrés > **pr Amrúšə; Amrə̀š, Amrúšla; Amrúšau̯ə.** (Malošče 5.)
Aríh/Árih > **pr Àrihə; Árih, Árihnja; Árihau̯ə.** (Šteben 39.)
Arnéj(c)/Arnéjovc > **pr Arnéjcə; Arnéjc, Arnéjcnja; Arnéjcau̯ə.** (Zgornje Rute > Grpiče.)
Bárti/Párti/Pártl > **pr Pártijə; Párti, Pártinca; Pártiau̯ə.** (Malošče 64.)
Blátnik/Buátnik/Bvátnik > **pr Bu̯átnkə; Bu̯átnk, Bu̯átnca; Bu̯átnkau̯ə.** (Dvorec 2.)
Bráček/Vráček > **pr Bráčkə; Bráčək, Bráčka; Bráčkau̯ə.** (Zagoriče 3.)
Buáži > **pr Buážijə; Buáži, Buážinca; Buážijau̯ə.** (Šteben 29.)
Búti/Bútej > **pr Bútijə; Búti, Bútinca; Bútijau̯ə.** (Malošče 45.)
Bútijeva kajža > **Bútijau̯a Náni.** (Malošče 44.).
Bvatín/Blatín > **pr Bu̯atínə; Bu̯atín, Bu̯atínka; Bu̯atínau̯ə.** (Malošče 16.)
Cégnar > **pr Cêgnarjə; Cêgnar, Cêgnarca; Cêgnarjau̯ə.** (Malošče 39.)
Cêlnjak > **pr Cêlnjakə; Cêlnjak, Cêlnjaknja; Cêlnjakau̯ə.** (Šteben 5/5a.)
Crámar > **pr Krámarjə; Krámar, Krámarca; Krámarjau̯ə.** (Šteben 12.)
Crónig/Khrónigg > **pr Krónigə; Krónig, Krónignja; Krónigau̯ə.** (Šteben 30.)
Čári > **pr Čárijə; Čári, Čárinca; Čárijau̯ə.** (Šteben 30.)
Číčele > **pr Číčlnə; Číčlə, Číčla; Číčlnau̯ə.** (Malošče 51.)
Dáf > **pr Dáfə; Dáf, Dáfnja; Dáfau̯ə; Dáfau̯a kájžca; Dáfuu̯ Zépi.** (Zagoriče.)
Dôbcrnik/Dôbrnk > **pr Dóbrnkə; Dóbrnk, Dóbrnca; Dobŕnkau̯ə.** (Malošče 63.)
Dŕzuc/Dŕzovc > **pr Dŕzucə; Dŕzuc, Dŕzla; Dŕzucau̯ə.** (Dvorec 7.)
Égnarč > **pr Égnarčə; Égnarč, Égnarčnja; Égnarčau̯ə.** (Šteben 3 | 4 (kajža).)
Fárovž/Fáruž > **fájmoštr; Fáružau̯a Léna; Fáružau̯ə dakléte.** (Šteben 31.)
Fatíc > **pr Fatícə; Fatə̀c, Fatícka; Fatícau̯ə.** (Malošče 42.)
Fégelj/Fégele > **pr Fêglnə; Fêglə, Fêgla; Fêglnau̯ə.** (Zagoriče 6.)
Flájškar > **pr Flájškarjə; Flájškar, Flájškarca; Flájškarjau̯ə.** (Šteben 29.)
Fôltič > **pr Fôltčə; Fôltəč, Fôltčnja; Fôltčau̯ə.** (Dvorec 5, Malošče 37.)
Frjàn > **pr Frjánə; Frjàn, Frjánka; Frjánau̯ə.** (Malošče 59.)
Frôncla > **u̯ Frônclə; Dŕzuc, Dŕzla; Dŕzucau̯ə.** (Dvorec 11.)
Golícar/Holitzer > **pr Golícarjə; Golícar, Golícarca; Golícarjau̯ə.** (Zgornje Rute > Teharče.)
Grábner > **pr Šêlijə; Šêli, Šêlinca; Šêlijau̯ə.** (Malošče 4.)
Grácelj/Grácl/Grácej/Gráci > **pr Gráclnə; Grácl, Grácla; Gráclnau̯ə.** (Malošče 32.)
Grégar > **pr Grégarjə; Grégar, Grégarca; Grégarjau̯ə.** (Šteben 5b.)
Gríl/Grílj/Grílc/Gríljc > **pr Grílə; Gríl, Grílka; Grílau̯ə; Grílau̯a Júla.** (Malošče 52.)
Gróbar > **pr Grôbarjə; Grôbar, Grôbarca; Gróbarjau̯ə.** (Malošče 7.)

Guážar/Gvážar > **pr Gu̯ážarjə; Gu̯ážar, Gu̯ážarca; Gu̯ážarjau̯ə.** (Šteben 9.)

Guáži/Gváži > **pr Gu̯ážijə; Gu̯áži, Gu̯ážinca; Gu̯ážijau̯ə.** (Šteben 29.)

Hlébein/Hlébajn > **pr Hlébanjə; Hlébanj, Hlébinjca; Hlébanjau̯ə.** (Zagoriče19.)

Hójzl/Hójzelj > **pr Hôjzlnə; Hôjzl, Hôjzla; Hôjzlnau̯ə.** (Malošče 14, Zagoriče 17.)

Ílč/Jéč/Jílič/Jlč > **pr Ílčə; Ílč, Ílčnja; Ílčau̯ə.** (Zgornje Rute > Zagoriče.)

Íncen/Ínze > **pr Íncnə; Ínc, Íncla; Íncau̯ə.** (Malošče 18.)

Inšpéktar > **pr Inšpéktarjə; Inšpéktar, Inšpéktarjau̯a ščêr** (hči); **Inšpéktarjau̯ə**. (Šteben 5/5a.)

Jákl/Jòkl/Jôkelj/Jókl/Jáklč > **pr Jáklnə; Jákl, Jákla; Jáklnau̯ə.** (Malošče 55.)

Jáklč/Jáklič/Jákelč > **pr Jáklčə; Jáklč, Jáklčnja; Jáklčau̯ə.** (Zagoriče 12.)

Józ > **pr Józə; Józ, Józinca; Józau̯ə.** (Malošče 68.)

Kájžca > Samotárska kájža > **Cènc, Pêpi, Fránzi, Téu̯ži, Rézi in Míci iz Kájžce; Múšetau̯ə** (Škocjan/Zagoriče 21 > Malošče 61.)

Kalíšnik > **pr Kalíšnkə; Kalíšnk, Kalíšnca; Kalíšnkau̯ə.** (Malošče 26.)

Kánglč/Kánglič > **pr Kánglčə; Kánglč, Kánglčnja; Kánglčau̯ə.** (Malošče 2.)

Kapélnjak > **pr Kapélnjakə; Kapélnjak, Kapélnca; Kapélnjakau̯ə.** (Škocjan/Zagoriče 24 > Malošče 64.)

Kášča > **Vávčarjau̯e dakléte.** (Šteben 36.)

Kátrnjak > **pr Kátrnjakə; Kátrnjak, Kátrnca; Kátrnjakau̯ə.** (Dvorec 1.)

Kávc > **pr Káu̯cə; Káu̯c, Káu̯cnja; Káu̯cau̯ə.** (Šteben 28.)

Klemèn > **pr Klamênə; Klamàn, Klamíənka; Klamênau̯ə.** (Malošče 43.)

Klemènc/Klamíənc/Klamínjc > **pr Klamíəncə; Klamíənc, Klamíənčnja; Klamíəncau̯ə.** (Malošče 50.)

Klemènč/Klamíənč/Klamínjc > **pr Klamênčə; Klamênč, Klamênčnja; Klamênčau̯ə.** (Zagoriče 1.)

Kómac > **pr Kómacə; Kómac, Kómacnja; Kómacau̯ə.** (Šteben 40.)

Komátar/Komáter > **pr Komátarjə; Komátar, Komátarca; Komátarjau̯ə.** (Malošče 1.)

Kopánk > **pr Kopánkə; Kopánk, Kopánca; Kopánkau̯ə.** (Zgornje Rute > Teharče.)

Kórat > **pr Kôratə; Kôrat, Kôratnja; Kôratau̯ə.** (Zagoriče 7.)

Kotíčnik/Kotíčnjak > **pr Kotíčnjakə; Kotíčnjak, Kotíčnca; Kotíčnjakau̯ə.** (Malošče 72.)

Kováč > **pr Kou̯áčə; Kou̯áč, Kou̯áčca; Kou̯áčau̯ə.** (Malošče 61.)

Kováč > **pr Kau̯áčə; Kau̯áč, Kau̯ačíca; Kau̯áčau̯ə.** (Šteben 1.)

Krájnc/Kránjec > **pr Krájnčə; Krájnc, Krájnčnja; Krájnčau̯ə.** (Malošče 31.)

Krámarč > **pr Krámarčə; Krámarč, Krámarčnja; Krámarčau̯ə.** (Šteben 18.)

Krépfla > **pr Krépflnə; Krépfl, Krépfla; Krépflnau̯ə.** (Šteben 38.)

Kúes/Kúəs/Kos > **pr Kúəsə; Kúəs, Kúəsnja; Kúəsau̯ə; Kúəsuu̯ mlín.** (Malošče 47.)

Kúk > **pr Kúkə; Kúk, Kúknja; Kúkau̯ə.** (Malošče 8.)

Kvánčnik/Klánčnik > **pr Ku̯ánčnkə; Ku̯ánčnk, Ku̯ánčnca; Ku̯ánčnkau̯ə.** (Malošče 66.)

Lédrar > **pr Lédrarjə; Lédrar, Lédrarca; Lédrarjau̯ə.** (Šteben 28.)

Lènc > **pr Lêncə; Lènc, Lêncnja; Lêncau̯ə.** (Šteben 19.)

Lépušič/Púšč > **pr Púščə; Púšč, Púščnja; Púščau̯ə.** (Šteben 23+33 (kajža).)

Lúk > **pr Lúkə; Lúk, Lúknja; Lúkau̯ə.** (Šteben 10.)

Máger > **pr Mágrə; Mágar, Mágra; Mágrau̯ə.** (Malošče 29+28 (kajža).)

Májar > **pr Májarjə; Májar, Májarca; Májarjau̯ə.** (Zagoriče 16.)

Márk > **pr Márkə; Márk, Márkla; Márkau̯ə.** (Šteben 8.)

Martínč > **pr Martínčə; Martínč, Martínčnja; Martínčau̯ə.** (Dvorec 8+9 (kajža).)

Méžnar > **pr Méžnarjə; Méžnar, Méžnarca; Méžnarjau̯ə.** (Šteben 20, Zagoriče 15; Škocjan > Zagoriče 20 > **nášn Kocijájnška Míci** > Malošče 60.)

Míhič > **pr Míhčə; Míhəč, Míhčnja; Míhčau̯ə.** (Šteben 37.)

Mikvávčič > **pr Məku̯áu̯ččə; Məku̯áu̯čəč, Məku̯áu̯ččnja; Məku̯áu̯ččau̯ə.** (Malošče 40+36 (kajža > **Vúhrarjau̯a Hána** = čestilka v ljudski šoli).)

Mikvável/Mikvávlič > **pr Məku̯áu̯lə; Məku̯áu̯l, Məku̯áu̯la; Məku̯áu̯lau̯ə.** (Malošče 6.)

Mírtl > **pr Mírtlnə; Mírtl, Mírtla; Mírtlnau̯ə.** (Šteben 6.)

Mlínar > **pr Mlínarjə; Mlínar, Mlínarca; Mlínarjau̯ə.** (Šteben 27.)

Mlínč/Mlìnč > **pr Mlínčə; Rján, Rjánca; Rjánau̯ə.** (Rjan > Šteben 17.)

Môtelč/Môtlič > **pr Môtlčə; Môtlč, Môtla; Môtlčau̯ə.** (Malošče 21.)

Némec/Níəmc/Nímec/Nímc > **pr Níəmcə; Níəmc, Níəmka; Níəmcau̯ə.** (Malošče 20, Zagoriče 4.)

Nônt > **pr Nôntə; Nônt, Nôntnja; Nôntau̯ə.** (Malošče 54.)

Ójc > **pr Ójcə; Ójc, Ójcla; Ójcau̯ə.** (Zgornje Rute 1 > Grpiče.)

Orétec/Orétəč > **pr Orétcə; Orétəc, Orétcnja; Orétcau̯ə.** (Zagoriče 14.)

Pájštua > **pr Píntarjə; Píntar, Pájštlnau̯a Léni; Píntarjau̯ə.** (Šteben 34.)

Péterl/Péterle > **pr Pêtrlnə; Pêtrlə, Pêtrlca; Pêtrlnau̯ə.** (Malošče 11.)

Píhlarca > **pr Píhlarcə; Píhlar, Píhlarca; Píhlarjau̯ə.** (Šteben 38.)

Píntar > **pr Píntarjə; Píntar, Píntarca; Píntarjau̯ə.** (Zagoriče 13.)

Plôzi/Blôzi/Plôzej > **pr Plôzijə; Plôzi, Plôzinca; Plôzijau̯ə.** (Malošče 10.)

Pogáj/Poháj/Pápagej > **pr Pogájə; Pogáj, Pogájka; Pogájau̯ə.** (Malošče 17.)

Polín > **pr Polínə; Polín, Polínka; Polínau̯ə.** (Zagoriče 2.)

Ponják/Póponjak/Popóvnjak/Pépelnjak > **pr Ponjákə; Ponják, Ponjáčka; Ponjákau̯ə.** (Zagoriče 18.)

Potôčnik/Potúəčnk > **pr Potúəčnkə; Potúəčnk, Potúəčnca; Potúəčnkau̯ə.** (Malošče 62.)

Požárnik > **pr Požárnkə; Požárnk, Požárnca; Požárnkau̯ə.** (Malošče 53.)

Premŕl/Premrú > **pr Pramŕu̯ə; Pramŕu̯, Pramrlíca; Pramŕu̯au̯ə.** (Malošče 9.)

Prônt > **pr Prôntə; Prônt, Prôntnja; Prôntau̯ə.** (Šteben 21+22 (kajža).)

Próntič > **pr Prôntčə; Prôntəč, Prôntčnja; Prôntčau̯ə.** (Malošče 30.)

Pstòta/Háuptman > **pr Pəstôtə; Pstôta, Pstôtna Míci; Pstôtau̯ə.** (Malošče 23.)

Púklč/Púklič > **pr Púklčə; Púklč, Púklčnja; Púklčau̯ə.** (Malošče 12.)

Réži/Réžej > **pr Réžijə; Réži, Réžinca; Réžijau̯ə.** (Malošče 13.)

Ríbič > **pr Ríbčə; Ríbəč, Ríbčnja; Ríbčau̯ə.** (Šteben 7.)

Rján/Erján > **pr Rjánə; Rján, Rjánca; Rjánau̯ə.** (Šteben 17.)

Ródar/Rôdar/Ráder > **pr Rôdarjə; Rôdar, Rôdarca; Rôdarjau̯ə.** (Malošče 38.)

Ropotév/Ropotóv > **pr Ropotêu̯ə; Ropotôu̯, Ropotêu̯ka; Ropotêu̯au̯ə.** (Malošče 33.)

Rožán > **pr Rožánə; Rožán, Rožánka; Rožánau̯ə.** (Šteben 16, Malošče 48+49 (kajža).)

Rúpelč/Rópač > **pr Rúəplnə; Rúəpl, Rúəpla; Rúəplnau̯ə.** (Malošče 11.)

Rúpelč/Rópač/Rúəplč > **pr Rúəplčə; Rúəplč, Rúəpla; Rúəplčau̯ə.** (Zagoriče 8.)

Sklédar/Sklíədar/Sklíjdar > **pr Sklíədarjə; Sklíədar, Sklíədarca; Sklíədarjau̯ə.** (Malošče 27.)

Smònk > **pr Smônkə; Smònk, Smônkau̯a Dóri; Smônkau̯ə.** (Šteben 25.)

Spódnji Frjàn > **pr Frjánə; Frjàn, Frjánaua Míca; Frjánauə.** (Šteben 26.)
Spódnji Špánčič > **pr Špánččə; Špánčəč, Spánččaua Róza; Špánččauə.** (Šteben 24.)
Svéc/Suéc/Svétec > **pr Suêcə; Suêc, Suêcnja; Suêcauə.** (Malošče 25.)
Šéli > **pr Šêlijə; Šêli, Šêlinca; Šêliauə.** (Malošče 4.)
Šímon/Šíman > **pr Šímanə; Šíman, Šíminca; Šímanauə.** (Zagoriče 9.)
Šíntar > **pr Šíntarjə; Šíntar, Šíntarca; Šíntarjauə; Šíntarjaua lêsa.** (Malošče 56.)
Šústar/Šúəštar/Šúštar > **pr Šúəštarjə; Šúəštar, Šúəštarca; Šúəštarjauə.** (Šteben 5b.)
Švívnik/Svívnik > **pr Švíunkə; Švíunk, Švíunca; Švíunkauə.** (Malošče 3.)
Távpi > **pr Táupijə; Táupi, Táupinca; Táupijauə.** (Malošče 46.)
Trísnik/Tríəsnk > **pr Trêsnkə; Trêsnk, Trêsnca; Trêsnkauə.** (Zagoriče 11.)
Trúpi/Trúpe > **pr Trúpijə; Trúpi, Trúpinca; Trúpijauə.** (Zgornje Rute 12 > Zgornje Rute 23 > Teharče, Holitzerweg 13.)
Úmeljč/Úmlič > **pr Úmlčə; Úmlč, Úmla; Úmlčauə.** (Malošče 22.)
Urbàn > **pr Urbánə; Urbàn, Urbánknja; Urbánauə.** (Šteben 12.)
Úršič > **pr Úrščə; Úršəč, Úrščnja; Úrščauə.** (Malošče 34.)
Váhtarca/Uáhtarca > **Uáhtar.** (Šteben 38; Uáhtarca = stavba na blati.)
Vávčar > **pr Uáučarjə; Uáučar, Uáučarca; Uáučarjauə.** (Šteben 11.)
Vígelč/Víglič/Bíglič > **pr Víglčə; Víglč, Víglčnja; Víglčauə.** (Malošče 15.)
Vígelj/Vígele/Wígele > **pr Víglnə; Víglə, Vígla; Víglnauə.** (Malošče 24.)
Vráncl/Bráncl > **pr Vránclnə; Vráncl, Vráncla; Vránclnauə.** (Šteben 13+14.)
Zgórnji Frjàn > **Zurhnə Frjàn; pr Trátnkə; Trátnk, Trátnca; Trátnkauə.** (Šteben 32.)
Zgórnji Špánčič > **tôrrə pr Špánččə; Zurhnə Špánčəč, Špánččaua Ani; Špánččauə dakléte.** (Šteben 2.)
Žágmošter > **pr Žágmoštrə; Žágmoštr; Žágmoštrauə.** (Dvorec.)
Žíher/Žíhar > **pr Žíhrə; Žíhər, Žíhra; Žíhrauə.** (Malošče 41.)
(Informantin für Mallestig, Goritschach und Obergreuth: Resi Müller, geborene Gallob, 20.07.2019; für St. Stefan und Höfling: LMR, 31.07.2019.)

In den Endungen wird das „i" sowohl in der männlichen als auch weiblichen Form oft weggelassen, z. B.: Spánčič > Špánčəč, Špánččnja; Guážar, Guážarcà. Manchmal wird für die Frau des Hauses „-ova/-eva" verwendet, was in unserem slowenischen Dialekt des Villacher Beckens als „-aua" ausgesprochen wird. Beispiel: Frján, Frjánauà Míca. Diese Silbe bedeutet auch eine Zugehörigkeit zum entsprechenden Hausstand bzw. dient zur Besitzanzeige, wie z. B. in Vránclnuu unuk (Vranclnov vnuk), Vránclnaua unuknja (Vranclnova vnukinja), Vránclnuu bik (Vranclnov bik), Vránclnaua kraua (Vranclnova krava), Vránclnuu talè (Vranclnovo tele) für die Einzahl (Singular) und Vrànclnauə sorodnikə (Vranclnovi sorodniki), Vránclnaue ščêre (Vranclnove hčerke), Vránclnaue dakléte (Vranclnova dekleta) für die Mehrzahl (Plural). Der nachbetonte leichte Endakzent in –aua/-auə wurde hier nicht verschriftet.

In den Unterkapiteln 1.3.1 bis 1.3.37 wurden 620 landwirtschaftliche Besitzungen und 741 meist verschiedene Vulgo-/Haus-/Hofnamen erfasst und deren Besitzer aufgelistet. Es gibt noch zusätzlich 504 Varianten in der Schreibweise der Eigennamen, u. zw. sowohl der Vor- und Familiennamen als auch der Vulgo-/Haus-/Hofnamen.

Landwirtschaftliche Besitzungen, Vulgo-/Haus-/Hofnamen und Varianten

Ortschaft/Weiler	LwB	VHN	Var
1.3.1 Oberrain/Zgornji Breg S. 25	8	9	0
1.3.2 Unterrain/Spodnji Breg S. 26	7	7	0
1.3.3 Fürnitz/Brnca S. 26+27	35	39	1
1.3.4 Dorndorf/Trnje S. 27	1	1	0
1.3.5 Sigmontitsch/Zmotiče S. 28	15	16	8
1.3.6 St. Job/Št. Job S. 28+29	18	23	16
1.3.7 Frießnitz/Breznica S. 30	3	3	3
1.3.8 Korpitsch/Grpiče S. 30+31	25	29	15
1.3.9 Korpitsch-Graben/Grpiški graben S. 32	10	11	7
[122 LwB, 138 VHN, 50 Var]			
1.3.10 Müllnern/Mlinare S. 32+33	8	10	13
1.3.11 Gödersdorf/Vodiča/Diča vas S. 33-35	24	24	13
1.3.12 Stobitzen/Stopca S. 35+36	6	6	3
1.3.13 Neufeld S. 36	1	1	0
1.3.14 Susalitsch/Žužalče S. 36	13	14	8
1.3.15 Untertechanting/Spodnje Teharče/Tehanče S. 36+37	23	26	11
1.3.16 Obertechanting/Zgornje Teharče/Tehanče S. 37+38	7	8	5
[82 LwB, 89 VHN, 53 Var]			
1.3.17 St. Stefan/Šteben S. 38-41	37	46	19
1.3.18 Höfling/Dvorec S. 42	7	7	10
1.3.19 Mallestig/Malošče S. 43-48	60	74	37
1.3.20 Goritschach/Zagoriče S. 48-50	19	23	15
1.3.21 Kanzianiberg/Škocjan/Škocijan S. 50	3	3	3
1.3.22 Obergreuth/Zgornje Rute S. 50+51	10	10	9
[136 LwB, 163 VHN, 93 Var]			
1.3.23 Faak am See/Bače S. 51-54	37	43	23
1.3.24 Pogöriach/Pogorje S. 55+56	21	29	23
1.3.25 Ratnitz/Ratenče S. 56	9	9	7
1.3.26 Latschach (ober dem Faaker See)/Loče (nad Baškim jezerom) S. 57+58	14	19	12
1.3.27 Oberaichwald/Hriber/Hribr/Zgornje Dobje S. 58-61	29	36	51
1.3.28 Unteraichwald/Deber/Debr/Spodnje Dobje S. 61-63	27	36	42
1.3.29 Untergreuth/Spodnje Rute S. 63+64	11	18	9
1.3.30 Outschena/Ovčna/Ovčena S. 64+65	18	20	11
1.3.31 Altfinkenstein/Stari Grad S. 65-67	20	20	11
[186 LwB, 230 VHN, 189 Var]			
1.3.32 Petschnitzen/Pečnica S. 67+68	10	11	11
1.3.33 Oberferlach/Zgornje Borovlje S. 68-71	27	40	48
1.3.34 Ledenitzen/Ledince S. 71-73	17	20	15
1.3.35 Unterferlach/Spodnje Borovlje S. 73+74	17	25	20
1.3.36 Mallenitzen/Malence S. 75+76	17	17	17
1.3.37 Kopain/Kopein/Kopanje S. 76	6	8	8
[94 LwB, 121 VHN, 119 Var]			
Gesamtanzahl in der Marktgemeinde Finkenstein	**620**	**741**	**504**

LwB/Landwirtschaftliche Besitzungen, VHN/Vulgo-/Haus-/Hofnamen, Var/Varianten zu den Eigennamen

Bildmaterial zu 1.3

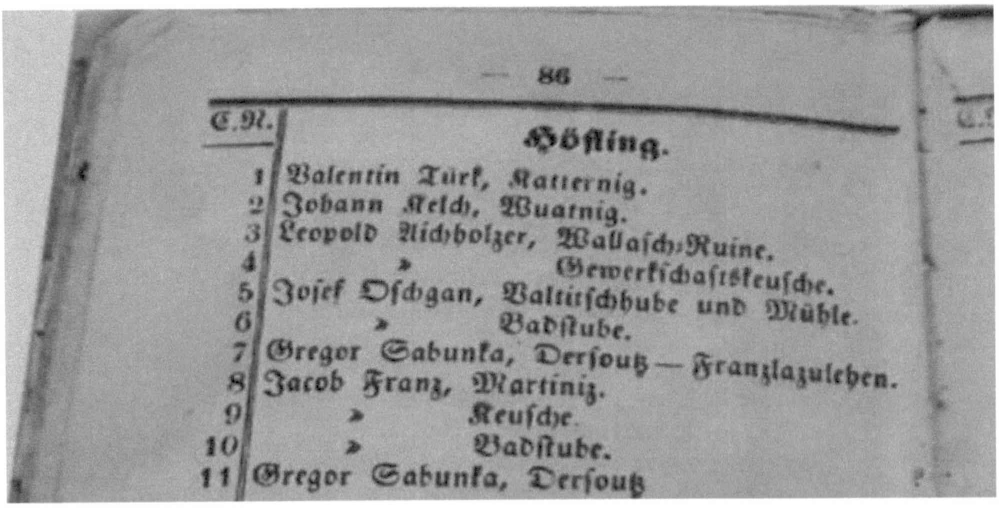

— 86 —

C.N.

Höfling.

1 Valentin Türk, Katternig.
2 Johann Kelch, Wuatnig.
3 Leopold Aichholzer, Wallasch-Ruine.
4 » Gewerkschaftskeusche.
5 Josef Oschgan, Baltitschhube und Mühle.
6 » Badstube.
7 Gregor Sabunka, Dersoutz — Franzlazulehen.
8 Jacob Franz, Martinitz.
9 » Keusche.
10 » Badstube.
11 Gregor Sabunka, Dersoutz

Besitzerliste, Höfling (S. 86). Quelle: Informant Kurt Rauter, Finkenstein.

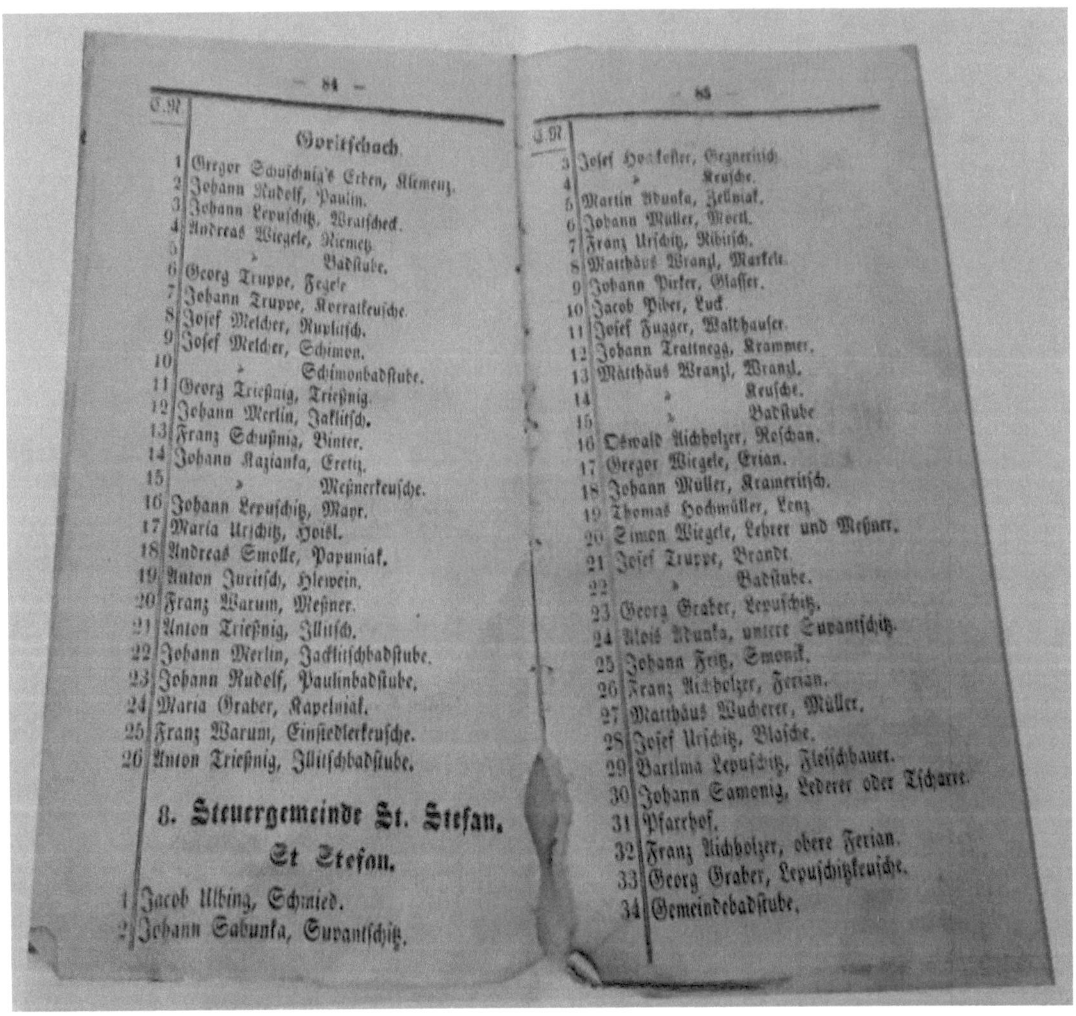

— 84 —

C.N.

Goritschach.

1 Gregor Schuschnig's Erben, Klemenz.
2 Johann Rudolf, Paulin.
3 Johann Lepuschitz, Wratscheck.
4 Andreas Wiegele, Riemetz.
5 » Badstube.
6 Georg Truppe, Fegele
7 Johann Truppe, Korralkeusche.
8 Josef Melcher, Ruplitsch.
9 Josef Melcher, Schimon.
10 » Schimonbadstube.
11 Georg Triesnig, Triesnig.
12 Johann Merlin, Jaklitsch.
13 Franz Schusnig, Binter.
14 Johann Kazianka, Eretiz.
15 » Meßnerkeusche.
16 Johann Lepuschitz, Mayr.
17 Maria Urschitz, Hoisl.
18 Andreas Smolle, Papuniak.
19 Anton Juritsch, Hlewein.
20 Franz Warum, Meßner.
21 Anton Triesnig, Illitsch.
22 Johann Merlin, Jacklitschbadstube.
23 Johann Rudolf, Paulinbadstube.
24 Maria Graber, Kapelniak.
25 Franz Warum, Einsiedlerkeusche.
26 Anton Triesnig, Illitschbadstube.

8. Steuergemeinde St. Stefan.

St. Stefan.

1 Jacob Ulbing, Schmied.
2 Johann Sabunka, Supantschitz.

— 85 —

C.N.

3 Josef Hockester, Gegneritsch
4 » Keusche.
5 Martin Aduaka, Zellniak.
6 Johann Müller, Mortl.
7 Franz Urschitz, Ribitsch.
8 Matthäus Wranzl, Markele.
9 Johann Pirker, Glasser.
10 Jacob Piber, Luck.
11 Josef Fugger, Walthauser.
12 Johann Trattnegg, Krammer.
13 Matthäus Wranzl, Wranzl.
14 » Keusche.
15 » Badstube
16 Oswald Aichholzer, Reschan.
17 Gregor Wiegele, Erian.
18 Johann Müller, Krameritsch.
19 Thomas Hochmüller, Lenz
20 Simon Wiegele, Lehrer und Meßner.
21 Josef Truppe, Brandt.
22 » Badstube.
23 Georg Graber, Lepuschitz.
24 Alois Aduaka, untere Supantschitz.
25 Johann Fritz, Smonik.
26 Franz Aichholzer, Ferian.
27 Matthäus Wucherer, Müller.
28 Josef Urschitz, Blasche.
29 Bartlma Lepuschitz, Fleischbauer.
30 Johann Samonig, Lederer oder Tscharre.
31 Pfarrhof.
32 Franz Aichholzer, obere Ferian.
33 Georg Graber, Lepuschitzkeusche.
34 Gemeindebadstube.

Besitzerlisten, Goritschach und St. Stefan (S. 84+85). Quelle: Informant Kurt Rauter, Finkenstein.

Einige Orts- und sonstige Schilder

Ledenitzen/Ledince,
aus Richtung Petschnitzen/Pečnice.
Quelle: LMR, 07.06.2019.

Petschnitzen/Pečnica,
nahe Pfarrfriedhof Petschnitzen/Pečnica.
Quelle: LMR, 07.06.2019.

Oberferlach/Zgornje Borovlje,
aus Richtung Ledenitzen/Ledince.
Quelle: LMR, 07.06.2019.

Unterferlach/Spodnje Borovlje,
aus Richtung Ledenitzen.
Quelle: LMR, 07.06.2019.

Sigmontitsch/Zmotiče,
aus Richtung Fürnitz/Brnca.
Quelle: LMR, 01.07.2019.

Hart/Ločilo, Gemeinde Arnoldstein/Podklošter,
aus Richtung Korpitsch/Grpiče.
Quelle: LMR, 01.07.2019.

In den Unterkapiteln 1.1 und 1.2 verwendete Literatur:

Finkenstein und seine Geschichte. Marktgemeinde Finkenstein am Faaker See. Redaktion: Gabriele Bennett, Andrea Pfund, Veronika Guggenberger. Finkenstein, 2005.

Grewe, Dieter: Flurnamenatlas für das südliche Westmecklenburg. Band VI: Amt Stralendorf und Gemeinde Sülstorf. Schwerin (D): Thomas Helms Verlag, 2011.

K. k. Landesgericht Klagenfurt, 29. Mai 1904: Klage der Rosa Martinschitz, geb. Gastl, vertreten durch Rechtsanwalt Dr. Ludwig Aichelberg in Villach, gegen die Ortschaft Mallestig bzw. deren Teilhaber.

Kotnik, Bertrand: Zgodovina hiš južne Koroške. Knjiga 14, Prafara Marija na Zilji./Die Geschichte der Häuser in Südkärnten. Band 14, Die Urpfarre Maria Gail. Izdajatelja/Hrsg. Franz Kattnig und Simon Trießnig. 1. izdaja/Ausgabe. Celovec: Mohorjeva založba/Hermagoras, 2009.

Krawarik, Hans: Finkenstein – Mallestig als frühmittelalterliches Zentrum. Eine fluranalytisch–siedlungsgenetische Darstellung. In: Neues aus Alt-Villach. Museum der Stadt Villach, 37. Jahrbuch 2000, S. 47-83.

Marktgemeinde Finkenstein am Faaker See/Trška občina Bekštanj ob Baškem jezeru: Tourismuskarte mit slowenischen Flur- und Hausnamen/Turistični zemljevid s slovenskimi ledinskimi in hišnimi imeni. Maßstab/Merilo 1:18.300. Vorgestellt am 02.07.2015. Sponsoren: Land Kärnten u. a. – Nachdruck 2018, pdf-Datei, Slovenski narodopisni inštitut Urban Jarnik v Celovcu (SNIUJ)/Slowenisches Volkskundeinstitut Urban Jarnik in Klagenfurt.

Ruhdorfer, Luise Maria: Die Finkensteiner Vulgonamen und der Barbara-Zyklus in St. Martin am Techelsberg. Zweiter Band der Reihe: Slowenisch als Fremdsprache im Alltag, in der Kirche und in der Literatur. Remscheid (D): Rediroma Verlag, 2016, Printversion. – Als pdf-Datei siehe www.flurnamen.at bzw. www.ledinskaimena.si unter Höfe und Fluren, Beiträge und Abhandlungen (29. Mai 2019).

Strotdrees, Gisbert: Im Anfang war die Woort. Flurnamen in Westfalen. Hrsg. Hermann Niebaum u. a., Kommission für Mundart- und Namenforschung Westfalens, Bd. 16. Münster (D): Ardey Verlag, 2., unveränderte Auflage, 2018.

Im Unterkapitel 1.3 verwendete Literatur:

Feinig, Anton und Tatjana: Familiennamen in Kärnten und den benachbarten Regionen. Klagenfurt/Celovec-Ljubljana/Laibach-Wien/Dunaj: Verlag Hermagoras/Mohorjeva, 2004/05.

Finkenstein und seine Geschichte. Marktgemeinde Finkenstein am Faaker See. Redaktion: Gabriele Bennett, Andrea Pfund, Veronika Guggenberger. Finkenstein, 2005. (Einwohnerverzeichnis im Landgericht Finkenstein vom Jahre 1841, S. 551-563.)

Gallobitsch, Christian: Seelenstandsregister der Pfarre St. Stefan aus dem Jahre 1777 und Einwohnerverzeichnis im Landgericht Finkenstein vom Jahre 1841 auf www.gallobitsch.at, Zugriff (zu 1841) 10.06.2019, 15:20 Uhr. Zugriff zu 1777 Seelenstandsregister siehe Angaben bei den einzelnen Ortschaften bzw. Weilern.

Kotnik, Bertrand: Zgodovina hiš južne Koroške. Knjiga 14, Prafara Marija na Zilji./Die Geschichte der Häuser in Südkärnten. Band 14, Die Urpfarre Maria Gail. Izdajatelja/Hrsg. Franz Kattnig und Simon Trießnig. 1. izdaja/Ausgabe. Celovec: Mohorjeva založba/Hermagoras, 2009.

Ruhdorfer, Luise Maria: Die Finkensteiner Vulgonamen und der Barbara-Zyklus in St. Martin am Techelsberg. Zweiter Band der Reihe: Slowenisch als Fremdsprache im Alltag, in der Kirche und in der Literatur. Remscheid (D): Rediroma Verlag, 2016, Printversion. – Als pdf-Datei siehe www.flurnamen.at bzw. www.ledinskaimena.si unter Höfe und Fluren, Beiträge und Abhandlungen (29. Mai 2019).

Sakrausky, Oskar: Agoritschach. Geschichte einer protestantischen Gemeinde im gemischtsprachigen Südkärnten. Klagenfurt: Verlag des Landesmuseums für Kärnten, 1960.

Strotdrees, Gisbert: Im Anfang war die Woort. Flurnamen in Westfalen. Hrsg. Hermann Niebaum u. a., Kommission für Mundart- und Namenforschung Westfalens, Bd. 16. Münster (D): Ardey Verlag, 2., unveränderte Auflage, 2018.

Inhaltsverzeichnis zum Ersten Abschnitt:

Zweiter Abschnitt:

Die Finkensteiner Flurnamen

2.1 Die Bedeutung der Finkensteiner Flurnamen/ Pomen Bekštanjskih ledinskih imen

2.1.1 Allgemeines

Die Flurnamen zählen zu den geographischen Eigennamen und umfassen Felder, Äcker und Wälder (njive, polja in gozdovi), Wege, Hügelland und Gebirge (poti, hribovje in gorovje), stehende und fließende Gewässer (stoječa in tekoča voda), Gatter, Häuser, Keuschen, Hütten und andere Gebäude (lese, hiše, kajže, koče in druge stavbe) sowie sonstige Flächen (druge površine). Weitere geographische Eigennamen sind die Ortsnamen (krajevna imena).

Der Begriff „Flurname" bedeutet „Name eines einzelnen Flurteiles, einer Nutzfläche", leitet sich aus mhd. „vluor" für „Feldflur, Saatfeld, Bodenfläche" ab und kommt aus dem germ. „*florus, *flora" zur idg. Wurzel „*pel-, pla-" für „breit, flach ausbreiten". Das Wort „Flurname" ist verwandt mit dem Wort „Feld".

Gewässer- Gebirgs- und zum Teil auch andere Namen werden zusätzlich zu den Ausführungen der Autorin auch nach dem Buch von Heinz Dieter Pohl mit dem Titel „Kärnten ... deutsche und slowenische Namen" (2000) unter Hinzusetzung der Seitenzahl erklärt. Zu den Ableitungen von Begriffen aus der bäuerlichen Arbeitswelt siehe „Heinz-Dieter Pohl: Kleine Kärntner Mundartkunde mit Wörterbuch" (1989). Daraus wurde auch im vorigen Unterkapitel zitiert: „MaKd 1989, Seitenzahl". Vgl. z. B. „Pranter" für „Oberboden der Scheune" von alpenslaw. „*preNtro", ma. sl. „peter, petro" (MaKd 1989, 82). Außerdem werden fallweise Worterklärungen zu ausgefallenen Flurnamen aus dem Buch „Anton Überfelders Kärntnerisches Idiotikon" (2015), herausgegeben von Alfred Goubran, einbezogen. Zitiert wird unter der Abkürzung „KI 2015, Seitenzahl", wie z. B.: „Greit"/Ortschaften, die neu bewohnt sind und nach gerodeten Waldungen erbaut wurden (KI 2015, 138). Hierbei werden diese Textteile jedoch der heutigen Sprech- und Schreibweise angepasst.

Auch in Westmecklenburg und in Westfalen wurden sowohl die Flur- und Vulgo-/Haus-/Hofnamen als auch die Ortsnamen im regionalen Dialekt oder in der örtlichen Mundart mündlich oder schriftlich überliefert. (Vgl. Greve, 2011, S. 24.)

Aus der bereits oben erwähnten FLU-LED-Karte der Marktgemeinde Finkenstein am Faaker See, Nachdruck 2018, wurden alle 512 Flurnamen herausgeschrieben. Dann wurden diese nach ihrer Nutzung in 1. land- und forstwirtschaftliche Flächen (LF), 2. Hügelland und Gebirge (HG), 3. stehende und fließende Gewässer (SF), 4. Gatter und Gebäude (GG) und 5. sonstige Nutzung (SN) geordnet. Ferner werden Fluren 6. nach der Form der Grundstücke (FG), 7. nach ihrer Lage (LG), 8. nach ihrem Bezug zum Menschen (BM), 9. nach ihrem Bezug zu einem Tier (BT), 10. als Stoff oder Material (SM) und 11. als Wegenetz (WN) benannt. Diese 11 Kategorien ergaben sich willkürlich.

2.1.2 Grundwörter

Aus den gesammelten Flurnamen werden 60 Grundwörter entnommen und ausführlich in Slowenisch und Deutsch erörtert. Bei den Grundwörtern stütze ich mich auch auf die wissenschaftlichen Ausführungen von Dieter Greve (DG) in seinem „Flurnamenatlas für das südliche Westmecklenburg" (2011, Band VI) und Gisbert Strotdrees (GS) in seinem Flurnamenbuch aus Westfalen (2018) mit dem Titel „Im Anfang war die Woort". Abschließend werden alle Finkensteiner Flurnamen alphabetisch erfasst und in Deutsch und Slowenisch erklärt.

Die 60 Grundwörter werden fett gedruckt, in der ersten Zeile in Slowenisch, in der zweiten in Deutsch und in der dritten fallweise auch in anderen Sprachen erklärt. Die dritte Zeile enthält auch interessante Angaben zu Sprachstudien von Heinz-Dieter Pohl und von den nord-westdeutschen Wissenschaftern Dieter Greve und Gisbert Strotdrees.

ápno (SM): bela snov, ki nastane iz apnenca, če se ta žge.

Kalk: weißer Stoff, entsteht beim Brennen aus Kalkstein.

ávcəh/ávcih/preživnína (SN): (denarni) prispevek za preživljanje, ki ga je kdo dolžen plačevati; del polja, travnika, njive ali gozda.

Auszug/Altenteil: Geld oder Naturalien als Unterhalt; Feld-, Wiesen-, Acker-, Waldanteil.

„Auszug“/Gegenstände, die sich der Übergeber vorbehält, z. B. Milch, Brot, Kraut, Obst, Schnaps, Fleisch, Stube, Brennholz, Geld (KI 2015, 47); „Leibzucht/Ausgedinge“ (GS 60).

bájer/bájar/ríbnik, tájht (SF): večja kotanja z vodo; jezerce.

Weiher, Teich: größere Wassermulde; kleiner See.

lat. „lacus“; „(der) Dieck/Teich“ (DG 14); „die Lache > die Lage/de Lake“ (GS 34 f.); Flachs wurde zum Verrotten in Teiche gelegt (GS 65); „Låkn“/Lache/Lacke (MaKd 1989, 128).

bŕdo (FG): nevisoka, navadno podolgovata vzpetina.

Hügel, Anhöhe: mittelhohes langgezogenes Hügelland.

brég (FG): pas zemlje ob vodi; nizek, peščen, skalnat breg.

Ufer: Uferstreifen am Wasser; flaches, sandiges, felsiges Ufer.

bu̯áto/bláto (LF): razmočena zemlja; močvirje.

Moos, Moor, Sumpf; nasses Gelände; Morast.

„dat Muss/dat Müss“/das Moos (DG 15); „de Masch“/die Marsch/sumpfiges Land (DG 15); „de Sour“/feuchte Niederung von germ. „sur“ für „sauer“ (DG 15); „Timpfle“/kleiner Sumpf/Grübchen mit Wasser (KI 2015, 92); „Tumpf“/bedeutende, mit Wasser gefüllte Vertiefung (KI 2015, 105); „Moos“/Moor/Sumpf, engl. „moss“, mittellat. „mussa“/Moor (KI 2015, 201).

césta (WN): širša, načrtno speljana pot, zlasti za promet z vozili; dolga, ravna, široka cesta.

Straße: ein breiterer, planmäßig errichteter Weg, besonders für den Fahrzeugverkehr; eine lange, ebene, breite Straße.

kslaw. „cěsta“; serb./kroat. „cèsta“; tsch. „cesta“/očiščena korenin/gereinigt von Wurzeln; lat. „via, platea“ (16. Jh.); „Weg/Fuhrweg“, nicht immer befestigt (GS 96), „cesta, pot“.

díu̯/dív/dedíščina (SN): premoženje po umrlim.

Erbteil, Erbe: Vermögen nach einem Verstorbenen.

dolína (FG): nižji, navadno podolgovat svet med hribi ali v gričevnati pokrajini; dolga, globoka, ozka dolina; alpska, kraška, ledeniška dolina; dôl/manjša dolina; Dolina/kraška vrtača.

Tal: tiefergelegenes, gewöhnlich längliches Land zwischen Hügeln oder in einer hügeligen Landschaft; ein langes, tiefes, enges Tal; Alpen-, Karst-, Gletschertal; kleineres Tal; Doline/Karsttrichter.

urslaw. „*dolína“ < „*dòlъ“; „Doli:na“/breites Tal < sl. „dolina“ (MaKd 1989, 78, 100); „das/der/die Dahl“/Geländeeinschnitt mit Bach (GS 122), „Jammerdahl“/steiniger Fels, „Rosendahl“/Rosental (GS 123), „Rosental/Rosegg“ von den „Herren von Ras“ (LMR).

fráta/poséka, krčevína (LF); posekati les/drevesa/gozd.

Fratn/Kahlschlag, Schlag/Rodung; Holz schlägern/fällen oder den Wald abholzen.

„Fra:tn“/Waldlichtung/Holzschlag < furl. „fràte“/entwaldete Stelle (MaKd 1989, 71, 107); „holzschlå:gn“/Bäume fällen (MaKd 1989, 125); „Fratn“/Holzabstockungsplatz/Viehweide auf ausgehauenem Bergwald (KI 2015, 119) > „stocken“/fällen, „ausgehauen“/Kahlschlag.

gmájna/gòzd (LF): z drevjem strnjeno porasel svet; les.

(Gemeinschafts-)Wald: mit Bäumen dicht bewachsenes Land/Gelände; Holz.

„der Wohld“/der Wald (DG 18), „dat Holt/Holln/Hooln“/das Holz (DG 18), „dat Holl’n“/das Holz (DG 16); „s Holz“/Holz/Baum/Wald (MaKd 1989, 125); „die Meine“/gemeinsam bewirtschaftetes Land (GS 73); „die Waldemeine“/gemeinschaftlich genutzter Wald (GS 151).

gôra (HG): izrazita, visoka vzpetina zemeljskega površja; daljne, strme, visoke gore; živeti v gorah; gorovje.

Berg: ausgeprägte, hohe Erhebung der Erdoberfläche; entfernte, steile, hohe Berge; in den Bergen leben; Gebirge.

idg. „g^{u}erH-“; urslaw. „*gora“; akslaw. „gora“; altgr. „deirós“/vzpetina/Erhebung/Anhöhe; lat. „mons“ (16. Jh.); hügeliges Gelände > „In den Gohrken“ < gora (DG 54).

grábən/járek/grápa (FG): v zemljo narejena ožja podolgovata vdolbina; jarek, ki ga je strmo v breg naredila voda.

Graben: engere, längliche Furche im Gelände; Wasser versah einen Graben mit Steilufern.

gréda/vŕt (LF): manjše zemljišče, navadno blizu hiše, na katerem raste trava, drevje, se goji vrtnina, okrasne rastline; zelenjavni vrt.

Garten/Gemüsegarten: kleineres Grundstück, gewöhnlich in der Nähe des Hauses, auf dem Gras, Bäume oder Zierpflanzen wachsen; Gemüsegarten.

gŕm (LF): nižja, lesnata rastlina, ki se že pri tleh močno razrašča; grmovje; grumbelj/manjša kopica sena.

Busch/Strauch: eine niedrigere, holzähnliche Pflanze, die schon am Boden stark wuchert; Gebüsch; kleineres Heuschöberl.

urslaw. „*grumy“/grumbelj/akslaw. „grъmъ“; serb./kroat. „gŕm“; lat. „frutex, dumus“ (16. Jh.); „Štaudach“/Gebüsch (MaKd 1989, 145); altlav. „Ghštaudach“/Gebüsch; „Poschach“/

das Gebüsch (KI 2015, 75); „Gedax“/Dichicht des Gebüsches (KI 2015, 128); „die Heide“/ verödete Blöße, auch mit Sträuchern bewachsen/sl. „grmovje“ (GS 75).

híša (GG): stavba, namenjena zlasti za bivanje ljudi.

Haus: als Aufenthaltsort/Wohnung für Menschen bestimmtes Gebäude.

hríb (HG): višja vzpetina zemeljskega površja; priti s hriba v dolino; hribje/hribovje.

Hügel: eine höhere Erhebung der Erdoberfläche; vom Hügel ins Tal kommen; Hügelland.

urslaw. „*xríbъ“/gorski greben/Gebirgskamm; kslaw. „xríbъ“/hrbet/Rücken; lat. „collins, mons“ (16. Jh.); „Bichl“/ein oder mehrere Hügel (KI 2015, 65).

íglavec/íglasto drevó (LF): smreka, bor/borovec, jelka/hoja, macesen; iglavci in listavci.

Nadelbaum: Fichte, Föhre/Kiefer, Tanne, Lärche; Nadel- und Laubbäume.

„Bårzach“ von „bor“ für „empor“/Anflug junger Bäume im Wald (KI 2015, 55); „die Füchte“/Fichte/Nadelbaum, „die Danne“/Tanne/Nadelbaum (GS 159).

jáma (FG): v zemljo narejena vdolbina; naraven izvotljen prostor pod zemeljskim površjem.

Höhle: Furche im Erdreich/Gelände; natürlich ausgehöhlter Raum unter der Erdoberfläche.

jézero (SF): večja kotanja, napolnjena z vodo, zlasti s sladko; čisto, globoko jezero; breg, dno, gladina jezera; jezerce; jez.

See: eine größere Mulde, meistens gefüllt mit Süßwasser; ein sauberer, tiefer See; Ufer, Grund, Oberfläche eines Sees; kleiner See; Wehr/Deich/Staudamm.

urslaw. „*jèzero, *òzero“; akslaw. „jezero“; russ. „ózero“; tsch. „jezero“; lat. „lacus“ (16. Jh.); „Wi:r“/Wehr (MaKd 1989, 151) als Vorrichtung zum Aufstauen von Wasser; „Wiar“/ Damm/Wehre, Wehr, schott. „Wiar“ (KI 2015, 262); „Schwöll“/hölzerne Vorrichtung an einem Bach, um das Wasser zum Anschwellen zu bringen (KI 2015, 248).

kájža (GG): majhna, preprosta hiša; majhno posestvo; hiše in kajže; kmečka kajža; navadno brez zemljišča.

Keusche: kleines, einfaches Haus; kleiner Besitz; Häuser und Keuschen; Bauernkeusche; für gewöhnlich ohne Grundbesitz.

„de Kate“/die Hütte der Armen (DG 17); „de Kaischn“/Keusche/kleines Anwesen (MaKd 1989, 108).

kámen (SM): trdna snov, iz katere je sestavljena zemeljska skorja; kamen in pesek; kamenje; drag(i) kamen/kristal zelo trdih in obstojnih rudnin, ki se uporablja za nakit; biseri in dragi kamni; dragi in poldragi kamni.

Stein: ein fester Stoff, aus dem die Erdkruste zusammengesetzt ist; Steine und Sand; Gestein; Edelstein/Kristall sehr harter und beständiger Minerale, der als Schmuck verwendet wird; Perlen und Edelsteine; Edel- und Halbedelsteine.

idg. „*$h_2$ak‘-men-“ < „*k(‘)a$h_2$men“; urslaw. „*kámy“; akslaw. „kamy“; russ. „kámenь“; tsch. „kámen“; serb./kroat. „kàmen“; altgr. „ákmon“/nakovalo/Amboss; lat. „lapis“ (16. Jh.).

klìn (FG): paličast, na eni strani priostren kos lesa, železa, ki se v kaj zabije.

Keil: stabförmiges, einseitig zugespitztes Stück Holz, Eisen, das man in etwas hineinschlägt.

urslaw. „*klínъ“; akslaw. „klinъ“/zaponka/(Schuh-)schnalle; russ. „klín“; tsch. „klín“; serb./kroat. „klìn“; lat. „cuneus“ (16. Jh.); „der Timpen“ als ein spitz zulaufendes Grundstück (GS 38 f.); „Zwikhl“/keilförmiges Grundstück (MaKd 1989, 155).

kóča (GG): gostišče, zlasti v gorah; kmečka, lesena koča.

Hütte: Gasthof, besonders in den Bergen; Bauernhütte aus Holz.

koríto (FG): podolgovata naravna ali umetna vdolbina na zemeljski površini, po kateri teče voda.

Trog: längliche, natürliche oder künstliche Furche an der Erdoberfläche, durch die Wasser rinnt/fließt.

kót (FG): na koncu zaprta gorska dolina.

Winkel/Eck: am Ende geschlossenes Tal im Gebirge.

„das Ende“ als Randlage der Grundstücke, die vom Hof am entferntesten lagen (GS 30 f.), „das Ende“ (GS 30 f.).

kóvšče (LF): zagrajen travnik pri hiši in skednju ali na dvoru, zemljišča na dvorišču.

Hauswiese/Hofgrundstück: eingezäunte Wiese bei Haus und Stall oder am Hof.

„de Wöhrde/der Wortacker/de Waud“ als Hofland für „Garten, Weide, Hofacker“ unterlag nicht dem Flurzwang (DG 17, 103); „de Wischhoff“/Hofwiese am Gutshof, „de Huskoppel“/Hauskoppel am Gutshof (DG 17); „de Woort“ als Hof (dvor), Hofplatz (dvorec), Hoffläche (dvorišče), eingezäunter, erhöhter Hofplatz als Schutz gegen aufsteigendes Wasser, älteste Siedlungsform in Norddeutschland (im Mittelalter), z. B. „Woortkamp“ für „Hofacker“ (GS 14 ff.); entspricht dem Wehrhof in Südkärnten (LMR).

ledína (LF): neobdelana zemlja; opuščena, s travo zarasla njiva; kjer je nekoč raslo žito, je zdaj ledina; s travo porasel svet; ledinsko ime: ime njive, travnika, gozda.

Brache, Brachland, Hutweide: Naturwiese mit Gras und Wiesenblumen; aufgelassener, mit Gras verwachsener Acker; wo früher Getreide wuchs, ist jetzt eine Brache/Hutweide; mit Gras verwachsenes Land; Flurname: Name eines Ackers, einer Wiese, eines Waldes.

urslaw. „*lędína“ < „*lêdo“, akslaw. „lędina“, tsch. „lado“ für „praha/Brache“; idg. „*lend^h“; lat. „vervactum“; ahd. „lant“ für „Land“; „de Braack“/die Brache (DG 15); „heillose Wirtschaft“: die immer dichter werdende Grasnarbe erstickte das Unkraut, die Flächen wurden beweidet, dann durch mehrfaches Pflügen erneut umgebrochen und in Saatland umgewandelt, bis um 1800, äußerst unrentabel (GS 26 f.); „Bråchn“ von „brechen“/ein Acker, der nach der Getreideernte nicht gepflügt wird, sondern auf dem im folgenden Jahr Grünfutter, z. B. Klee, wächst (KI 2015, 75); „Bråchmonat“/Oktober (KI 2015, 76); „Egårtn“/Wiesenfeld/Getreidefeld, das im folgenden Jahr als Wiese benutzt wird (KI 2015, 107); „Ergate“/Feldwiese/Brachwiese (KI 2015, 109); „die Bracht“ ist weder „Brache“ noch „Pracht“, sondern möglicherweise „eine auf einem hohen Hügel gelegene Beobachtungsstation“ (GS 140 f.).

lésa (GG): preprosta vrata iz lat, zlasti v plotu, ograji; torbatl dial./vratar; prelaz; motoroga.
Gatter, Zaun-/Weidegatter: einfaches Tor aus Latten, besonders als Teil des Zaunes, der Einfriedung; Torwart/Worwächter (schließt das Weidegatter, damit das Vieh nicht entlaufen kann, der Hüter des Zaungatters); Stiegl/Zaunsteig (Zaunübergang, wie eine Freiluftstiege, aus Holz); Drehkreuz (beim Zaundurchgang, um das Vieh aufzuhalten).
„de Fålter“/Falltor im Sinne von selbst zufallendes Zauntor (MaKd 1989, 104); „de Gå:ter“/ Gatter/Zauntür (MaKd 1989, 110); „I:beršti:gl/I:berštaigl“/„Übersteige“/Stiege über einen Zaun (MaKd 1989, 126); „Gatter“/Gitter/Gittertor, engl. „gate“ (KI 2015, 128).

lístavec/lístnato drevó (LF): bukev, dob/hrast, jésen, jelša, vrba, javor; listavci in iglavci; zimzeleni listavci.
Laubbaum: Buche, Eiche, Esche, Erle, Weide, Ahorn; Laub- und Nadelbäume; immergrüne Laubbäume.
„Bauck/Bauk“/Buche, „Elck/Ecker“/Eiche, „Eller“/Erle, „Wiechel“/Weide (DG 13 f., 66, 103); „die Horst“ von engl. „hurst“/Laubhölzer/Gestrüpp/Buschwerk/Dickicht/Niederwald, „Niederwaldnutzung“: Laubbäume (Buche, Eiche, Ulme, Erle, ...) wurden alle zehn Jahre geschlägert, trieben neu aus, brachten krumme Stämme für den Haus-/Fachwerk- und Schiffbau, bei Beweidung Schlagkante in unerreichbare Höhe für die Tiere gelegt (GS 161); „Stockhorst“/Baumstumpf, „Burghorst“/Burghof, „Seelhorst“/Siedlung/sl. „selo“ (GS 162).

níu̯a/njíva (LF): del zemljišča za gojenje kulturnih, krmnih rastlin; njive in travniki; zorano zemljišče; krompirjeva njiva, njiva z žitom, koruzna njiva, kapusje/njiva z zeljem; níu̯ca/ njivica.
Acker: Grundstück für Kultur- und Futterpflanzen; Äcker und Wiesen; umgebautes/gepflügtes Grundstück; Erdäpfel-/Kartoffel-, Getreide-, Türken-/Mais-, Krautacker; kleiner Acker.
urslaw. „*nĭva“ < „*néi̯ah$_2$/níi̯ah$_2$“ für „nižina, nizek svet“/Niederung, Tiefebene; akslaw. „niva“; idg. „*nei, *ni“ für „dol, navzdol“/hinab, hinunter; altgr. „neiós“ für „polje“; lat. „ager“; „der Kamp/Camp“/spät aus der Heide gerodete Flächen (DG 17).

ógrad/ógrada (LF): ograjen prostor za živino; trata, tratina: ograjen prostor za fešte oz. festivale ali pa za odstranitev mrhovin.
Koppel, Weidekoppel: eingezäunte Fläche für Haustiere; Ånger: eingezäuntes Gelände für Festlichkeiten oder zur Beseitigung von Tierkadavern.
„de Koppel“ (DG 16/17); „der Kamp/de Koppel“/eingezäuntes Nutzland von lat. „campus“ für „freie, unbebaute, offene Fläche“, im 6. Jh.; „umzäuntes Siedlungsgelände, Viehpferch, umzäunter Acker“ (GS 22 f.); „Gra:je“/Feldrain < sl. „ograja“/Einfriedung/Umzäunung (MaKd 1989, 79); „Beinten“/umzäunte Hutweide für Kälber und junges Vieh (KI 2015, 60).

páša (LF): svet, ki se (po)pase; jesénska paša; paša na travniku, na blatu, v gozdu.
Weide: Land zum (Ab-)Weiden; Herbstweide; Weide auf der Wiese, am Moos, im Wald.
„Hålt“/(Vieh-)Weide (MaKd 1989, 122).

péč (HG): večja skala; jama, votlina v skali.
péč za táljenje rúde/jeklarska peč/plavž (SN).
péč za žgánje apnénca (SN).

Felswand, Fels, Felsen: größerer Felsen; Höhle, Fels(en)höhle.
Hochofen zur Eisen- und/oder Stahlerzeugung.
Kalkofen zum Brennen von Kalk(stein).

planína (LF): s travo porasel svet, navadno v gorah, namenjen za pašo; neporaščeno z drevjem; gnati živino na planino.

Alm: mit Gras bewachsenes, für die Weide bestimmtes Land, gewöhnlich in den Bergen; ohne Baumwuchs; das Vieh auf die Alm treiben.

idg. „*polnìna“ < „*polnъ“/raven/Ebene, die Urslawen lebten in einer flachen Steppe, Wälder gab es aber nur im Gebirge, spätere Umbenennung in „Alm“ als unbewaldete Bergfläche; lat. „pascuum montanum, mons“ (16. Jh.); „de Ålm“/die Alpe/die Bergweide für das Vieh von „ala“ (altes Wort in Schweden und Island) für „füttern“ (KI 2015, 35).

pláz (HG): plaziti se; grmota snovi, ki se na strmem pobočju loči, odtrga od celote in zdrzne navzdol; kamniti, snežni, zemeljski plaz.

Lawine: schleichen/kriechen/rutschen; eine Materialmenge/Masse, die sich am Steilhang trennt, abreißt und in die Tiefe stürzt; Stein-, Schnee, Erdlawine.

„de La:n“/Lawine (MaKd 1989, 128); „de Lan“/Lawine (Ki 2015, 185).

pobóčje (FG): nagnjen svet med vznožjem in vrhom gore, hriba; strmo pobočje.

Hang, Abhang: steiles Land zwischen Talsohle und Gipfel am Berg oder Hügel; Steilhang.

„der Hell“/Hang (DG 13); „de Höst“/die Horst/Anhöhe (DG13).

póden/rávna/ravnína (FG): navadno večji raven svet.

Boden, Ebene, ebene (Hoch-)Fläche: gewöhnlich größeres, ebenes Land/Gelände.

póldne/vŕh (HG): Jepa/Kepa, Koroška Mala Kepa, Ilčevo poldne, Maloško poldne, Trupijevo poldne.

Kogel/Mittag: Mittagskogel, Kleiner Mittagskogel, (Illitschkogel), Mallestiger Mittagskogel, Truppi-Kogel/Techantinger Mittagskogel.

„Ko:gl/K(h)o:gl“/Berg mit rundlichem Gipfel < gallorom. „kukka“/Gipfel (MaKd 1989, 72, 115); „Kogl“/Hügel/Kuppe eines Berges (KI 2015, 176); „poldne/Berg, über dem zu Mittag die Sonne scheint“ (Pohl, 75).

poljána (LF): obdelan, kultiviran svet, zlasti glede na lep videz; obsežnejši, razmeroma raven svet.

Flur, Gefilde: bearbeitetes Kulturland, schön anzusehen; umfangreiches, ebenes Gelände.

„Pala:na“/weites Feld < sl. „poljana“ (MaKd 1989, 78).

pót póta (WN): javni poti; planinski poti; razpotje; križeve potí.

Weg: öffentliche Wege; Almwege; Weggabelung/-kreuzung; Kreuzwege.

urslaw. „*pǫtь“; akslaw. „potь“; lat. „via“ (16. Jh.).

pôtok (SF): manjša, v strugi tekoča voda; bister potok; gorski, ledeniški potok.

Bach: kleinere, in einem (Bach-)Bett fließende Wassermenge; ein klarer Bach; Gebirgs-, Gletscherbach.

urslaw. „*potòkъ“ < „*potet'í“/teči naprej/weiterfließen; akslaw. „potokъ“; lat. „rivus“ (16. Jh).; „de Bäk/die Beck“ als Bach (DG 14); „Becker Wischen“/Wiese am Bach (DG 69); „die Åche“/ein Bach (KI 2015, 33).

požár (LF): ogenj, povzroča škodo, uničuje; gozdni požar.

Brand: ein Feuer, das Schaden anrichtet, vernichtet; Waldbrand.

urslaw. „požarъ“/požar/Brand < narediti, da žari/zum Glühen bringen; russ. „požár“; tsch. „požár“; lat. „ìncendium“ (16. Jh.); „Brann'n-Stücken“/Brandried/Brandrodung (DG 54, 61).

prázval/grúšč, grúščevje (HG): ostrorobi odkrušeni kosi kamnine; kamenje se je prevalilo navzdol; razvalina: razpadla stavba.

Geröll, Felssturz: scharfkantige Gesteinsbrocken; herabgekugeltes/herabgerolltes Gestein; Ruine: zerfallenes/zusammengefallenes Gebäude.

pród (SM): kamenje, ki ga je nanesla, zaoblila voda.

Kies, Kiesgrube: vom Wasser abgelagertes, geformtes Gestein.

púəle/pólje (LF): zemljišče za gojenje kulturnih, krmnih rastlin; polja, travniki in gozdovi; zorano zemljišče; krompirjevo, žitno, koruzno polje, kapusje/polje z zeljem; obsežnejša, ravna površina; póljce.

Feld: Grundstück für Kultur- und Futterpflanzen; Felder, Wiesen und Wälder; umgebautes/gepflügtes Grundstück; Erdäpfel-/Kartoffelacker, Getreidefeld/-acker, Türkenacker/Maisfeld/-acker, Krautacker; umfangreiche, ebene Fläche; kleines Feld.

urslaw. „*pòl'e“ < „*polh$_2$io“, akslaw. „polje“; idg. „*pelh$_2$-, v *plah$_2$-“ für „plosk in širok, razprostranjen“/flach und breit, ausgedehnt/weitläufig; lat. „campus, ager“ (16. Jh.); „Khå:bes“/Krautkopf < lat. „caput“/Kopf, vgl. lad. „capùš“/Kohlkopf (MaKd 1989, 71, 108); „Kåbas“/Krautkopf, frz. „cabus“, engl. „cabbage“ (KI 2015, 163).

pùngart/pùngrad/pùngrt, sadovnják/sádni vŕt (LF): jablana, hruška, češnja, češplja, sliva, oreh, ringló; jablana in hruška za mošt; drevored iz sadnih dreves na travniku; ograjena paša.

Obstgarten/„Baumgarten“: Apfel-, Birn(en)-, Kirsch(en)-, Zwetschken-, Pflaumen-, Nussbaum, Ringlottenbaum, Kriəchalan/Zwergpflaumenbaum; Mostapfel-, Mostbirnbaum; Streuobstwiese; eingezäunte (Vieh-)Weide.

bair./norddt. „poumgart/boumgartl“; „Pungrad“/Obstgarten < sl. „pungart“, mhd. „boumgarte“, jeweils „Baumgarten“ (MaKd 1989, 78); „'s Kriachale“/Zwergpflaume/wilde Zwetschke (MaKd 1989, 118); Apfelsorten: Klarapfel, Kronprinz Rudolf, Lavanttaler Banane (LMR).

rób/ovràt, zvatnják (FG): skrajni zunanji del njive/polja; kraj za obračanje pluga na koncu njive/polja; vráčka: proga med njivami, na kateri vračajo orjočo živino.
die Ånawend/der Ackerrain, Pflugwende: äußerster Acker-/Feldrand; Land zum Wenden des Pfluges am Ende des Ackers/Feldes; die Anwende: Streifen zwischen Äckern, auf dem man das pflügende Zugtier (Ochse, Pferd, …) wendet/umdreht.
„der Ohrt/Ort"/Rand/Ackerrand (DG 14); „de Wanne"/die Wende/die Wand, Grenzfurche des Ackers, die Anwende (GS 28 f.); altlav. „da Årt, pan Årt"/„auf da Ånawend"/am Ackerrain; Furt, Furche, Grenzfurche > „Fahrenhorst/Fohrenhöst" < altslaw. „vranъ"/Rabe > Rabenhorst (DG 67); „die Wanne" als die Anwende (GS 28 f.); „Å:nawend(n), Å:newend(n)"/ Ackersaum/Feldrand (MaKd 1989, 86); „de Khe:ra"/Radfurche des Ackers (MaKd 1989, 111); „da Ort"/Anfang/Rand, „pan Ort ånfångan"/am Beginn anfangen (MaKd 1989, 135); „der Årt"/das Ende eines Dinges (KI 2015, 41); „de Onawönt"/Feldrain (KI 2015, 209).

rúda (SM): zmes snovi, iz katere se pridobivajo zlasti kovine; železova ruda.
Erz: Gesteinsformation, aus der Metalle gewonnen werden; Eisenerz.

rúte/izkŕčeno zemljíšče (LF); rútič.
Gereuth/Rodung/Almwiese; kleine Almwiese.
„de Heidrathskoppel/de Heide-Rade-Koppel" für Koppel als gerodete Heide (DG 16); „de Heed'n"/Heide (DG 16); „Triemoor/Triemsen" < altslaw. „trebiti"/roden (DG 69); im Mittelalter wurden Wälder nicht nur für Ackerflächen gerodet, sondern weil man Holzkohle als Brennstoff dringend brauchte, die in Kohlenmeilern hergestellt wurde; daher wurden ganze Landstriche gerodet; „Khrait"/Geräut/Rodung (MaKd 1989, 116); „Greit"/Ortschaften, neu bewohnt und nach gerodeten Waldungen erbaut (KI 2015, 138), hier nur für „Neurodung".

skála (HG): trdno sprijeta kamnita gmota kot del zemeljske skorje.
Fels/Felsen: fest verklumptes Gestein als Teil der Erdrinde.
„Palfe"/großer, überhängender Fels/Felswand (KI 2015, 51).

stèza/stezà (WN): zelo ozka, preprosta pot za pešče; nezavarovana steza; ceste, poti in steze.
Steig: sehr enger, einfacher Fußweg; ungesicherter Steig; Straßen, Wege und Steige.
„Street, Landweg, Steinweg, Kirchweg, Stegge"/Stiege (Steige) (GS 96 ff.).

stúəg/stóg (GG): visoka stožčasta kopa, kopica zlasti sena, slame, žita; zložiti snopje v stog; debelejši rogovilast kol na sredi kope, kopice; na poljih so stali prazni stogi; kozolec, s streho, v preprosti obliki ali pa kot zaščitni prostor za voz, les in orodje; dajati seno v stog; kopica; snop; snopič; žita: ječmen, rž, pšenica, oves.
Harpfe/Harfe: hoher aufgehäufter Schober, (-es) Schöberl, vor allem von Heu, Stroh, Getreide; Garben zu einem Mandl aufstellen/deckeln; ein dickerer Pflock mit kurzen Astgabeln (Hiefler) in der Mitte eines Schobers (Haufens) oder Schöberls (Häufchens); am Feld standen leere Hiefler; ständige Heuharpfe aus Holz mit Dach, einfach oder als Wagenhütte ausgeführt; Heu aufhäufen/hiefeln/harpfen; Schöberl; Garbe; kleine Garbe; Getreide/Korn: Gerste, Roggen/Korn, Weizen, Hafer.

urslaw. „*stogъ“; akslaw. „stogъ“ < „*stèžajь“, „*stòžerь“; idg. „*stogo-“; russ. „stog“; lat. „avercus foeni“/Harfe, „pertica in acervo foeni“/Hiefler; lat. „frumentum“/žito/Getreide (15. Jh.); altlav. „Schebalan“ (Schöberl); altlav. „Tecklan“/Mandln (stehendes Gebilde aus 6 oder 8 Getreidegarben, 5 oder 7 stehen aufrecht, eine abgeknickte Garbe liegt als Schutz vor dem Regen darüber); „de Tokhn“/Garbe, Garbenmännlein, „‘s Tekhle“/kleines Getreidemännchen von mhd. „tocke“/Bündel/Büschel, vgl. furl. „toc“/Stück (MaKd 1989, 69, 70, 99, 100); „de Harpfm“/Getreideharfe/Balkengerüst (MaKd 1989, 123); „da Hi:fl(er)“/Stange mit kurzen Seitenästen zum Gras- bzw. Kleetrocknen (MaKd 1989, 124); „schi:bern“/einen Schober anhäufen (MaKd 1989, 141); „Scho:ber“/Heuhaufen (MaKd 1989, 143); „aufhifln“/Getreidegarben und Grasarten an einer in der Erde befestigten Stange aufschichten (KI 2015, 43); „Piarl“/Harfe/Scheuer (KI 2015, 66) als Hütte; „‘s Tökle“/Getreidemännchen auf dem Feld besteht aus 6, 10 oder 12 Garben bzw. „tökeln“/Getreidegarben aufrichten und zusammensetzen (KI 2015, 93); „de Garm“/Garbe (KI 2015, 127); „da Hifl“/langer Pfahl mit Sprossen oder natürlichen Ästen, um Klee, Heu, Getreidegarben daran zu schichten, „hifln“/aufeinander legen, häufen (KI 2015, 153); „Kösn, Kosch“/Getreideharfe/Vorrichtung zum Trocknen von Getreide (KI 2015, 177); „da Schober“/4 Stück/60 Getreidegarben, „de Schöberlan“/in kleine Häufen angehäuftes Heu, wird am folgenden Tag wieder ausgestreut (KI 2015, 237); „die Bult“ als „Stand mit vier oder mehr Getreidegarben/Stapel Heu am Hof“ (GS 130).

štùk, kós, délež, parcéla (FG): delež zemljišča; delež gozda; delež skupnega gozda.
Fleck/Talung, Stück, Anteil, Parzelle: Grundstücksteil; Waldanteil, Gemeinschaftswaldanteil.
„die Teilhölzer/Holzteile in Kaveln“/Streifen (DG 18); „‘s Ta:l“/Teil/Anteil (MaKd 1989, 98); „da Flök“/„von einem Ganzen abgetrenntes Grundstück“ (KI 2015, 118); „Stück“/gemeinschaftlich benutzte Flächen, „Stuke“/Baumstumpf/Wurzelstock/Kopfbaum (GS 50 f.)

tráta (LF): z nizko, navadno negovano travo porasla manjša površina; trática.
Tråtn/Tratte: mit niedrigem, eingesätem Gras bewachsene kleinere Fläche; kleine Tratte/ Tråtn; Sautråtn: eingezäunter Auslauf für die Schweine; zu Ånger siehe „ograd, ograda“.
„de Trå:tn“/Viehweide/Tratte, „de Dorftrå:tn“/Dorftratte/Dorfanger/größerer Rasenplatz am Dorfrand (MaKd 1989, 101); „Tråtlåsn“/eine Wiese durch ein Jahr ungemäht lassen (KI 2015, 95); „de Tråtn“/Rasenplatz/Weideplatz für das Vieh (KI 2015, 96).

trávnik (LF): s travo poraslo zemljišče, ki se kosi večkrat na leto; travniki in pašniki.
Wiese: mit Gras bewachsenes Grundstück, wird öfters im Jahr gemäht; Wiesen und Weiden.
„de Wisch“/Wiese (DG 17).

u̯óg/lóg/vóg (FG): (močviren) travnik ob vodi, navadno deloma porasel z drevesi.
Au/Mooswiese (Pohl, 56): (sumpfige) Wiese am Wasser, gewöhnlich mit vereinzeltem Baumbestand.

zgornji, spodnji, sprednji, zadnji, srednji, zunanji, notranji, osrednji (LG).
der/die/das obere, untere, vordere, hintere, mittlere, äußere, innere, zentrale/Haupt-...

Sonderzeichen: ´ = lang betont, ` = kurz betont, ^ = tief und lang ausgesprochen; : = lang betont, z. B.: Fra:tn; å = tiefes und langes o; ə = kurz gemurmeltes e am Ende einer Silbe (-e) oder eines Wortes (-e, -el, -en), z. B.: bekam, gehabt, Vase, bitte, rufe, Zirkel, Wagen, kommen; u̯ = weiches w wie in engl. „we“, z. B.: Quelle, bu̯ato (blato/Moos); ъ = (alt-)russisches hartes Zeichen, der vorhergehende Laut wird hart ausgesprochen, z. B.: požarъ (požar/Brand), stogъ (stuəg/Harfe), *grьmъ (grm/Busch), *xríbъ (hrib/Hügel); ь = (alt-)russisches weiches Zeichen, der vorhergehende Laut wird weich ausgesprochen, z. B.: єсть/éstь (jesti/essen, éстъ dial. im Villacher Becken), день/déņь (dan/Tag); * = das Wort wurde von Sprachwissenschaftern rekonstruiert.

Es wird ausdrücklich darauf hingewiesen, dass es sich bei der Zuordnung der Flurnamen weder um einen amtlichen Katasterplan noch um eine steuerliche Kategorisierung handelt, sondern es geht ausschließlich um deren sprachliche Bedeutung. Dabei wurde bewusst jeweils nur eine Zuordnung vorgenommen. Die lautschriftliche Wiedergabe der Begriffe im Urslawischen bzw. (Alt-)Griechischen wurde vereinfacht. Die Anzahl der 60 Grundbegriffe hat nichts mit deren Häufigkeit auf der Finkensteiner Tourismuskarte zu tun, sondern sie wurden willkürlich ausgewählt. Folgende **60 Grundwörter** wurden oben eingehend beschrieben:

apno/Kalk (SM), avcəh/avcih/Auszug (SN), bajer/Weiher (SF), brdo/Hügel (FG), breg/Ufer (FG), bu̯ato/Moos (LF), cesta/Straße (WN), diu̯/div/Erbteil (SN), dolina/Tal (FG), frata/Fratn (LF), gmajna/gozd/Wald (LF), gora/Berg (HG), grabən/jarek/Graben (FG), greda/vrt/Garten (LF), grm/Busch (LF), hiša/Haus (GG), hrib/Hügel (HG), iglavec/Nadelbaum (LF), jama/Höhle (FG), jezero/See (SF), kajža/Keusche (GG), kamen/Stein (SM), klin/Keil (FG), koča/Hütte (GG), korito/Trog (FG), kot/Winkel (FG), kovšče/Hauswiese (LF), ledina/Brache (LF), lesa/Gatter (GG), listavec/Laubbaum (LF), niu̯a/njiva/Acker (LF), ograd/ograda/Koppel (LF), paša/Weide (LF), peč/Felswand (HG), peč za taljenje rude/Hochofen (SN), peč za žganje apnenca/Kalkofen (SN), planina/Alm (LF), plaz/Lawine (HG), pobočje/Hang (FG), poden/ravna/Boden (FG), poldne/vrh/Kogel/Mittag (HG), poljana/Flur (LF), pot/Weg (WN), potok/Bach (SF), požar/Brand (LF), prazval/Geröll (HG), prod/Kies (SM), puəle/polje/Feld (LF), pungart/sadovnjak/Obstgarten (LF), rob/ovrat/Ånawend/Ackerrain (FG), ruda/Erz (SM), rute/Gereuth (LF), skala/Fels (HG), steza/Steig (WN), stuəg/stog/Harpfe (GG), štuk/delež/Talung/Parzelle (FG), trata/Tråtn/Tratte (LF), travnik/Wiese (LF), u̯og/log/Au (FG); zgornji, spodnji, sprednji, zadnji, srednji, zunanji, notranji, osrednji – der/die/das obere, untere, vordere, hintere, mittlere, äußere, innere, zentrale/Haupt-... (LG).

2.2 Flurnamen in Vermessungsprotokollen und Katastern

Im Vermessungsprotokoll sämtlicher Bauparzellen der Steuergemeinde St. Stefan (Ort St. Stefan und Weiler Höfling) vom 31. Dezember 1844 werden folgende Arten von Gebäuden angeführt: Wohn- und Wirtschaftsgebäude, Wohngebäude, Wirtschaftsgebäude, Wohnhaus, Wohnung, Stadel, Stallung, Keusche, Badstube, Brechelstube, Pfarrhof, Schmiede und Mühle.

Das Wohnhaus oder –gebäude gehörte einem Bauern oder einer Bäuerin, also Grundbesitzern, während bei einer Keusche in der Regel kein Grund vorhanden war, denn die Keuschler waren meist Handwerker, also Schmiede, Müller, Sägler, Zimmerleute, Schuster, Schneider u. ä. Das Wohn- und Wirtschaftsgebäude ist zusammengebaut oder steht auf einem gemeinsamen Bauareal. Ein Wirtschaftsgebäude (kmetijsko poslopje) umfasste in St. Stefan und Höfling eine Scheune oder einen Stadel (skedenj), einen gemauerten Stall (hlev) für Rinder, Pferd(e), Ochse(n) und Hühner sowie einen gemauerten Schweinestall und mehrere Abstellräume. Die aus Holz gezimmerte Tenne (gumno) mit dem Tennboden (gumnišče) und die zwei seitlichen Baren (abgeteilter Raum, sl. parna) statt dem Rundumbalkon sowie der Heuboden unter dem Dach (Gepader/Pater/Gepater/Pranter/Gepranter, sl. peter) dienten der Bearbeitung von Getreide (Dreschen, Winden) sowie der Aufbewahrung von Heu und Stroh. Die Tenne war über eine steile Stadelauffahrt mit einer Stadelbrücke (Stadl-/Tennbrücke) erreichbar. Daneben befand sich ein Abstellraum (kéjtrč dial.) für den Pflug und die Egge sowie die anderen Geräte, wie z. B. ein Dengelstock, eine Reifbank, Sensen, Sicheln, Gabeln und Rechen. Darunter gab es eine offene Wagenhütte für den Wagen und seine Aufsätze zum Einführen von Heu oder Streu und den Schlitten. Neben dem Stall befanden sich die Holzhütte und eine breite Durchfahrt (pod huto dial.) sowie ein Heuwurf neben der vorderen Stalltüre und ein Loch für das Herabwerfen des Strohs in der Nähe der hinteren Stalltüre. Die Badstube (pajštva) war ein eigenes Gebäude, ebenso die auch gemeinsam benutzte Brechelstube (Brechlhütte, sl. terišče, z. B. beim vulgo Drzuc in Höfling). Gewerbebetriebe waren damals eine Schmiede (kovačnica) und eine Mühle (mlin).

Über die damaligen (Arbeits-)Verhältnisse kann man sich in folgenden Museen eingehend informieren: Freilichtmuseum Maria Saal/Gospa Sveta, Museum für Alltagsgeschichte in Köstenberg/Kostanje, Museum für Volkskultur im Schloss Porcia in Spittal an der Drau/ Spittal na Dravi oder auch im Museum Tiroler Bauernhöfe in Kramsach. Über die Architektur in den Karawanken berichten z. B. die Bücher von Tone Cevc/Ignac Primožič, Hans Krebitz, Peter Fister und Anton Frick.

Zu den folgenden Stichwörtern vergleiche Ausführungen in obigen Büchern: Badstube (Krebitz, 92), Brechelhütte (Krebitz, 93), einfache Feldharfe mit Abdeckung, Weißbriach (Krebitz, 20, 22), einfache Feldharpfe (Frick, 69), leere Feldharpfe (Frick, 74), Močnik-Harpfe (Cevc/Primožič, 94 f.), Hiefler (Frick, 75), Hafermandln (Frick, 68), Kornmandln (Frick, 142), Haufenhof (Frick, 33), Miškulnikova kajža v Ledincah/Miškulnig-Keusche in Ledenitzen (Fister, 110 f.), vulgo Honz in Outschena/Honzova kajža v Ovčeni (Fister, 92, 97 ff.), Krištan-Haus (Cevc/Primožič, 79, 85), Feinigova domačija/hiša/Feinig-Anwesen/Haus (Fister, 112 f.), Radmühle (Frick, 35; Krebitz, 96), oberschlächtiger Wasserzulauf zu einer Säge (Frick, 138), Sägewerk mit hölzernen Wassertrögen (oberschlächtigem Wassergerinne/-zulauf/Kandeln/Kendl (MaKd 1989, 111)/Fluder, sl. račc) in Winkel/Kot (Cevc/Primožič, 98 f.), Stadelgrundrisse (Krebitz, 52).

Siehe zu folgenden Stichwörtern „Hanf Brecheln, Heuernte, Heufuhre, Gartenarbeit, Leinenerzeugung und Spinnen“ auch die Ausführungen im Unterkapitel 4.8 sowie zu „Hube, Haus, Höfling, Keusche und Vulgo-/Haus-/Hofnamen“ im Unterkapitel 4.19. – Hanf (konôplja) ergab gröberes und härteres Leinen (lán/plátno) als Flachs (lán) (GS 65).

Im Vermessungsprotokoll der Grundparzellen der Steuergemeinde St. Stefan für den Ort St. Stefan/Šteben und den Weiler Höfling/Dvorec vom 24. Februar 1827 sind folgende Flurarten angeführt: Acker, Wiese, Weide, Wald, Hochwald, kleiner Garten, Kleingarten, Weg, Bach, Kirche, Beerdigungsplatz und – amt. Hier wird dazu ausdrücklich festgehalten, dass die damaligen Geometer und Schreiber offensichtlich kein Wort Slowenisch verstanden, weshalb sie die ihnen von den einheimischen Gewährspersonen in Windisch (slowenische Umgangssprache von Personen mit sehr geringer Schulbildung) mündlich übermittelten Vulgo-/Haus-/ Hof- und Flurnamen ausschließlich in Deutsch, jedoch sehr verballhornt, festhielten.

Im erwähnten Protokoll finden sich folgende allgemein verständliche Flurnamen: beim Bach (Pri potoku); bei der Badstube (Pri pajštvi); bei den Kerschbäumen (Bei den Kirschbäumen/Pri češnjah); bei der Brücke (Pri mostu, Beim Steg/Pri brvi); beim/bein Haus (Pri hiši);

oberm Haus (Nad hišo); Um/um das Haus (Okoli hiše); untern Haus (Unterm Haus/Pod hišo); um den Pfarrhof (Okoli farovža); Auf dem Höch/auf der Höhe (Na vrhu/hribu); bei der Keusche (Pri kajži); ober der Keusche (Nad kajžo); Auf dem Moos (Na blatu); beim Moos (Pri blatu); za Moos (Hinterm Moos/Za blatom); bei der Mühl (Mühle/Pri mlinu); beim Stadl (Pri skednju); hinterm Stadl (Za skednjem); oberm/obern Weg (Nad potom); unterm/untern Weg (Pod potom). Dabei handelt es sich durchwegs um land- und forstwirtschaftliche Nutzung.

Dann entdeckt man darin Bezüge zu den nachstehenden Hausnamen und zu einem Ortsnamen: bein Wuatnig (Beim Buatnik/Pri Buatniku); untern Wuatnig (Unterm Buatnik/Pod Buatnikom); beim Derseutz (Beim Drzuc/Pri Drzucu); hintern Erian (Hinterm Rjan/Za Rjanom); beim Faltitsch (Beim Foltič/Pri Foltču); obern Ferianz (Oberm Frjan/Nad Frjanom); hinter den Gegneritsch (Hinterm Gegneritsch/Za Egnarčem); oberm Kowatsch (Oberm Kovač/Nad Kovačem); hinterm Kramer (Za Kramerjem); hintern Mertinzah (Hinterm Martinč/Za Martinčem); Mernitza (vielleicht von „Maß/mera“ oder wahrscheinlich Martinč-Acker, Martinčeva njiva/Martinčevo polje); Na Mernitza (vielleicht von „Maß/mera“ oder wahrscheinlich Am Martinč-Acker/Na Martinčevi njivi/Martinčevem polju); hintern Waldhauser (Hinterm Vavčar/Za Vavčarjem); Katterniggraben (Katrnjakov graben/jarek); beim Höfling (Bei Höfling/Pri Dvorcu). Auch hier liegt land- und forstwirtschaftliche Nutzung vor.

Alle darin enthaltenen Flurnamen, die auch auf der FLU-LED-Karte 2018 vorkommen, werden im anschließenden alphabetischen Verzeichnis unter dem Hinweis „VM 1827“ abgehandelt. Jene Flurnamen jedoch, die dort nicht aufgelistet sind, werden hier erklärt: Beerdigungsplatz/-amt (Friedhof/pokopališče, SN); beim Kohlbahren (Beim Kohlenmeiler/Pri oglenici); beim Wallasch (Beim Wallas/Hammerwerk, Bei der Gewerkschaft/Pri fužini); Birngraben (Bärngraben, Graben und Bächlein am Fuße der Waldparzellen in Richtung Tschinowitsch, idg. „barda“/Sumpf(graben) (DG 64), kommt ganz sicher weder von „Birnen“ noch von „Beeren“ oder „Bären“, sondern von „Borngraben“ (GS 121) für „sprudelnde Quellen im Graben); Gallup/Gallug (vielleicht von „Galle“ für „Veränderung von Pflanzenteilen auf Grund der Einwirkung verschiedener Tiere, z. B. der Gallwespe“, auch „Gallapfel“); Gattach (vermutlich von „gålt“/unfruchtbar und von „Gåltach“/junges Hornvieh, das sich noch nicht fortpflanzt (KI 2015, 126), als Weide für Jungvieh); Kohlstadt (Kho:lštåt, Kho:ltråtn (MaKd 1989, 115) als Kohlstatt bzw. Kohlenmeiler/Oglenica); Onadije (vielleicht von „ozadje/Hintergrund“ für „Hinterland“); Opinza (kleines Feld nördlich der Bahnhaltestelle St. Stefan-Mallestig, jetzt Finkenstein, vielleicht von „apnenec/Kalkstein“); pod Kowam (vielleicht von „kòl“/Pfahl oder von „pôdkev“/Hufeisen, am ehesten aber von „Kobel“/Unterstand für das Weidevieh als Unter dem Kobel/Pod Koblam, oder ganz einfach für „Unter dem Kogel/Kofel, Unter der Bergkuppe“ (Feinig, 118); pod Mago/Majo (vermutlich von „mája“ dial./mêja/Grenze, Unter der Grenze/Pod mejo, kann auch ein PN sein: Maga/Maja); Pohatza (wahrscheinlich „Pogorica“ von „po“ und „gora/gorica“ für „auf dem Berg/Hügel“, als Hutweide auf dem Höflinger Hügel); Prischoutza (vermutlich von „žgaụnca dial./žgalnica“ für „Brennhütte“, Bei der Brennhütte/Pri žgalnici); Rain (Rob); Rekle (von „rakle dial./prekle/Bohnenstangen“, Gegend am Seebach in Höfling); Rudnig (Rudnik); Sa Werwunkam (vielleicht von „ovinek/Kurve“, Za ovinkom/Hinter der Kurve); unter der Kohlstadt (Unter dem Kohlenmeiler/Pod oglenico); unterm/untern Rain (Unterm Rain/Pod robom); Wernach (vermutlich von „biêrna dial./bernja dial./bera“ für „Kollekte/Sammlung“, V bernah), Deputat/Dienstland für den Lehrer oder Pfarrer (DG 88). Auch diese Grundstücke wurden land- und forstwirtschaftlich genutzt, außer dem Friedhofsgelände, das eine Sondernutzung bedeutet.

In der Habsburgermonarchie wurden drei Katastralvermessungen vorgenommen:
die (Josephinische) Landesaufnahme (1764-1787), im Maßstab 1:28.800,
die (Franziszeische) Landesaufnahme (1806-1869), im Maßstab 1:28.800 und
die (Franzisco-Josephinische) Landesaufnahme (1869-1887), im Maßstab 1:25.000.
(Vgl. https://oefr.at/2018/01/27/mapire-zusaetzliche-landkarten-und-katasterplaene-online/, Zugriff 23.09.2019, 15:20 Uhr. – 1 Zoll = 400 Klafter = 28.800 Zoll, 1 Klafter = 6 Fuß, 1 Fuß = 12 Zoll).

Wie bereits oben erwähnt wurden die Flurnamen aus dem Vermessungsprotokoll der Steuergemeinde St. Stefan (1827) ausführlich besprochen (VM 1827). Diesen Angaben werden die Flurnamen, die das derzeitige Gemeindegebiet der Marktgemeinde Finkenstein betreffen, aus dem Franziszeischen Kastaster (1822-1828) laut Kagis-Programm der Kärntner Landesregierung angefügt (https://kagis.ktn.gv.at, Zugriff 23.09.2019, 12:30 Uhr, FK 1826). Jene Flurnamen, die jenen aus der FLU-LED-Karte 2018 nicht eindeutig zugeordnet werden können, werden gleich hier im Anschluss angeführt und nach Möglichkeit auch erklärt.

Folgende Flurnamen leiten sich von Ortsnamen ab: Ledenitzen/Ledince (Äcker); Malenitzen/Mallenitzen/Malence (Feld, Äcker, Wiesen); neu Finkenstein/Schloss Finkenstein/novi grad v Vodiči vasi (Acker, Wiese); ober Aichwald/Oberaichwald/Hriber (Wiesen, Äcker); Ober Aichwald/Oberaichwald/Hriber (Wälder); Oberferlach/Zgornje Borovlje (Äcker, Wiesen); Pogeriach/Pogöriach/Pogorje (Äcker); unter Aichwald/Unteraichwald/Deber (Wälder, Acker, Wiesen); Unterferlach/Spodnje Borovlje (Wiesen, Äcker); Untertechenting/Untertechanting/Spodnje Teharče (Äcker).

Die nachfolgenden Flurnamen konnten der alphabetischen Liste nicht zugeordnet und teilweise auch nicht erklärt werden: auf dem Krampenacker/Auf dem Erdäpfelacker/Na „čompovi“/krompirjevi njivi (Äcker, Wiese); Delmiaputa/„Dolna“/Spodnja puta/Untere Grube; Dermoutz Bach/Dermoutzev potok; Goritschacher Feld/Zagoriško polje; H Chale/K Skalam/ Zu den Felsen; Mir/Frieden (Felsen); na Wouzc (ovca/Schaf, Acker); Napischette (Wald, Almwiese); Oberm Bam/Oberm Baum/Nad drevesom (Felsen); Orlevitzen (orel/Adler, Wald, Almwiese); Panzeth/(Kozji) Hrbet/Geißrücken (Wiesen); Podwoschtem/Pod Boštom/Unter dem vulgo Bošt (Äcker); Queder Feld/Kvedrovo polje (Wälder); Selestje/železje/Eisen (Felsen); Struga/Gewässerbett (Wiese); Tschemernitzen (čemeren/griesgrämig, Äcker, Wiese); u Zrischnach/Pri češnjah/Bei den Kirschbäumen (Wiesen); Wora (gora/Berg, Äcker); Wrivant Graben/Vrivantov jarek (vrivati/(hinein)schieben, Wald in den Karawanken). Das ergibt 59 Flurnamen aus dem Vermessungsprotokoll von 1827 und 29 aus dem Franziszeischen Kataster von 1826.

2.3 Die Finkensteiner Flurnamen/Bekštanjska ledinska imena

Hier folgt nun die alphabetische Liste der 493 verschiedenen Flurnamen aus der Tourismuskarte der Marktgemeinde Finkenstein am Faaker See (Reprint 2018, Seite 2, Geländekarte). Die dort angegebenen Flurnamen werden hier fett gedruckt, u. zw. wird jede Form extra angeführt. Als Vergleichswerte werden auch einige Flurnamen aus den im Gemeindegebiet von Finkenstein aufgestellten Panoramatafeln angeführt. Es handelt sich dabei um die von der

Marktgemeinde Finkenstein am Faaker See aufgestellten Panoramatafeln aus dem Jahre 2013 in Deutsch und um die zweisprachigen Panoramatafeln von der Enotna lista aus dem Jahre 2019. Außerdem wird für die Erklärung der Flurnamen fallweise das Buch über Personennamen von Anton und Tatjana Feinig (2004/05) herangezogen.

2.3.1 Finkensteiner FLU-LED-Karte 2018, Seite 2, Geländekarte

Anina koča von „Ana" und „koča" für „Anna" und „Hütte", **Annahütte** (propadla, verf./ verfallen) (GG).

Aplenca von „apno" für „Kalk", von „aplenca dial./apnenec" für „Kalk(stein, -vorkommen)" (SM).

Aplence von „apno" für „Kalk", von „aplence dial./apnenec" für „Kalk(stein, -vorkommen)" (SM).

Apenšče von „apenšče dial./apnišče" für „Kalkboden/Kalksteinbruch", von „apno" für „Kalk" (SM).

Àrca vermutlich von it. „arca (di Noè)" für „Arche (Noahs)" bzw. „Noetova barka" (FG), in der Nähe vom vulgo Zamonik in Outschena.

Arihova peč von „vulgo Aríh" und „peč" für „Felswand/Fels(en)", **Arihwand** (HG).

Aríhov rut von „vulgo Arih" und „rute" für „Gereuth, Rodung, Almwiese" als „Arih-Almweide" (LF); *„Arich Wiesen"* (Arihov travnik).

Arnejčev rut von „vulgo Arnejc" und „rute" für „ Gereuth, Rodung, Almwiese" als „Arnejc-Almweide" (LF).

Ávcih von „avcəh dial./preživnina" für „Auszug/Altenteil", Auszugsfeld/-acker (SN); VM 1827: *„Auszug"*.

Baško jezero von „Bače" und „jezero" für „See", **Faaker See** (SF); FK 1826: *„Faacker See"* (Faaker See); PT 2013: *„Faaker See"*; ZP 2019: *„Faaker See/Baško jezero 555 m"*.

Bavha von „baleh/balha ma. sl. dial." für „fahl" im Sinne von „niederes, fahles Rind" (BT), also als „hellgrauer Felsen" oder von mhd. „valche" für „Falke" (BT), also als Falkenberg (Pohl, 67), Gipfel in den Karawanken, 1622 m (HG), auch Grundstück in Altfinkenstein und beim vulgo Zamonik in Outschena. – *„fålch, fålchat"*/fahl/falb/weißgraue Rinder und Pferde von gr. „φαληρός" und mittellat. „falvus" für „blond" (KI 2015, 111 f.), also „Blondvieh" (Rinder). – *„Visoka Bavha"*, 1647 m; *„Nizka Bavha"*, 1642 m; zwei Gipfel in den Karawanken.

Belca von „bel" für „weiß", „der Weiße Felsen" in den Karawanken (HG).

Beli pesek von „beli" und „pesek" für „der weiße Sand" (SM), Flur zwischen Klettergarten Kanzianiberg und Rauschenbach.

Beli potok von „beli" und „potok" für „der weiße Bach", **Weißbach** (SF).

Bistrica von „bister" für „schnell, reißend; hell, klar", Feistritz/**Feistritzbach/Gödersdorfer Feistritzbach** (Bach, Pohl, 39, 51; SF), auch Feld am Gödersdorfer Feistritzbach (LF); FK 1826: *„Feistritz Bach"* (drei Bäche: in Korpitsch, in Gödersdorf und ober Mallenitzen). – (Zu „Ache" vgl. GS 108 f. Die „Ache" ist ein Mittelgebirgsbach in Trogtälern.)

Bistriški graben von „Bistrica" und „grabən dial." für „Bistriški jarek/Feistritzgraben" (FG).

Bivčka peč vielleicht von „bicka dial./ovca" für „Schaf" und von „peč" für „Felswand/ Fels(en) (HG).

Bižov vielleicht von frz. „Bijou“ für „Kleinod, Juwel, Kostbarkeit“ und von „bižuterija/drobno, navadna ceneno okrasje, nakit“ für „Bijouterie/wertvolle Schmuckgegenstände“ (BM).

Blače von „blato“ für „Moos, Moor, Sumpf“, von „blače dial.“ für „Mooswiesen“ (LF)

Blate von „blato“ für „Moos, Moor, Sumpf“, von „blate dial.“ für „Mooswiesen“ (LF).

Blatec von „blato“ für „Moos, Moor, Sumpf“, von „blatec“ für „kleine Mooswiese“ (LF).

Blatine von „blato“ für „Moos, Moor, Sumpf“, von „blatine“ für „Mooswiesen, moosige Gegend“ (LF).

Blato von „blato“ für „Moos, Moor, Sumpf“, Mooswiese (LF), nicht nur herunten im Tal, sondern auch z. B. in Untergreuth und beim vulgo Neubauer in Outschena; FK 1826: *„Moos Wiesen“*; *„Mooshalt“*, Weide; *„Auf dem Moos“* (Na blatu); *„hinterm Moos“* (Za blatom), Äcker; VM 1827: *„Moos“*; PT 2013: *Faaker Au“*; ZP 2019: *„Faaker Au/Mooswiesen“*, Baško blato. – *„das Fenn“* für „Torfgewinnung im Moor“ von got. „fani“, altengl. „fenn“ (GS 105), *„Schlamm*, Schlick“ (GS 104) für „blato, mulj/Flussschlamm“.

Blekova nach dem Namen des Besitzers (Pohl, 67), von „blek“ für „Fleck“ und von „zajec“ für „Hase als **Zečjak/Blekowa**, Gipfel in den Karawanken, 1746 m (HG).

Blekova planina nach dem Namen des Besitzers (Pohl, 67), von „blek“ für „Fleck“ und von „planina“ als **Blekowaalm**, in den Karawanken (LF); PT 2013: *„Blekowa Alm 1613 m“*.

Bleščeča von „bleščeča, bledica“ für „Blesse“ (weißer Längsstreifen auf der Stirn von Pferden, z. B. beim Haflinger, bledica pri haflingerju; BT), **Rossalm** (LF). – *„blåsalat“*/weißer Fleck oder Längsstreifen an der Stirn bei Tieren, meist bei Pferden (KI 2015, 68).

Borovnica von „bor“ für „Kiefer/Föhre“, mhd. „*V(o)röubach“ > Freibach wegen des freien Fischfangs, **Worounitzabach** (Pohl, 51, 55) oder auch von „borovnice“ für „črnice, Blau-/Schwarz-/Heidelbeeren“ (SF).

Borovščica von „bor“ für „Föhre, Kiefer“ als „Föhrenlatschen“ in den Karawanken (LF).

Bóšic von „božič“ für „Weihnachten“ (BM). – Auch vom PN „Božič“ für „Gott, der jedes Jahr aufs Neue geboren wird“ ableitbar (Feinig, 30).

Bracínja vielleicht von „brazda“ für „Furche“ (LF), Geländestufe neben einem Steig von der Pogaj-Kapelle in Mallestig zum vulgo Fridl in Obertechanting; oder vielleicht von „brač dial./trgač“ für „Erntearbeiter bei der Weinlese“ (LF), vielleicht ein ehemaliger Grenzgraben. – *„Scheedfoore“* als ehemalige „Grenzfurche“ (GS 88) zwischen den Mallestiger und Goritschacher Feldern. – Es könnte auch hier einen Weingarten gegeben haben, nicht nur in der nördlicher gelegenen Goričiča (LMR).

Bražnica von „brežnica, njiva na bregu“ für „Bergacker“, „bražnica“ im Sinne von Gebirgsbach, **Rauschenbach** (SF).

Brde von „brdo“ für „Hügel/Anhöhe“ (FG).

Brdo von „brdo“ für „Hügel/Anhöhe“ (FG).

Brdič von „brdo“ für „Hügel, Anhöhe“ und von „brdič dial./brdce“ für „kleiner Hügel, kleine Anhöhe“ (FG).

Breg von „breg“ für „Ufer“ (FG).

Brekla vermutlich von „prekla“ für „Stange, Bohnenstange“ oder vielleicht von „bréka“ für „Elsbeere“ (lat. Sorbus torminalis) oder vielleicht von „brékanica“ für „Mehlbirne“ (lat. Sorbus aria) (LF).

Breško polje von „Breg“ und „polje“ für „Rain (Oberrain, Unterrain)“ und „Feld“, Rainer (Oberrainer, Unterrainer) Feld (LF).

Brezje von „breza“ für „Birke“, von „brezje“ für „Birkenwald“ (LF); FK 1826: *„Bresie“* (Brezje), Acker.

Breznica von „breza“ für „Birke“, **Frießnitz**, auch Frießnitzer Feld (LF).

Brezovc von „breza“ für „Birke“, vielleicht für „Birkenkogel“, 1449 m (HG), Gipfel in den Karawanken.

Brumnik von „brumen dial./pobožen“ für „fromm“, „brumnik“ für „Feld des Frommen“ (BM).

Bučovnik von „buča“ für „Kürbis, Schädel“ im Sinne von „starrköpfig“ (BM), Gebirgszug in den Karawanken, 1542 m (HG), auch Hügelland in Kopain; PT 2013: *„Türkenkopf 1542 [m]“*. Siehe „Komnica“.

Bukovnik von „vulgo Bukovnik“, Baumgartnerhöhe, 919 m (HG); PT 2013: *„Baumgartner Höhe 919 m“*.

Bunker von „bunker“ für „Bunker“ (GG), unter der Arichwand.

Bur vielleicht von „buratə/furatə dial./voziti“ für „fuhrwerken“, also „Fuhre, Fuhrweg“ (BM), in Kopain, oder vielleicht von „burja“ für „starker Südwind/Jauk dial.“ (LG), auch alter Fahr-/Fuhrweg vom vulgo Riglar in Unteraichwald zum vulgo Koren in Mallenitzen (WN).

Cesta von „cesta“ für „Straße“ als Römerstraße/-weg von St. Job zum Stiegerhof (WN), vermutlich befestigter Weg, entspricht jedoch bei Weitem nicht unseren heutigen Vorstellungen von einer Straße (LMR).

Cimprčeva váva von „vulgo Cimprč“ („címpermán dial./tesar/Zimmermann“) und von „vava dial./baba/podstava, opora, podlaga“ für „Fundament, Pfeiler/Stütze, Unterlage/Untergrund“ als (Ziegen-)Weide am nördlichen Bahndamm in Fürnitz (FL). – *„Zimperzgupf/ Kimberngupf/Cimperc“* nach einem Hausnamen (Pohl, 54). – Kommt vielleicht von der Sage über die „Pehtra baba“ (St. Jakob im Rosental), die besonders am Quatemberfreitag (Fasttag) vor Weihnachten darüber wacht, dass man die Arbeit früh genug beendet, da „vava dial.“ auch „baba/(altes) Weib“ bedeutet (LMR). Siehe „Vave“.

Cipara von „zipfat dial./zipfelig“, Der zipfelige Acker (FG), Vrancl-Acker in St. Stefan, in Richtung Müllnern, vor dem Heufeld/Senovje, hat weder eine eckige noch eine runde Form; VM 1827: *„Zipara“* (Cipara), ein „Zipf“.

Cípe von „Zipf“ (FG), ein unregelmäßiger Felsen in den Karawanken. – *„Heuer-, Hur-, Hurland“* bedeutet in Westfalen „Pachtland, angeheuertes Land“ (GS 61).

Cundra von „cundre dial./cunje“ für „Fetzen, Lappen“ (FG); FK 1826: *„na Zundrah“* (Na Cundrah/Auf den Fetzen/Lappen), Wälder, Acker, Wiese am Aichwaldsee; *„obern See“* (Oberm See/Nad jezerom), Wälder oberm Aichwaldsee; *„Seefeld“* (Polje ob jezeru), Wiese am Aichwaldsee.

Cváncija vielleicht von „cvancika dial./dvajsetica“ für „Zwanziger“, mit demselben Wortstamm wie „vulgo Cvanckar“ für „Zwanziger als Heereseinheit“ (BM).

Čavje von „čava“ für „Sauerampfer“ und von „ščavje dial.“ für „Unkraut“ sowie von „ščava“ für „Mineralquelle“ (LF); FK 1826: *„Tschavje“* (Čavje), Wälder.

Čavnjakov rut von „vulgo Čavnjak“ und „rute“ für „Gereuth, Rodung, Almwiese“ als „Čavnjak-Almweide“ (LF); FK 1826: *„Tschenyak“* (Čavnjak), Äcker, Wiese.

Čeča von „čeča dial./punčka“ für „Puppe“, Feld in Susalitsch (FG).

Čela von „čelo“ für „Stirn“, „čela dial.“ für „Stirn“, Felsen in den Karawanken, 1085 m (BM).

Čelo von „čelo“ für „Stirn“ (BM).

Čere von „hči, hčere“ für „Tochter, Töchter“ (BM), auch Wiese am Faaker See; FK 1826: „*Zhere*“ (Hčere), Wiese am (Aichwald-)See.

Čošlova jama von „vulgo Čošl“ und „jama“ für „Loch, Höhle, Vertiefung“, Čošl-Vertiefung (FG).

Črezvec vielleicht von „črevesje“ für „Darmsystem“, Bach, der sich dahinschlängelt, oder möglicherweise auch von „črešlo“ für „Lohe“ (SF). – Vielleicht wurde an diesem Bach in den Karawanken Eichen- bzw. Fichtenrinde als Rohstoff („Lohe“) zum Gerben von Leder gewonnen oder es stand dort eine Loh-Gerberei (LMR). – Zu „*Lohe*“ vgl. GS 152 f.: „*der Loh*“/Waldstück, „*die Loh*“/nasse, sumpfige Stelle/niedrige Feuchtwiese, „*das Loh*“/lichter Wald; „*Lohe*“ von ahd. „lo“ für „abgezogene, gemahlene Rinde“. – Weiterer Nieder- bzw. Lohwald (lichter Waldbestand, nach Schlägerung wieder selbst austreibende Laubbäume) befand sich in den Auen, z. B. am Seebach, an den Gebirgsbächen in den Karawanken sowie im sog. Bärengraben zw. St. Stefan und Tschinowitsch (LMR). Siehe „Dobrova“, „Hrast“, „Log“ und „Potok“.

Črnetne vielleicht von „črneti črnim“ für „dunkel/schwarz werden“ als „eine früh dunkel werdende Gegend“ am Sucha-Bach beim vulgo Daf ober Goritschach (LF) oder vielleicht von „črnə níəttə dial./kuriti oglenico“ für „einen Kohlenmeiler heizen“ (SN). – Vgl. die PN „Černut, Černuta“ von „črn“ für „schwarz, schwarzhaarig“ (Feinig, 37).

Črni vrh von „črn“ für „schwarz“ und „vrh“ für „Gipfel“ und von „kresišče“ für „Freudenfeuer-/Johannisfeuer-Platz“ als **Kresišče/Schwarzkogel**, Gipfel in den Karawanken, 1842 m (HG); FK 1826: „*Kresische Sattel*“ (Kresišče-Sattel/Kresišče sedlo); „*Czerni Werh*“, Gipfel; „*unter Kraschischze*“ (Unterm Kresišče/Pod kresiščem), Wiesen; PT 2013: „*Schwarzkogel 1842 [m]*“; ZP 2019: „*Schwarzkogel/Črni vrh/Kresišče*“. – „*Kre:s-faier*“/ Sonnwendfeuer < sl. „kres“/(Freuden-)Feuer (MaKd 1989, 79, 118); „*Ko:gl, Kho:gl*“/„Kogel“/Berg mit rundlichem Gipfel (MaKd 1989, 115).

Črni vrh von „črn“ für „schwarz“ und „vrh“ für „Gipfel“ als **Schwarzkogel**, 615 m (HG), Erhebung westlich vom Faaker See; FK 1826: „*Schwarzkogel*“, Wälder in Faak; „*Schwarzer Gupf*“ (Pohl, 75).

Črniklova skala von „vulgo Črnikelj“ und „skala“ für „Fels“, Črnikelj-Fels (HG).

Črtánja von „črtati črtam“ für „(durch-)streichen“, „črtanja“ für „Streichungen“ oder von „črta“ für „Linie“, Felmassiv in den Karawanken, 1031 m (FG).

Daljive von „daljiva dial./daljina“ für „Weite“, von „daljive dial.“ für „weit entfernte Flächen“ (LG).

Delca von „del, delež“ für „Talung dial./Grundstücksteil(ung)/Parzelle“ (FG).

Delivi von „deljiv“ für „teilbar“, von „delivi dial.“ für „Talungen dial./geteilte Grundstücke/ Parzellen“ (FG).

Div von „div dial./dediščina“ für „Erbteil/Erbschaft/Erbe“ (SN).

Dobec von „dob“ für „Eiche“, „dobec“ für „Eichengrund“ (LF); FK 1826: „*Dobetsch/Dubetsch*“ (Dobec), Äcker.

Dobiče von „dob“ für „Eiche“, Erianfeld in St. Stefan, Brache in der Nähe der Dobrova (LF), in Latschach, Altfinkenstein und Untergreuth; auch Felsen in den Karawanken (HG).

Dobje von „dob" für „Eiche", „dobje" für „Eichenwald" (LF); FK 1826: *„Eichelbüchl"* (Eichenbichl/Dobje); FK 1826: *„u Dobie"* (V dobju/In den Eichenwäldern), Wälder; VM 1827: *„Dowe, Dowia, Dowie"* (Dobje).

Dobniško jezero von „dob" für „Eiche" und „Dobje" für „Aichwald" sowie von „jezero" für „See" als **Aichwaldsee** (SF); PT 2013: *„Aichwaldsee"*; ZP 2019: *„Aichwaldsee/Dobniško jezero"*.

Dobrnik von „dob" für „Eiche", Eichenfeld (LF); FK 1826: *„Dobovnig"* (Dobrnik), Wälder.

Dobrova von „dob" für „Eiche", Eichenwald, Dobrowa (LF); FK 1826: *„Dobrova/Dobrava"*, Wälder; FK 1826: *„na Dobrawa"* (Na Dobrovi/In der Dobrowa), Äcker; PT 2013: *„Dobrova"*. – *„Die Drift Wiese"* für „die Gemeinschaftsweide der Bauern" (DG 66). – Es gab in der Dobrova einen Transportweg für Eichenrinde von Müllnern nach St. Stefan bzw. Faak am See (LMR). Siehe „Črezvec", „Hrast", „Log" und „Potok".

Dol von „dol" für „hinab, hinunter, herab, herunter" als „sehr steiles Gelände" in Rute/Greuth (FG).

Dolga njiva von „dolg" für „lang" und „njiva" für „Acker", der Lange Acker (FG); Erianfeld in St. Stefan, ursprünglich 4 kleine Äcker mit Ackerrainen, wurde in den frühen 1950-er Jahren ein einziger, sehr langer Acker mit Ackerrain im Süden und im Norden; auch Mesner Acker in St. Stefan und andere Ackerflächen; VM 1827: *„Doganiwa"* (Dolga njiva für vulgo Mirtl, Pušč und Vavčar). – *„Die Lange Drift"* für „die Lange Weide" (DG 69).

Dolič von „dolič" für „kleines Tal" als „das Kleine Tal", 1611 m (FG), Sattel in den Karawanken.

Dolina von „dolina" für „Tal" (FG).

Doline von „dolina" für „Tal", von „doline" für „Täler" (FG).

Dov von „dob" für „Eiche", Brache in der Nähe der Dobrova, „Du̯ou̯ dial." (LF); FK 1826: *„Doull Graben"* (Dobov graben/Hrastov jarek/Eichengraben), Wälder.

Dovška Mala Kepa von „dov" für „Eiche", „mala" und „kepa" für „Aichwalder kleiner Gupf", Gipfel in den Krawanken, 2073 m (HG).

Drakšla vielleicht von „drakar, vikinška ladja" für „Dreki, Langschiff der Wikinger mit Drachenkopf", Gebirgsgegend in den Karawanken (FG).

Dvorško polje von „Dvorec" und „polje" für „Höfling" und „Feld", Höflinger Feld (LF); FK 1826: *„Höflinger Feld"*, Acker.

Einsiedlerca von „Einsiedlerin" für „puščavnica" als „Feld der Einsiedlerin/polje puščavnice" (BM).

Farovško polje von „farovž" und „polje" für „Pfarrhof" und „Feld", Pfarrhof-Feld (LF), in St. Stefan. Siehe „Esch" > „Kronkovo polje", „Trpinja", „Trupijeva planina"; „Farovška njiva", „Klemenčeva njiva", „Tavpijeva njiva".

Fiferl vermutlich von „fünf, Fünf-, Fünferl" (BM), Fläche ober dem vulgo Hoja in Untergreuth, vermutlich für „Fünf-Tage-„ oder „Fünf-Joch-/Fünf-Morgen-Feld/-Wiese/-Acker"; kann auch von 5 Bauern gemeinsam bewirtschaftet worden sein. – *„4 Höfe > 4 Äcker"* (DG 170). Siehe „Štrdinc" und „Trenta".

Frajina von „frajinga/frayinga dial." für „svoboda, svoboščina" als Privileg, also frei von Abgaben (BM), daher wahrscheinlich „freies Eigentum, kein Pachtland" (DG 146).

Fretar, **Fretterbach** (SF), auch Feld am Fretterbach (LF). – Vielleicht von *„Fre:ter"* für „ungeschickter Mensch, der sich fre:tet" (MaKd 1989, 107), ein Mensch, der sich unheimlich plagt. *„frötn"*/sich mit Fleiß abmühen, aber ohne guten Erfolg bzw. *„Frötter"*/ein Mensch, der sich das ganze Jahr abplagt, aber trotzdem nicht vorwärts kommt (KI 2015, 122).

Frona von „Frohndienst" für „Robot", sl. „robot/tlaka" (BM).

Galávec von „gol, golovec/neporasel hrib" für „nackt, kahler Hügel" (FG) als Golovica, ma. Goljavec (Pohl 51, 42).

Gartenč von „Garten" für „vrt", von „gartenč dial." für „Der kleine Garten" (LF).

Gipsarca von „gips/sadra" für „Gips", Felsen in den Karawanken (SM).

Globoka pot von „globok" für „tief" und „pot" für „Weg", der Tiefe Weg, auch **Broki pot** genannt, vielleicht von „razpoka" für „Spalte, Kluft", der Tiefe Hohlweg (WN).

Golice von „gol" für „nackt", „golica" für „die Nackte", „golice" für „die Nackten", Felsen beim vulgo Golicar (HG); FK 1826: *„Holizach"* (Na golicah/Auf den Nackten), Äcker und Wiesen. – *„nåkntig"*/nackt, lat. „natus", engl. „naked" (KI 2015, 205).

Gonja von „gonja" für „Treibjagd, steiler Abhang" (BT). Möglicher Hochsitz für die Jagd. – *„Gloat, wildes Gloat"*/wilde Jagd/„wildes Geleit" (MaKd 1989, 114). *„G'jad"*/Jagdbezirk, Märchen vom *„wilden Gjad"*/von der wilden Jagd (KI 2015, 130). Siehe „Honja". – „Die Wilde Jagd/Divja jaga" hängt mit den Sagen um die Rauhnächte zwischen dem Heiligen Abend und dem Dreikönigstag zusammen (LMR).

Gora von „gora" für „Berg" (HG); FK 1826: *„na Hori"* (Na Gori/Auf dem Berg), Äcker, Wiesen; VM 1827: *„Gore"* (Gore/Berge); *„Na Gomn/Na Gomre/Na Gore"* (Na Gori/Am Berg/Auf der Anhöhe).

Gorica von „gora" für „Berg", „gorica" für „der Kleine Berg" (HG); FK 1826: *„Goritsche"* (Gorice/Kleine Berge), Wälder, Wiesen.

Goríčica von „gora" für „Berg", „goričica" für „Der ganz kleine Berg" (HG); FK 1826: *„Goritschiza"* (Goričica), Äcker, Wiesen; VM 1827: *„Goritschitscha"* (Goričica).

Graben von „grabən dial." für „Graben/jarek" (FG); FK 1826: *„Grabna"* (Graben), Wiesen; *„Doull Graben"* (Dobov graben/Hrastov jarek/Eichengraben), Wälder.

Grabenč von „grabən dial." für „Graben/jarek", von „grabənč dial." für „Der kleine Graben" (FG).

Gračanca von „Grenze" für „meja", von „gračanca" für „Grenzgrundstück" (LG); FK 1826: *„Gratschenitzen"* (An der Grenze/Na meji), Wald. – *„Graniz"* (Grenze, KI 2015, 136).

Grajska arena Bekštanj von „grad", „arena" und „Bekštanj" für „Burg", „Arena" und „Finkenstein" als Burgarena Finkenstein (GG); PT 2013: *„Burgruine Finkenstein"*; ZP 2019: *„Burgruine Finkenstein/Bekštanjski grad"*.

Grlo von „grlo" für „Gurgel dial./Kehle, Hals" (BM), Felsen in den Karawanken; FK 1826: *„Krailovitz/Krahelniutza"*, Gipfel.

Grpiška planina von „Grpiče" und „planina" für „Alm" als Korpitscher Alm (LF); PT 2013: *„Korpitscher Alm 1570 m"*. – *„Grpišče"*, 1676 m, planina/Alm.

Grpiški graben von „Grpiče" und „grabən" für „Graben/jarek", als Korpitschgraben, Grpiški jarek (FG); FK 1826: *„Korpitscher Buchholz"* (Grpiški bukov les/gozd), Wald in den Karawanken, bezieht sich vermutlich auf den Buchenbestand (LMR).

Gubno von „guba, gubast" für „Falte, faltig" und von „Hühner" und „Kogel", **Hühnerkogel**, Gipfel in den Karawanken, 2034 m (HG); FK 1826: *„Hühnerkügl"* (Hühnerkogel). – *„Ko:gl, Kho:gl"*/„Kogel"/Berg mit rundlichem Gipfel (MaKd 1989, 115).

Gumno/Hamlénce von „gumno“ für „Tennboden“ (FG) und „hamlence dial./jagnjič“ für „Lamperl/junges Lamm“ (BT) als **Tennalm**, 1603 m (LF); auch als felsige Gegend in den Karawanken (HG). – *„Hampale, Hampatle, Hampazle, Lample“*/junges Lamm (KI 2015, 147).

Hetréj von „Hëitrach dial./unreines Getreide, muss noch durchgesiebt und so von der Spreu getrennt werden“ (LF). – *„Hålmach“*/kurze Halme (MaKd 1989, 122); *„Hintrach“*/Hinterkorn/minderwertiges Korn, das durch die Putzmühle ausgeschieden wird (MaKd 1989, 125).

Hobica von „kleiner Kobel“ dial. für „Unterstand für das Weidevieh“ als „kleines Weideland mit Unterstand“ oder als „kleiner Kogel“ (LF); FK 1826: *„Hobitza“* (Hobica), Wald, Wiese; VM 1827: *„Howilza/ Kowilzach“* (Hobica, Pri Hobicah/Beim kleinen Kobel). Siehe „Kobel“.

Honja von „gonja“ für „Treibjagd“ (BT); FK 1826: *„na Honia“* (Na Gonji/Auf der Treibjagd), Wälder. Möglicher Hochsitz für die Jagd. – *„Gloat, wildes Gloat“*/wilde Jagd/„willdes Geleit“ (MaKd 1989, 114). *„G'jad“*/Jagdbezirk, Märchen vom *„wilden Gjad“*/von der wilden Jagd (KI 2015, 130). Siehe „Gonja“. – „Die Wilde Jagd/Divja jaga“ hängt mit den Sagen um die Rauhnächte zwischen dem Heiligen Abend und dem Dreikönigstag zusammen (LMR).

Hrast von „hrast“ für „Eiche“ als Eichenwald (LF); FK 1826: *„Hrast“*, Wald. – Eichenrinde wurde zum Gerben von Leder verwendet (LMR). Siehe „Črezvec“, „Dobrova“, „Log“ und „Potok“.

Hriber von „hrib“ für „Hügel“, „hriber“ für „Hügel“ in der Dobrova, 613 m (HG), auch Feld in Höfling, in Altfinkenstein und in Rute/Greuth.

Hriberc von „hrib“ für „Hügel, Bichl“, „hriberc“ dial. für „Der kleine Hügel/Bichl“ (HG); in St. Stefan und auch in Altfinkenstein; VM 1827: *„Hriwerz“* (Hriberc/Der kleine Hügel/ Bichl).

Hribre von „hrib“ für „Hügel, Bichl“, „hribre“ für „hribovje, mehrere Hügel/Bichl, Hügelland“ (HG); FK 1826: *„na Hribre“* (Hribovje), Äcker; VM 1827: *„Hriwerje“* (Hribovje); *„Na/na Hriwerje“* (Na hribovju/Auf mehreren Hügeln/Im Hügelland,). – *„Bichl“*/ ein oder mehrere Hügel (KI 2015, 65).

Hrušče von „hrúška“ für „Birne/Birnbaum, „hrušče dial.“ für „Birnbäume“ (LF).

Hrúšovje von „hruška“ für „Birne/Birnbaum, „hrušovje“ für „mehrere Birnbäume“ oder von „hruška/čompa dial./krompir“ für „Erdapfel/Kartoffel“ als „Erdäpfel-/Kartoffelacker“(LF).

Hudi von „hudi“ für „der Böse“, vielleicht von „hudič“ für „Teufel“, Felsen in den Karawanken (BM), vielleicht mit Bezug auf Sagen.

Hum von „holm“ für „Hügel, Bergkuppe“ (Pohl, 56; LF); in den Karawanken, 1090 m (HG), auch in Oberferlach und Hügelkette in Ledenitzen; FK 1826: *„Hum“* (Holm), Wald, Wälder. – *„Kolm, Kulm“*/Hügel < slaw. „chlŭmŭ“, roman. „culmen“ (MaKd 1989, 82, 115, 120); *„Kulm“*/Anhöhe/Hügel, engl. „holm“, schweizer. „Gulm“ (KI 2015, 182).

Humec von „holmec“ für „kleiner Hügel, kleine Bergkuppe“ (Pohl, 56), in den Karawanken, 1128 m (HG). – *„Kolm, Kulm“*/Hügel < slaw. „chlŭmŭ“, roman. „culmen“ (MaKd 1989, 82, 115, 120).

Ilčev graben von „vulgo Ilč“ und „grabən“ für „Graben/jarek“ für „Ilč-Graben/Illitschgraben“ (FG).

Ilčeva planina von „vulgo Ilč“ und „planina“ für „Alm“ als Illitscher Alm (LF); FK 1826: *„Illitsch Alpe“*, Weide, Almwiese.

Ilčevo poldne von „vulgo Ilč“ und „poldne“ für „Kogel/Mittag“ sowie von „ojster dial., oster“ für „scharf/scharfkantig“ und von „vrh“ für „Gipfel“ als Illitschkogel bzw. **Ojstri vrh**, Gipfel in den Karawanken, 1864 m (HG); FK 1826: *„Illitsch Mittagskogel“*. – *„Ko:gl, Kho:gl“*/„Kogel“/Berg mit rundlichem Gipfel (MaKd 1989, 115).

Ilčev rut von „vulgo Ilč“ und „rute“ für „Gereuth/Rodung/Almwiese“ als „Ilč-Almweide (LF).

Ilčev vrh von „vulgo Ilč“ und „vrh“ für „Gipfel“ als Illitschhöhe, 936 m (HG); als „Ilč-Gipfel“, 1243 m (HG); PT 2013: *„Illitsch Höhe 936 m“*.

Ilovna von „ilovnat“ für „lehmig“, Lehmboden (SM), in Untertechanting.

Ípavca vielleicht von „hip“ für „Augenblick, Moment“ und von „hipec“ für „kurzer Augenblick, kurzer Moment“ (BM) oder möglicherweise von „jerebica“ für „Rebhuhn“ als „Rebhuhngegend“ (BT) in Pogöriach.

Jagerc von „Jäger“ für „jagar dial./lovec“, „jagerc dial.“ für „Der kleine Jäger/Mali lovec“, Gegend am Sucha-Graben (BM).

Jama von „jama“ für „Höhle“ (FG). – *„das Hol“* als „Höhle, Grube, Loch, Hohlraum jeder Art oder von Tieren angelegte Höhle bzw. hohl“, vgl. engl. „Hole“ (GS 126 f.).

Jame von „jama“ für „Höhle“, „jame“ für „die Höhlen“ (FG).

Jedlovc von „jelovec dial./jelka“ für „Tanne“ (LF) oder vielleicht von „jejdovec, fliš, tanke plasti japorja in peščenjaka“ für „Flysch, eine schmale Wechselfolge von Ton- und Sandsteinen (SM).

Jepa von ma. „Kepa, Kum“ für sl. „kepa“, dt. „Klumpen“ (Pohl, 81, 87) oder dt. „Batzen an Erde oder Gestein“ als **Kepa/Mittagskogel**, Hauptgipfel in den Karawanken, 2143 m (HG); FK 1826: *„Grosser Mittagskogel“*; PT 2013: *„Mittagskogel 2143 [m]“*; ZP 2019: *„Großer Mittagskogel/Kepa“*. – *„Ko:gl, Kho:gl“*/„Kogel“/Berg mit rundlichem Gipfel (MaKd 1989, 115).

Jepca für „kleine Jepa“ (Pohl, 52) von „kepa“ für „Klumpen“ als „Kepica/Jepica“ als **Jepza**, Gipfel in den Karawanken, 1611 m (HG).

Jezerc von „jezero“ für „See“, „jézerc dial./jézerce“ für „Der kleine See“, Felder in Faak (SF).

Jezêrce von „jezero“ für „See“, „jézerce“ für „Der kleine See“ (SF), auch Felder und Gelände in den Karawanken; FK 1826: *„Jeßerzach“* (Pri jezercih/Bei den kleinen Seen), Wald; VM 1827: *„Jeserzach“* (Pri jezercih); *„Jeserze“* (Jezerce).

Ježca von „jež“ für „Igel“, „ježica“ für „Der kleine Igel“ (BT) oder wahrscheinlicher von „jelša“ für „Erle“ als Erlenwald (LF); VM 1827: *„Jescha“* (Jež, Jelša). – *„E:rlach/Erlach/ Irlach“*/Erlen (MaKd 1989, 103, 126). – Eine Ableitung von „ješa“ für „Esse“ ist sehr unwahrscheinlich, weil sich das Grundstück dann am Ortsrand befinden müsste. – Diese Flur gehörte vielleicht einem „Jesch/Johann“ (Feinig, 100).

Jurijovcev blatec von „vulgo Jurjovc“ und „blato“ für „Moos, Moor, Sumpfwiese“, von „blatec“ für „die kleine Mooswiese“ als „Die kleine Jurjovc-Mooswiese“ (LF).

Kača von „kača“ für „Schlange“ (BT), Gegend am „sich dahinschlängelnden“ Steig, Hügelland ober dem Korpitsch-Graben (LF); auch Felsen im Klettergarten Kanzianiberg (HG).

Kajžca von „kajža“ für „Keusche“, von „kajžca dial./kajžica“ für „die kleine Keusche“ als ehemaliger Standort der sogenannten Kleinen Keusche am Kanzianiberg (LG).

Kališnikov poden von „vulgo Kališnik“ und „poden dial./ravna/ravnina“ für „Boden/Ebene/ ebene (Hoch-)Fläche als „Kališnik-Boden“ (FG); FK 1826: *„Kalischnigboden“* (Kališnikov poden), Alm, Wiese.

Kamenc von „kamen“ für „Stein“, „kamenc“ dial. für „kleines, steiniges Feld“ (LF).

Kámenca/Kaménca von „kamen“ für „Stein“, „kámenca dial.“ für „kleines, steiniges Feld“ (LF); FK 1826: *„Kamenza“* (Kamenca), Äcker; VM 1827: *„Kammtzitza“* (Kamenca).

Kámence von „kamen“ für „Stein“, „kamence dial.“ für „viele Steine, steiniges Feld“ (LF).

Kamnik von „kamen“ für „Stein“, „kamnik“ für „steiniges Gelände“ (SM).

Karavanke von ma. „Kome“ für „Steinberge“ als Karawanken, in Slowenien „Kranjske gore“ für „Krainer Berge“ (Pohl, 87; HG); PT 2013: *„Karawanken“.*

Kangličeva jama von „vulgo Kanglč“ und „jama“ für „Höhle“ als „Kanglč-Höhle“ (FG).

Kaščarjev travnik von „vulgo Kaščar“ und „travnik“ für „Wiese“ als „Kaščar-Wiese“ (LF).

Kávcov gŕm von „vulgo Kavc“ und „grm“ für „Strauch/Busch“ als „Kavc-Gebüsch“ (LF).

Klasina von „klas“ für „Ähre“, von „klasje“ für „Ähren“ als „Ähren-/Getreidefeld“ (LF).

Klemenjakova ograda vom PN „Klemenjak“ und „ograd/ograda“ für „Koppel“ als „Klemenjak-Koppel“ (LF).

Klin von „klìn“ für „Keil“, auch Felsen (FG). – *„Zwikhl“*/keilförmiges Grundstück (MaKd 1989, 155).

Klinc von „klìn“ für „Keil“, „klinec“ für „kleiner Keil“ (FG). – *„Zwikhl“*/keilförmiges Grundstück (MaKd 1989, 155).

Knape von „knap dial./rudar“ für „Berg-/Grubenarbeiter, Bergmann, Bergknappe“, von „knape dial./rudarji“ für „Bergleute, Knappen“, Bergbaugegend (BM).

Kneža von „kneža“ für „Knieschuh als eine Art Stiefel“ (BM).

Kobel von „Kobel dial.“ für „Unterstand für das Weidevieh“ als „Weideland mit einzelnen Unterständen“ (LF); FK 1826: *„Kobilza“* (Kobilica/Kleiner Kobel), Ånawend, Acker und Wiesen vom vulgo Vrancl in St. Stefan; VM 1827: *„Gomiltschitscha/Gomiltschitza“* von „kobilčica dial.“ für „sehr kleiner Kobel dial.“ für „Unterstand für das Weidevieh“ als „sehr kleines Weideland mit Unterstand“. Die gesamte Dobrova war eine Gemeinschaftsweide und vor langer Zeit gab es wahrscheinlich einzelne Unterstände für das Weidevieh als Schutz vor starker Sonne und bei Regen oder Schneefall; ein „Unterstand“ ist ein einfaches Holzdach auf vier Holzstützen (LMR). – *„Kobel“* kommt auch von „Gabel“ für „Weggabelung“ (Pohl, 43). – *„Kobel“* kann gleichfalls abgeleitet werden von „kobila“/ Pferd, „kobilica“/Heuschrecke oder von „kropila“/Brennnessel (LMR). – *„Kobel“* kann ebenso „Kogel, Kofel, Bergkuppe“ bedeuten (Feinig, 118). – *„Kaben, Koben“* ist ein „Pferch für Schweine, Schafe, Rinder, Pferde, …“ (DG 163).

Kobovšče vielleicht von „kobila“ für „Stute“, also von „kobovšče dial.“ für „Weideland für Stuten oder Pferde“ oder einfach für mehrere Hofflächen, also von „kovšče“ für „Hoffeld“ (LF), in Sigmontitsch.

Kobutov rut von „vulgo Kobovt“ und „rute“ für „Gereuth, Rodung, Almwiese“ als „Kobovt-Almweide“ (LF).

Koča na Bleščeči von „Bleščeča“ und „koča“ für „Hütte“ als **Bleščečahütte**, 1084 m (GG).

Koča nad Borovščico von „koča“ für „Hütte“, „nad“ für „über“ und „Borovščica“ für „Hütte ober der Borovščica“, also die **Bertahütte**, 1527 m (GG), „Borovščica“ von „bor“ für „Föhre, Kiefer“ als „Föhrenlatschen“; PT 2013: *„Berta Hütte“;* ZP 2019: *„Bertahütte/Koča nad Borovščico“.*

Koflerjeva koča von „Kofler“ und „koča“ für „Hütte“ als Kofflerhütte (GG).

Kok von „kok/kolk dial.“ für „Gupf, Kuppe“ (HG), Erhebung in den Karawanken.

Koka von „kok/kolk dial.“ für „Gupf, Kuppe“ (HG) oder von „ku̯ôka dial./kokoš“ für „(Legehenne/Glucke“ (BT), Felsen im Klettergarten Kanzianiberg.

Koménc von „kom“ für „Steile/Steilheit“, von „komenc“ für „Die kleine Steile/Steilheit“ (FG), von „kom“ für „Widerrist („Rückenhöhe“ bei Pferden, Rindern)“, also von „komenc“ für „niedriger Bergrücken“ (BT).

Komnica von gemeinslaw. „kom“ für „Steile/Steilheit; Klumpen“ (Pohl, 56, 81) als **Türkenkopf/(Ferlacher Spitze)**, 1742 m (HG); PT 2013: *„Ferlacher Spitz 1739 [m]“*; ZP 2019: *„Türkenkopf/Bučovnik“*. Siehe „Bučovnik“.

Konjski rut von „konj“ und „rute“ für „Gereuth, Rodung, Almweide/-wiese für Pferde“ (LF).

Kopanje von „kopati kopljem“ für „graben, Rodung“ (LF).

Kopankov rut von „vulgo Kopank“ und „rute“ für „Gereuth, Rodung, Almwiese“ (LF); FK 1826: *„Kopeinig“* (Kopankova njiva/Kopeinig-Acker, Kopeinig-Wiesen); *„Kopainig“* (Kopankovi travniki/Kopainig-Wiesen), Wiesen, Äcker.

Kopár von „kopati kopljem“ für „graben, Grabung“, Felsen in den Karawanken (HG). – Hier wurde vielleicht nach Erz und/oder Edelsteinen gegraben (LMR).

Kopišče von „kopica, kopičica“ für „Schöberl, kleines Schöberl“ oder „kleiner Erdhaufen als Grenzmarkierung“[4] (FG), an mehreren Orten; VM 1827: *„na Kopitschza“* von „kopica, kopičica“, Na Kopičici/Auf dem kleinen Grenzhügel. – *„Mu:gl“*/Anhöhe/niederer Bergrücken“ < lat. „mutulus“/Grenzstein (MaKd 1989, 75). – *„die Schnade/Schnat“* als „ein im Wald ausgeschnittener Durchgang an der Grenze“, „ein Einschnitt auf Bäumen zur Grenzmarkierung“ oder „eingeschnittene Zeichen im Grenzstein oder Erdboden“ (GS 87).

Koprc von „koper“ für „Dill“, „koprc dial./koperc“ für „kleiner/junger/kurzer Dill“ (LF).

Korenince von „koren“ für „Wurzel“, „korenince dial./koreninice“ für „kleine Wurzeln“ (LF); FK 1826: *„Kumitza“* (Koreninica/Kleine Wurzel), Wälder.

Korite von „korito“ für „Trog“, von „korite dial./korita“ für „Tröge“ (FG), auch in den Karawanken; FK 1826: *„na Koritach“* (V koritih/In den Trögen), Wiesen.

Korito von „korito“ für „Trog“ (FG).

Koroška Mala Kepa von „koroška“ für „Kärntner“ und „mala“ für „kleiner“ sowie „Kepa“ für „Klumpen“ als Kärntner kleiner Kogel bzw. **Kleiner Mittagskogel**, Gipfel in den Karawanken, 1815 m (HG); FK 1826: *„Kleiner Mittagskogel“*; PT 2013: *„Kleiner Mittagskogel 1815 [m]“*; ZP 2019: *„Kleiner Mittagskogel/Koroška Mala Kepa“*. – *„Ko:gl, Kho:gl“*/„Kogel“/Berg mit rundlichem Gipfel (MaKd 1989, 115).

Kosmatičce von lat. „hieracium pilosella“ für „Rauhweizen, kleines Habichtskraut“ (Pohl, 52; LF) oder von „kosmat“ für „haarig, behaart“ bzw. „derb, zotig“, „kosmatičce“ für „sehr

---

[4] Innerhalb der Gemeinde hatten die Grundbesitzer die Eigentumsgrenzen durch Steine, Pflöcke, Hotterhaufen (Erdhügel) oder Gruben zu kennzeichnen (Ausspflockung). Entnommen am 27.11.2019 um 08:45 Uhr aus: https://de.wikipedia.org/wiki/Franziszeischer_Kataster.

haarig, sehr behaart“ bzw. „sehr derb, sehr zotig“ (BM). – Auch Ableitung von „kosmač“ für „Mensch mit struppigem Haar, Struwwelpeter“ möglich (Feinig, 126).

Kot von „kot“ für „Winkel“, hinterstes Eck (LG); VM 1827: *„im Winkel“* (Im Winkel/V kotu).

Kote von „kot“ für „Winkel“, von „kote dial./koti“ für „die Winkel, hinterste Ecken“ (LG).

Kotov von „kotov dial./kotel“ für „Kessel“ (FG). – Diese Form kann wie ein Kessel oder wie eine Kuppe aussehen. Sie kann aber auch einen Hang darstellen (DG 166).

Kovačeva steza von „vulgo Kovač“ und „steza“ für „Steig“, Kovač-Steig (WN); führte von Müllnern über die Dobrova nach Turdanitsch; dieser Steig wurde auch für den Transport von Eichenrinde zum Gerben von Leder beim vulgo Lederer in St. Stefan und von Gerbern in Faak verwendet; Abzweigungen beim Pušč-Kreuz in St. Stefan (LMR).

Kovšče von „kovšče dial.“ für „Hauswiese, Garten, Weide, Hausacker“, bei jedem Bauernhof als „Hoffeld“ (LF); VM 1827: *„Kostsche“* (Kovšče beim vulgo Vavčar/pri Vavčarju). – Vielleicht von „košček“ für „Teil“ als „Grundstücksteil, der zum Hof gehört, aber nicht dem Flurzwang unterlag“ (DG 17, 103); *„Hoffeld“* (DG 146). – Kann auch eine Wortverbindung von „Kobel, Koppel“ und „-išče“ für „Hofplatz, Hofkoppel, Hoffeld“ sein (LMR), im Unterschied zu „Hofstatt/Hofstätte“ für „Bauland, verbautes Land, Gebäude“ (GS 58).

Kozvónk wahrscheinlich von „kozel“ für „Ziegenbock“ und von „kozoòk“ für „ziegenäugig“ (BT), Hügelland ober Latschach. – *„Kozjak/Kosiak“* von „koza“ für „Geiß/Ziege“, Geißberg (Pohl, 52).

Kralj von „kralj“ für „König“, Felsen im Klettergarten Kanzianiberg (HG).

Kraljica von „kraljica“ für „Königin“, Felsen im Klettergarten Kanzianiberg (HG).

Kresišče von „kres“ für „Freuden-/Johannisfeuer“, „kresišče“ für Feuerplatz im Klettergarten Kanzianiberg (SN). – *„Kre:s-faier“*/Sonnwendfeuer < sl. „kres“/(Freuden-)Feuer (MaKd 1989, 79, 118). *„Sunawentfeuer“*/Johannisfeuer, angezündet auf Bergen und Hügeln am Vorabend des Hl. Johannes des Täufers (KI 2015, 256), Johannestag am 24. Juni (LMR).

Kronkovo polje von „vulgo Kronek“ und „polje“ für „Feld“ als „Kronek-Feld“ (LF), in Untergreuth. Siehe „Esch“ > „Farovško polje“, „Trpinja“, „Trupijeva planina“; „Farovška njiva“, „Klemenčeva njiva“, „Tavpijeva njiva“.

Kroprivna von „kopriva“ für „Brennnessel“ als **Kropiunabach** (Pohl, 43; SF).

Kunčne von „kunec“ für „Kaninchen“ bzw. von „kunčji“ für „Kaninchen-“, Kaninchengebiet (BT); FK 1826: *„Kuntschno“* (Kunčno/Kaninchengebiet), Wald.

Kvancovc von „klánec“ für „Steilhang“, „kváncovc“ dial. für „steiles Gelände“ (FG).

Ladja von „ladja“ für „Schiff“ (FG).

Lajta von „Leitn dial./Steilhang“ für „strmina“ (FG). – *„Laitn“*/Wiesenhang (MaKd 1989, 127); *„Leiten“*/Hügel/Ufer/Abhang (KI 2015, 190). – *„die Liet“*/die Leit’n (GS 144).

Laz von „làz“ für „Neuland“ als mit Gras bewachsene Rodung, Neuland, Lichtung, baumlose Fläche im Wald (LF).

Ledina von „ledina“ für „Brache/Brachland/Naturwiese, Hutweide“ (LF); VM 1827: *„Ladina“* (Ledina/Brache); *„Ladinza“* (Ledinica/Die kleine Brache). – Auch die dialektalen Formen „dalina“ oder „daliva/dalíu̯a“ sind möglich (LMR), z. B. „Dalina“ beim vulgo Tavčar in St. Job.

Ledine von „ledina“ für „Brache/Brachland/Naturwiese, Hutweide“, von „ledine“ für „Brachen/Brachland/Naturwiesen, Hutweiden“ (LF); FK 1826: *„Ledinah“* (Na ledinah/Auf den Brachen), Wiesen; *„Ledinne“* (Ledine/Brachen), Acker. Siehe „Ledina“.

Lepa dolina von „lep“ für „schön“ und „dolina“ für „Tal“, das Schöne Tal in den Karawanken oder beim vulgo Trupi und in Rute/Greuth (FG); FK 1826: *„Lepe Doline“* (V Lepi dolini/Im schönen Tal), Wälder in den Karawanken.

Lesce von „les“ für „Holz“ als „Wald/gozd“, von „lesce“ für „Wäldchen“ (LF); FK 1826: *„Buchhölzer“* (Bukov les/gozd), Wald in den Karawanken, bezieht sich auf den Buchenbestand (LMR).

Lesičje von „lesičji parkeljci“ für „Bärentatze, gelbe Keulen-Morchel“, von „lesičje“ als mit Bärentatzen bewachsene Gegend (LF).

Listenče von „listavec“ für „Laubbaum“, von „listenče dial.“ für „listnati gozd/Laubwald“ (LF).

Listnik von „listavec“ für „Laubbaum“, von „listnik dial.“ für „listnati gozd/Laubwald“ (LF); FK 1826: *„Listniak“* (Listnik), Wälder.

Ločilski log von „Ločilo“ und „log/vog“ für „Au, Wiese (Pohl, 56), Sumpfwiese“, Harter Au/ Sumpfwiese (FG). – *„Hart“*/(Sumpf-)Wald v. a. in Ortsnamen (MaKd 1989, 123). – *„der/die/das Hart“* für „Wald, dicht bewaldet“, wurde später gerodet zur Heide (GS 133).

Log von „log“ für „Au, Wiese“ (Pohl, 56) oder von „log/vog“ für „Sumpfwiese“, Verschiebebahnhof Villach-Süd in Fürnitz, auch für „hinterster Winkel in den Karawanken“ (FG); FK 1826: *„Uog“* (Log), Acker; *„Auen“* (Logi/Logovi), Wälder. – *„das Ohl/Aul/Aule“* für „die Au“ (GS 103, 110 f.); *„der Bruch“*/gerodeter Wald/niedrige Fläche am Ufer, *„die Bruch“*/ die Flur, *„das Bruch“*/Grünlandfläche, wasserreiche Sumpffläche (GS 154 f.) – In den Auen wächst sog. Niederwald. (Vgl. GS 152 f.) Siehe „Črezvec“, „Dobrova“, „Hrast“ und „Potok“.

Logec von „log, logec“ für „kleine Au, kleine Wiese“ (Pohl, 56) oder von „log/vog“ für „Sumpfwiese“ und von „logec“ für „Die kleine Sumpfwiese“ (FG); VM 1827: *„Ougetz, Ougoutz“* (Logec); *„Wogatich“* (Logatec/Die sehr kleine Sumpfwiese).

Luže von „luža“ für „Lacke dial./Lache/Pfütze“, feuchtes Gebiet in den Karawanken (SF). – *„Låkn, Lache“*/stehendes Wasser, lat. „lacus, lacuna“, frz. „lac“ (KI 2015, 185); *„Luza“*/ Pfütze (KI 2015, 194).

Macesnovje von „macesen“ für „Lärche“, von „macesnovje“ für „Lärchenwald“ (LF).

Mačičev rut von „vulgo Mačič“ und „rute“ für „Gereuth, Rodung, Almwiese“, als „Mačič-Almweide“ (LF).

Magrov bajar von „vulgo Mager“ und „bajar“ für „Weiher, Teich“ als „Mager-Weiher/ Mager-Teich“ (SF).

Magrov stog von „vulgo Mager“ und „stog“ für „Harpfe/Harfe/kozolec“ als „Magrov kozolec/Mager-Heuharfe“ (GG).

Makučev travnik von „vulgo Markovc“ und „travnik“ für „Wiese“ als „Markovčev travnik/Markovc-Wiese“ (LF).

Mákušče von „mak“ für „Mohn“, von „makušče dial./makovšče“ für „Mohnfeld“ (LF), ober Outschena, am Worounitzabach.

Mala Bistrica von „mala“ und „Bistrica“ als „Kleine Feistritz“ (SF), in Korpitsch.

Malenški potok von „Malence“ und „potok“ für „Bach“ als „Mallenitzner Bach“ (SF); FK 1826: *„Mühlbach“* (Mlinski potok).

Mali grebenc von „mali“ für „der kleine“ und „grabən“ für „Graben/jarek“ als Der kleine Graben/Mali jarek“ (FG).

Mali Prazval von „mali“ für „der kleine“ und „prevaliti“ für „umwälzen“ im Sinne von „herabwälzen/herunterrollen/herunterstürzen“ als Die kleine Geröllhalde, Der kleine Felssturz (HG).

Maloška planina von „Malošče“ und „planina“ für „Alm“ als Mallestiger Alm (LF); PT 2013: *„Mallestiger Alom 1254 m“.*

Maloški potok von „Malošče“ und „potok“ für „Bach“ als „Mallestiger Bach“ (SF).

Maloško blato von „Malošče“ und „blato“ für „Moos, Moor, Sumpf“ als „Mallestiger Mooswiesen“ (LF); FK 1826: *„Mooswiese“* (Maloško blato/Blato); PT 2013: *„Finkensteiner Moor“.*

Maloško poldne von „Malošče“ und „poldne“ für „Kogel/Mittag“ und von „ojster dial., oster“ für „scharf/scharfkantig“ sowie „peč“ für „Felswand/Fels(en)“ als **Ostra peč/Mallestiger Mittagskogel**, 1801 m (HG); FK 1826: *„Malestiger Mittagskogel“*; PT 2013: *„Mallestiger Mittagskogel 1801 [m]“*; ZP 2019: *„Mallestiger Mittagskogel/Maloško Poldne“.* – *„Ko:gl, Kho:gl“*/„Kogel“/Berg mit rundlichem Gipfel (MaKd 1989, 115).

Maloško polje von „Malošče“ und „polje“ für „Feld“ als „Mallestiger Feld“ (LF).

Marišče höchstwahrscheinlich von „morišče“ für „Richtplatz/Hinrichtungsstätte“ (BM). Vielleicht war beim vulgo Ponjak in Goritschach früher einmal ein Scheiterhaufen für die Hinrichtung von Menschen, der einen „Haufen Asche“ hinterließ, was auf den Hausnamen verweist (LMR). – Möglicherweise Ableitung vom PN „Marič/Morič“ für „Mauritius/ Maurus/der Maure/der Mohr“ (Feinig, 159, 170). – Auch ein „Marien-Kreuz“ oder eine „Marien-Kapelle“ sind denkbar (LMR).

Markova ledina von „vulgo Mark“ und „ledina“ für „Brache/Brachland/Naturwiese, Hutweide“ als „Mark-Brache“ (LF).

Marovt von „marovt“ für „Student“ (BM).

Marprh vom PN „Morbacher“ für „Bach, der im Moor entspringt“ (Feinig, 170; SF), als „Moorbach“; entspringt in der Nähe vom Jedlovc und mündet in Outschena in den Kropiunabach (LMR). – Analog zu „Marburg/Grenzburg“ als „Grenzbach“ denkbar (LMR).

Meglence von „megla“ für „Nebel“, „meglence dial./meglica“ für „leichter Nebel“, Grundstück in Nebellage (LG).

Mehko brdo von „mehek“ und „brdo“ für „weich, sanft“ und „Hügel“, Weicher Hügel (FG).

Mejnik von „mejnik“ für „Grenzstein, Grenzland“ als „Grundstück an der Grenze“ zwischen vulgo Tratnik und vulgo Cvanckar in Altfinkenstein (LG).

Melí von „mel meli“ für „Sand“ als Schotter-/Sandhalde und von „melišče“ für „Schotter“ (SM). – Gemeingerm. *„meri“* für „stehendes Gewässer als Meer/Moor/Marsch“ (DG 110; SF).

Merlinov travnik vom PN „Merlin“ und „travnik“ für „Wiese“ als „Merlin-Wiese“ (LF).

Mikulova ograda von „vulgo Mikul“ und „ograd/ograda“ für „Koppel“ als „Mikul-Koppel“ (LF).

Mikvavova trata von „vulgo Mikvav“ und „trata“ für „Trằtn/Tratte“ als Mikvav-Trằtn/Tratte (LF).

Miterle von den PN „Mitterer, Mitterling“ für „einen Hof, mitten im Ort“ (Feinig, 168; LG); vielleicht auch von „mitrêj, mít bogu Mitre“ für „Kult zu Ehren des persischen Sonnengottes Mithras“ als „Mitras-Kultstätte“, „mitrêj“ von indoiran. „*mitra“ für Vertrag, Eid“ bzw. „pogodba, prisega“ (BM).

Mitzl-Moitzl-Hütte, sl. „Micijeva/Mojcijeva koča“, 1639 m (GG).

Mlačne von „mlačen“ für „lauwarm“ (LG).

Mlince von „mlin“ für „Mühle“, von „mlince dial./mlinec“ für „kleine Mühle“, Grundstück an der kleinen Mühle (LF), am Worounitzabach in Unteraichwald; FK 1826: *„Mlinsche Graben“* (Mlinčev graben/jarek/Mühlengraben), Wälder in den Karawanken; *„u Mlinzach“* (Pri mlincih/Bei den kleinen Mühlen, Im Mühlengraben), Wälder.

Mlinski graben von „mlin“ für „Mühle“ und „grabən“ für „Graben/jarek“ als „Mühlengraben“ (FG).

Močíle von „moker“ für „nass, feuchte Gegend, feuchtes Feld“ (LF).

Móčnica von „moker“ für „nass“, Feuchtwiese (LF).

Mojcina ledina von „Mojca“ und „ledina“ für „Brache/Brachland/Naturwiese, Hutweide“ als „Mojcas Brache“ (LF).

Mokri klanec von „moker“ für „nass“ und „klanec“ für „Steilhang“ als „Da nåße Bichl“/Der nasse Steilhang (WN); mitten am Waldweg zwischen Tschinowitsch und dem vulgo Pušč-Kreuz in der Dobrova entspringt eine Quelle am Steilhang (LMR); VM 1827: *„Mokerquanz“* (Mokri klanec).

Mozgava von „mozeg“ für „Mark“ und von „mozgav“ für „markig“, „mozgava“ vielleicht als „Holundergebüsch“ (LF), Holunder/bezeg hat Äste mit Mark (LMR).

Mršnica von „mrk“ für „finster/düster“, finstere Gegend in Altfinkenstein (LG).

Mršnjev graben von „mrk“ für „finster/düster“ und „grabən“ für „Graben/jarek“, der finstere Graben (LG) ober Latschach.

Mrzla voda von „mrzel“ für „kalt“ und „voda“ für „Wasser“ als „Kaltwasser“ (SF). – *„die Börne, der Born“* für „die sprudelnde Quelle“ (GS 120 f.).

Muntrove skale von „vulgo Munter“ und „skala“ für „Fels/Fels(en)“, „skalc“ für „die Felsen“ als Munter-Felsen (HG).

Murne von lat. „morum“, lad. „(a)mura“, furl. „mòre“ für „Mu:rn“ bzw. „Brombeere“ (MaKd 1989, 75, 133), Im Brombeerschlåg (LF), „Brombeere“ für sl. „robida“. – *„Muren“*/Brombeere, gr. „μαύρος“ (KI 2015, 203). – *„Hecken“* von Brombeersträuchern (vgl. GS 156.)

Na Betnéj von „na“ für „im“ und vielleicht von „bedenj dial./kad, čeber“ für „Bottich“, also „das Feld im Bottich“ (LG).

Na Bosu von „na“ für „auf“ und „bos“ für „bloßfüßig dial./barfuß“ (BM), Mooswiese in Faak.

Na cesti von „na“ für „auf“ und „cesta“ für „Straße“, also „An der Straße“ (LG).

Na Gorici von „na“ für „auf“ und „gorica“ für „der kleine Berg“, also „Am kleinen Berg“ (LG).

Na Havstru vielleicht von lat. „haustrum“ für „vedro, korec“ bzw. „Eimer, Kübel, Schaff“, also „das Grundstück am Schaff“ (LG), in Stobitzen an der Bistrica.

Na Jépovci vielleicht von „jepa dial./kepa“ für „Klumpen, Batzen“, möglicherweise von „jerebica“ für „Rebhuhn“, also „Rebhuhngegend“ in Pogöriach (LG).

Na Koblu von „na“ für „auf“ und „Kobel dial.“ für „Unterstand für das Weidevieh“ als „Am Weideland mit einzelnen Unterständen“ (LG); FK 1826: *„Na Koble“* (Na Koblu), Wald. – Die gesamte Dobrova war eine Gemeinschaftsweide und vor langer Zeit gab es wahrscheinlich einzelne Unterstände für das Weidevieh als Schutz vor starker Sonne und bei Regen und Schneefall; ein „Unterstand“ ist ein einfaches Holzdach auf vier Holzstützen (LMR). – *„Kobel“* kann auch „Kogel, Kofel, Bergkuppe“ bedeuten (Feinig, 118). Siehe „Kobel“.

Na koritah von „korito“ für „Trog“ und von „na koritah“ für „In den Trögen“ (FG) in Latschach.

Na Levínah von „na“ für „auf“ und „leviti se, levitev“ für „häuten, Häutung“ (LG), also eine Gegend mit Schlangen; FK 1826: *„Na Levinah“*, Acker, Ackerrain.

Na Lopati von „na“ für „auf“ und „lopata“ für „Schaufel“, Auf der Schaufel (LG).

Na Márprže vom PN „Morbacher“ für „Gebiet am Marprh/Gebiet am Bach, der im Moor entspringt“ (Feinig, 170; LG), „Am Moorbach“.

Na Mile vereinfacht von „Na Gomülle“ (LG); FK 1826: *„na Mille“*, Äcker und Wiesen; VM 1827: *„na Gomülle“* von „gomila“ für „Grabhügel, Hügelgrab“ und „na gomile“ für „auf den Grabhügeln, Hügelgräbern“ (BM) als Brache/Brachland in St. Stefan, auf einer Hochfläche südlich von Dobiče; *„Ogmühle“* vermutlich für „Radmühle“ oder „Lohmühle“, weil das Gelände in der Nähe der Dobrova liegt, wo noch heute Eichen wachsen (SN). Siehe „Črezvec“. – Als *„Gmühl“* bezeichnet man die Abdeckung eines Kohlenmeilers (SN), die aus Holzkohlenstaub und Erde besteht, damit das Buchenholz im Meiler verkohlt und nicht verbrennt. (Aus: phoenix, 09.02.2020, 21:45 Uhr: „Die härtesten Jobs von damals“ und wikipedia, 10.02.2020, 09:05 Uhr: „Nassachtal/Diegelsberg“.)

Na Plehi von „na“ für „auf“ und „pleha dial./gola površina v gozdu, na njivi, travniku“ für „kahle Fläche im Wald, auf dem Acker, auf der Wiese, im Ort“ (LG), in Pogöriach.

Na polju von „na“ für „auf“ und „polje“ für „Feld“, Am Feld (LG).

Na Prindlne vielleicht von „príədə dial./spredaj“ für „vorne“ als „Das vordere Feld bzw. Grundstück“ (LG).

Na Ravnah von „raven“ für „Ebene“, Auf den Ebenen (LG); VM 1827: *„Na Rewen“* (Na Ravnah).

Na Saki von „na“ für „auf“ und vielleicht von „sadika“ für „Pflanzling/Setzling“, also „ein Pflanzbeet in einem Gemüsegarten oder auf einem Krautacker“ oder vielleicht von „sak“ für „Kescher“ (besonderes Netz an einem Stiel zum Fischfang), also Feld „am Kescher“ (LG), in der Nähe vom Worounitzabach zwischen Ober- und Unteraichwald.

Na Tajhti von „Teicht“ dial. für „Teich“, Na bajarju/Am Teich (LG), in Untergreuth.

Na Trati von „na“ für „auf“ und „trata“ für „Tråtn/Tratte“, Auf der Tråtn/Tratte (LG); VM 1827: *„Na Tratte“* (Na Trati).

Na Vili von „na“ für „auf“ und „vidle dial./vile“ für „Gabel“ als Weggabelung in Mallenitzen oder vielleicht von „vila“ für „Fee“ als sagenumwobenes Gebiet (LG). – *„die Schede/ Scheide“* als „Weggabelung“ oder „Scheideweg“ (GS 88 f.).

Na Vine von „na“ für „auf“ und „vino, vinograd“ für „Wein, Weingarten“ (LG).

Na žagi von „na“ für „auf“ und „žaga“ für „Säge“ als „Auf der Säge“ (LG), gemeint ist die Koffler-Säge in St. Stefan; FK 1826: *„Schmidtfeld“* (Kovačevo polje), Wiese, meint allerdings den Gewerbegrund südlich der ehemaligen Kovač-Säge in St. Stefan (LMR).

Nemcev bajar von „vulgo Nemec“ und „bajar“ für „Weiher/Teich“ als „Nemec-Weiher/Nemec-Teich“ (SF).

Nontova koča von „vulgo Nont“ und „koča“ für „Hütte“ als **Gallobhütte** (GG).

Nontovo kovšče von „vulgo Nont“ und „kovšče“ für „Hauswiese“ als „Nont-Hauswiese“ (LF); großer Obstgarten.

Novine von „novina“ für „Neurodung“, „novine“ für „neu gerodetes Gelände“ (LF).

Obere Hube für „oberes Feld in den Karawanken, das einem Grundherrn gehörte“ als „Oberes Feld/Zgornje polje, Zgornja kmetija“ (LF). Siehe Obergreuth Nr. 6. – *„de Hove/die Hufe“* in Westfalen (GS 57 f.).

Ógrada von „ograd/ograda“ für „Koppel“ (LF); VM 1827: *„Ograda“*.

Ogradca von „ograd/ograda“ für „Koppel“, von „ogradca dial./ogradica“ für „kleine Koppel“ (LF); VM 1827: *„Ogratza“* (Ogradca).

Ograrca von „ograd/ograda“ für „Koppel“, von „ograrca dial.“ für „kleine Koppel“ (LF).

Ógrce von „ograd/ograda“ für „Koppel“, von „ogrce dial.“ für „kleine Koppel“ (LF).

Ojcov graben von „vulgo Ojc“ und „graben“ für „Graben/jarek“ als „Ojcev jarek/Ojc-Graben“ (FG).

Okrogla njiva von „okrogel“ für „rund“ und „njiva“ für „Acker“, Der runde Acker (FG).

Oránje von „vran“ für „Rabe“, „Oreinzasattel/Vranjica“ für „Rabensattel“ (Pohl, 53; HG), als **Orainpass**.

Oražev graben von „vulgo Oraž“ und „grabən“ für „Graben/jarek“ als „Oraž-Graben, Oražev jarek“ (FG).

Orehovc von „oreh“ für „Nussbaum“, Feld bei den Nussbäumen (LF); FK 1826: *„Ureschitze/Vreschitze“* (Bei den Nussbäumen), Äcker und Wiesen; VM 1827: *„Wreschitsche“* von „oreh/Nussbaum“ für „orešišče dial.“, im Sinne von „Feld bei den Nussbäumen“ (LMR).

Ósredek von „osrednji“ für „zentral/in der Mitte“, Hauptgrundstück (LG).

Otočece von „otoček“ für „kleine Insel“ als **Paprikainsel** im Faaker See (FG); FK 1826: *„Otatschitzach/Ottotschitza“* (Otočece), Wiesen auf der Halbinsel (LF).

Otok von „otok“ für „Insel“ als „die Insel im Faaker See“ (FG).

Ovčne von „óvca“ für „Schaf“, Schafweide (LF); FK 1826: *„Otsche“* (Ovčje/Schaf-), Wald.

Ovšje von „olša dial./jelša“ für „Erle“, von „ovšje/olšje dial.“ für „Erlengebüsch“ (LF).

Ožmov kotel von „vulgo Ožem“ und „kotel“ für „Kessel“ als „Ožem-Kessel“ (FG). – Diese Form kann wie ein Kessel oder wie eine Kuppe aussehen. Sie kann aber auch einen Hang darstellen (DG 166). Siehe „Kotel“.

Panír möglicherweise von „Pan, grški bog pastirjev“ für „Pan, griechischer Gott der Hirten“ von poln. „pan“ für „Herr“ (BM) oder vielleicht von „ponev“ für „Pfanne“ (FG), Felsen in den Karawanken, 1536 m (HG).

Paša von „paša“ für „Weide/Viehweide“ (LF).

Pečce von „peč“ für „Felswand/Fels(en), von „pečica“ für „kleine Felswand/kleiner Felsen“, „pečče“ für „felsiges Gelände“ (FG).

Pestra von „pester“ für „bunt, abwechslungsreich“ als „Der abwechslungsreiche Bach“ (SF).

Petelin von „petelin“ für „Hahn“, Felsen, 802 m (BT); FK 1826: *„Petelin“*; PT 2013: *„Petelin 802 m“*.

Petelinjak von „petelin“ für „Hahn“, Gebirge in den Karawanken (BT); VM 1827: *„Petelinze“* (Petelinec/Der kleine Hahn).

Pisce vielleicht von „pisec, pisatelj“ für „Verfasser, Autor, Schriftsteller“ (BM).

Plajperk von „Blei“ und „Berg“ als **Bleiberg**, 772 m (HG); FK 1826: *„Bleyberg“* (Bleiberg, Blei/svinec, Berg/gora), Wälder; PT 2013: *„Bleiberg 772 m“*.

Planina Jepca von „planina“ für „Alm“ und „Jepca“ als **Jepza-Alm** (LF).

Planja von „planja“ für „offene, freie Fläche“ (Pohl, 53), Alm in den Karawanken (LF).

Plaz von „plaz“ für „Lawine“, Felsen in den Karawanken (HG).

Plazi von „plaz“ für „Lawine“, von „plazi dial./plazovi“ für „Lawinen“ (HG), Gegend in Outschena.

Pleče von „plêče“ für „Schulter“ (BM).

Plešče von „pleša“ für „Glatze, kahle Stelle“ als kahler Felsen in den Karawanken, 1633 m (BM).

Plešivc/Plešivec von „pleša“ für „Glatze, kahle Stelle“ als „Kahler Hügel“ (BM), in Latschach, südlich der Kirche.

Plevelnica von „plevelnica dial./pralica/srpica“ für „spezielle, kleine Sichel zum „Schwenden“/Ausschneiden von Unkraut oder Farnkraut (BM), Gipfel in den Karawanken, 1949 m (HG).

Počiváva von „počivati počivam“ für „rasten“, „počivava“ für „Feld in Form eines Rastplatzes“ (BM); FK 1826: *„Petschuwewa“* (Počivava), Acker.

Pod bájankom von „pod“ für „unter“ und vielleicht von „pajank dial./pajek“ für „Spinne“, von „Pod bajankom“ dial. für „Unter der Spinne“ (LG), Grundstück unter dem vulgo Ilč in Obergreuth.

Pod cesto von „pod“ für „unter“ und „cesta“ für „Straße“, Unter der Straße (LG); FK 1826: *„unter der Straße“* (Unter der Straße/Pod cesto), Äcker; *„ober der Straße“* (Ober der Straße/Nad cesto), Acker.

Pod Dobjem von „pod“ für „unter“ und „dobje“ für „Eichenwald“, Unter dem Eichenwald (LG).

Poden von „poden dial./ravna/ravnina“ für „Boden/Ebene/ebene (Hoch-)Fläche (FG).

Po doline von „po „doline“ für „Durch das Tal“ (LG).

Pod Gračanco von „pod gračanco“ für „Unter dem Grenzgrundstück“ bzw. Grundstück unter der Gračanca (LG).

Pod Hábjo von „pod“ für „unter“ und vielleicht von „habər dial./gaber“ für „Weißbuche“, als Fläche unter der Weißbuche (LG).

Pod Majico von „pod“ für „unter“ und vielleicht von „majica“ für „Leibchen“, also „Feld unter dem Leibchen“ oder vielleicht von „meja, mejica“ für „Grenze, Grenzlein“, am ehesten aber nach einem PN „Maja, Majica“ für „das Feld unter der Maja/Majica“ (LG). – *„Mark“* als Grenze einer Gemeinschaftsfläche, *„Marburger“* als „Siedler an einer Grenze“ (GS 72); *„Marburg“* als Burg/Stadt einer Grenzmark (LMR).

Pod pečmi von „pod“ für „unter“ und „peč“ für „Felswand/Fels(en), Unter den Felswänden (LG); FK 1826: *„Unter Thurm“* (Unterm Turm/Felsen, Pod stolpom/pečjo).

Pod Pogorjanami von „pod“ für „unter“ und „Pogorje“ für „Die unteren Pogöriacher Felder“ (LG).

Pod poljem von „pod“ für „unter“ und „polje“ für „Feld“, Unter dem Feld (LG).

Pod Vinco von „pod“ für „unter“ und „Vinca“ für „Weinberg“, Unter dem Weinberg (LG), in Latschach.

Pogajeva ograda von „vulgo Pogaj“ und „ograda“ als „Pogaj-Koppel“ (LF).

Pogajev rutič von „vulgo Pogaj“ und „rutič“ für „Gereuth, Rodung, kleine Almwiese“ als „Die kleine Pogaj-Almwiese“ (LF).

Pogorski log von „Pogorje“ und „log/vog“ für „Au (Pohl, 67)/Sumpfwiese“ für „Pogöriacher Au/Sumpfwiese/Pogorjski log“ (LG).

Pógrje von „po“ und „gorah“ für „im Gebirge“, Felsen ober Untertechanting (HG).

Polana von „polana dial./poljana“ für „Flur“ (LF); FK 1826: *„Poljana“*, Mooswiese; FK 1826: *Polana“*, Wälder; *„na Polani“* (Na poljani/Auf der Flur), Äcker, Wiesen; VM 1827: *„Polana, Pollana“* (Poljana); PT 2013: *„Polana“*. Siehe „Poljana“.

Polánca von „poljana“ für „Flur“,von „polanca dial./poljanica“ für „Kleine Flur“ (LF).

Polica von „polica“ für „Regal“, Geländestufe (FG).

Poljana/Poljána von „poljana“ für „Flur“ (LF). Siehe „Polana“.

Potok von „potok“ für „Bach“ als **Seebach/Faakerseebach** (SF); FK 1826: *„Seebach“*. – (Zu „Ache“ vgl. GS 108 f. Die „Ache“ ist ein Mittelgebirgsbach in Trogtälern). – Die Bezeichnung „Ache“ ist ebenso alltäglich wie „Potok“ für „Bach“, der im Oberen Rosental als „Seebach“ vom Faaker See zur Gail in Müllnern fließt (LMR). – Am Seebach wächst sog. Niederwald (vgl. GS 152 f.) Siehe „Črezvec“, „Dobrova“, „Hrast“ und „Log“. Siehe auch Abbildung am Ende des Dritten Abschnittes zur Gedenkkultur in Finkenstein.

Potočje von „potok“ für „Bach“, von „potočje“ für „Gegend am Bach“ (LF), in St. Stefan und am Bach ober Kopain; VM 1827: *„Potvuk“* (Pri Potoku, Am Bach/Seebach).

Povále von „povaljati“ für „wälzen, niedertreten“ (FG), möglicherweise Erdrutsch, Schnee- oder andere Lawine, in Kopain.

Pozvek vielleicht von „posevek“ für „Aussaat“, Getreidefeld/-acker (LF).

Požar von „požar“ für „Brand“ (LF); FK 1826: *„Per Uschach“* (Pri požarih/Bei den Brandstätten), Wald; VM 1827: *„Poschar, Puschar“* (Požar).

Požarje von „požar“ für „Brand“, „požarje“ für „Brandstatt“ (LF), auch in Unteraichwald und beim vulgo Urhrar in Untergreuth; VM 1827: *„Poscharia, Puscharia, Puscharin“* (Požarje).

Praprotnica von „praprotnica“ für „Farn/Farnkraut“ (LF).

Premrlica von „premrl dial., neroden, tog“ für „ungeschickt, steif/starr“, Grundstück in den Karawanken (BM).

Preval von „prevaliti“ für „wälzen/herabrollen“, Geröllhalde in den Karawanken (HG); FK 1826: *„Privolie“* (Prevaljeno/Herabgerolltes), Wald.

Pri Bistrici von „pri“ für „bei/am“ und „Bistrica“, Am Feistritzbach (LG).

Pridale von „príədə dial./spredaj“ für „vorne“ als „Das vordere Feld“ (LG) oder vielleicht von „pridelovati“ für „erarbeiten, ernten“ (LF).

Pridou von „predol“ für „Zwischental“ als Predol, in den Karawanken, 1315 m (HG); FK 1826: *„Pridou“*, Acker; PT 2013: *„Pridou 1315 m“*.

Pridovska koča von „Pridov“ und „koča“ für „Hütte“ als **Pridouhütte** (GG).

Pri Kajžah von „pri“ für „bei“ und „kajža“ für „Keusche“ als „Bei den Keuschen“ am Kanzianiberg (LG).

Pri kajži von „pri“ für „bei“ und „kajža“ für „Keusche“, Bei der Ojc-Keusche (LG).

Pri kapelici von „pri“ für „bei“ und „kapela“ für „Kapelle“, von „kapelica“ für „kleine Kapelle“, Bei der kleinen Kapelle (LG), bei der Pogaj-Kapelle in Mallestig.

Pri križu von „pri“ für „bei“ und „križ“ für „Kreuz“, Beim Kreuz (LG); FK 1826: *„beim Kreutz“* (Beim Kreuz), Äcker, Wiese; VM 1827: *„beim Kreutz“* (Beim Kreuz).

Pri lési von „pri“ für „bei“ und „lesa“ für „Gatter/Weidegatter“, Beim Gatter/Weidegatter vom vulgo Šintar in Mallestig (LG); VM 1827: *„Bei der Felter“* (Bei da Fålta/Beim Gatter/Weidegatter/Pri lesi). – *„Bei da Få:lter“*/Falltor im Sinne von selbst zufallendes Zauntor (MaKd 1989, 104).

Pri Mariji von „pri“ für „bei“ und „Marija“ für „Maria“, Bei der Maria (LG).

Pri mlinu von „pri“ für „bei“ und „mlin“ für „Mühle“, Bei der Mühle (LG).

Pri orehu von „pri“ für „bei“ und „oreh“ für „Nussbaum“, Beim Nussbaum (LG).

Pri Potoku von „pri“ für „bei“ und „Potok“ für „Seebach“, Beim Seebach/Faakerseebach (LG).

Pri Ročici von „pri“ für „bei“ und „Ročica“, Am Rotschitzabach (LG), in Latschach.

Pri stogu von „pri“ für „bei“ und „stog“ für „Harpfe/Harfe/kozolec“, Pri kozolcu/Bei der Heuharfe (LG).

Privrat vielleicht von „prevrat“ für „Katastrophe“ (BM) oder von „pivra dial./priba“ für „Kiebitz (Vogel)“ (BT), Felsen ober Untertechanting (HG).

Prod von „prod“ für „Kies/Kiesgrube“ oder für „sehr steinige Gegend“ (SM).

Púngart von „Baumgarten dial./Obstgarten“ für „sadovnják, sadni vrt“ (LF), in St. Job.

Pustota von „opustiti opustim“ für „verlassen“, von „opuščeno območje“ für „verlassenes Gebiet“, oder von „zapustiti zapustim“ für „verlassen“, von „zapuščen kraj“ für „einsamer Ort“ (LG), in Untergreuth.

Radarčica vielleicht von „rdečica“ für „Röte/Rötung“ (LF) oder vielleicht von „rudarčica“ für „kleines Bergwerk“ (SN); FK 1826: *„Radarschitze“* (Radarčica), Wald; *„Radetschitza“* (Radarčica), Wald. – Vielleicht von den PN „Radeschnigg/Redeschnig“ von „rdeč“ für „rot“ (Feinig, 224, 228). – Rotes Gestein weist auf Eisenerz hin (LMR). Siehe „Rdeči plazi“, Rjava peč“. – „Röte/Rötung“ weist auch auf die Flachsverarbeitung hin. Flachs wurde in einen Teich eingelegt, um die Verrottung zu fördern, was die weitere Verarbeitung zu Leinen erleichterte (GS 65).

Radice vielleicht von it. „radice“ für „Wurzel, Wurzelstock“, sl. „korenina“ (LF), Feld neben dem Fußballplatz in Oberrain. – Vielleicht von den PN „Radičnik/Raditschnig/Gradischnig“ von „gradič“ für „kleines Schloss“ (Feinig, 224). Grundstück liegt in der Nähe von Unterfederaun (LMR).

Ravna von „ráven“ für „Ebene“ (FG). – *„Raun“*/ebene Stelle am Bergabhang < sl. „raven“/eben, „ravnina“/Ebene (MaKd 1989, 80).

Ravne von „ráven“ für „Ebene“, von „ravne“ für „die Ebenen/ebenen Flächen“ (FG).

Ravni von „ráven“ für „Ebene“, von „ravni“ für „die Ebenen/ebenen Flächen“ (FG).

Rázpotje von „razpotje“ für „Weggabelung/Wegkreuzung“ (WN), an der Rosental-Bundesstraße 85 in Unteraichwald, Abzweigung vor dem Aichwaldsee.

Rebri von „rebro“ für „Rippe“, „rebri dial./rebra“ für „Rippen“, Gebirgszug in den Karawanken (BM); FK 1826: *„Reber“* (Rebro), Wald; VM 1827: *„Rewre“* (Rebre dial./Rebra).

Rdeči plazi von „rdeči“ und „plaz“ für „roter Rutsch“ und von „rdeči plazi dial./plazovi“ für „rote Rutsche“ im Sinne von „Gesteinslawine“ in den Karawanken (HG). – Rotes Gestein weist auf Eisenerz hin (LMR). Siehe „Radarčica“, Rjava peč“.

Reka von „reka“ für „Fluss“ (Bach, SF), in Kopain.

Resmanica von „vulgo Resman“ als **Reßmannkogel**, Gipfel in den Karawanken, 1724 m (HG); PT 2013: *„Reßmannkogel 1724 [m]“*. – *„Ko:gl, Kho:gl“*/„Kogel“/Berg mit rundlichem Gipfel (MaKd 1989, 115).

Resmanov rut von „vulgo Resman“ und „rute“ für „Gereuth, Rodung, Almwiese“ als „Resman-Almweide“ (LF).

Rezave/Rézave von „rezati režem“ für „schneiden“, im Sinne von „die durch die 1907 fertiggestellte Bahnstrecke Villach – Rosenbach auch hier zerschnittenen Flächen“ (FG).

Rjava peč für „rotbrauner Felsen“, Riautza/Rjavca (Pohl, 53) bzw. von „rjav“ für „braun“ und „peč“ für „Felswand/Fels(en), „Braune Felswand“ in den Karawanken (HG); FK 1826: *„rostige Wand“* (Rostige Wand/Rjasta/Zarjavela peč), Wald, Feld in den Karawanken; *„rothe Wand“* (Rote Wand/Rdeča peč), Wald. – Rotes Gestein weist auf Eisenerz hin (LMR). Siehe „Radarčica“, Rdeči plazi“.

Robénje von „robida“ für „Brombeere“, von „robenje dial.“ für „Brombeeren klauben dial./ sammeln“, Brombeerplatz ober Pogöriach (LF).

Ročica von „reka“ für „Fluss“, „rečica“ für „kleiner Fluss“ als **Rotschitzabach**/Rotschitzbach (Pohl, 51, 57; SF); FK 1826: *„Paroschitza“* (Na Ročici/Am Rotschitzabach), Äcker, *„Roschitza“* (Rečica), Almweiden am Rotschitzabach.

Rójanca vielleicht von „rojenica, slovensko bajeslovno bitje“ für „Norne/Parze, mythische Sagengestalt“ (BM), Felder am Rauschenbach. Nornen sind die 3 nordischen und Parzen die drei altrömischen bzw. altgriechischen Schicksalsgöttinnen. – Kann auch von „rój, rojíti rojím“ für „Schwarm, schwärmen“ und vom PN „Rója“ abgeleitet werden (LMR).

Roda von „roda dial./štorklja“ für „Storch“ als „Kinder-Bringer“, also ein „Storchen-Feld“ in Korpitsch neben einem Obstgarten, einem Nussgarten und einer Feuchtwiese (BT). – Vielleicht von „rôdar“ für „Radmacher/Wagner“ oder vielleicht von „rute“ für „Rodung“ (LMR).

Ruda von „ruda“ für „Erz, Erzgrube“ (SN); FK 1826: *„Rudnig“* (Rudnik/Bergwerk), Wälder.

Rusance vielleicht von „rusalka, bajeslovno bitje“ für „Nixe, mythische Sagengestalt“ (BM). Rusalke sind slawische Fabelwesen, weibliche Wassergeister niedrigen Ranges, den Meerjungfrauen und Nixen ähnlich, leben tagsüber im Wasser und nachts auch im Feld oder auf Bäumen.

Rute von „rute“ für „Gereuth, Rodung, Almwiese“ (LF); FK 1826: *„Rute“*, Wälder; *„Raut“* (Rute), Ånawend, Acker und Wiesen vom vulgo Vrancl in St. Stefan; *„U Rute“* (V Rutah/ In Greuth/Im Gereuth), Wiesen; VM 1827: *„Rauth“* (Rute); *„obern Rauth“* (Oberm Rauth/ Gereuth/Nad Rutami).

Rutič von „rutič“ für „kleine Almwiese“ von „rute“ für „Gereuth, Rodung, Almwiese“ (LF); FK 1826: *„Rodichnyak“* (Rutičnjak/Rutič), *„Routetsch“* (Rutič), Wiese.

Rženca von „rž“ für „Roggen“, von „rženca dial.“ für „Roggenacker“ (LF), beim vulgo Neubauer in Outschena.

Ržišče von „rž“ für „Roggen“, von „ržišče“ für „Roggenfeld“ (LF), jetzt Hügelland in Outschena.

Sadca vielleicht von „sadika“ für „Setzling/Pflanzling“ oder vielleicht von „sadež“ für „Obst“, also „Obst- und/oder Gartenbaufläche“ (LF), vielleicht aber auch von „zadaj“ für „hinten“, also Feld hinter Petschnitzen (LG). – *„Telge“*/Jungwald, Eichenschössling, *„Tel-*

gen"/Zweig, Ast, Schössling (vgl. GS 158); *„der Loode"*/junger Zweig, Baumtrieb, Schössling, *„die Looden"*/Buschwald, *„Lodengarten"*/Baumschule (vgl. GS 159).

Sedlo von „sedlo" für „Sattel" als **Sedlič/Jepzasattel**, Grenzübergang in den Karawanken, 1438 m (WN); PT 2013: *„Jepca Sattel 1438 [m]"*; ZP 2019: *„Jepca Sattel/Sedlič.*

Senčna von „senčen" für „schattig", Die Schattige, Grundstück in Schattenlage (LG), beim vulgo Urhrar in Untergreuth. – *„Ze:nizn"*/Grundstück nahe am Wald bzw. in schattiger Lage < sl. „senca"/Schatten (MaKd 1989, 81, 153); *„Zenitzn"*/Grundstücke an der Schattseite, nahe den Bergen, am Wald (KI 2015, 271).

Senovje von „seno" für „Heufeld" (LF); Äcker westlich von St. Stefan auf der Ebene in Richtung Müllnern; FK 1826: *„Rainfeld/Sanovje"* (Rainfeld/Senovje), Äcker; FK 1826: *„Usanouje"* (Na senovju/Oben am Heufeld/Rainfeld), Höflinger Äcker ober St. Stefan; VM 1827: *„Usanuje"* (Na senovju), auf dem Hügel in Richtung Höfling. – *„Heu"* für „Höhe, Anhöhe" (GS 89), daher analog dazu „Heu" für „sanu dial./seno", also *„Usanouje"* für „Heuboden auf der Höhe/Anhöhe" (LMR).

Síne von „psinje, psina" für „Hundsgegend" (Pohl, 47; BT), wird jedoch nicht von „seno" für „Heu" abgeleitet (LMR).

Skala von „skala" für „Fels/Felsen" (HG).

Skale von „skala" für „Fels/Felsen", „skale" für „die Felsen" (HG).

Smolána von „smola" für „Baumpech/Harz" oder von „smole dial./brin" für „Wacholderstrauch" (LF).

Snežna žlejfa von „sneg" für „Schnee" und „žlejfa dial./rida dial./krivulja/ovinek" für „Schleife/Kurve", Steig in den Karawanken (WN). – *„Raidn"*/Biegung (des Weges)/Kurve/Straßenkehre (MaKd 1989, 135); *„Reidn"*/Krümmung, daher Umweg (KI 2015, 216). – *„Krümmum/Krümpel"* für „krumm verlaufend, Krümmung" (DG 151).

Solnice von „žuliti" für „reiben, scheuern", Bach (SF), hinter der Rossalm. – *„So:lizn"* für „niedergetretene Stelle im Gras und Kornfeld" < sl. ma. „žol(j)ica" < „žoljiti"/zusammendrücken (MaKd 1989, 80, 140) oder aber vielleicht von „solzice" für „viele Tränen" im Sinne von Wassertropfen; *„Solizn"*/Ort mit niedergetretenem Gras oder Getreide (KI 2015, 251).

Soteska Ročice von „soteska" für „Schlucht/Klamm" und „rečica" für „kleiner Fluss" als **Rotschitza-Klamm** (Pohl, 47, 51; FG); PT 2013: *„Wasserfall Rotschitza"*; ZP 2019: *„Wasserfall Rotschitza/Slap Ročica".*

Spodnje Kopanje von „spodnji" und „kopati kopljem" für „graben", Untere Rodung (LF), in Kopain.

Spodnji prod von „spodnji" und „prod" für „Kies/Kiesgrube", Untere Kiesgrube (SN).

Sprednji rutič von „sprednji" und „rutič" für „kleine Almwiese", Die vordere kleine Almwiese (LG), in Untergreuth.

Stara frata von „star" und „frata" für „ålte Fratn/alter Schlag/Kahlschlag" (LF).

Staro prangališče von „star" für „alt" und „pranganje" für „Prangen/Fronleichnamsumzug", der alte/frühere Steig/Weg für den Fronleichnamsumzug in St. Stefan (WN); dial. „prangušče"; jetzt verbaut; der neue Fronleichnamsumzug wird etwa 30 m südlich davon auf der Ebene abgehalten (LMR).

Stegno von „stegno" für „(Ober-)Schenkel" oder von „stegniti, stegnjeno" für „ausstrecken, ausgestreckt" im Sinne von „langgestreckter, früher beidseits eingezäunter Weg zur Gemeinschaftsweide in der Dobrava" (WN); jetzt Villacher Weg und Höhenrain in Finkenstein, im nördlichen Ortsteil St. Stefan. – *„die Recke"* als „etwas Langgestrecktes", ein Zaun, eine Hecke, ein Zaun aus Stangen und Pfählen (GS 94 f.)

Stol von „stol" für „Stuhl", Gelände am Sucha-Graben (FG).

Stranja von „strán dial./ob strani/stran s poti" für „Abseits" oder „Auf der anderen Seite gelegenes Feld (LG).

Strelišče von „strelišče" für „Schießstätte" als „Unglücksort beim vulgo Trupi in Obergreuth" (BM). (Vgl. LMR: Vulgonamen, 2016, 119.)

Strgavnice vielleicht von „strgati" für „schaben" (Feinig, 282; BM), wahrscheinlich eine Wiese in den Karawanken, auf der man das Gras zwischen dem Gestein zusammenschaben musste (LMR).

Strmec von „strm" für „steil", Steilhang (FG); FK 1826: *„Strmc"* (Strmec), Wald.

Studenca von „studenec" für „Quelle", von „studenca" für „zwei Quellen" (SF). – *„die Welle, der Brunnen, der Bach, die Börne, der Born"* für „Quelle, Brunnen, Bach, sprudelnde Quelle" (GS 118 ff.).

Suha von „suh" für „trocken, dürr" als „Bachbett ohne Wasser" bzw. als **Suchabach**/Suhabach/Dürrenbach (Pohl, 51, 57, 74; SF). – *„Zauchn"*/Sommerbach, der nur bei Regenwetter fließt < sl. „suha"/trocken(e) (MaKd 1989, 81). – *„Hungerbäk"*/Hungerbach, Bach führt nur zeitweilig Wasser (DG 100 f.).

Supe vielleicht von „supé, slavnostna večerja" für „Souper, feierliches Abendessen" (BM).

Suški graben von „suh" für „trocken" und „grabən" für „Graben/jarek" als „Sucha-Bach-Graben" (FG).

Šah von „šah" für „Schach" (FG), südöstlich vom Kanzianiberg, Gegend am Rauschenbach und in Oberaichwald. – Wie ein *„Schachbrettmuster"* angelegte Flächen, in Westfalen abwechselnd als *„Stück"* bzw. *„Acker"* bezeichnet (GS 50). – In Oberaichwald und in Untergreuth liegen „Šah" und „Štuk" tatsächlich noch nebeneinander (LMR). Siehe „Štuk".

Ščedem von „šedəm dial./ščedem" für „Schonung, schlagbarer Buchenwald" im Sinne von Hochwald (Pohl, 49; LF); FK 1826: *„Tschedem"* (Ščedem), Wald.

Šelarca von „šelarca, smola za lake" für „Pech dial./Harz für Lacke", lat. „pix, picis" (SN) oder vielleicht von „šuəlarca dial./šolarica/šolarka" für „Schülerin" (BM), in Mallenitzen. – Aus Föhrenpech/Kiefernharz wurde Kolophonium gewonnen, das die Bauern nach dem Schlachten von Schweinen zum „Haaren"/Entfernen der Borsten von deren Haut brauchten. Wurde auch in der Dobrova gewonnen. Kolophonium ist ein hellgebes bis schwarzes Balsamharz, das beim Erhitzen von Kiefernharzen entsteht und für Lacke bzw. zum Bestreichen von Violinbogen verwendet wird (LMR). – Siehe Šmirbalča.

Šentjobška planina von „Šentjob" und „planina" für „Alm" als „St. Jober Alm" (LF).

Šintarjeva lesa von „vulgo Šintar" und „lesa" für „Gatter/Weidegatter" als „Gatter/Weidegatter beim vulgo Šintar" (GG).

Škocjan von „sveti Kancijan" für „der Heilige Kanzian" (BM) als **Škocjan**/Škocijan/**Kanzianiberg** (HG).

Škrbina von „škrbina" für „Zahnstumpf/-stummel", auch für „Felszacke, Felsscharte, Klippe" (Pohl, 49, 53), Felsen in den Karawanken (FG); FK 1826: *„Skerbina"* (Škrbina). – *„zånschårtat"*/zahnlöchrig/fehlende Zähne habend (MaKd 1989, 153); *„zontlukat, zontschårtat"*/sichtbarer Abgang der Zähne (KI 2015, 274).

Šmelca von „schmelzen“ für „topiti se, stopiti se; taliti, staliti“, als „auftauendes Gelände“ (FG) oder als „Hochofen/Wallas, plavž/balos“ (SN), in Outschena. Vgl. PN „Schmelzer, Schmölzer“ für „Metallschmelzer, Erzgießer“ (Feinig, 252).

Šmirbalča wahrscheinlich von „šmir dial./kolomaz“ für „Schmiere/Wagenschmiere/-fett“ (SN) oder möglicherweise von „Schmierling/Gelbfuß“ für lat. „Gomphidius“ (BM), in der Nähe vom vulgo Šintar in Mallestig. – „Šintar“ steht für „Wasenmeister, Abdecker, Tierkadaververwerter/-entsorger“. Diese erzeugten z. B. aus Hundefett Heilmittel für Lungenkranke und vermutlich auch Wagenschmiere, heute wäre das Schmiernippelfett (LMR). – Der Gelbfuß ist ein Blätterpilz mit schleimigem oder klebrigem Hut, schwarzem Sporenstaub und oft auch schleimigem Stiel. – Es kann aber auch sein, dass im angrenzenden Wald Kiefernharz zur Schmiermittelerzeugung gewonnen wurde (LMR). Siehe Šelarca. – *„Schmerbrock“* für „guter, fetter Boden“ von ahd. „smer“ für „Fett/Öl/Butter“. (Vgl. GS 155.) – Als „Schmer“ bezeichnet man „Bauchfettgewebe vom Schwein“, das nicht nur als Schmalz, sondern auch als Heil- bzw. Schmiermittel verwendet wird, z. B. als Stärkung für Kühe nach dem Kalben oder als Zugsalbe für Mensch und Tier (LMR).

Šnajdarka von „Šnajdar/Schneider“ für „Šnajdar-Feld/Šnajdarjevo polje“ (LF).

Štebensko blato von „Šteben“ und „blato“ für „Moos, Moor, Sumpf“ als „St. Stefaner Mooswiesen“ (LF); FK 1826: *„Moosfeld“* (Polje na blatu), Wiesen.

Štefec von „Štef/Stefan“ für „Stefans Grundstück unter dem vulgo Ojc“ (BM), in Rute.

Štrdinc/Strdinc von „štiri“ für „vier“ und „dni, dnevi“ für „Tage“ als Viertage-Feld, vier Tage Arbeit zum Pflügen, vier Joch/Morgen Acker, Vierlingsacker (LF), in St. Job; kann auch von vier Bauern gemeinsam bewirtschaftet worden sein. – *„de Fi:rlingssekh“*/„die Vierlingssäcke“/Säcke, die vier Schaff fassen, ein Vierling entspricht etwa 66 kg (MaKd 1989, 106); *„Schåf“*/Maß zum Messen der Kohle, *„Schafle“*/hölzernes Gefäß, enthält 6 Maßl, ein Drittel Metzen oder ein Viertel Vierling (KI 2015, 226). – Zum „Ackern mit Zahlen“ siehe Gisbert Strotdrees (2018), 46 f.: *„Auf vierundhalbe Morgen“*, *„Vierscheffelland“*, ein Scheffel fasste im westlichen Münsterland zwischen 40 und 200 Liter. – *„Tagelöhnerwiesen“*, Wiesen, die den Gutstagelöhnern als Deputat zur Verfügung gestellt wurden (DG 109), von sl. „dninar“ für „Tagelöhner“. – *„4 Höfe > 4 Äcker“* (DG 170). Siehe „Fiferl“ und „Trenta“.

Štuk von „Stuck dial./Stück“ als „Talung/Parzelle, Anteil, Teil“ für „parcela, kos, delež, del“ (FG); VM 1827: *„Stuck, Stück, Fleck“* (Štuk). – *„Flök“*/abgetrenntes Grundstück (KI 2015, 118); *„Stück“*/gemeinschaftlich benutzte Flächen; *„Stuke“*/Baumstumpf/Wurzelstock/Kopfbaum (GS 50 f.). – In Oberaichwald und in Untergreuth liegen „Šah“ und „Štuk“ tatsächlich noch nebeneinander (LMR). Siehe „Šah“.

Štuki von „Stuck dial./Stück“ als „Talung/Parzelle, Anteil, Teil“ für „parcela, kos, delež, del“, „štuki, parcele, kosi, deleži, deli“ für „Talungen/Parzellen, Anteile, Teile“ (FG); FK 1826: *„Stuki“* (Parcele/Parzellen), Acker, *„na Stucki“* (Na parcelah/Auf den Parzellen), Acker, Wiesen, Wälder. – *„Stück“*/gemeinschaftlich benutzte Flächen, aber *„Stuke“*/ Baumstumpf/Wurzelstock/Kopfbaum (GS 50 f.).

Šustarca/Čustarca vom PN „Šustar/Schuster“ für „Schuster-Feld“ (LF) in Outschena.

Tabor von türkisch-slawisch „tabor“ für „Heerlager, Heerhaufen“ im Sinne von „alter Festungsberg oder Zufluchtsort vor den Türken“ (Pohl, 54), 724 m (HG); FK 1826: *„Tabor“*, Berg; *„Tabre“* (Tabor), Wald; PT 2013: *„Tabor 724 [m]“*.

Tále von sl. „tal“ für „aper, schneefrei“ (FG), südlich der Rosental-Bundesstraße auf halber Strecke zwischen Fürnitz und Stobitzen taute das Erdreich schon immer früher auf als anderswo; seit dem Bau der Öl-Pipeline ist jedoch der gesamte Vegetationsstreifen trockener als die Grundstücke daneben, besonders sichtbar z. B. in Senovje in St. Stefan (LMR).

Tamar von furl. „tàmar“ für „Pferch“, kä. „Tåm(b)er, Tåmp“ für „verlegbarer Schafpferch“ (MaKd 1989, 69; BT), Felsen südlich unter dem Kanzianiberg, auch Tal in den Karawanken (HG).

Tamarča von furl. „tàmar“ für „Pferch“, kä. „Tåm(b)er, Tåmp“ für „verlegbarer Schafpferch“ (MaKd 1989, 69), von „tamarča“ dial. für „kleiner, verlegbarer Schafpferch“ (BT), Gegend in den Karawanken, 1710 m (HG).

Tamarče von furl. „tàmar“ für „Pferch“, kä. „Tåm(b)er, Tåmp“ für „verlegbarer Schafpferch“ (MaKd 1989, 69), von „tamarče“ dial. für „kleiner, verlegbarer Schafpferch“ (BT), Gegend in den Karawanken (HG).

Tána von „tanek/tenek“ für „dünn, schmal“ als „ein schmaler Streifen“ neben der Bahn in Oberrain (FG).

Tanzboden von „Tanzboden/-fläche, Boden“ für „plesišče“ (FG).

Tavčarca von „vulgo Tavčar“ für „Tavčar-Feld/Tavčarjevo polje“ (LF).

Teharško brdo von „Teharče“ und „brdo“ für „Hügel“ als „Techantinger Hügel“, Feld ober Obertechanting (FG).

Teple von „tepla, rahlo pljuskajoči valovi, med skalami pljuskajoče jezero“, von „teple“ für „aus felsigem Gestein hervorsprudelnde warme Quelle“ in Pogöriach (SF). – Auch in „Toplice/Töpliz/Warmbad Villach“.

Tomanov klanec von „vulgo Toman“ und „klanec“ für „Steilhang“ als „Toman-Steilhang“ (FG); FK 1826: *„Thoman Tratten“* (Toman-Tratte/Tomanova trata), Wiesen, Weiden, Almwiesen.

Tomba von altgr. „týmba“ und it. „tomba“ für „Grab/grob“ (BM), mögliche frühere Grabstätte; vielleicht weil die Bearbeitung des steilen Geländes lebensgefährlich sein kann (LMR); dort befand sich in den 1960-er und 1970-er Jahren die steile Abfahrts-Schipiste des vulgo Baumgartner (SN).

Tončkova jama von „Tonček“ und „jama“ für „Höhle“ als „Tonček-Höhle“ (FG).

Trata von „trata“ für „Tråtn/Tratte“ (LF).

Tratce von „trata“ für „Tråtn/Tratte“, von „tratce dial./tratica“ für „Die kleine Tråtn/Tratte“ (LF).

Trate von „trata“ für „Tråtn/Tratte“, von „trate“ für „die Tratten“ (LF).

Travíce von „tráva“ für „Gras“, von „trávica“ für „niedriges Gras“ (LF), auch für „Tabak, tobak“ als „Teufelskraut, hudičeva trávica“. – Ableitung auch von „travíca“ für „horstbildende Gräser“ (DG 109) möglich, also Vegetation, die ober Latschach zu einer Verwaldung führte (LMR).

Travniči von „travnik“ für „Wiese“, von „travniči dial./travniki“ für „die Wiesen“ (LF); FK 1826: *„Traunig“* (Travnik), Wiese; VM 1827: *„Traunig“*, *„Traunnze/Traunze“* (Travniček/Die kleine Wiese). – *„Travnik“*, greben/Graben.

Trdačna von „trd“ für „hart“, die Bearbeitung des Feldes erfordert harte Arbeit (BM) oder vom PN „Тvrьdonь“ (Pohl, 49). – Ableitung möglicherweise auch vom PN „Trdina“ von „trd“ für „hartnäckiger, sturer Mensch“ (Feinig, 297).

Treb von „trebiti trebim" für „putzen/roden", Rodung (LF).

Trébaž von „trebiti trebim" für „putzen/roden" oder von „Treber dial." für „Abfall beim Obst-Pressen" (LF).

Trenta von it. „trenta" für „30/dreißig", Alm in den Karawanken (LF). – *„Dreißigmorgen"*/ Acker nach altem Flächenmaß, die Fläche, die ein Mann an einem Morgen (Tag) bearbeiten kann (GS 47). – Siehe „Fiferl" und „Štrdinc".

Trnče von „trn" für „Dorn", von „trnče dial." als „Dornengestrüpp" (LF).

Trnje von „trn" für „Dorn", von „trnje" für „Dornen" als „Dornengestrüpp" (LF), der Ort Dorndorf ist heute Ortsteil von Fürnitz (LMR), beim „Café am Eck".

Trpinja von „trpeti trpim" für „leiden", die Bearbeitung des Grundstücks ist eine besondere Qual (BM), beim vulgo Trpinjak in Kopain, also „Trpinjak-Acker". – *„die bittere Heide"* als „trpinja" im Sinne von „bitterer Broterwerb, die Bearbeitung gestaltet sich schwierig" oder „mit Heidekraut bewachsene Fläche" (GS 75). – Die *„Esch"* waren in Westfalen ertragreiche, lange, schmale Äcker, in Hofnähe, die meist als Roggenfelder dienten und nach dem Hofnamen benannt wurden, z. B. *„Evers Esch"*, aber auch nach ihrer Lage, wie z. B. *„Vornste Esch"* (der Vordere Acker; GS, 16 ff.) – Die idg. Silbe „-isk" entspricht im Plattdeutschen dem Wort „Esch" mit vielen Varianten, in Deutsch das „-isch" und im Slowenischen „-ski, -ska, -sko". Zur Ableitung vom Vulgo- oder Familiennamen verwendet man aber in Österreich die Bindestrichvariante und im Slowenischen die weibliche Form des Hausnamens, also „Trpinjak-Feld" bzw. „Trpinja" von „Trpinjak". Die sl. Ableitungen mit „-ov/-ev" entsprechen nur dann der „Esch", wenn es sich um einen ertragreichen Acker in Hofnähe handelt, wie z. B. beim „Pfarrhof-Feld/Farovško polje" oder auch bei der „Truppe-Alm/Trupijeva planina", denn dort befanden sich auf einem Plateau, einem Boden, der Roggen- und der Erdäpfel-/Kartoffelacker. Für Wiesen, Brachen, Moosflächen, Almen, Koppeln, Steil- und Hofflächen/„kovšče" sowie Gewässer, Gebirge und Gebäude trifft das also nicht zu (LMR). – Siehe „Esch" > „Farovško polje", „Kronkovo polje", „Trupijeva planina"; „Farovška njiva", „Klemenčeva njiva", „Tavpijeva njiva".

Trupijeva koča von „vulgo Trupi" und „koča" für „Hütte" als **Truppihütte** (prop./propadla, verf./verfallen) (GG).

Trupijeva planina von „vulgo Trupi" und „planina" für „Alm" als Truppe-Alm (LF); FK 1826: *„Truppe Alpe"* (Truppe-Alm), Almwiese/Almweide; PT 2013: *„Truppe 1001 m"*. Siehe „Esch" > „Farovško polje", „Kronkovo polje", „Trpinja"; „Farovška njiva", „Klemenčeva njiva", „Tavpijeva njiva".

Trupijevo poldne von „vulgo Trupi" und von „poldne" für „Kogel, Mittag" als **Truppikogel/(Techantinger Mittagskogel)**, Gipfel in den Karawanken, 1931 m (HG); FK 1826: *„Truppe Mittagskogel"*; PT 2013: *„Techantinger Mittagskogel 1931 m"*. – *„Ko:gl, Kho:gl"*/„Kogel"/Berg mit rundlichem Gipfel (MaKd 1989, 115).

Untere Hube für „unteres Feld in den Karawanken, das einem Grundherrn gehörte" als „Unteres Feld/Spodnje polje, Spodnja kmetija" (LF). Siehe Obergreuth Nr. 7. – *„de Hove/die Hufe"* in Westfalen (GS 57 f.).

Uršičeva koča von „Uršič" und „koča" für „Hütte" als **Urschitzhütte** (GG).

Vank von „Ivan, Vanek" für „Johann, Hans" (BM) oder vielleicht von „lan" für „Flachs, Lein" als „Flachsacker, Leinacker" (LF), unter dem vulgo Arnej(c) in Rute.

Vave von „vava dial./baba“ bzw. „podstava, opora, podlaga“ für „Fundament, Pfeiler/Stütze, Unterlage/Untergrund“, „vave“ für „Fundamente, Pfeiler/Stützen, Unterlagen/Untergrund“, als (Ziegen-)Weide am Bahndamm (FL), in Müllnern; FK 1826: *„Baba“* (baba), Wiese, Weide, Almweide, Gipfel. – Kommt vielleicht von der Sage über die „Pehtra baba“ (St. Jakob im Rosental), die besonders am Quatemberfreitag (Fasttag) vor Weihnachten darüber wacht, dass man die Arbeit früh genug beendet, da „vava dial.“ auch „baba/(altes) Weib“ bedeutet (LMR). Siehe „Cimprčeva vava“.

Vaznikov rut von „vulgo Vaznik“ und „rute“ für „Gereuth, Rodung, Almwiese“ als „Vaznik-Almweide“ (LF).

Veknja von „veklja/vekulja dial.“ für „weinende Frau“ und von „vekanje dial./jokanje“ für „das Weinen“ (BM), Feld in Pogöriach und in Altfinkenstein.

Veliki grebenc von „veliki“ für „der große“ und „grabən“ für „Graben/jarek“ als Der große Graben (FG).

Veliki Prazval von „veliki“ für „der große“ und „prevaliti“ für „umwälzen“ im Sinne von „herabwälzen/herunterrollen/herunterstürzen“ als Die große Geröllhalde, Der große Felssturz (HG).

Velkovna von „velik“ für „groß“, als „Der große Bach“ (SF) und als „Gebiet am Großen Bach (LF). – Vgl. die PN „Velik, Velikogna, Velikogne, Velikonja“ von „velik“ für „groß“ (Feinig, 311 f.).

Veščele von „uš“ für „Laus“, von „veščele“ für den Ort „Lausach“ (BT), in Latschach, südlich vom Weinberg/Vinca (vgl. LMR: Vulgonamen, 2016, 66 f.); FK 1826: *„unter der Wetschella/pod Wetschella“* (Unter Veščele/Pod Veščelami), Äcker. – *„Lüsebrink“* als „schlechtes, miserables, lausiges Grundstück am Rande des Ortes (GS 83).

Vinca von „vinograd“ für „Weinberg“, 688 m, in Faak (LF), auch in Pogöriach; FK 1826: *„Winza“* (Vinca), Wald.

Vinka vielleicht von „vino, vinograd“ für „Wein, Weinberg“ (LF) oder möglicherweise von „vinek dial./ovinek“ für „Kurve, Krümmung“ (FG). – *„Krümmum/Krümpel“* für „krumm verlaufend, Krümmung“ (DG 151).

Visoki Kurjek von „visoki“ und von „kurjek dial./kurnik“ für „Hochgelegener Hühnerstall“ als **Bärenkogel**, Gipfel in den Karawanken, 1979 m (HG); ZP 2019: *„Bärenkogel/Visoki Kurjek“*. – *„Ko:gl, Kho:gl“*/„Kogel“/Berg mit rundlichem Gipfel (MaKd 1989, 115).

V krajah von „v“ für „an“ und „kraj“ für „Ort“, „also Feld an einem Ort mit Randlage“ oder von „kraja“ für „Diebstahl“, demnach „Feld an einem Ort, der einem gestohlen bleiben kann“ (LG), am Rand des Ortes und der großen Sumpfwiese von Petschnitzen; FK 1826: *„Krajach“* (V krajah/Felder in (äußerster) Randlage), Äcker.

Vodiško polje von „Vodiča vas“ und „polje“ für „Gödersdorf“ und „Feld“ als „Gödersdorfer Feld“ (LF).

Vošca von „log“ für „Au, Wiese“ als „Vojšca“ von „ložčica/loščica“ dial. etwa für „Wiesenalm“ (Pohl, 54, 56; FG) als **Woschza** sowie von „oster“ für „spitz, scharf“ (Pohl, 38), Alm in den Karawanken, 1737 m (HG); FK 1826: *„na Vushitz/Voushitz“* (Na Vošci/Auf der Woschza), Wald, *„Volaschitz“* (Vošca), Wiesen am Aichwaldsee, *„Vosca“* (Vošca), Alm in den Karawanken.

Vovče von „ovca“ für „Schaf“, von „vovče dial.“ für „Schafweide“ (BT) oder von „volk“ für „Wolf“, von „vovče dial.“ für „Wolfsgegend“ (BT).

Vrata von „vrata“ für „Tür/Tor“ als **Kärntner Törl**, Gipfel in den Karawanken, 1762 m (HG); „Vrata“ für „Tür/Tor“ in Ledenitzen (FG). – *„Torr“*/der höchste Punkt eines Gebirgsüberganges, daher „Tauern“ (KI 2015, 94), sl. „Ture“.

Vratca von „vrata“ für „Tür/Tor“, „vratca dial.“ für „kleines Tor“, Gipfel in den Karawanken, 1660 m (HG).

Vratce von „vratce dial.“ für „kleines Tor“ als **Krainer Törl**, Felsen in den Karawanken (HG).

Vrbénje von „vrba“ für „Weide (Baum)“, von „vrbenje dial.“ für „Weidengestrüpp“ (LF).

Vrbje von „vrba“ für „Weide“ (Baum), von „vrbje“ für „Weidengehölz“ (LF).

V robu von „v“ für „am“ und „rob“ für „Rand/Ackerrain/Ånawend“, also „Na robu/ovratu/ am Ackerrain/Auf der Ånawend“ (LG); FK 1826: *„Robb“* (Rob/Rand/Ackerrain/Ånawend), Äcker.

Vršič von „vrh“ für „Gipfel“, von „vršič“ für „der niedrige Gipfel“ als „Der niedrige Gipfel“ in den Karawanken (HG).

Zabutje von „za“ für „hinter“ und möglicherweise von „butara/faška dial.“ für „Fa:schn/Reisigbündel zum Anheizen im Back-/Kachelofen“ (LG). Vgl. die PN „Zabukovec, Zabuschnig“ von „bukev, za bukovjem“ für „Buche, hinter dem Buchenwald“ (Feinig, 340).

Zádovje von „zadaj“ für „hinten“, von „zadovje dial.“ für „Das weit hinten gelegene Grundstück“ (LG).

Zadnji rutič von „zadnji“ und „rutič“ als „Hintere kleine Almwiese“ (LG), in Untergreuth.

Zadobje von „za“ für „hinter“ und „dobje“ für „Eichenwald“, Hinter dem Eichenwald (LG).

Zagoriška planina von „Zagoriče“ und „planina“ für „Alm“ als **Goritschacher Alm** (LF).

Zagoriški delivi von „Zagoriče“ und „deljiv“ für „teilbar“, „delivi dial.“ für „deleži/deli/parcele“ als Goritschacher Talungen/Parzellen (FG).

Zagoriški škrc von „Zagoriče“ und „škrc dial./škorec“ für „Star (Vogelart)“ als „Goritschacher Star“ (BT), Felsen in den Karawanken (HG).

Zahlína von „za“ für „hinter“ und „hlina dial./glina“ für „Ton“, Hinter dem Ton/Hinter der Tonerde (SM), auch von „Mergel“ für „Tongrube für eine Ziegelei“ (DG 112), hinter dem Hotel Mittagskogel (LG).

Za Humcem von „za“ für „hinter“ und „holmec“ für „kleiner Hügel, kleine Bergkuppe“ (Pohl, 56), Gebiet hinter dem Humec (LG).

Zajézje von „za“ für „hinter“ und „jez“ für „Wehr“, Gebiet hinter dem Wehr (LG), am Worounitzabach in Untergreuth.

Za Loko von „za“ für „hinter“ und „loka dial./travnik“ für „Wiese“, Hinter der Wiese bzw. Hinter der Loka (LG).

Zalòm von „za“ für „hinter“ und „lòm“ für „Abbruch/Kante“, Hinter der Abbruchkante des Pridou/Pridov (LG).

Zamonikova planina von „vulgo Zamonik“ und „planina“ für „Alm“ als **Samonigalm** (LF).

Zarigeljč von „za“ für „hinter“ und „Riegl dial./Hügel/hrib“, von „rigeljč“ für „kleiner Riegl/Hügel/hribček“, Za hribčkom/Hinter dem kleinen „Riegl“/Hügel (LG).

Zarovje von „za“ für „hinter“ und „rov“ für „Stollen“, von „rovje dial.“ für „mehrere Stollen“, Hinter den Stollen (LG).

Za rovom von „za“ für „hinter“ und „rov“ für „Stollen“, Hinter dem Stollen (LG). – *„Hinta de Knåpmle:cher/*Berwergsstollen/Knappenlöcher“ (Hinter den Bergwerksstollen/Za rudarskimi rovi, MaKd 1989, 114).

Zarútič von „za“ und „rutič“ als „Hinter der kleinen Almwiese“ oder „Hinter dem Rutič“ (LG).

Za Stranjo von „za“ für „hinter“ und stran“ für „abseits“ oder „auf der anderen Seite“, Hinter dem abseits oder auf der anderen Seite gelegenen Grundstück, Hinter der Stranja (LG).

Zdižnov graben von „vulgo Zdižen“ und „grabən“ für „Graben/jarek“ als „Zdižen-Graben/ Zdižnov jarek“ (FG).

Zec von „zec dial./zajec“ für „Hase“ (BT).

Zilja von altgerm./vorröm. „*Gilia“ < „*gailia“ zu idg. „*ghoilo“ für „aufschäumend, heftig“ als **Gail** (Fluss, SF), dial. „Zila“ (Pohl, 86); FK 1826: *„Gail“* (Zilja), Fluß. – Grenze zwischen den Gemeinden Finkenstein und Villach verläuft in der Mitte des Flusses (LMR).

Znotrnce von „znotraj“ für „innen, innerhalb, drinnen dial.“, von „znotrnce dial.“ für „Binnenfeld“, innere Gebirgszüge in den Karawanken (LG). – *„im Binnenfeld verstreute Lage“* (DG 64).

Zule von „zvaliti“ für „herabwälzen/herunterrollen“, Geröllhalde (HG).

Zvrhnje ledine von „zvrhnji dial./zgornji“ und „ledina“ für „Brache/Brachland/Naturwiese, Hutweide“, von „zvrhnje ledine dial./zgornje ledine“ für „Die oberen Brachen“ (LG).

Žihrova koča von „vulgo Žiher“ und „koča“ für „Žiher-Hütte“ (GG).

Žlaviče von „žleb“ für „Rinne“, von „žlaviče dial./žlebice“ für „Kleine Rinnen“ (FG), Gegend in Altfinkenstein.

Žlebiče von „žleb“ für „Rinne, Kanal“, „žlebiča dial./žlebica“ für „kleine Rinne, kleiner Kanal“, „žlebiče dial./žlebice“ für „Kleine Rinnen/Kanäle“ (FG), Gegend in den Karawanken und in Oberaichwald. – Vodovodni žleb za tovarno testenin/Wasserrinne, Kanal zur Nudelfabrik in Müllnern; das Wasser dient als Antriebskraft für die Maschinen (LMR). – „zapənca dial./zaprnca“ als Absperrvorrichtung für die Wasserzufuhr am oberschlächtigen Wasserrad bei der Ojc-Säge beim vulgo Prangar in Sigmontitsch (LMR). – Nadkolesna voda/oberschlächtige Wasserzufuhr; podlivən, podlivno kolo/unterschlächtiges Wasserrad (LMR).

2.3.2 Finkensteiner FLU-LED-Karte 2018, Seite 1, Ortschaftskarte

Von der Geländekarte der Tourismuskarte Finkenstein (2018, Seite 2) wurden die obigen 493 Flurnamen herausgeschrieben und erläutert. Die Orte und Weiler innerhalb der Marktgemeinde Finkenstein wurden schon in LMR: Vulgonamen, 2016, 15 f., erklärt. Nun folgen hier noch Flurnamen, die sich nur auf Seite 1 der obigen Tourismuskarte als Ortschaftskarten befinden, u. zw. auch in alphabetischer Reihenfolge:

Dolinka von „dolina“ für „Tal“, von „dolinka dial./dolinica“ für „kleines Tal“, Das kleine Tal (FG), in Latschach, südlich vom Gasthof Zenz.

Farovška njiva von „vulgo Farovž“ und „njiva“ für „Acker“ als „Pfarrhof-Acker“ (LF), in St. Stefan, in unmittelbarer Nähe des Pfarrhofs. Siehe „Esch“ > „Farovško polje“, „Kronkovo polje“, „Trpinja“, „Trupijeva planina“; „Klemenčeva njiva“, „Tavpijeva njiva“.

Jurčeve Sine von „vulgo Jurč“ und „psinje, psina“ für „Hundsgegend“ (Pohl, 47; BT) als „Jurč-Hundsgegend“ in Latschach; wird jedoch nicht von „seno“ für „Heu“ abgeleitet (LMR).

Klemenčeva njiva von „vulgo Klemenc“ und „njiva“ für „Acker“ als „Klemenc-Acker“ (LF), in Mallestig, in unmittelbarer Nähe des Hofes. Siehe „Esch“ > „Farovško polje“, „Kronkovo polje“, „Trpinja“, „Trupijeva planina“; „Farovška njiva“, „Tavpijeva njiva“.

Mali Vršič von „mali“ für „der kleine“ und „vrh“ für „Gipfel“, von „vršič“ für „der niedrige Gipfel“, der Kleine niedrige Gipfel (HG), in der Nähe vom vulgo Žlosar in Unteraichwald.

Mikvavlov bajar von „vulgo Mikvavel“ und „bajar“ für „Weiher/Teich“ als „Mikvavel-Weiher/Mikvavel-Teich“ (SF), in Mallestig.

Na mlinu von „na“ für „auf/an“ und „mlin“ für „An der Mühle“ (LG), in St. Job.

Nad cesto von „nad“ für „ober“ und „cesta“ für „Straße“, Ober der Straße (LG), in Latschach.

Pod cerkvijo von „pod“ für „unter“ und „cerkev“ für „Kirche“, Unter der Kirche (LG), in Latschach.

Pri cerkvi von „pri“ für „bei“ und „cerkev“ für „Kirche“, Bei der Kirche (LG), in Faak am See.

Pri Smolju von „pri“ für „bei“ und vom PN „Smole“ (LG), in Latschach. – Von „smola“ für „Harz/Pech“, also „Beim Pechsammler“.

Pri Terbju von „pri“ für „bei“ und vom PN „Terb, Trboj, Trbon“ oder so ähnlich (LG), in Latschach. – Vom Ortsnamen „Trbovlje“ (Slowenien) für „Trifail, auch Triefel“, also „Beim Triefel/Tropf/Einfaltspinsel“. Ein „Triefel“ ist ein „langsamer, langweiliger Mensch“ bzw. „ein Tropf“. Das weibliche Pendant zu „Triefel/Tropf“ ist „terba dial./neumna, nespametna ženska“ für „Treapn dial./Tudl dial./dumme, geistig zurückgebliebene, unverständige, unzurechnungsfähige, stumpfsinnige Frauensperson“ (LMR).

Pri Tilčiji von „pri“ für „bei“ und „Tilči“ als „Acker bei der Tilči/Mathilde“ (LG), in St. Stefan.

Pri Vahtarci von „pri“ für „bei“ und „vahtarca dial./čuvajnica“ für „Wächterhäuschen“, also „Beim Bahnwächterhäuschen/Pri progovni čuvajnici“ (LG), in St. Stefan.

Rakla von „rakla dial./fižolovka/prekla“ für „Stange, Bohnenstange“ (LF), in Sigmontitsch. – „Hopfenstange“ (Hopfen/hmelj) kommt hier wohl nicht in Frage. Hier wurde vermutlich neben Wein auch Met sowie Apfel- und Birnenmost getrunken (LMR). – In Altfinkenstein braute man beim vulgo Eder/Bukovnik Steinbier aus Hafermalz. (Vgl. Haas: Der lange Christoph. Roman, 1940, S. 25.)

Stranje von „strán dial./ob strani/stran s poti“ für „Abseits“ oder „Auf der anderen Seite gelegenes Feld (LG), in Sigmontitsch.

Tavpijeva njiva von „vulgo Tavpi“ und „njiva“ für „Acker“ als „Tavpi-Acker“ (LF), in Mallestig, in unmittelbarer Nähe des Hofes. Siehe „Esch“ > „Farovško polje“, „Kronkovo polje“, „Trpinja“, „Trupijeva planina“; „Farovška njiva“, „Klemenčeva njiva“.

Veliki Vršič von „veliki“ für „der große“ und „vrh“ für „Gipfel“, von „vršič“ für „der niedrige Gipfel“, der Große niedrige Gipfel (HG), in der Nähe vom vulgo Žlosar in Unteraichwald.

Žlosarjeve Sine von „vulgo Žlosar" und „psinje, psina" für „Hundsgegend" (Pohl, 47; BT) als „Žlosar-Hundsgegend" in Unteraichwald; wird jedoch nicht von „seno" für „Heu" abgeleitet (LMR).

Von der Geländekarte (S. 2) der Finkensteiner Tourismuskarte (2018) wurden 493 und von der Ortschaftskarte (S. 1) 19 Flurnamen erfasst und erklärt. Dazu kommen noch 59 Flurnamen aus dem Vermessungsprotokoll St. Stephan von 1827 und 29 Flurnamen aus dem Franziszeischen Kataster 1826. Das ergibt eine Gesamtanzahl von 600 großteils verschiedenen Flurnamen. Die Zuordnung zu einzelnen Stichwörtern wäre ohne ein besonderes Wörterbuchprogramm für mich als Einzelperson viel zu aufwändig. Zudem würde ein solches Vorgehen für Deutschsprachige die Suche nach bestimmten Flurnamen erheblich erschweren. Der Vorteil der alphabetischen Auflistung liegt eindeutig darin, dass Personen, die kein Slowenisch beherrschen, die Flurnamen aus der Tourismuskarte 2018 hier im Buch sofort finden und auch entsprechend erklärt bekommen.

2.4 Zusammenfassung

Die in der Tourismuskarte der Marktgemeinde Finkenstein am Faaker See angeführten Flurnamen wurden nach sprachwissenschaftlichen Gesichtspunkten erklärt. Davon weichen die im Franziszeischen Kataster (1826/27) genannten Ortsnamen geringfügig ab. St. Job hieß damals noch Oberlatschach und Untergreuth wurde als Mittergreuth bezeichnet. Einige Ortsnamen sind inzwischen verschwunden, wie z. B. „Dorndorf" bzw. gerieten wegen der eingeführten Straßenbezeichnungen in Vergessenheit, wie z. B. „Mallestig" und „St. Stefan". Vor über 190 Jahren dienten Ortsbezeichnungen auch als Flurnamen, z. B. „Pogeriach"/Pogöriach.

Eine weitere Gruppe von geographischen Namen sind die Gebirgsnamen, die sich in den Karawanken natürlich häufen. Diese sind in der Tourismuskarte fast durchwegs zweisprachig festgehalten, während sie im Franziszeischen Kataster (1826), wie auch alle anderen Flurnamen, durchwegs in Deutsch verschriftet wurden, was zu zahlreicher Verballhornung führte. Sehr häufig tritt der Begriff „poldne" für „Kogel" bzw. „Mittag" auf. Und so haben wir in unserem höchsten Gipfel, dem „Mittagskogel", eigentlich eine Doppelbenennung, wenn man vom slowenischen Grundwort „poldne" ausgeht. Unser trapezförmiges Wahrzeichen heißt im Slowenischen allerdings „Jepa" bzw. „Kepa", was soviel wie „Gesteinsklumpen" bedeutet. Und dieser Begriff wäre ja für den Tourismus wirklich nicht werbetauglich. Nebenbei bemerkt bedeutet „Holmenkolm" eigentlich „Hügel-Hügel" oder „Kogel-Kogel" bzw. „Hügel-Kogel" oder „Kogel-Hügel", denn „holm" ist das slowenische Wort für „Kulm", wovon sich unsere zahlreichen „Kogel" auch ableiten. Besonders interessant sind die Benennungen von einzelnen Felsen im Klettergarten Kanzianiberg: „Zec/Zajec/Hase", „Koka/Gupf/Kuppe" oder „Kokoš/Henne", „Kralj/ König", „Kraljica/Königin".

Dann haben wir in unserer Gemeinde natürlich zahlreiche Gewässernamen, u. zw. für stehende und fließende Gewässer, was irgendwie logisch ist, denn irgendwohin muss doch das Regen- und Schmelzwasser aus den Karawanken abfließen. Viele Wildbäche münden in den Seebach, andere direkt in die Gail, in deren Mitte auch die Grenze zur Stadtgemeinde Villach verläuft. Und wir haben gleich zwei Badeseen, den Faaker und den Aichwald-See. Und dann gibt es noch einige Teiche, wie z. B. beim vulgo Mager in Mallestig. Zum Großteil verschwunden sind die zahlreichen Gerinne, Wehranlagen und Mühlräder für die Betriebe wie Hammerwerke, Schmieden, Mühlen, Lederer und andere, zwei Ausnahmen davon sind die ehemalige Koffler-Säge in St. Stefan, jetzt ein Betrieb zur Herstellung von Fertighäusern aus Holz, und die Finkensteiner Nudelfabrik in Müllnern. Hier möchte ich noch die „zapenca" in Sigmontisch erwähnen, eine Absperrvorrichtung bei der ehemaligen Ojc-Säge beim vulgo Pranger, und die Dorfmühle in Mallestig. Verzeihen Sie mir, dass ich als etwas ältere Gemeindebewohnerin diese beiden Ortsnamen nach wie vor verwende, denn ich meine ja in diesem Zusammenhang die Katastralgemeinden, die noch immer so heißen.

Zu den geographischen Eigennamen zählen auch die Ortsnamen, die ich bereits im Buch 2016 erklärt habe (S. 14 ff.). In unserer Gemeinde Finkenstein/Bekštanj gibt es sieben weiße zweisprachige Ortsschilder, nämlich in „Goritschach/Zagoriče", „Oberferlach/Zgornje Borovlje", „Petschnitzen/Pečnica", „Sigmontitsch/Zmotiče", „Susalitsch/Žužalče", „Unterferlach/ Spodnje Borovlje" und in „Untergreuth/Spodnje Rute" sowie in der Gemeinde Arnoldstein/ Podkološter eine Ortstafel mit blauem Rand, nämlich in „Hart/Ločilo".

Dann gibt es ganz allgemeine Bezeichnungen für land- und forstwirtschaftliche Nutzflächen, wie z. B. „njiva/Acker", „puəle/polje/Feld", „ledina/Brache/Hutweide", „kovšče/Hauswiese", „ograda/Koppel", „trata/Tråtn", „greda/vrt/Gemüsegarten", „pungart/sadovnjak/Obstgarten", „gmajna/gozd/Wald" usw. usf. Auch hier veränderte sich sehr viel, denn heute kann niemand mehr von einer sogenannten Hube leben, die bei uns hier so zwischen 16 und 25 Hektar umfasst. Die veränderte Wirtschaftsweise schlägt sich auch in Begriffen wie „lesa/Weidegatter" oder „stuəg/stog/Harpfe" nieder, die von den Jungen wahrscheinlich niemand mehr kennt.

Ich erwähne übrigens sowohl im Slowenischen als auch im Deutschen zuerst die Dialektausdrücke, wenn sie vom Standardbegriff wesentlich abweichen, weil die Vulgo-/Haus-/Hof- und Flurnamen in ganz Mitteleuropa auf die gleiche Weise entstanden sind und auch überall im Dialekt mündlich oder schriftlich überliefert wurden. Das gilt für Kärnten ebenso wie für Tirol in Österreich oder Westmecklenburg und Westfalen in Deutschland. Und es gibt noch eine länderübergreifende Gemeinsamkeit: Überall haben sich zu allen Zeiten auch namhafte Kartographen und andere Wissenschafter bei der Deutung von Vulgo- und Flurnamen geirrt. Wenn ich also in diesem Zusammenhang so manchen Bock geschossen habe, dann bitte ich um Verzeihung, aber deshalb geht unsere Welt nicht unter.

Und schlussendlich möchte ich noch einige spektakuläre Flurnamen erwähnen. Da die Grundstücksverzeichnisse aus den Jahren 1826/27 in Kurrent verfasst sind, weder die Geometer und die Kanzlisten noch die zu Hilfskräften herangezogenen Soldaten in der Regel Slowenisch bzw. Windisch nicht verstanden, kam es auch zu Abschreib- und Deutungsfehlern. So lautete die heutige „Počivava" damals „Petschuwewa" und der „Kozji hrbet" (Geißrücken) war ein „Panzeth". Und wie kommen Wörter wie „Schach", „Tomba" oder „Na Mille" in die Landschaft? Bei Grundstücksteilungen ging man unter Anderem auch so vor, dass man die „Talungen/Parzellen" schachbrettartig anordnete, wobei man unterschied zwischen „Stuck" und „Acker". Wenn ich da die Äcker in „Zanuu̯e/Senovje" in St. Stefan hernehme, dann wäre das „ein Prånt Stück, ein Vrancl Åcker, ein Rjan Stück, ein Vrancl Åcker" usw. „Senovje/Heufeld/Rainfeld" liegt jetzt in St. Stefan in Richtung Müllnern, damals vor fast 200 Jahren wurde das als „Rainfeld" bezeichnet und die Äcker in Richtung Höfling, die ober St. Stefan liegen, waren „Usanouje", also „Oben am Rainfeld/Hügel", die gehören aber zum

„Foltič“ und „Guažar“. „Tomba“ kommt aus dem Italienischen und Altgriechischen und heißt „Grab, Begräbnisstätte“ und liegt in Altfinkenstein, die alte Abfahrtstrasse beim Baumgartner. „Na Mille“ liegt in St. Stefan südlich von Dobiče und bedeutet einerseits „Hügel“, andererseits aber auch „Grabhügel“ oder „Hügelgrab“. Als „Gmühl“ bezeichnet man jedoch das Abdeckmaterial aus Holzkohlenstaub und Erde für einen Kohlenmeiler. Ob auf der „Tomba“ bzw. „Na Mille“ jemals wer begraben oder ob dort Kohlenmeiler betrieben wurden, müssten Historiker klären.

Sehr interessant sind im Übrigen Flurnamen wie „Štrdinc“, „Trpinja“, „Wernach“ und „V Murne“. Gott sei Dank gibt es Nachschlagewerke, wie etwa das Herkunftswörterbuch, alte Wörterbücher und neue Forschungen, die sich mit solchen Besonderheiten herumschlagen. Und in zwei deutschen Büchern über Westmecklenburg und Westfalen bin ich auch zu „Štrdinc“ fündig geworden. Man hat Äcker nach ihrem Ausmaß bzw. nach dem Arbeitsaufwand oder nach der Menge des Saatgutes benannt, und so heißt „Štrdinc“ ganz einfach „Viertagesfeld“ oder „Viermorgenacker“. Für diesen Acker brauchte ein Mann also vier Tage oder Morgen, um ihn zu bearbeiten. „Trpinja“ deutet auf die schlechte Bodenqualität hin, d. h. dass man sich damit sehr plagen musste. „Wernach“ dürfte von slowenisch „bernja/berna“ kommen, im Dialekt „viêrna“, was soviel wie Kollekte für den Schulmeister oder Pfarrer bedeutet, also ein Kirchen- oder Schulmeisteracker. Und „V Murne“ kommt vom Dialektbegriff für Brombeeren, „murne“, im Standard „robide“, bedeutet also „Im Brombeerschlåg“.

Von den 512 erfassten Flurnamen aus der FLU-LED-Karte (2018; 493 Flurnamen von S. 2 und 19 von S. 1) haben 14 keinen slowenischen oder deutschen Ursprung: altgerm./vorröm. „Zilja“, altgr./lat. „Tomba“, lat. „Murne“ und „Na Havstru“, furl. „Tamar“, „Tamarča“ und „Tamarče“, it. „Arca“, „Trenta“ und Radice“, frz. „Božov“ und „Supé“, türkisch/slaw. „Tabor“, poln. „Panir“. Von Namen abgeleitete Bezeichnungen bzw. sl./dt. Lehnwörter aus anderen Sprachen sind: „Karavanke“, „Marišče“, „Plajperk“, „Pod Pogorjanami“, „Pri kapelici“, „Pri Mariji“, „Resmanica“, „Šah“, „Škocjan“, „Štefec“ und „Šustarca“, also 11 Begriffe. Dt. Herkunft sind: „Avcih“, „Bunker“, „Fiferl“, „Frajina“, „Fretar“, „Frona“, „Graben“, „Knape“, „Kobel“, „Lajta“, „Mitzl-Moitzl-Hütte“, „Obere Hube“, „Poden“, „Pungart“, „Štuk“, „Štuki“, „Tanzboden“, „Trata“ und „Untere Hube“ (19 Begriffe). Dt. Bezug haben folgende 20 Flurnamen: „Blekova“, „Cipara“, „Cipe“, „Einsiedlerca“, „Grabenč“, „Gartenč“, „Gipsarca“, „Gračanca“, „Hetrej“, „Jagerc“, „Kajžca“, „Marprh“, „Miterle“, „Šmelca“, „Šmirbalča“, „Šnajdarka“, „Tratce“, „Trate“, „Trebaž“ und „Zarigeljč“. Zeugen dt./sl. Sprachgemeinde sind: „Blekova planina“, „Mikvavova trata“, „Na Koblu“, „Na Marpže“, „Na Mile“, „Na tajhti“, „Na trati“, „Pod Gračanco“, „Pri Kajžah“, „Pri kajži“, „Stara frata“, „Pri Vahtarci“ und „Veliki grebenc“. Hierher zählen auch die Flurnamen: „Magrov bajar“, „Nemcev bajar“ und „Mikvavov bajar“ sowie „Ilčev graben“, „Kališnikov graben“, „Mlinski graben“, „Ojcov graben“, „Oražev graben“, „Suški graben“ und „Zdižnov graben“, insgesamt 23 Flurbezeichnungen. Von 512 Flurnamen weisen 14 keinen sl./dt. Bezug auf, 73 gehören aber zu dieser Sprachgemeinschaft. Daher verbleiben 425 slowenische Flurnamen, das sind 83 Prozent aller Finkensteiner Flurnamen aus der FLU-LED-Karte (2018, S. 2 und S. 1).

Meine Tanten und Onkel mütterlicherseits konnten die meistens im Grundstücksprotokoll 1827 erfassten Flurnamen nicht erklären. So gesehen bin ich sehr stolz auf mich, diese Arbeit geleistet zu haben, 10 Jahre nachdem die UNESCO die slowenischen Flur- und Vulgo-/Haus-/Hofnamen in das Verzeichnis des immateriellen Kulturerbes aufgenommen hat.

Abkürzungen:

ahd./althochdeutsch
akslaw./altkirchenslawisch
alpenslaw./alpenslawisch
altengl./altenglisch
altgerm./altgermanisch
altgr./altgriechisch
altlav./altlavanttalerisch
altslaw./altslawisch
Aufl./Auflage
bair./bairisch
Bd./Band
BM/Bezug zum Menschen
BT/Bezug zu einem Tier
bzw./beziehungsweise
D/Deutschland
DG/Dieter Greve
dial./dialektal
dt./deutsch/Dt.
DZS/Državna založba Slovenije/Bundesverlag Sloweniens
engl./englisch
EU/Europäische Union
FG/Form der Grundstücke
frz./französisch
furl./furlanisch
gallorom./galloromanisch
GG/Gatter und Gebäude
gemeingerm./gemeingermanisch
gemeinslaw./gemeinslawisch
germ./germanisch
got./gotisch
gr./griechisch
GS/Gisbert Strotdrees
Hrsg./Herausgeber
hrsg./herausgegeben
HG/Hügelland und Gebirge
idg./indogermanisch/indoeuropäisch
indoiran./indoiranisch
it./italienisch
kä./kärntnerisch mundartlich
kelt./keltisch
keltorom./keltoromanisch
KI 2015/Kärntnerisches Idiotikon
kroat./kroatisch
kslaw./kirchenslawisch
lad./ladinisch
lat./lateinisch
LF/Land- und Forstwirtschaft
LG/Lage der Grundstücke
LMR/Luise Maria Ruhdorfer
LwB/landwirtschaftliche Besitzungen
m/Meter
ma./mittelalterlich
MaKd 1989/Mundartkunde Pohl
mittellat./mittellateinisch
mhd./mittelhochdeutsch
norddt./norddeutsch
oz./oziroma/bzw./beziehungsweise
PN/Personenname(n)
PT 2013/Panoramatafel in Deutsch
rom./romanisch
russ./russisch
SAZU/Slovenska akademija znanosti in umetnosti/Slowenische Akademie für Wissenschaft und Kunst
schott./schottisch
schweizer./schweizerisch
serb./serbisch
SF/stehende und fließende Gewässer
sl./slowenisch
slaw./slawisch
SM/Stoff und Material
SN/Sonstige Nutzung
sog./sogenannt(e)
tsch./tschechisch
u. a./und andere/unter Anderem
u. ä./und ähnliche
unveränd./unveränderte
usf./und so fort
usw./und so weiter
u. zw./und zwar
urslaw./urslawisch
Var/Varianten zu den Eigennamen
v. a./vor allem/viele andere
vgl./vergleiche
VHN/Vulgo-/Haus-/Hofnamen
VM 1827/Vermessungsprotokoll St. Stefan
vorröm./vorrömisch
WN/Wegenetz
z. B./zum Beispiel
ZRC/Znanstveno raziskovalni inštitut/Wissenschaftliches Forschungsinstitut
ZP 2019/Zweisprachige Panoramatafel
zw./zwischen

In den Unterkapiteln 2.1, 2.2 und 2.3 verwendete Literatur:

Cevc, Tone und Ignac Primožič: Das Bauernhaus in den Karawanken. Hrsg. Wissenschaftliches Forschungszentrum der Slowenischen Akademie für Wissenschaft und Kunst. Klagenfurt: Drava Verlag, 1991.

Erlebnisraum Faaker See – Finkenstein. Panoramatafel in Deutsch. Marktgemeindeamt Finkenstein am Faaker See und Tourismusinformation Faak am See, 2013. (Geoinfo – map explorer – VIFAOS-Tourismus – AEGE Grenzenlos – KÄRNTEN MAPS. Standort in Finkenstein, Kirchenplatz. [Ost-West diametral zur Realität.]

Feinig, Anton und Tatjana: Familiennamen in Kärnten und den benachbarten Regionen. Klagenfurt: Hermagoras Verlag, 2004/05.

Fister, Peter: ,Ta hiša je moja, pa vendar moja ni.' Arhitektura Zilje, Roža, Podjune. Celovec: Mohorjeva založba, 1989.

Fran. Slovarji Inštituta za slovenski jezik Frana Ramovša. ISJFR ZRC SAZU. Izdaja strani: Amebis. > SSKJ, tiskane izdaje 1970-1991, 1995, 2008; spletne izdaje 2000, 2010, 2014. > Etimološki slovar, tiskane izdaje 1997, 2003, 2009, spletna izdaja 2015. > Drugi slovarji. – In https://fran.si/ und https://fran.si/193/marko-snoj-slovenski-etimoloski-slovar.

Franziszeischer Kataster: Auspflockung. Aus https://de.wikipedia.org/wiki/Franziszeischer_Kataster, Zugriff: 27.11.2019, 08:45 Uhr.

Frick, Anton: Alte Kärntner Bauernhöfe. Berwang/Tirol: Steiger Verlag, 1987.

Goubran, Alfred (Hrsg.): Anton Überfelders Kärntnerisches Idiotikon. Klagenfurt: Verlag Johannes Heyn, 2015.

„Gmühl“ aus https://de.wikipedia.org/wiki/Nassachtal/Diegelsberg, Zugriff: 10.02.2020, vor 09:05 Uhr, und aus phoenix, 09.02.2020, 21:45 Uhr: „Die härtesten Jobs von damals“ (Köhler, Bergleute, Müller, ...).

Grewe, Dieter: Flurnamenatlas für das südliche Westmecklenburg. Band VI: Amt Stralendorf und Gemeinde Sülstorf. Schwerin (D): Thomas Helms Verlag, 2011.

Kartenmaterial zu Flurnamen in Kärnten und Slowenien. In www.flurnamen.at und www.ledinskaimena.si sowie https://www.kamra.si/digitalne-zbirke/item/ledinska-imena.html.

Kartenmaterial zu Flurnamen in Tirol. In https://www.tirol.gv.at>statistik-budget>tiris>orte-suchen und https://tirol.orf.at/v2/news/stories/2956361 sowie https://www.google.at/tiris > Tiroler Rauminformationssystem, Land Tirol.

Krebitz, Hans: Zurück zum Bauernhaus. Bauernarchitektur in Österreichs Südalpen. Klagenfurt: Carinthia, 1985.

Pohl, Heinz Dieter: Kärnten ... deutsche und slowenische Namen/Koroška ... slovenska in nemška imena. Kommentiertes zweisprachiges Verzeichnis der Siedlungs-, Berg- und Gewässernamen. Wien: Edition Praesens, 2000.

Pohl, Heinz-Dieter: Kleine Kärntner Mundartkunde mit Wörterbuch. Klagenfurt: Verlag Johannes Heyn, 1989.

Protocoll der CatastralVermeſsung sämmtlicher BauParzellen und GrundParzellen, Steuergemeinde St. Stefan, Provinz Illyrien, Kreis Villach, Steuerbezirk Roseck. BezirksObrigkeit Rosek, 31.12.1844 und 24.02.1827.

Ruhdorfer, Luise Maria: Die Finkensteiner Vulgonamen und der Barbara-Zyklus in St. Martin am Techelsberg. Zweiter Band der Reihe: Slowenisch als Fremdsprache im Alltag, in der Kirche und in der Literatur. Remscheid (D): Rediroma Verlag, 2016, Printversion. – Als pdf-Datei siehe www.flurnamen.at bzw. www.ledinskaimena.si unter Höfe und Fluren, Beiträge und Abhandlungen (29. Mai 2019).

Slovar slovenskega knjižega jezika (SSKJ). Izdajatelja (Hrsg.) SAZU, ZRC SAZU, Inštitut za slovenski jezik Frana Ramovša. Ljubljana: DZS, 1994.

Stowasser, J. M., u. a.: Der kleine Stowasser. Lateinisch-deutsches Schulwörterbuch. Wien: Verlag Hölder – Pichler – Tempsky, bearbeitete und erweiterte Aufl., 1980.

Strotdrees, Gisbert: Im Anfang war die Woort. Flurnamen in Westfalen. Hrsg. Hermann Niebaum u. a., Kommission für Mundart- und Namenforschung Westfalens, Bd. 16. Münster (D): Ardey Verlag, 2., unveränd. Aufl., 2018.

Toporišič, Jože: Slovenski pravopis. Izdajatelja: SAZU in ZRC, Inštitut za slovenski jezik Frana Ramovša. Ljubljana, 2001.

Wahrig, Gerhard: Deutsches Wörterbuch mit einem Lexikon der deutschen Sprachlehre. Neu hrsg. von Renate Wahrig-Burfeind. Gütersloh: Bertelsmann Lexikon Verlag, 1997.

Zingarelli, Nicola: Lo Zingarelli. Vacabolario della lingua italiana. Bologna: Verlag Zingarelli, 12., überarbeitete Aufl., 2008.

Zweisprachige Panoramatafel von Finkenstein/Dvojezična panoramska tabla o Bekštanju. Projekt der EL Finkenstein. Siehe https://volksgruppen.orf.at/slovenci/stories/3008305, Zugriff: 12.08.2019, 16:25 Uhr.

2.5 Bildmaterial zu den Finkensteiner Flurnamen

Marktgemeinde Finkenstein am Faaker See/Trška občina Bekštanj ob Baškem jezeru

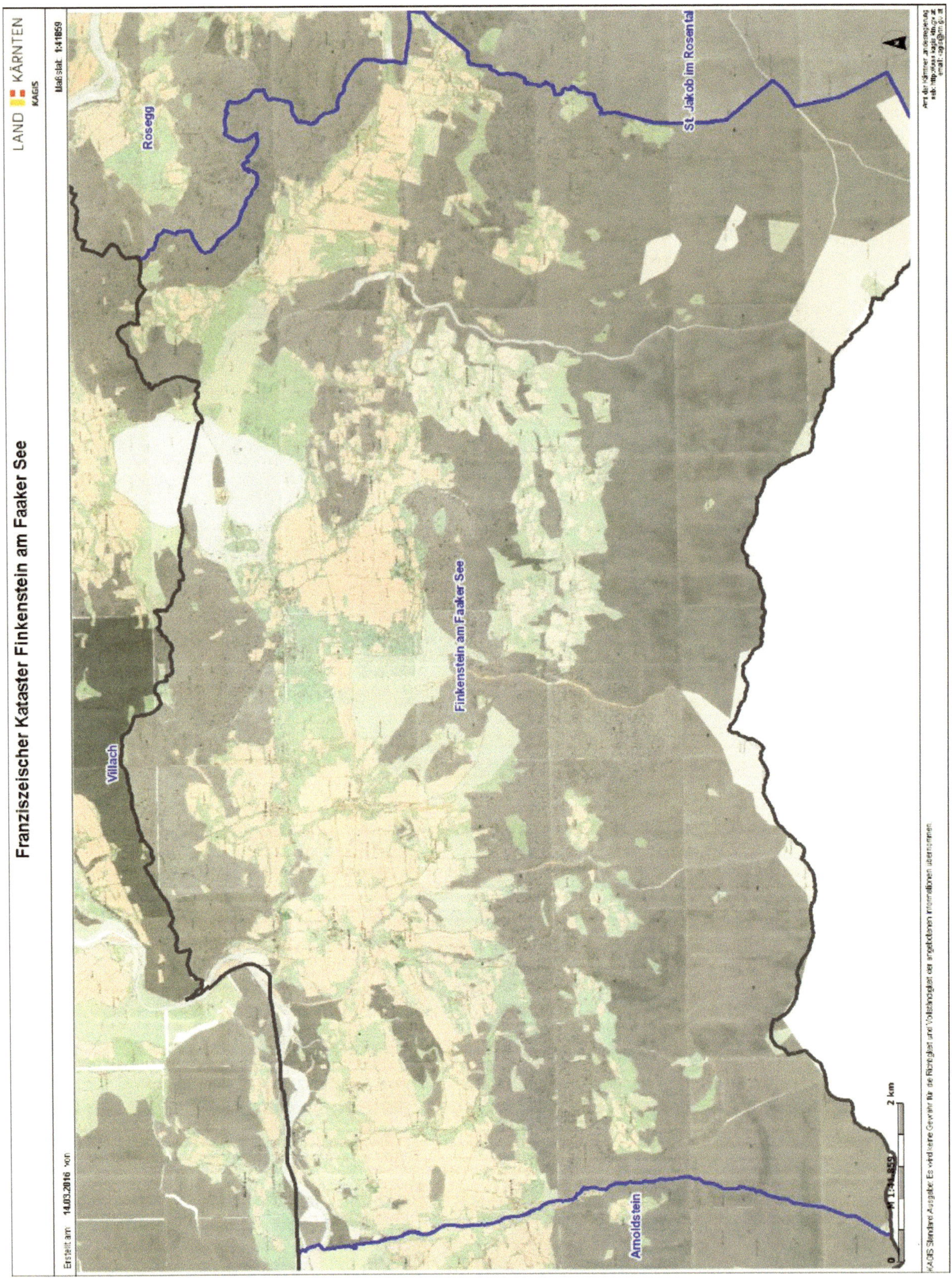

Franziszeischer Kataster (1822-1828).
Quelle: https://www.kagis.gv.at, Zugriff 14.03.2016, 12:34 Uhr.

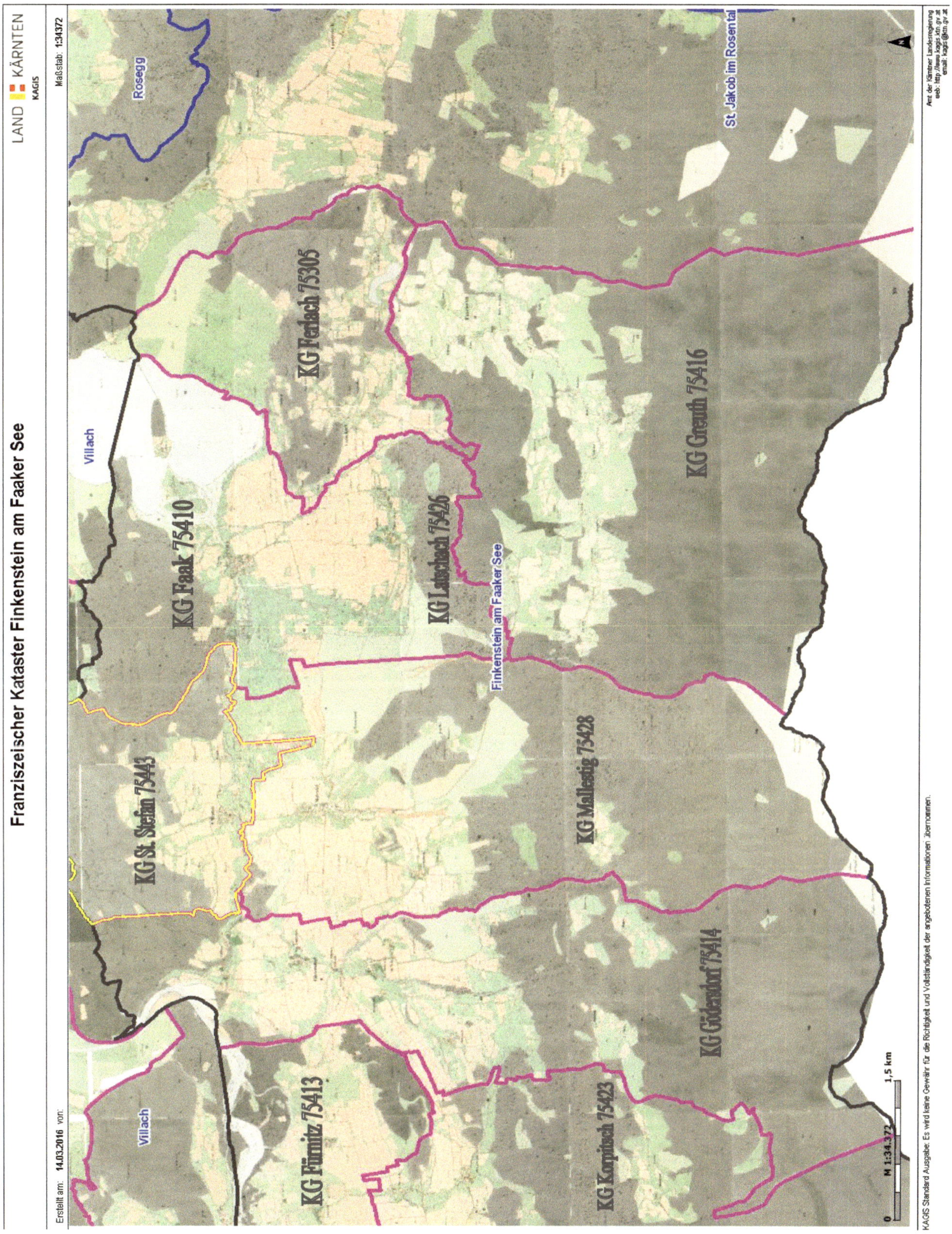

Franziszeischer Kataster (1822-1828) mit Katastralgemeinden.
Quelle: https://www.kagis.gv.at, Zugriff 14.03.2016, 12:34 Uhr.

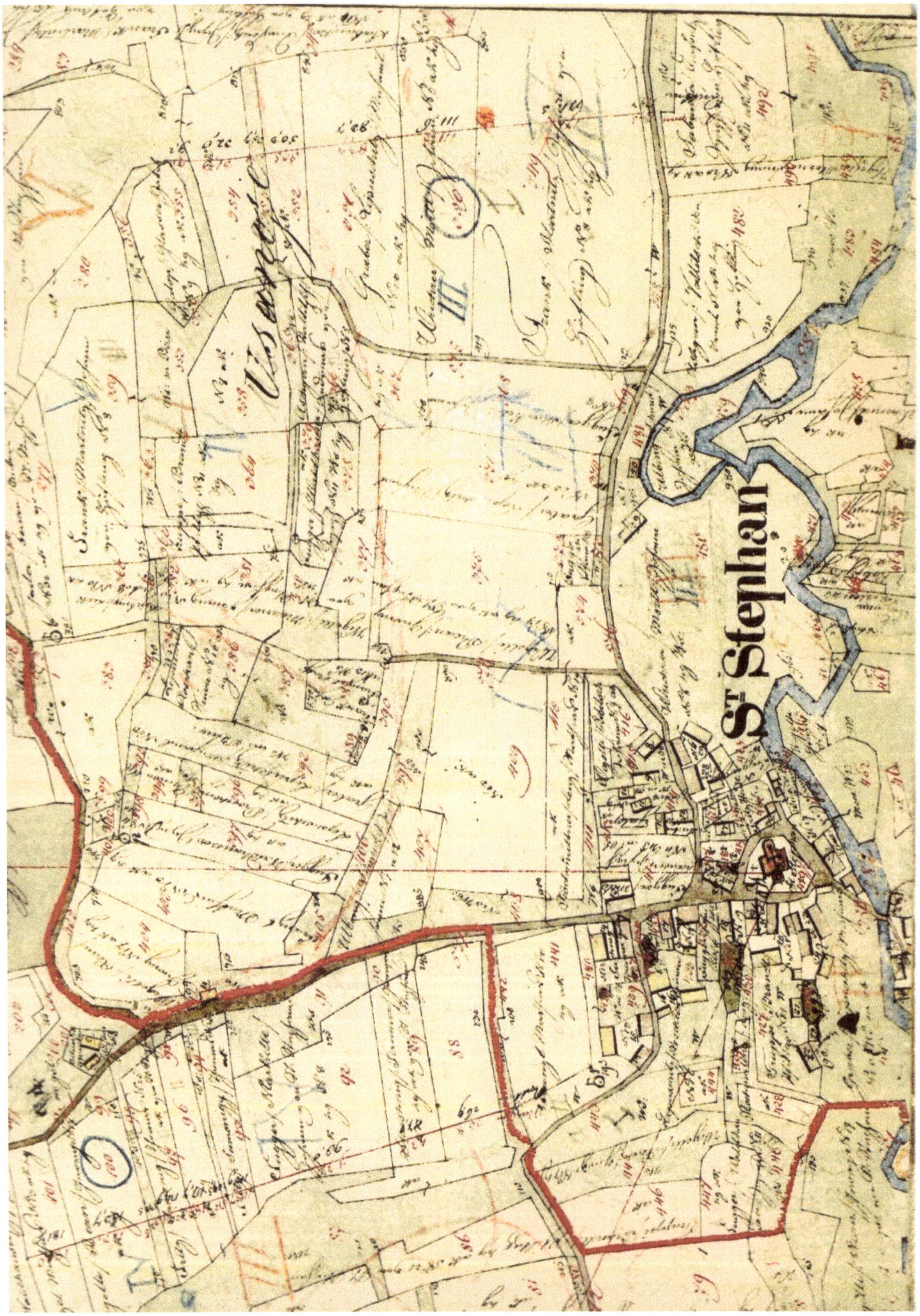

Franziszeischer Kataster 1826, Ort St. Stefan. Quelle: Kärntner Landesarchiv, Klagenfurt.
Rote Linie bezeichnet den Eichenrindentransportweg über die Dobrowa zum vulgo Lederer nach St. Stefan.

Franziszeischer Kataster 1826, Ort St. Stefan. Quelle: Kärntner Landesarchiv, Klagenfurt.

Franziszeischer Kataster 1826, Rainfeld und Na Mille. Quelle: Kärntner Landesarchiv, Klagenfurt.

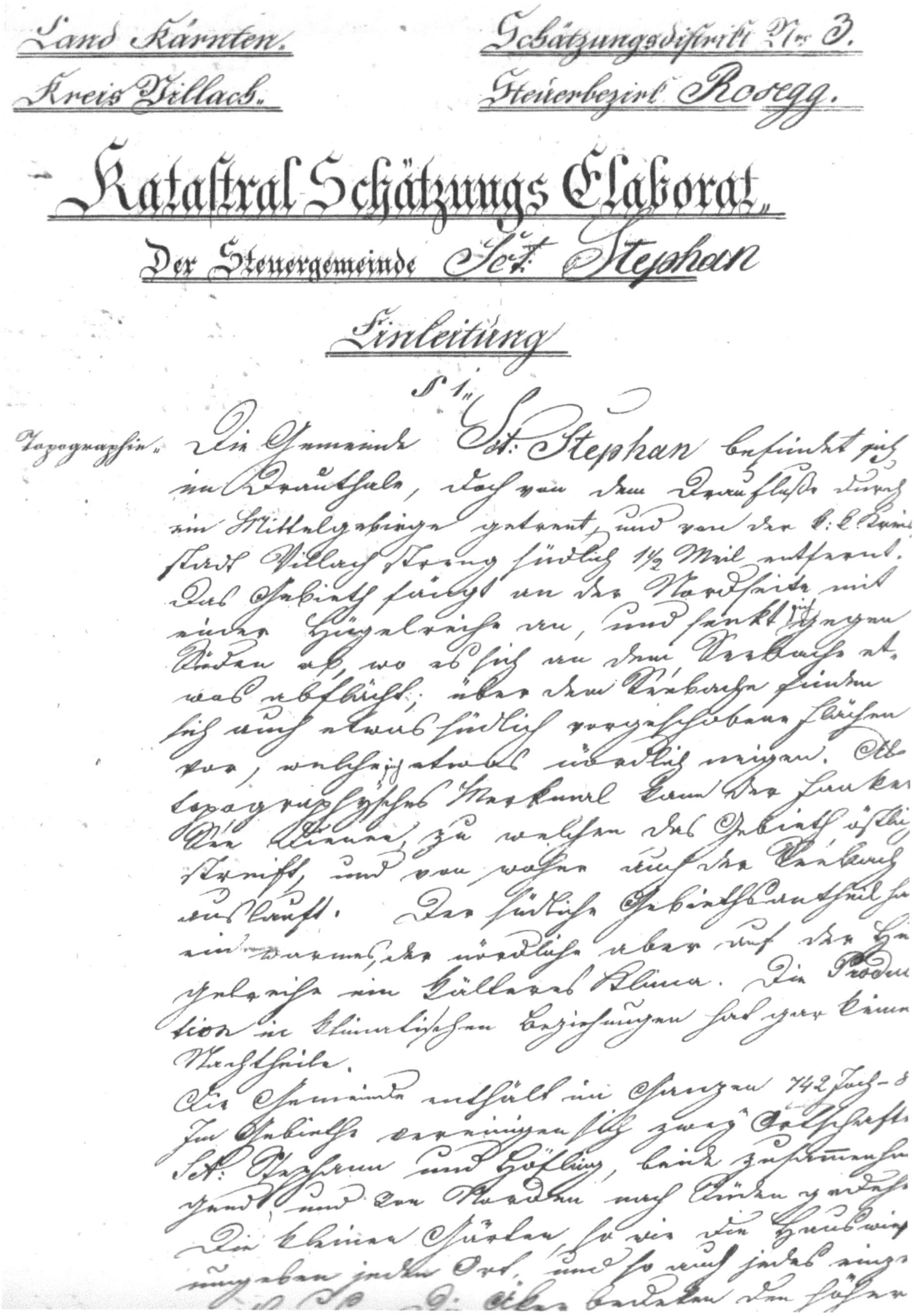
Land Kärnten.
Kreis Villach.
Schätzungsdistrikt Nr. 3.
Steuerbezirk Rosegg.

Katastral Schätzungs Elaborat
der Steuergemeinde Sct. Stephan

Einleitung

§ 1.

Topographie. Die Gemeinde St. Stephan befindet sich im Drauthale, doch von dem Drauflusse durch ein Mittelgebirge getrennt, und von der k. k. Kreisstadt Villach gegen südlich 1½ Meil entfernt.

Katastral-Schätzungs-Elaborat 1831, § 1 Topographie. Quelle: Kärntner Landesarchiv, Klagenfurt.

3. Sie soll diese ihr aufgetragene Vorarbeit rechtfertigen durch die Verschiedenheit des ausfallenden Ertrages der Gründe in den von ihr ausgemittelten Classen und in den verschiedenen Gattungen der Production.

Da diese nützliche Vorarbeit viele Genauigkeit und große Local-Kenntnisse erfordert, so soll die Gemeinde dazu einen Ausschuß aus ihrem Mittel wählen, und sie den Rechtlichsten und Fähigsten ihrer Glieder anvertrauen.

Es versteht sich dabey von selbst, daß diese Classification bloß eine Vorarbeit ist, dazu bestimmt, den Schätzungs-Commissären die ihnen obliegenden Arbeiten zu erleichtern. Diese sind daher verpflichtet, die von den Gemeinden vorgeschlagenen Cassificationen auf das Genaueste zu prüfen, und sie nur nach einer strengen Prüfung anzunehmen.

3. Naj to njej nalosheno pervo delo ſprizha po raslozhku snajdeniga perhodka od semlje v'rasdelkih od nje odkasanih in v'mnogoterih perdelkih.

Kér je tréba to pervo delo natanko in po pravim ſposnanji krajev ſtoriti, naj ſoſeſka smed ſebe nar pravizhniſhi in umniſhi moshé isvoli in jim to délo saupa.

To ſe vé, de je to rasdeljenje le pervo delo ali preddélo k'temu namenjeno, zenovavnim komiſarjem njih delo slajſhati. Ti ſo dolshni, rasdeljenje od ſoſeſk ſtorjeno prav natanko preiskati, in ſhe le po pravim preiſkanji in snajdenji poterditi.

Katastral-Schätzungs-Elaborat 1831, [Bewertung], S. 98. Quelle: Kärntner Landesarchiv, Klagenfurt.

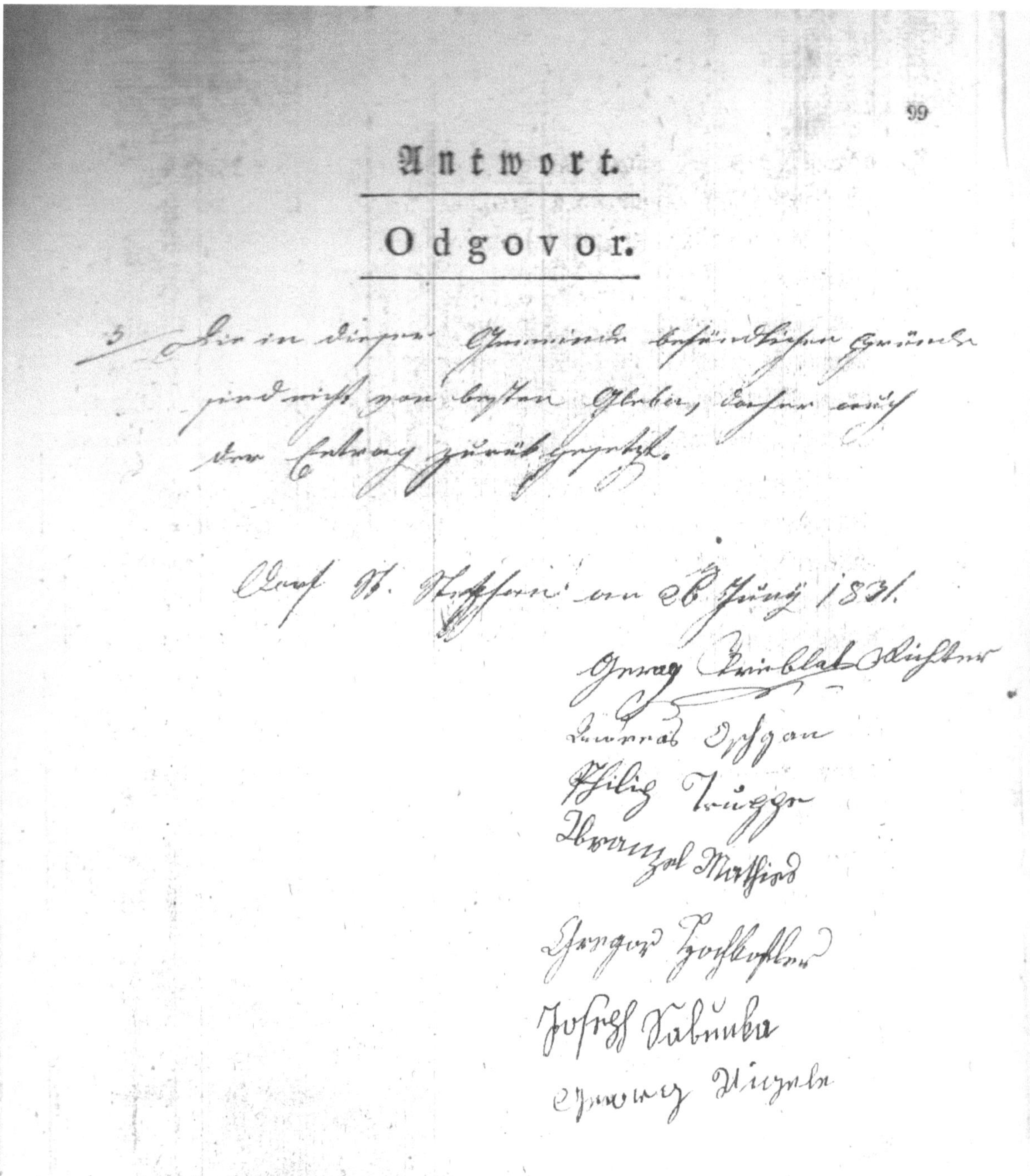

Katastral-Schätzungs-Elaborat 1831, [Antwort./Odgovor.], S. 98. Quelle: Kärntner Landesarchiv, Klagenfurt. Am 28. Juni 1831 unterschrieben außer dem Richter Georg Krieblat (?) noch Konrad Oschgan (vlg. Foltič), Philip Truppe (vlg. Pront), Wranzl Mathias (vlg. Vrancl), Gregor Hochkofler (vlg. Egnarč), Joseph Sabunka (vlg. Zgornji Špančič) und Georg Wigele (vlg. Rjan).

Kreis Villach, Steuerbezirk Rosegg, Steuergemeinde Sct. Stephan

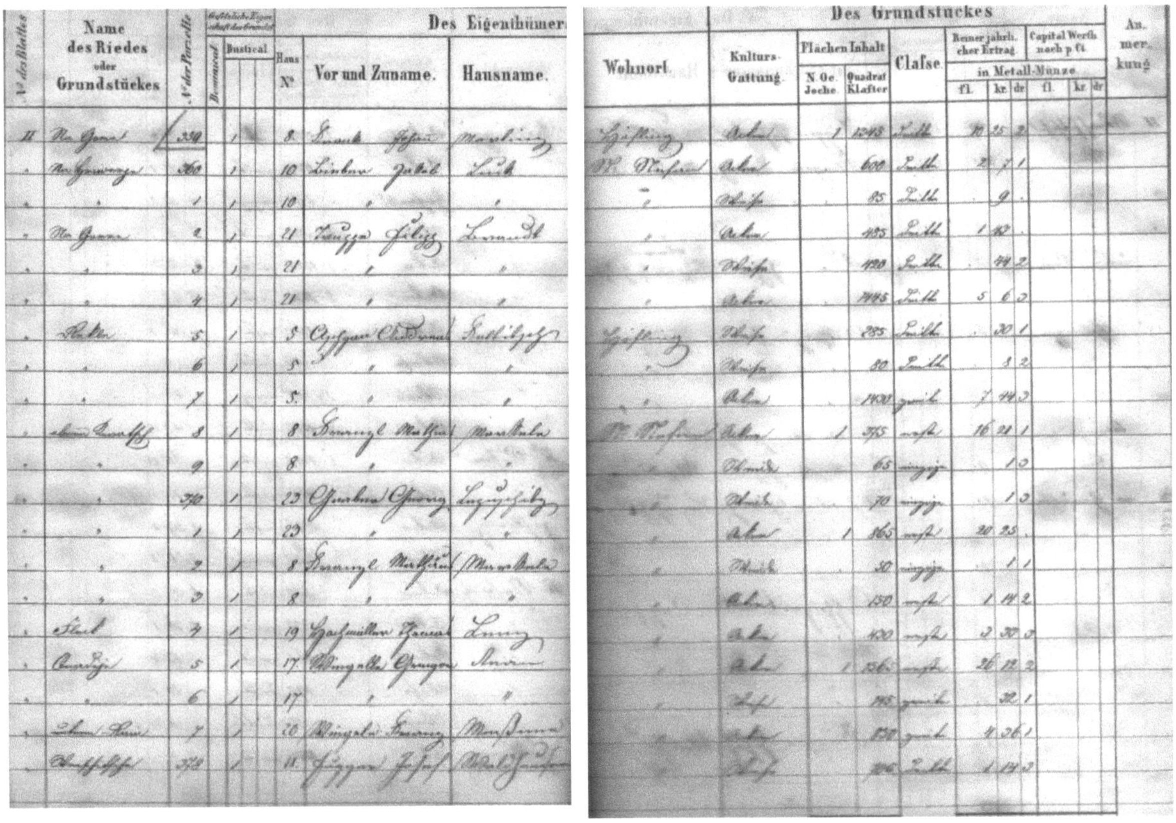

Gebäudeprotokoll 1844 mit Steuerbewertung, linke und rechte Buchseite. Quelle: LMR.

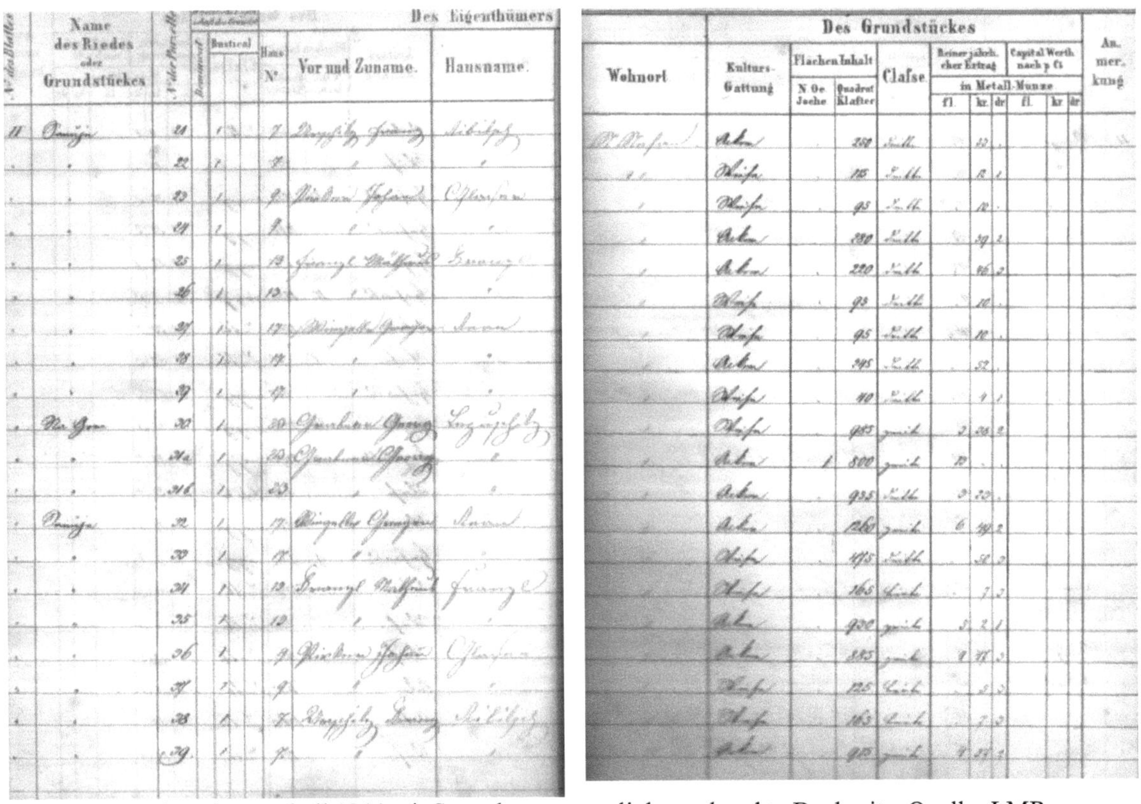

Grundstücksprotokoll 1844 mit Steuerbewertung, linke und rechte Buchseite. Quelle: LMR.

Kurrentschrift und Frakturdruck

Alphabet in Klein- und Großbuchstaben in der Schriftart Sütterlin, 23.09.2012. Aus: https://www.wikipedia.org/wiki/Sütterlinschrift#/media/...jpg, Zugriff: 24.01.2020, 09:40 Uhr.

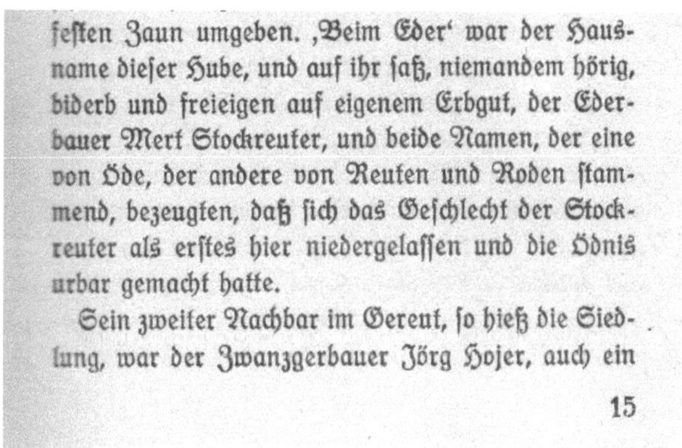
festen Zaun umgeben. ‚Beim Eder‘ war der Hausname dieser Hube, und auf ihr saß, niemandem hörig, biderb und freieigen auf eigenem Erbgut, der Ederbauer Mert Stockreuter, und beide Namen, der eine von Öde, der andere von Reuten und Roden stammend, bezeugten, daß sich das Geschlecht der Stockreuter als erstes hier niedergelassen und die Ödnis urbar gemacht hatte.

Sein zweiter Nachbar im Gereut, so hieß die Siedlung, war der Zwanzgerbauer Jörg Hojer, auch ein

15

festen Zaun umgeben. ‚Beim Eder‘ war der Hausname dieser Hube, und auf ihr saß, niemandem hörig, biderb und freieigen auf eigenem Erbgut, der Ederbauer Mert Stockreuter, und beide Namen, der eine von Öde, der andere von Reuten und Roden stammend, bezeugten, daß sich das Geschlecht der Stockreuter als erstes hier niedergelassen und die Ödnis urbar gemacht hatte.

Sein zweiter Nachbar im Gereut, so hieß die Siedlung, war der Zwanzgerbauer Jörg Hojer, auch cin

(Haas Rudolf: Der lange Christoph. Roman aus Kärnten. Salzburg: Bergland-Buch, 1940, S. 15.)

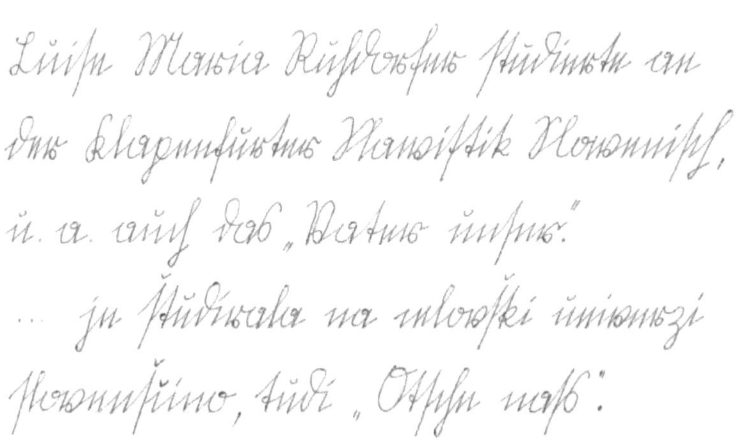

Luise Maria Ruhdorfer studierte an der Klagenfurter Slawistik Slowenisch, u. a. auch das „Vater unser“.

… je študirala na celovški univerzi slovenščino, tudi »Otſche naſs« (Ozhe naſh).

Ernte-, Gebäude- und Landschafts-Erinnerungen

Heufuhre vor dem Bahnhof in Faak am See, 1933.

Gartenarbeit beim vulgo Kovač in St. Stefan, 1933.

Frauen beim Brecheln beim vulgo Pråntitsch in Mallestig.

Frauen beim Wolle Spinnen, 1933.

Kinder beim Kühe-Weiden auf der Langen, 1931.

Leute beim Grünfutter-Holen in Senovje (Dov), 1931.

Quelle: LMR, diese 6 Bilder. – 1931 (St. Stefan).

Heu-Einführen mit dem Heuschwanz, 1966.

Šiman-Keusche in Goritschach, Sommer 1997.

Abriss des „kejtrč“, Anfang März 1981.

Stadel-Neu-Eindeckung, März 1984.

Schneebruch, Frühjahr 1966.

Harpfen hinter der Tilči und in Dobje, 20.06.1968.

Quelle: LMR, diese 6 Bilder, wovon sich 5 Bilder auf den vulgo Rjan in St. Stefan beziehen.

Mallestiger Mittagskogel, 26.06.1966. Blick vom vulgo Truppe in Obergreuth, 2007.

Mallestiger Mooswiese, 19.09.2019. Heuharpfen in Altfinkenstein, 08.11.2019.

Rapsfeld in Gödersdorf, 10.11.2019. Äsende Rehe, Bahnhaltestelle Finkenstein, 05.11.2019.
Quelle: LMR, 5 Bilder. – Rudolf Wepfer, Blick vom Truppe auf den Kanzianiberg und Faaker See, 2007.

Reste der Truppe-Mühle oder –Säge in Obergreuth, Sommer 1997.

Reste der Truppe-Mühle in Obergreuth, vermutlich „Wellbaum", Sommer 1997.

Kirchtag-Laden St. Stefan, 19.10.2002, Höflinger Straße 15, Finkenstein.
Quelle: LMR, diese 3 Bilder.

Fürnitz und Gödersdorf mit Umgebung

Tourismuskarte Finkenstein, 20.12.2018. Quelle: Volkskundeinstitut Urban Jarnik, Klagenfurt. Eingefügte Himmelsrichtung Norden gilt für alle drei Teilkarten.

Finkenstein, Faak am See und Latschach mit Umgebung

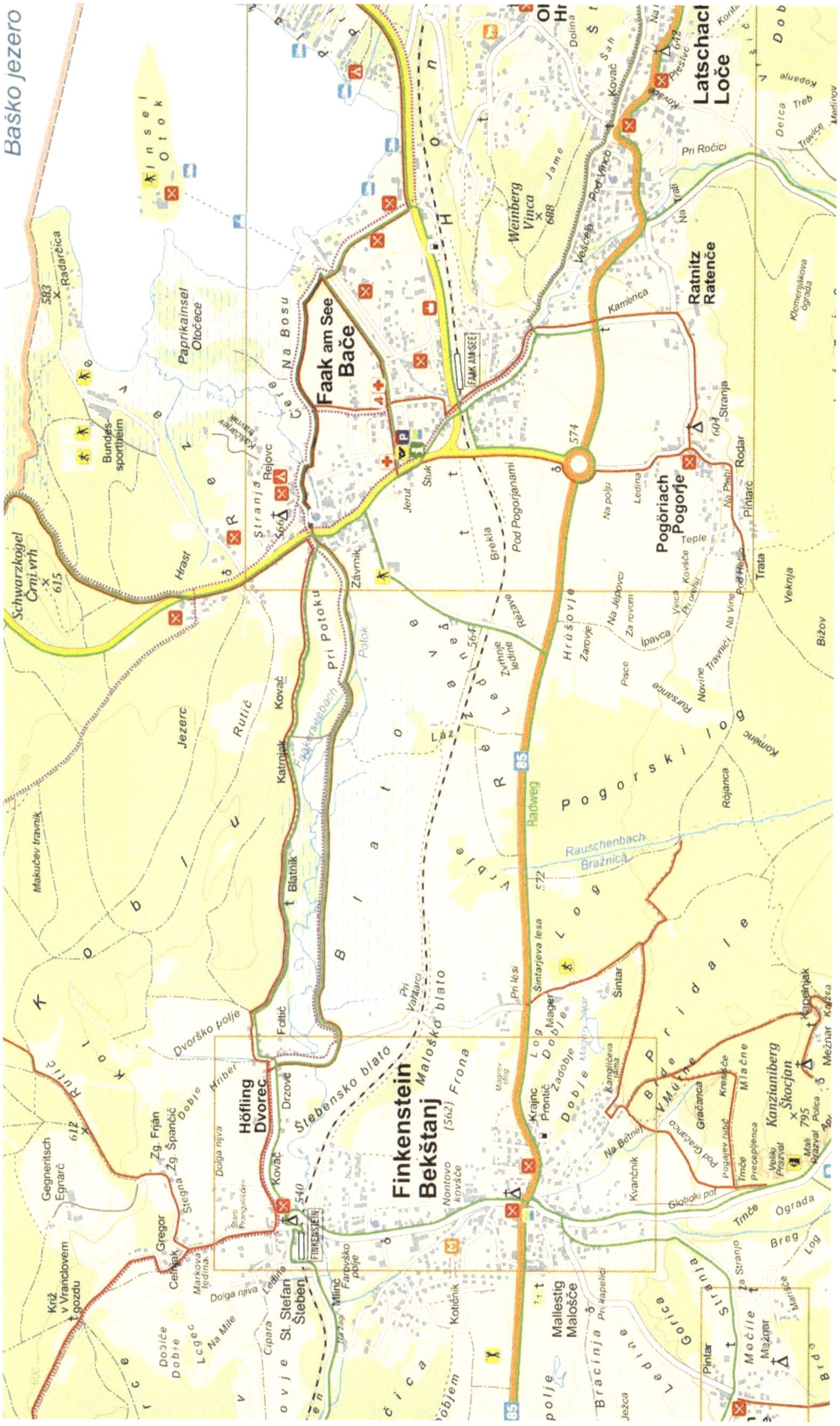

Tourismuskarte Finkenstein, 01.05.2015. Quelle: Volkskundeinstitut Urban Jarnik, Klagenfurt.

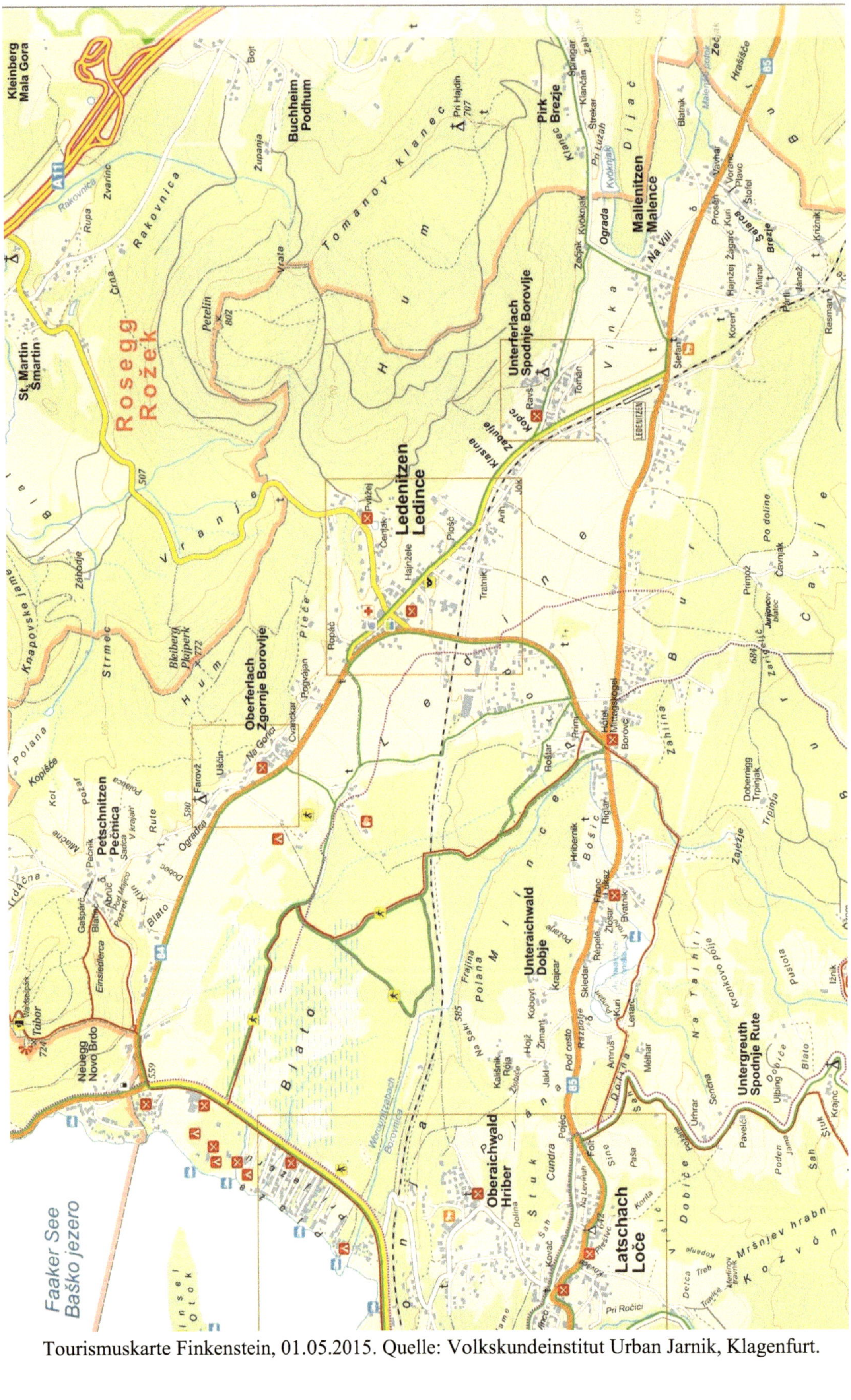

Tourismuskarte Finkenstein, 01.05.2015. Quelle: Volkskundeinstitut Urban Jarnik, Klagenfurt.

Karawankenregion

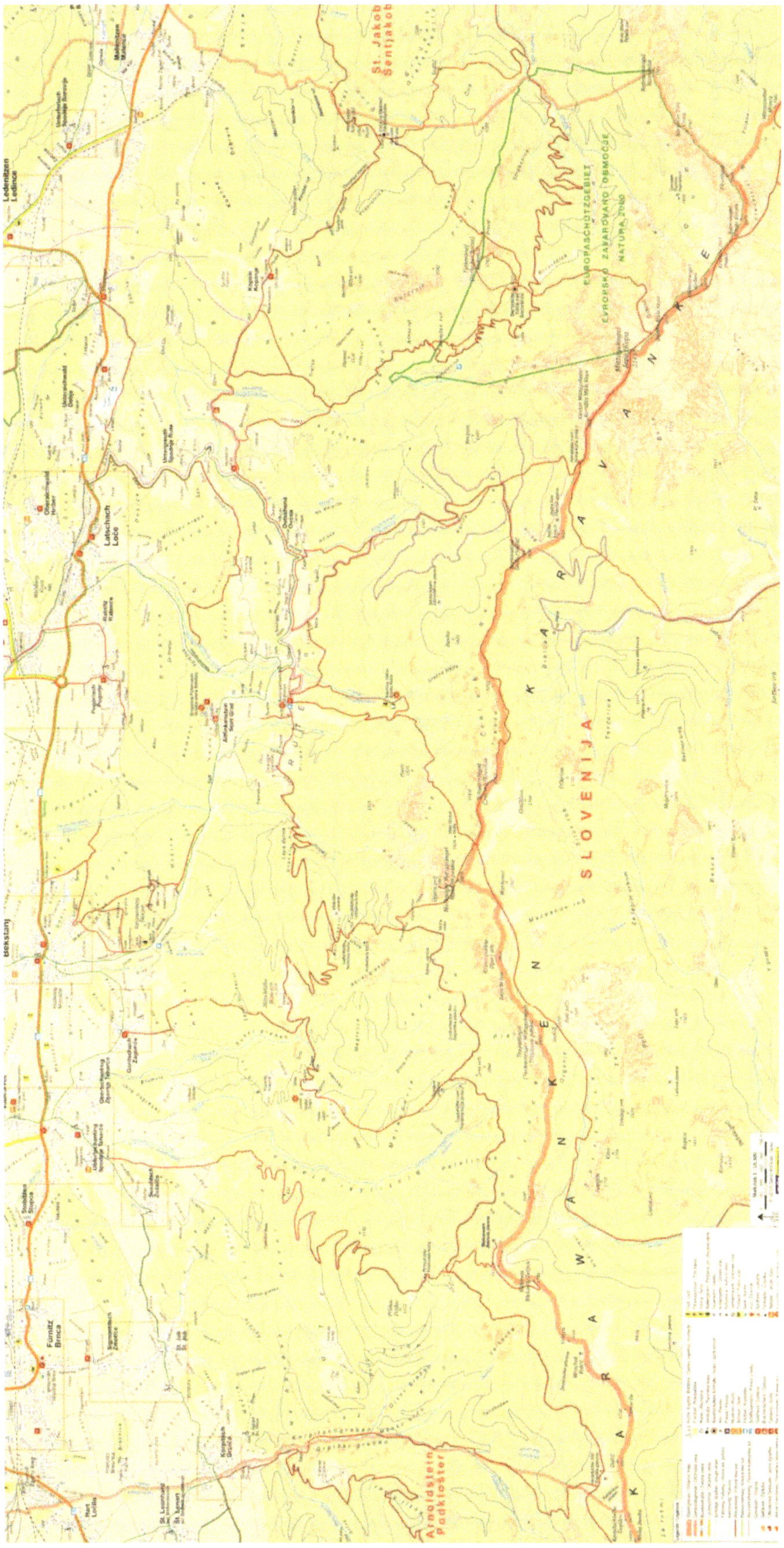

Tourismuskarte Finkenstein, 01.05.2015. Quelle: Volkskundeinstitut Urban Jarnik, Klagenfurt.

Inhaltsverzeichnis zum Zweiten Abschnitt:

Dritter Abschnitt:

Finkensteiner Grabstein- und Denkmalinschriften

3.1 Einleitung

Im Buch „Die Finkensteiner Vulgonamen und der Barbara-Zyklus in St. Martin am Techelsberg“ veröffentliche die Autorin auch Grab- und Gedenkinschriften am Kirchenfriedhof in St. Stefan bei Finkenstein/Mallestig (Šteben pri Bekštanju/Maloščah). In diesem Buch dehnt sie die begonnene Dokumentation auf das gesamte Gemeindegebiet von Finkenstein (Bekštanj) aus. Dargestellt werden private Inschriften auf Grabsteinen in Slowenisch und Deutsch, dann die Inschriften auf Gedenktafeln für außergewöhnliche Persönlichkeiten sowie Inschriften auf Priestergräbern, außerdem solche auf Denkmälern für die Gefallenen der beiden Weltkriege (1914-1918, 1939-1945) einschließlich Abwehrkampf (1918-1919) und Volksabstimmung (10. Oktober 1920) sowie Inschriften für Gegner des Nationalsozialismus.

Diese Dokumentation umfasst also die Pfarren St. Leonhard/Siebenbrünn (Šentlenart pri Sedmih studencih), St. Michael in Fürnitz (Sv. Mihael na Brnci), St. Stefan bei Finkenstein/ Mallestig (Šteben pri Bekštanju/Maloščah), St. Ulrich in Latschach (Sv. Urh v Ločah) und St. Martin in Petschnitzen (Sv. Martin na Pečnici). Gesammelt wurden die Grab- und Gedenkinschriften nur auf den öffentlichen Friedhöfen und Denkmälern obiger Pfarren, nicht jedoch von privaten Gedenksteinen am Wegrand oder anderswo.

Zur Pfarre St. Leonhard/Siebenbrünn gehört die Filialkirche der Hl. Agnes in Korpitsch (Sv. Neža v Grpičah) und zur Pfarre St. Michael in Fürnitz die Filialkirche in St. Job (Sv. Job v Št. Jobu). Zur Pfarre St. Stefan bei Finkenstein/Mallestig gehören die Filialkirchen St. Margaretha in Mallestig (Sv. Margareta/Marjeta v Maloščah), St. Gregor (Papst) in Goritschach (Sv. Gregor v Zagoričah), der Heiligen Märtyrer Kanzian, Kenzian und Kanzianilla am Kanzianiberg (Sv. Kancijan, sv. Kencijan in sv. Kancijanila na Škocjanu/Škocijanu), St. Radegund in Techanting (Sv. Radenka v Teharčah/Tehančah) und St. Laurentius in Gödersdorf (Sv. Lovrencij v Vodiči/Diči vasi). Zur Pfarre St. Ulrich in Latschach fallen die Filialkirchen der Heiligsten Dreifaltigkeit in Pogöriach (Sv. Trojica v Pogorjah), der Hl. Drei Könige in Untergreuth (Sv. trije kralji v Spodnjih Rutah) und St. Georg in Faak am See (Sv. Jurij v Bačah). Der Pfarre St. Martin in Petschnitzen dient die Filialkirche St. Gregor in Unterferlach (Sv. Gregor v Spodnjih Borovljah).

Die Pfarre St. Leonhard/Siebenbrünn wurde in die Untersuchung aufgenommen, weil einige Anwesen in der Ortschaft Korpitsch (Grpiče) zur Gemeinde Finkenstein gehören. Die Filialkirche in Korpitsch wurde von der Autorin nicht besucht. In den Filialkirchen in Mallestig, Goritschach, Pogöriach und Untergreuth befinden sich keine Gedenkstätten. Weitere Filialkirchen sind für dieses Buch nicht von Bedeutung, weil sie außerhalb des Gemeindegebietes von Finkenstein liegen.

Unsere Gesellschaft befindet sich in einem rasanten Wandel, sodass sich auch die Gedenkkultur ändert. Als man schmale, hohe Grabsteine aus weißem Marmor errichten ließ, gab es noch die Muße für das Eingravieren von Gedichten, und als man in den 1970-er Jahren mit der Errichtung von Aufbahrungshallen begann und Grabsteine aus schwarzem Marmor bevorzugte, geriet dieser Brauch zunehmend in Vergessenheit. Heute ist die Gesellschaft so globalisiert, dass man Verstorbene auch bei uns bereits in Friedensforsten beisetzt, wo es keine individuellen Grab- und Gedenksteine mehr gibt, sodass es über kurz oder lang auch keine persönlichen Inschriften mehr geben wird. Daher ist es umso wichtiger, den derzeit noch vorhandenen Schatz aus einer zu Ende gehenden Epoche der Volkskultur zu dokumentieren.

Die Inschriften werden hier meistens nach der heute gültigen Rechtschreibnorm wiedergegeben, denn der Gestaltung sind in der Praxis keine Grenzen gesetzt. Groß- und Kleinschreibung, Satzzeichen sowie verschiedene Schriftarten werden hier also nicht berücksichtigt. Nur sehr alte Inschriften werden im Original dokumentiert und dann entweder in dieselbe Landessprache übertragen oder in die jeweils andere übersetzt. Neuere Inschriften wurden anonymisiert. Angegebene Bibelstellen wurden verifiziert.

3.2 Inschriften auf Grabsteinen von Privatpersonen/ Napisi na zasebnih nagrobnih kamnih

Ruhe in Frieden! – Počivaj v miru! – R. I. P.
Ruhet in Frieden! – Počivajte v miru! – R. I. P.
Počivajta v miru! [Ruhet in Frieden! > 2 Personen]
Ruhe in Gottes Frieden! – Ruhe sanft! – Ruhet sanft!
Ruhestätte Fam. [Familie] …
Hier ruht – Tukaj počiva – Tu počiva – Hier ruhen
Hier ruhen in Frieden – Friede
Hier ruht unser lb. [lieber] Vater – Hier ruht unser lieber guter Vater
Tukaj čakajo vstajenja [Hier warten auf die Auferstehung]
Familie – Fam. – Družina – Druž. – ...ovi/...evi – ...ova/...eva družina – Familien
Unvergessen – Unvergesslich!
[*/geb./geboren, †/gest./geft./gestorben, gef./gefallen, verm./vermisst, verungl./verunglückt, geb./geborene – roj./rojen/rojena/geboren, umrl/umrla/gestorben, padel/gefallen, pogr./pogrešen/vermisst, roj./rojena/geborene.]
(LMR, 07.06. bis 16.07.2019.)

3.2.1 Friedhof bei der Pfarrkirche St. Leonhard bei Siebenbrünn/ Pokopališče pri farni cerkvi svetega Lenarta pri Sedmih studencih

Družina ... p. d. ... [Familie ... po domače/vulgo/insgemein ...] – ...ova družina
Eltern ..., ... – ... u. ... ... [u./und] – ... in ... [... und ...]
im 64. Lebensjahre – im 86. Lebensjahre
Hier ruht unser unvergesslicher ...
dessen Sohn ... – deren Sohn ...
N. P. V. M. [Naj počivajo v miru./Sie mögen ruhen in Frieden.]
Zollwachebeamter – Grossgrundbesitzerin in Riegersdorf – Gutsbesitzerin/Inhaberin des Goldenen Verdienstkreuzes am Bande der Tapferkeitsmedaille – Gast- u. Landwirt – Gast- u. Landwirtin – B. B. Assistent – Gastw./Gastwirt, Besitzer i. R. [in Ruhe] – Besitzerin – Kärntner Abwehrkämpfer
Jaz sem vstajenje. [Ich bin die Auferstehung. Johannes 11,25]
Glaube, Hoffnung, Liebe – Vera, upanje, ljubezen
Ljubezen premaga vse. [Die Liebe besiegt alles.]
Für immer in unserem Herzen – Du bist immer in unseren Herzen.
Unvergesslich – unersetzlich – Nikdar pozabljen. [Niemals vergessen.]
Nicht verloren, nur vorangegangen. – Dein Glaube, unsere Liebe und Hoffnung.
Zu früh für uns, doch Gottes Wille. – Gottes Wille ist gescheh'n.
Ein Herz steht still, wenn Gott es will. – In Gottes Hand liegen Anfang und Ende.
In Liebe die Deinen – In liebevoller Erinnerung – In liebevollem Gedenken
V spomin [Im Gedenken] – Im Gedenken an … und … sowie an …

Innig geliebt im Leben, tief betrauert im Tode.
Jede Stunde bringt Kampf, die letzte den Frieden.
Du hast gelitten, ohne zu klagen. – Leben ist Leiden – Leiden ist Leben.
Sterben ist Heimgang. – Der Abend kam, eh' die Sonne sank.
Was die Erde inne hält, war unser Liebstes auf der Welt.
Die Spuren im Sand verwehen, die Spuren im Herzen bleiben.
Dem Auge fern, dem Herzen nah. – Von der Erde gegangen, im Herzen geblieben.
Todesblüte ist das Leben, Lebensblüte ist der Tod.
Es wurde Nacht, und ich tauchte in das Licht der Sterne.
Eine Stimme, die uns vertraut war, schweigt. – Ein Mesch, der nett und lieb war, ging.
Was nun bleibt, sind Dank und Erinnerung.

Unheilbar ist die Wunde, die uns Dein Scheiden schlug. Unvergesslich jene Stunde, da man Dich zu Grabe trug.

In schönster Lebensblüte bist Du nach langem Leiden verschieden. Jetzt im Himmel bist bei Vater Gott verblieben. Im Tränental verließt Du die Eltern in ewiger Trauer und rufst den Herrgott uns in die lieben Auen.

Sei unser Schmerz auch noch so gross, unser Sohn ruht jetzt in Gottes Schoss. Geduldig wollen wir schweigen und uns vor Gott in Demut beugen. … der Leib, erlöst flog fort, … Himmelsraum. … folgen wir Dir, teurer Sohn, indes auf Wiederschau'n!
(LMR, 01.07. und 15.07.2019.)

Hier ruhet die ſterbliche Hülle der Urſula Gangl, Besitzerin der Lamprecht-Realität, welche im 62. Lebensjahre, am 11. Septbr. 1854, ſelig im Herrn verſchied. / Still weint der Gatte an dem Grabe, / Das ſeines Lebens beſte Habe / In ſeinem dunklen Schooße trägt, / Bis ſie vernarbt, des Herzens Wunde, / Und ihm erſehnt die Scheideſtunde / Zur ew'gen Vereinigung schlägt. / Ruhe ihrer Asche!
(Vorhalle, südlich vom Eingang. – LMR, 01.07.2019. Siehe Abbildung 3. – ruhet/ruht, Septbr./September.)

Hier ruhet Johan Gangl, geb. am 8. Sept. 1803, geſt. am 3. / Auguſt 1872. / Gewidmet von ſeinen innigſtbetrübten Schweſter u. Neffen Anna u. Joh. Gangl. Auszigler der Lamprecht-Realität.
(Vorhalle, nördlich vom Eingang. – LMR, 01.07.2019. Siehe Abbildung 2. – Auszigler/ Auszügler, Sept./September.)

Gedenken an Theresia Kugi, gest. 10.10.1936 an einer Operation in Wattwil, Schweiz, im 21. Lebensjahre.
(LMR, 16.07.2019. Siehe Abbildung 5.)

Hier ruhet der Vater der Trabiner Familie, Lukas Samonig, gest. 3. März 1902, im 72. Lebensjahre, dessen Gattin Agnes Samonig, geb. Kugi, geb. 1. Jän. 1837, gest. 3. März 1903. / Gott, gib ihnen die ewige Ruhe.
(Mitte der östlichen Friedhofmauer. – LMR, 16.07.2019. Siehe Abbildung 4.)

HIER RUHET IN FRIEDEN JOSEF ERLACH, MECHANIKER IN KORPITSCH, GEST. 19. JÄNNER 1885 IM 55. LEBENSJAHR. EHRENGRAB – DEM GENIALEN ERFINDER, DEM GRÜNDER UND HAUPTMANN DER FEUERWEHR SIEBENBRÜNN. (LMR, 16.07.2019.)

Tukaj počiva v Gospodu občespoštovani gospod Anton Wutti, c. in kr. topničarski stotnik v pokoju, umerl dne 1. vinotoka 1905, star 57 let. / Maria Wutti, roj. Pečnik, roj. 6. aprila 1852, umrla 30. oktobra 1918. / Matija Wutti, roj. 24. februarja 1846, umrl 26. januarja 1921. / Zepej Wutti, *3.9.1928, †21.7.1929. / Maria Wutti, *4.12.1890, †29.9. 1930, / roj. Ulbing. / Bog jim daj večni mir in pokoj. / Postavila v spomin brata Matija in Janez.
[Hier ruht im Herrn der allgemeingeschätzte Herr Anton Wutti, kaiserlich und königlicher Artillerie-Hauptmann in Ruhe, gestorben am 1. Oktober 1905, im Alter von 57 Jahren. – Maria Wutti, geborene Pečnik, geboren am 6. April 1852, gestorben am 30. Oktober 1918. – Matija Wutti, geboren am 24. Februar 1846, gestorben am 26. Januar 1921. – Zepej Wutti, ... – Maria Wutti, ..., geborene Ulbing. – Gott gebe ihnen die ewige Ruhe und den Frieden. – Im Gedenken gewidmet von den Brüdern Matija und Janez.]
(Grabmal an der nordöstlichen Friedhofmauer. – LMR, 16.07.2019. – c. in kr./cesarsko in kraljevi/k. u. k./kaiserlich und königlich.)

RUHESTÄTTE DER FAMILIE MERLIN / Hier ruhen in Frieden: / Urban Merlin, gestorben 10. März 1843, im 77. Lebensjahre; / dessen Gattin Agnes Merlin, geb. Ottowitz, gestorben 29. November 1867, im 87. Lebensjahre. / Ursula Merlin, geboren 2. August 1805, gestorben 12. December 1883. / Gregor Merlin, geboren 8. Februar 1808, gestorben 23. August 1896; (Große Tafel im Osten.)
dessen Gattin Agnes Merlin, geb. Paulitsch, geboren 18. Jänner 1812, gestorben 14. Mai 1896; / deren Tochter: Theresia Mickl, geb. Merlin, geboren 20. September 1853, gestorben 30. Juni 1885. / Anna Merlin, geboren 26. August 1851, gestorben 8. April 1916. (Große Tafel in der Mitte.)
Antonia Truppe, geb. Merlin, gest. 13.4.1925, im 76. Lebensjahre. / Ruhe in Frieden. (Kleine Tafel im Westen.)
(Nordöstliche Außenmauer der Pfarrkirche. – LMR, 16.07.2019. Siehe Abbildung 1.)

3.2.2 Waldfriedhof in Fürnitz/Pokopališče sredi gozda na Brnci

Fam. ..., vlg. ... – (Vorname Familienname) p. d. ... [vlg./vulgo/insgemein]
Unser Vater
Schuhmachermeister i. R. [in Ruhe]
Zum Gedenken – Zum Gedenken an – Im Gedenken – In stillem Gedenken
Wir denken an Euch
Unvergessen bleibst Du uns. – Wir vermissen Dich. – Tot ist nur, der vergessen wird.
Pfiat di! – Wiedersehen ist unser Trost
In Gottes Frieden – Die Harmonie den Lebenden.
Trennung unser Los, Wiedersehen unsere Hoffnung.
Das Auto war sein größter Stolz.
Domača zemlja da življenje in pokoj. [Die Heimaterde gibt Leben und Ruhe.]
Von der Erde gegangen, im Herzen geblieben.
Nicht verloren, nur vorangegangen. – Wer ihn gekannt, weiß, was wir verloren.
Am Ziele des irdischen Wanderns. – Das Leben endet, die Liebe nicht.
In Liebe – In Liebe die Deinen – Du lebst in unseren Herzen.
Dem Auge fern, dem Herzen ewig nah. – Dem Auge entrissen, dem Herzen ewig nah.
Spuren im Sand verwehen, / Spuren im Herzen bleiben für immer.
Du warst so gut, Du starbst zu früh, wer Dich gekannt, vergisst Dich nie!
Zu früh für uns, doch Gottes Wille. – Ein Herz steht still, wenn Gott es will.
In Gottes Hand liegen Anfang und Ende. – Gott sprach das große Amen.
Der Himmel ist um einen Stern reicher.

Erinnerungen sind kleine Sterne, die tröstend in das Dunkel unserer Trauer leuchten.

Seele des Menschen, wie gleichst du dem Wasser. Schicksal des Menschen, wie gleichst du dem Wind!

Und er wird alle Tränen von ihren Augen abwischen, und der Tod wird nicht mehr sein. Offenbarung 21,4

Ich bin die Auferstehung und das Leben. Wer Glauben an mich ausübt, wird zum Leben kommen, auch wenn er stirbt. Johannes 11,25

Weit war der Weg, den ich ging, schwer mein seelischer Schmerz, den ich trug. Um den ewigen Frieden zu erreichen, hab ich gekämpft genug.

Tretet her, all' meine Lieben, nehmet Abschied, weint nicht mehr, Heilung konnt' ich nicht mehr finden, denn mein Leiden war zu schwer.

Der Morgen kommt in stiller Ruh', doch mein geliebter Mann, wo bist Du? Zur Ruhe ging mein treues Herz, ich bleib zurück mit meinem Schmerz, nur eines gibt dem Herzen Schwung, das heißt Erinnerung.
(LMR, 19.07.2019.)

3.2.3 Friedhof bei der Pfarrkirche zum Hl. Michael in Fürnitz/ Pokopališče pri farni cerkvi svetega Mihaela na Brnci

Fam. … vlg. … [Familie … vulgo/insgemein …] – (Vorname Nachname) vlg. …
Schuhmachermeister – Dobrotnica [Wohltäterin] – Besitzerin – Zollwachebeamter
ter njeni starši ... in ... [sowie ihre Eltern ... und ...]
† v Ljubljani [gestorben in Laibach/Ljubljana]
Djeca [Die Kinder]
Naj počivajo v miru [Sie mögen ruhen in Frieden] – N. V. M. P. [Naj v miru počivajo./ Sie mögen in Frieden ruhen.] – N. P. V. M. [Naj počivajo v miru.]
Večna luč naj jim sveti! [Das ewige Licht möge ihnen leuchten!] – Frieden in Gott
Zum Gedenken – Im Gedenken an Familie – In Erinnerung
Na svidenje [Auf Wiedersehen] – Saj križ nam sveti govori, da zopet se vidimo nad zvezdami. [Das heilige Kreuz sagt uns, dass wir uns über den Sternen wiedersehen.]
In Liebe – In Liebe die Deinen
Grenzstein des Lebens – nicht der Liebe.
Unvergessen bleiben uns Deine Güte und Deine Liebe.
Immer geliebt im Leben, Tief betrauert im Tode.
Es war Gottes Wille. – Zu früh für uns, doch es war Gottes Wille.
Die Todesstunde schlug zu früh, doch Gott der Herr bestimmte sie.
Aus Gottes Hand, in Gottes Hand. – Jede Stunde bringt Kampf, die letzte den Frieden.
Naša domovina je v nebesih. [Unsere Heimat ist im Himmel.]
Du bist nicht mehr da, wo Du warst, aber Du bist überall, wo wir sind.
Von der Erde gegangen, im Herzen geblieben. – Der Abend kam, eh‘ die Sonne sank.
Življenje nam je dano, da Boga iščemo, smrt, da ga najdemo; večnost, da smo pri Njem. [Das Leben ist uns gegeben, damit wir GOTT suchen, der Tod, damit wir IHN finden; die Ewigkeit, damit wir bei IHM sind.]
(LMR, 01.07. und 15.07.2019.)

HEINRICH HAAG, UDWARI, UNGARN, 12.3.1901 – 21.7.1945.

Ruhestätte der Johanna WOSCHITZ, Lehrers-Gattin, gestorben am 15. April 1874, im 20. Lebensjahre.
(Süd-Seite der Pfarrkirche. LMR, 01.07.2019.)

Andreas Wieltsch, gest. 6. Nov. 1923, im 67. Lebensjahre. / Maria Wieltsch, geb. Dermoutz, gest. 2.1.1929, im 70. Lebensjahre. / Valentin Wieltsch, gest. 2. Jan. 1975, im 79. Lebensjahre. (2 Fotos. Inschrift oben. Siehe Abbildung 8.)
Maria Wieltsch, geb. Truppe. / Luzia Wieltsch, 1895-1932. / Maria Rettl, 1928-1954. / Anna Assinger, 1878-1955. (4 Fotos. Inschrift in der Mitte.)
Familie Wieltsch, vlg. Hoisch. / Maria Wieltsch, geb. Ganinger, geb. 1862, gewidmet vom Enkel. (Inschrift unten.)
Valentin Wieltsch, gefallen im Jahr 1916. (1 Foto. Inschrift ganz unten.)
(Am Friedhofseingang, Grabsteine im Nordosten. – LMR, 01.07.2019.)

V spomin Franc Wiltsch, p. d. Žvižgovc na Brnci, rojen 1890, padel v vojni v Galiciji leta 1914. / Čeravno truplo tvoje / v daljni zemlji spi, / A spomin nate, dragi, / pri nas vedno le živi.
[Zur Erinnerung an Franc Wiltsch, vulgo Žvižgovc in Fürnitz, geboren 1890, gefallen im Krieg in Gallizien im Jahre 1914. – Obwohl Dein Körper in entfernter Erde schläft, lebt bei uns die Erinnerung an Dich, Du teurer, immerwährend fort.]
(1 Foto. Am Friedhofseingang, Grabstein im Nordwesten. – LMR, 01.07.2019. Siehe Abbildung 9.)

Ruheſtätte des Herrn Johann Lautmann, Realitätenbeſitzer zu Fürnitz und Millnern, geboren 31. Mai 1780, im Herrn ſelig verſchieden 13. Juli 1857. / Er war ein Wohltäter der Armen. / Ein ſorgſamer Vater ſeiner Kinder. / Seine Werke lohnen ſich an den Hinterlaſſenen. / Friede ſeiner Aſche! (Inschrift in der Mitte, oben. – Millnern/Müllnern.)
Auch ruhet hier Herr Johann Lautmann, Sohn der obigen u. Besitznachfolger, geboren am 22. Juni 1817, gestorben am 9ten Dezember 1865. / Friede d[er] Asche. (Inschrift in der Mitte, unten.)
Frau Maria Markowitz, geb. Kofler, Saaller-Mühlerin [Sålcr-Müllcrin] zu Millnern, geſtorben 1. 9ber 1842, im 75ten Lebensjahre, zu Fürnitz. / Friedhof, darauf unſere Groß-mutter ruht, / Die Weiden ſehen wir winken! / O! uns dünkt, ſie meinen's gut: / Ruhc, Ruhe, ſollen wir auch da finden. (Inschrift im Westen. – 9ber/Scptember.)
Hier ruhet in Frieden Frau Maria, geborene Markowitz, Ehegattin des Herrn Johann Lautmann, Beſitzers der Haberl-Realität zu Fürnitz, geb. am 18. Dec. 1793, geſt. am 11. Julius 1836. / Sanft ſchlummert hier der Edlen Hülle, / Die ihre ganze Lebenszeit / Gott und der Tugend hat gewidmet. / Ihr Geiſt genieſt der Freude Fülle / In ſeliger Unſterblichkeit. / Amen. (Inschrift im Osten.) – (Grabmal Lautmann an der südlichen Außenwand der Pfarrkirche. – Dec./Dezember. – LMR, 01.07.2019.)

Tukaj počivata naša ljuba Mati Terezia Abruč, rojena dne 2. Augusta 1835, umerla ta 19. Februarja 1910. / Michael Abruč, *28.5.1872, †31.5.1932. / Blaga mati tu počiva, / Oboževana od moža, otrok, / Njen duh pa gori prebiva, / kjer neha trpljenje in jok. / Naj v miru počivajo. / Amen.
[Hier ruhen unsere liebe Mutter Terezia Abruč, geboren am 2. August 1835, gestorben am 19. Februar 1910. – Michael Abruč, ... – Unsere gütige Mutter ruhet hier, verehrt von Mann und Kindern, ihr Geist aber weilt dort oben, wo Leiden und Tränen enden. – Sie mögen ruhen in Frieden. – Amen.] (Siehe Abbildung 6.)

Hier ruhet GREGOR ZETTINIG, gestorben 6.4.1915, im 61. Lebensjahre. / Im Grab ist Ruh, / Auf Erden bitterer Schmerz, / Drum schlummre sanft, / Du treu geliebtes Herz.

FAMILIE TARMANN / Johanna, *26.12.1886, †10.8.1959; / Barbara 1850-1929; / LEOPOLD, *21.8.1892, †1.6.1963 / Ruhet in Frieden! /
Thomas Tarmann, Tischlermeister in St. Job, *1847, †1941. / Gefilde des Friedens, Gefilde der Ruh', / Nur hier winkt Veredlung dem Sterblichen zu.
(Grabstätten Abruč, Zettinig, Haag und Tarmann, LMR, 15.07.2019. – Familie Tarmann siehe Abbildung 7.)

Ruhestätte der Emilie Lackner, geb. am 27. Mai 1851, gest. am 5. März 1873, zu Fürnitz, Wirt- und Realitätenbesitzers-Tochter von Gmünd in Kärnten.
(Süd-Seite der Pfarrkirche. – LMR, 16.07.2019.)

Matteo de Reggi, p. d. Mlinarč, *6.2.1841 Sutrio v Karniji, †15.3.1923 na Brnci in tu pokopan. / Maria de Reggi, roj. Unterweger, *30.1.1844 v Bačah, †10.11.1933 na Brnci. / Slaboten sem, o Gospod, / daj, da prišel bi že čas pokoja!
[Matteo de Reggi, vulgo Mlinarč, ... im Kanaltal, ... in Fürnitz und da begraben. – Maria de Reggi, geborene Unterweger, ... in Faak, ... in Fürnitz. – Schwach bin ich, o Herr, gib, dass die Zeit der Ruhe endlich kommen möge!]
(Friedhofseingang, Tafel an der Ost-Seite. – LMR, 16.07.2019.)

Tukaj počiva v Gospodu naš dragi oče Franc Mertel, p. d. Oic in Prangar, *16.4.1884, †15.10.1935; / Johanna Mertel, *9.7.1886, †19.12.1967. / Tukaj spijo v Gospodu Ojcavi starši Jožef Mertel, 1844-1907; Maria Mertel, 1844-1906. / Počivajte od pozemeljske teže, / Naj vas v raju ljubezen Božja veže, / Ko k vstajenju veli Odrešenika glas: / Na desni strani ljubi Jezus združi nas.
[Hier ruhet im Herrn unser teurer Vater Franc Mertel, vulgo Oic und Prangar, *... ..., †...; Johanna Mertel, *..., †... – Hier schlafen im Herrn die Ojc-Eltern Jožef Mertel, ...-...; Maria Mertel, ...-... – Ruht euch aus von der irdischen Last, im Himmel soll Euch Gottes Liebe verbinden, wenn des Heilands Stimme zur Auferstehung befiehlt/ruft: Zu seiner Rechten vereint uns der liebende Jesus.]
(LMR, 15.07.2019. Siehe Abbildung 10.)

3.2.4 Gemeindefriedhof in Finkenstein (früher in Mallestig)/ Občinsko pokopališče v Bekštanju (nekdaj v Maloščah)

Familie … – Fam. – Familien …, …, … – Fam. …, vlg. … – Fam. …, vlg. …, Gödersdorf – (hišno ime/Hausname) v Zagoričah [in Goritschach] – Familie (Hausname) – Familiengrab (Familienname), Mallestig – Družina (Familienname) – Družina (Hausname)
Naš Pepo [Unser Pepo] – Hier ruhen unsere lieben Eltern – (Vorname) u. (Vorname, Familienname) – Eltern (Vorname) und (Vorname) – Sg. (Vorname) di (Familienname) [Signor … di/Herr … von …]
Pfarrer, Mag. [Magister]… – Hochschüler – Wirklicher Hofrat – Hofrat – Landwirt – Hauptlehrer – Lehrerin und Dichterin – Schmiedemeister – Schulrat – gewesener Oberlehrer – Kommerzialrat – Schuldirektor i. R. [in Ruhe] – Ordensschwester
In Liebe Deine Schwester – In Liebe die Deinen. – In Liebe für … – Von Herzen
Wir vermissen Dich. – Mama, I miss You. – Ich denk an Dich – Danke
In stillem Gedenken – Im stillen Gedenken – In liebem Gedenken an … – Im Gedenken – Im Gedenken an Familie … – Zum Gedenken – Zum Andenken an unseren lieben

Sohn und Bruder – In Erinnerung an einen wundervollen Menschen – Zeit vergeht, Erinnerung bleibt. – Es bleiben nur die Liebe und die Erinnerung.
Ruhe sanft! – Ruhet sanft! – Ruhe in Gottes Frieden! – Ruhet in Gottes Frieden! – Ruhe
Tukaj počiva [Hier ruht] – Hier ruht in Gott – Hier ruht in Frieden
O' Herr, lass sie ruhen in Frieden. – V miru naj počivajo.
Auf Wiedersehen! – Na svidenje.
Trennung ist unser Los, Wiedersehen unsere Hoffnung.
Dort, wo wir uns wieder finden, wird uns Ewigkeit verbinden.
Der Tod ist das Tor zum ewigen Leben. – Arbeit war Dein Leben.
Življenje je trpljenje, trpljenje je življenje. [Leben ist Leiden, Leiden ist Leben.]
Za vso skrb in vse trpljenje, Bog jim večno daj življenje. [Für alle Sorge und alles Leiden möge Gott ihnen das ewige Leben verleihen.]
Geliebt, beweint, unvergessen. – Unvergesslich, unersetzlich! – Unvergesslich bleibst Du den Deinen! – Was wir lieben, vergessen wir nicht.
Immer bei uns – Für immer im Herzen. – Von der Erde gegangen, im Herzen geblieben.
Vom Leben geschieden, im Herzen geblieben. – Nicht verloren, nur vorangegangen.
Für immer wirst Du in unseren Herzen sein. – Dem Auge fern, dem Herzen ewig nah.
Menschen, die wir lieben, bleiben für immer in unseren Herzen.
Erinnerungen, die das Herz berühren, gehen niemals verloren.
Sterne, die trösten, in das Dunkel unserer Herzen leuchten.
Stärker als der Tod ist die Liebe. – Ich werde nicht sterben, sondern leben.
Wir sind nur Gast auf Erden. – Die Sonne ging unter, eh' der Abend kam.
Alles auf Erden hat seine Zeit, Leben und Sterben, Freude und Leid.
Ein Engel schütze Dich. – In Gottes Hand liegen Anfang und Ende.
Ruhe sanft in heil'ger Stille, Dein Scheiden war ja Gottes Wille.
Zu früh für uns, doch Gottes Wille. – Jesus ist Sieger.
Jesus spricht: Ich lebe, und ihr sollt auch leben. – Jesus ist das Licht der Welt.
Freut euch, dass eure Namen im Himmel geschrieben sind. Lukas 15, 7+10

Sie hatte viel ertragen, ihr Leid war lang und schwer. Nun fühlt sie von den Plagen keine mehr.

Tretet her zu meinem Grabe, Stört mich nicht in meiner Ruh'. Denkt, was ich gelitten habe, Gott gibt mir nun die ew'ge Ruh'.

Ein Engel ist jemand, den Gott Dir in's Leben schickt, wenn es dunkel wird, der ein paar Sterne anzündet.

Wenn ihr mich sucht, sucht mich in euren Herzen. Dort möchte ich meine Bleibe finden. Ich lebe in euch weiter.

Manchmal seid Ihr in unseren Träumen, oft in unseren Gedanken ... und für immer in unseren Herzen.

Schöne, gemeinsame Jahre, nicht weinen, daß sie vergangen, sondern danken, daß sie gewesen.

Wenn wir im Glanz der Sonne Dein Lächeln nicht seh'n, / Wenn wir im Gesang der Vögel Deine Stimme nicht hör'n, / Wenn wir im fallenden Regen Deine Träume nicht spür'n, / Wenn wir in fremden Gesichtern Deines nicht such'n, / Dann, erst dann, bist Du wirklich gestorben.

Čast, lepota in bogastvo le kratek čas trpi, / Vse posvetno veličanstvo v prah, pepel, se spremeni. / Z Bogom svet le zapustim, / V rajsko veselje se preselim. / Tam ni gorja in ne solza. / Tam bomo mi doma!
[Ehre, Schönheit und Reichtum sind nur von kurzer Dauer, alle irdische Herrlichkeit zerfällt zu Staub und Asche. Mit Gott aber verlasse ich diese Welt, um in die himmlische Freude einzugehen. Dort gibt es weder Leid noch Tränen. Dort sind wir wirklich zu Hause!]

Hier ruhet Herr … …, geboren …, geſtorben … / Während seiner Ferien.

Hier ruht Marta Treiber, * 21. März 1851, † 29. April 1936. Ruhe in Frieden!

HANSI, verm. [vermisst] bei Wilna, 1944, Familie Zelot.

Zur Erinnerung an Obergefr. Thomas Müller, geb. …, gefallen 31.12.1941 in Kertsch. (Obergefr./Obergefreiter)

Schulrat … …, gest. 20.12.1988, im 62. Lebensjahre. (Grabstein im Osten.)
Oswald And. Moro, gewesener Oberlehrer, gest. 8.6.1923, im 56. Lebensjahre; / und dessen Gattin, Frau Käthe Moro, gest. 21.10.1925, im 58. Lebensjahre; / und deren Schwiegersohn Ferdinand Tilly, gest. 6.8.1939, im 41. Lebensjahre. / … …, gest. 25.10.1995, im 98. Lebensjahre. (Grabstein in der Mitte. – Der Grabstein im Westen trägt keine Inschrift.) / Familien Moro, Tilly, ...

Hier ruhen Theresia Wiegele, geb. 5.11.1874, gest. 22.7.1939; / Valentin Wiegele, geb. 4.4.1869, gest. 25.12.1938. / Frei von Kummer, frei von Schmerz, / ruht hier ein gutes Mutterherz. / Gesorgt, geschaffen, / hat es treu auf Erden, / es möge auch nie vergessen werden.

Gustav Hölbling, Gutsbesitzer, gest. 11. April 1913, im 43. Lebensjahre. / Wenn auch Dein Herz hat aufgehört zu schlagen / Und Du nicht mehr unter Deinen Freunden und Kampfgenossen bist, / So wollen wir unser Leid mit dem Bewusstsein tragen, / Dass Du auch, wie es Menschenpflicht, / Hast mitgekämpft für Freiheit, Recht und Licht.
(Siehe Abbildung 12.)

Anna Lepuschitz, geb. 9. Juni 1837, gest. 11. Jän. 1919. / Thomas Lepuschitz, geb. 11. Juli 1832, gest. 6. Febr. 1911. (Im Westen. – Jän./Jänner, Febr./Februar.)
FAM. GÖLDNER, GUSTL, *1886, †1918 [gefallen]; / EMILIE *1859, †1940; ... / FAM. ... (In der Mitte.)
August Göldner, gest. 23. April 1909, im 57. Lebensjahr. (Im Osten.)
Thomas Lepuschitz, 1871-1919. / Rastlos tätig war sein Leben, / nach dem Ed'len stets zu streben. (Inschrift am Sockel einer weißen Marmorsäule, ganz im Westen.)
Hans Lepuschitz, 1857-1959. Ruhe sanft! (Im Westen, am Boden.)
(Grabstätte an der nördlichen Friedhofmauer.)

Tukaj počiva MARIA MÜLLER, posestnica Kotnikove in Blažijave kmetije, roj. 6.6.1858, umrla 19.3.1913. (1 Foto. Im Westen.)
… Družina Müller, p. d. Kotnikova (5 Fotos, 5 Personen. In der Mitte.)
Tukaj počiva JANEZ MÜLLER, rojen 6.7.1847 v Diči vasi, umrl 25.2.1910, posestnik Kotnikove in Plozijeve kmetije. / Sveti naj mu večna luč. (1 Foto. Im Osten.)

[Hier ruht Maria Müller, Besitzerin des Kotnik- und Blaži-Bauernhofes, geboren …, gestorben … / … Familie Müller, vulgo Kotnik / Hier ruht Janez Müller, geboren am …, in Gödersdorf, gestorben am …, Besitzer des Kotnik- und Plozi-Bauernhofes. / Das ewige Licht möge ihm leuchten!]
(Grabmal an der nördlichen Friedhofmauer.)

Hier ruhen Elise Suschnig, gest. 20.3.1928 im 47. Lebensjahre; / Franz Suschnig, gefallen an der Piave, Italien, am 17.11.1917, im 38. Lebensjahre. / Ach! versenkt in bange Schmerzen / Schiedet Ihr von uns zu früh; / Doch Ihr lebt in unser'n Herzen, / Und vergessen werden wir Euch nie.
(LMR, 19. und 25.07.2019. Siehe Abbildung 11.)

Zlati oče, sladko spite, / Od težav se zdaj spočijte, / Vaša duša naj pa srečno / V raju krono vživa večno. / O, da bi tudi mi … / Tam z bratom …
[Goldiger Vater, schlafet süß, ruhet Euch aus von den Strapazen, Eure Seele möge glücklich im Himmelreich die ewige Krone genießen. O, könnten doch auch wir … dort mit unseren Brüdern …]
(LMR, 10.09.2000. – Das slowenische Gedicht für seine Ehefrau auf dem ebenfalls hohen Grabstein aus weißem Marmor war leider damals schon nicht mehr lesbar.)

3.2.5 Friedhof bei der Pfarrkirche zum Hl. Ulrich in Latschach/ Pokopališče pri farni cerkvi svetega Urha v Ločah

Ruhe sanft! – Hier ruhen ... – Tukaj počivajo ...
Naj počivajo v miru. [Sie mögen ruhen in Frieden!] – REQUIESCANT IN PACE.
Tukaj počivata naš dobri oče ... in naša ljuba mati ... [Hier ruhen unser guter Vater ... und unsere liebe Mutter ...]
Zum Gedenken an ... – Die trauernden Familien.
Vstali so ... [Auferstanden sind ...] – (Die) Auferstehung erwartet ...
Jede Stunde bringt Kampf, die letzte den Frieden.
Ein Engel kehrt heim. – Wir ruhen selig beide in ew'ger Himmelsfreude.
Gute Menschen gleichen Sternen, sie leuchten noch lange nach ihrem Erlöschen.
Zgodi se tvoja volja. [Dein Wille geschehe!] – Zu früh für uns, doch Gottes Wille.
Ne moja volja, ampak tvoja naj se zgodi. [Nicht mein Wille, sondern deiner geschehe!]
Die Todesstunde schlug zu früh, doch Gott der Herr bestimmte sie.
Der Herr ist mein Hirte. Psalm 23,1 – Die Liebe besiegt alles. 1. Korintherbrief 13,7
Geliebt und unvergessen, gelöst von allen Freuden, befreit von jedem Schmerz.
Geliebt, verloren, aber nicht vergessen. – In Liebe die Deinen.
Das Sichtbare ist vergangen. Es bleiben nur die Liebe und die Erinnerung.
Meist belehrt erst der Verlust über den Wert der Dinge. A. S.
Spuren und Augenblicke Deines Lebens werden immer an Dich erinnern.
Trennung ist unser Los, Wiedersehen unsere Hoffnung.
Nasvidenje! – Auf Wiedersehen! – Gute Nacht, bis wir uns wiederseh'n.
Meine Arbeit war mein Leben …
Alles auf Erden hat seine Zeit, Leben und Sterben, Freude und Leid. [Kohelet 3,1+2]
Du warst so gut, Du starbst zu früh, wer Dich gekannt, vergisst Dich nie.
Nicht verloren, nur vorausgegangen. – Den Augen fern, dem Herzen immer nah.
In der fremden Erde schlaft ihr, in unseren Herzen lebt ihr weiter!
Du hast immer das Beste gewollt, Du hast immer das Beste gegeben, wir haben das Beste verloren.

Spomin p. d. Kopanika na Kopanju, JOŽEF STICKER, * 4. 12. 1908, † 17. 4. 1945 v Bagnone na Laškem. / Tujec je vzel nam tvoje telo, / Zemlja ga tuja zagrinja. / Dom pa naj Tebe srce zlato / Verno ljubeč se spominja. / Žalujoča družina.
[Erinnerung an den vulgo Kopanik in Kopain, Josef Sticker, geb. …, gest. …, in Bagnone in Italien. – Der Fremde nahm uns Deinen Leib, Die fremde Erde deckt ihn zu. Dein Heim aber gedenkt Deiner, Du goldenes Herz, in gläubiger Liebe. – Die Trauerfamilie.]
(Siehe Abbildung 13.)

Ruhestätte der Familie Plösch, vulgo Kronig. / Andreas Plösch, geboren 16. September 1815, geſt. 9. Oktober 1880. / Maria Plösch, geborene Kronig, geboren 19. Dezember 1824, geſt. 24. Juli 1901. / Töchter: Maria, geb. 29. April 1851, geſt. 8. August 1869. / Katharina, geb. 7. Oktober 1849, geſt. 1. November 1869. / HERR! / Zukomme ihnen dein Reich. / Das ewige Licht leuchte ihnen. / Lasse sie ruhen in Frieden. / AMEN.
(Siehe Abbildung 15.)

Hier ruhen JOHANN KRONIG, geb. am 15. Juli 1786, gest. am 17. Dez. 1840. / MARIA KRONIG, geb. GALOB, geb. am 18. Juni 1786, gest. am 11. Febr. 1841. / JAKOB KRONIG, geb. am 12. Dez. 1815, gest. am 13. Juli 1846. / Gewidmet von Johann, Lukas, Josef, Franz, Valentin, Ursula Kronig, Andr. und Maria Plösch, geb. Kronig.
(Jožef Sticker, Familien Plösch u. Kronig, südliche Außenmauer. – LMR, 07.06.2019.)

Tukaj pričakujejo dan vstajenja / Franc Aichholzer, p. d. Ižnikov, *8.4.1854, †6.7.1873; / Marija Aichholzer, p. d. Ižnica, *30.11.1825, †17.11.1896; / Alojzija Aichholzer, p. d. Skledarca, *11.6.1854, †19.5.1931; / Simon Aichholzer, p. d. Skledar, *28.10.1852, †21.10.1935.
[Hier erwarten den Tag ihrer Auferstehung Franc Aichholzer, vulgo Ižnik, *…, †…; / Marija Aichholzer, vulgo Ižnikin, *…, †…; / Alojzija Aichholzer, vulgo Skledarin, *…, †…; / Simon Aichholzer, vulgo Skledar, *…, †…]
(LMR, 07.06.2019. Siehe Abbildung 14.)

V Gospodu počivajo naš oče PÖCK BLAŽ, *31.1.1859, †8.11.1939; / NEŽA PINTER, umrla 3.1. 1955, stara 93 let. / Oče! Vas je nam zakrila / Svetla, mirna zarja, / Mater, brata pa razbila / divja noč viharja. / Hvaležne hčere. / ... ..., *19.1.1903, †15.5.1997 / MIKULOVI.
[Im Herrn ruht unser Vater PÖCK BLAŽ, *…, †…; / NEŽA PINTER, gestorben am 3.1.1955, 93 Jahre alt. – Oh Vater! Das helle, friedliche Morgenrot hat uns Euch verdeckt; unsere Mutter und unsere [beiden] Brüder aber hat die wilde Nacht des Sturms zerstört. – Die dankbaren Töchter. – ... ..., *..., †... / Familie Mikul.]
(LMR, 07.06.2019. Siehe Abbildung 16.)

3.2.6 Friedhof bei der Neuen Aufbahrungshalle in Ledenitzen/ Pokopališče pri novi vežici v Ledincah

Im Gedenken an Oma. – Wir vermissen Dich.
Dem Auge entrissen, dem Herzen ewig nah. – Liebe, das ist es.
Von der Erde gegangen, im Herzen geblieben.
Nur ein Schatten sind unsere Tage auf Erden. – Der Tod ist das Tor zum Leben.
Das Ewige ist Stille. – Die am Ziel sind, haben den Frieden.
Jehova ist mein Hirte; brauch nicht ängstlich sein.
Ich bin die Auferstehung und das Leben. [Johannes 11,25]

Leg mich wie ein Siegel auf Dein Herz, wie ein Siegel auf Deinen Arm, denn die Liebe ist so stark wie der Tod. Hoheslied 8,6

Alles, was kommt, ist Windhauch. Alle Wege haben ein Ende, ein frühes oder spätes Ziel. Drum neig' den Kopf mit Demut und sprich im tiefsten Schmerz: „Wie Gott will!" Staub fällt in die Erde zurück, der ihn gegeben hat. Windhauch, Windhauch, das alles ist Windhauch. Kohelet 1-12
(LMR, 07.06. 2019.)

3.2.7 Friedhof bei der Pfarrkirche zum Hl. Martin in Petschnitzen/ Pokopališče pri farni cerkvi svetega Martina na Pečnici

Landwirt – Frächter – Bürgermeister von Ledenitzen
Unser lieber Sohn
Unsere geliebte herzensgute Mutter und Gattin – Unsere lieben Eltern
Im Gedenken – Zum Gedenken an unsere Lieben – Zum Gedenken an unsere Eltern
In stillem Gedenken – Ich denk an Dich – Die Erinnerung bleibt.
Die Liebe bleibt. – Gott sei ihm gnädig!
Auf Wiedersehen! – Über eine kleine Weile werden wir uns wiedersehen.
Hier ist Friede. – Schlaf in Gottes Frieden!
Zbogom mama in vsi dragi, vera v svidenje nas potolaži. [Geht mit Gott, Mama und alle Lieben, der Glaube an das Wiedersehen tröstet uns.]
Der Herr ist mein Hirte, nichts wird mir fehlen. Psalm 23,1
Herr, Dir in die Hände sei Anfang und Ende, sei alles gelegt.
Jesus lebt, durch ihn auch ich. – Tot ist nur, der vergessen wird.
Zu früh für uns! – Zu früh für uns, doch Gottes Wille.
Du warst so gut, Du starbst zu früh, wer Dich gekannt, vergisst Dich nie.
Ein guter Mensch, der mit uns gelebt, kann uns nicht genommen werden.
Kurz war das Leben, lang ist der Schmerz.
Za Vaš trud in vse trpljenje Bog Vam večno daj življenje! [Für Eure Plage und Euer Leiden gebe Euch Gott das ewige Leben!]
Aus dem Leben geschieden, im Herzen geblieben.
Das Sichtbare vergeht, doch das Unsichtbare bleibt.
Es fiel ein Reif in dieser Nacht. – Die Sonne sank, noch eh' der Abend kam.
Utihnila je pesem in konec je poti. [Das Lied verstummte, und der Weg ist zu Ende.]

So schlummre sanft, Du guter Vater. Das Grab entriss Dich uns zu früh. Du warst uns Schutz und treuer Rater. Ach! wir vergessen Deiner [Dich] nie.

Als die Liebe das Leben betrat, haben die Menschen sie nicht erkannt. Als sie sie sahen, waren sie verwundert ob der Einfachheit derselben. Lars Metzen

QUOD SUMUS, HOC ERITIS. / FUIMOS QUANDOQUE, QUOD ESTIS. [Was wir sind, das werdet ihr sein. – Was wir einmal gewesen sind, das seid ihr.]

Zur Erinnerung an Gefr. Caspar Petſchnig, geb. am 30.6.1921, gef. am 29.10.1942, in El Alamein, Afrika.
(Gefr./Gefreiter. – Siehe Abbildung 18.)

VIVAS IN PACE / … [Ruhe in Frieden!] (Familie Ottowitz. Siehe Abbildung 19.)

Tukaj počiva Ana Arnejc, roj. Mikl, rojena 15. V. 1854, umrla 18. II. 1913. / Na sodni dan bo z nami vred vstala. / Draga zemlja, kjer počiva Srce naše matere, Ki od srca Božjega uživa, Je ljubilo nas vse. – Hier ruhen Josef Arneitz, Besitzer u. Bürgermeister, *1851, †1933; / Anna Arneitz, *1878, †1959. / Ruhet sanft!
[Hier ruht Ana Arnejc, geborene Mikl, geboren am 15. Mai 1854, gestorben am 18. Feber 1913. – Am Jüngsten Tag wird sie mit uns gemeinsam auferstehen. – Teure Erde, in der unserer Mutter Herz ruht, das aus Gottes Herzen erblüht, das uns alle liebte.]
(Siehe Abbildung 17.)
(LMR, 07.06., 24.06., 01.07. und 29.07.2019.)

3.3 Inschriften auf Gedenktafeln für verdiente Persönlichkeiten/ Napisi na spominskih ploščah zasluženim možem

Gedenktafel für Franc Aichholzer in Oberaichwald/ Spominska plošča Francu Aichholzerju na Hribru pri Ločah

V tej hiši je živel in ustvarjal učitelj, šolnik, kulturnik in ‚oče' Mladega roda / Direktor FRANC AICHHOLZER, * 12.2.1884, † 5.10.1976, / Pädagoge und Förderer der Sprache und Kultur der Kärntner Slowenen, lebte und wirkte in diesem Haus / Slovensko kulturno društvo JEPA – BAŠKO JEZERO / Ob 85-letnici ustanovitve, 2007 / Društvo MLADI ROD
[In diesem Hause lebte und wirkte der Lehrer, Schulleiter und Vater des „Mladi rod", Direktor Franc Aichholzer, *..., †... / Der slowenische Kulturverein Mittagskogel-Faaker See, zum 85-jährigen Jubiläum des Bestehens der Schülerzeitung „Junge Generation", im Jahre 2007, der Verein „Mladi rod".]
(Gedenktafel an der Ostseite des Hauses in Unteraichwald 40. – LMR, 07.06.2019. Vgl. www.kleindenkmaeler.at > Gemeinde Finkenstein.)

Prof. dr. Miran Hladnik 31. maja v svoji e-okrožnici (»SlovLit«) spet oživlja spomin na enega od zaslužnih koroških Slovencev: »Življenje, ki ga diha ta dežela, je mehko, valovito, kakor gladina teh skrivnostnih jezer.« Tale Prežihov stavek stoji na spominski plošči učitelja, kulturnika in urednika koroške revije »Mladi rod« Franca Aichholzerja (1884-1976) v Spodnjem Dobju v Ločah (Latschach). Obeležje je predstavljeno na spletišču »Biseri naše kulturne krajine« http://www.kleindenkmaeler.at/kategorija/pomnik in zdaj prepisano v zbirko spomenikov na temo druge svetovne vojne na Geopediji http://www.geopedia.si/#T105_L14705_F14705:4107_x419502.584960938_y157554.805633545_s15_b4. Večina koroških pomnikov protifašističnega odpora še čaka na vnos v omenjeno spletno zbirko. (Janez Stergar, janez-stergar@guest.arnes.si, e-Mail, 04.06. 2019, 15:43 Uhr.)
[Prof. Dr. Miran Hladnik erweckt in seinem Rundschreiben per e-Mail vom 31. Mai 2019 wieder das Gedenken an einen der verdienten Kärntner Slowenen: Das Leben, das dieses Land atmet, ist weich und wogend, wie der Spiegel geheimnisvoller Seen. Dieser Satz von Prežihov Voranc [Lovro Kuhar] steht auf der Gedenktafel des Lehrers, Kulturschaffenden und Redakteurs der Kärntner Schülerzeitschrift „Mladi rod" [Junge Generation], Franc Aichholzer (1884-1976), in Unteraichwald bei Latschach. [Dieser poetische Satz steht nicht wirklich auf der Gedenktafel drauf. Er ist ein Sinnbild für Aichholzers Leben (LMR).] Auch diese Gedenktafel befindet sich auf der HP „Kleindenkmäler", und sie wurde in die Sammlung der Denkmäler zum Thema „2. Weltkrieg" in die HP „Geopädie" aufgenommen. Die meisten der Kärntner Denkmäler des antifaschistischen Widerstandes warten noch auf die Eintragung in die erwähnte Plattform.]

3.4 Inschriften auf Priestergräbern und Gedenktafeln für Priester/ Napisi na grobovih duhovnikov in spominskih ploščah duhovnikom

3.4.1 Friedhof bei der Pfarrkirche St. Leonhard bei Siebenbrünn/ Pokopališče pri farni cerkvi svetega Lenarta pri Sedmih studencih

3.4.1.1 Peter Stöcklein MSC

Peter Stöcklein MSC, *2.12.1885, †25.1.1966.
(Siehe Abbildung 20.)

3.4.1.2 Simon Stöckl

Tukaj počivajo veleč. gospod Simon Stöckl, župnik, knez. škof. duh. in dek. svetovalec, rojeni dne $^{11}/_{10}$ 1835 v Železni Kaplji, umrli dne $^{5}/_{5}$ 1893 v Šnt. Lenartu, kjer so bili 3 leta za kaplana in 23 leta za župnika. / Lahka jim zemlja! / Ste dolgo let med nami bili, / Kar Bogu ljubo nas imeli; / Zdaj naša gorka želja je, / Da bi v nebesih videli se. / Hvaležni farmani [farani].
[Hier ruht der hochwürdige Herr Simon Stöckl, Pfarrer, fürstbischöflicher Priester und Dekanatsrat, geboren am 11.10. 1835 in Eisenkappel, gestorben am 05.05.1893 in St. Leonhard, wo er 3 Jahre als Kaplan und 23 Jahre als Pfarrer gedient hat. – Die Erde sei ihm leicht! – Sie weilten lange Jahre unter uns, haben uns Gott gefällig behandelt; jetzt ist es unser bitterer Wunsch, dass wir uns im Himmel wiedersehen mögen. – Die dankbaren Pfarrangehörigen.]
(veleč./velečastiti/der hochwürdige, knez. škof. duh. in dek. svetovalec/knezoškofijski duhovnik in dekanijski svetovalec/fürstbischöflicher Priester und Dekanatsrat, Šnt. Lenart/Šent Lenart/St. Leonhard. – Siehe Abbildung 21.)

3.4.1.3 Franc Bergmann

Tukaj počivajo Veleč. Gospod FRANC BERGMANN, dekanijski svetovalec in župnik, ki so oskrbovali skozi 17 let Št. Lenaško faro, roj. 8. septembra l. 1858, umrli 13. septembra l. 1910. / Bog jim daj večni mir in pokoj, / Večna luč naj jim sveti. / Tukaj počiva pastir, najblažjega srca nositelj, ki ljubil je svoje srčno, da [dokler ni] smrt mu zaprla okò. Ni zase, za druge živel, za duše samo je gorel. Naj bodo mu Večni bogat in dobroten poplačitelj!
[Hier ruht Hochwürden, Herr Franc Bergmann, Dekanatsrat und Pfarrer, der durch 17 Jahre die Pfarre St. Leonhard betreut hat, geboren am 8. September des Jahres 1858, gestorben am 13. September des Jahres 1910. – Gott gebe ihm die ewige Ruhe und den Frieden. Das ewige Licht leuchte ihm. – Hier ruht ein Hirte mit einem überaus sanften Herzen, der die Seinen herzlich liebte, bevor ihm der Tod das Auge verschloss. Er lebte nicht für sich, sondern für seine Mitmenschen, nur für deren Seelen brannte er. Der ewige Gott möge ihn dafür reich und gütig belohnen!] (Veleč./velečastiti/Hochwürden, Št./Šent/St./Sankt, l./leta/des Jahres/im Jahre. – Siehe Abbildung 24.)

3.4.1.4 Janez Starc

ŽUPNIK JANEZ STARC, *2.11.1885 , †2.5.1953. / OD MOKRIJ / DO ŠT. LENARTA , / OD ZIBELE / DO KRSTA / SEM NESEL KRIŽ / DUHOVNIKA / POSLANCA, / OD RUDE / PREKO PLAJBERKA, / BOROVELJ, / HODIŠ, / SKOZ PREGNANSTVA, / ZA NAROD SVOJ. / GOSPOD, / KI NARODOVO / USODO VODIŠ, / VODI NAROD MOJ / POT PRAVO, / + POT + / KRŠČANSTVA.
[Pfarrer Janez Starc, *…, †… – Von Mökriach bei Eberndorf bis St. Leonhard bei Siebenbrünn, von der Wiege bis zur Bahre trug ich das Kreuz des Priesters und Abgeord-

neten, von Ruden über Windisch-Bleiberg, Ferlach, Keutschach, durch das Exil, für mein Volk. – Gott, der DU das Schicksal der Völker lenkst, führe mein Volk auf dem richtigen Weg, dem Weg des Christentums.] – (Siehe Abbildung 25.)

3.4.1.5 Valentin Knaffl

Tukaj počiva pastir pri svoji čredi, visokočastiti gospod Valentin Knaffl, zlatomašnik, duhovni svetovalec ino fajmošter v Št. Lenartu celih 42 let, rojeni 28. avgusta 1787, v Št. Jakobu v Rožu, umerli 2. septembra 1869. / Blagor mertvim, ki v Gospodu umerjo! / Odslej naj počivajo od svojega truda, / zakaj njih dela gredo za njimi. / Skrivnostno razodetje 14,13
[Hier ruht der Hirte bei seiner Herde, der hochwürdige Herr Valentin Knaffl, Goldener Priesterjubilar, Geistlicher Rat und Pfarrherr in St. Leonhard bei Siebenbrünn ganze 42 Jahre lang, geboren am 28. August 1787, in St. Jakob im Rosental, gestorben am 2. September 1869. – Wohlergehen den Toten, die im Herrn sterben! Von nun an möge er ruhen von seinen Mühen, denn seine guten Werke folgen ihm. Geheime Offenbarung 14,13]
(Št./Šent/St./Sankt. – Siehe Abbildung 22.)

3.4.1.6 Augustinus Čebul

Jaz sem vstajenje in življenje – Ich bin die Auferstehung u. das Leben [Johannes 11,25] – Duhovni svetnik – Geistlicher Rat AUGUSTINUS ČEBUL, von 1953 bis 1990 Pfarrer in St. Leon-hard bei Siebenbrünn. / Vaše 40-letno pastirovanje v naši fari Vam povrni Bog z večno ALELUJO / Requiescat in pace!
[Ihr 40-jähriges Wirken als Hirte in unserer Pfarre möge Ihnen Gott mit dem ewigen ALLELUJA vergelten. Er möge ruhen in Frieden!]
(LMR, 01.07.2019. Siehe Abbildung 23. – Priestergräber von Peter Stöcklein, Simon Stöckl, Franc Bergmann, Janez Starc, Valentin Knaffl und Augustinus Čebul an der nördlichen Außenwand der Pfarrkirche.)

3.4.2 Friedhof bei der Pfarrkirche zum Hl. Michael in Fürnitz/ Pokopališče pri farni cerkvi svetega Mihaela na Brnci

3.4.2.1 Adam Fvgger

HIE LIGT PEGRABEN DER ERBIER / TGE HER ADAM FVGGER PFARRER / ALHIE IN DIE 48 JAR LANG WEL / LICHER GESTORBEN IST ANNO / 16 · GOTT VERLEIH IM EIN FREL / LICHE AVFERSTEVUNG · AMMEN
[Hier liegt begraben der ehrwürdige Herr Adam Fugger, hier 48 Jahre lang Pfarrer, welcher gestorben ist im Jahre 16. Gott verleihe ihm eine fröhliche Auferstehung. Amen.]
(Adam Fugger war evangelischer Pfarrer in Fürnitz. Vgl. www.kleindenkmaeler.at > Gemeinde Finkenstein. – In welchem Jahrhundert Pfarrer Adam Fugger verstarb, konnte nicht ermittelt werden. – Siehe Abbildung 28.)

3.4.2.2 Johann Mikula und/in Maksimilian Stindl

Ruhestätte des hochw. Herrn Johann Mikula, Pfarrer in Fürnitz, geb. 11.7.1808, gest. 30.10.1885. / Pri Bogu čaka na nas naš dragi župnik, duhovni svetnik in zlatomašnik, Maksimilian Stindl. – Unser lieber Pfarrer, Geistlicher Rat und Jubelpriester [Goldener Priesterjubilar] Maksimilian Stindl erwartet uns in der ewigen Heimat bei Gott; geb. 2.9.1911, gest. 15. 11.1990, Pfarrer in Fürnitz – župnik na Brnci 1.3.1946-15.11.1990. / EGO SUM RESURECTIO ET VITA

[Ich bin die Auferstehung und das Leben. Johannes 11,25]
(hochw./ hochwürdig. – LMR, 01.07.2019. Siehe Abbildung 29. –Johann Mikula war von 1852 bis 1885, Maximilian Alois Stindl von 1946 bis 1990 Pfarrer in Fürnitz. Vgl. Finkenstein, Chronik, 2005, S. 425. – Priestergräber des Adam Fugger, Johann Mikula und Maksimilian Stindl an der Süd-Seite der Pfarrkirche.)

3.4.3 Friedhof bei der Pfarrkirche zum Hl. Ulrich in Latschach/ Pokopališče pri farni cerkvi svetega Urha v Ločah

3.4.3.1 Dr. jur. Josip Ogris

„VERITATI", / RESNICI SEM SLUŽIL, RESNICO UČIL VSE ŽIVLJENJE, / TUDI S TISTIM, KI JO NI SLUŠAL, SEM IMEL POTRPLJENJE. / TU ČAKATA VSTA-JENJA č. g. dr. jur. JOSIP OGRIS, ROJEN 1887 V ŠMARJETI V ROŽU, V MAŠNI-KA POSVEČEN 1909, ŽUPNIK V LOČAH OD 15.3.1914 DO 15.3.1957, UMRL 20. 11.1964. / NJEGOVA MATI BARBARA OGRIS, 1862 – 1940. / SVOJEMU SINU NAS IZROČI, MATI USMILJENJA! / TETA NANA, ANNA PUSCHNIG, *26.3. 1911, †2.4.2013.
[Der Wahrheit diente ich, die Wahrheit lehrte ich mein ganzes Leben lang. Auch mit jenem hatte ich Geduld, der sie nicht hören wollte. – Hier warten auf die Auferstehung der hochwürdige Herr Dr. jur. Josip Ogris, geboren 1887, in St. Margarethen im Rosental, zum Priester geweiht 1909, Pfarrer in Latschach vom 15.03.1914 bis 15.03. 1957, gestorben 20.11.1964. – Seine Mutter Barbara Ogris, 1862-1940. – Stelle uns vor deinem Sohne, Mutter der Barmherzigkeit! – Tante Nana, Anna Puschnig, *26.3.1911, †2.4. 2013.]
(č. g. dr. jur./častiti gospod doktor juris/der hochwürdige Herr Doktor der Rechtswissenschaft. – LMR, 07.06.2019. Vgl. www.kleindenkmaeler.at > Gemeinde Finkenstein.)

3.4.3.2 Franc Treiber

Nmav čriəz izaro, / nmav čriəz hmajnəco, / Čiər je dragə dom / z mojo zibeuko. / Župnik, kulturnik in skladatelj – Pfarrer, Kulturschaffender und Volksliedschreiber FRANC TREIBER, *29. 1. 1809 v Bačah/in Faak, †24. 10. 1878 Št. Jakob/St. Jakob Ros. / Zapel je himno koroških Slovencev. – Autor der Hymne der Kärntner Slowenen „Nmav čriəz izaro". / Bil je goreč duhovnik, ljubitelj slovenske besede in pesmi, priznan pevec ter zborovodja in požrtvovalen delavec v Gospodovem vinogradu. / Ob 200-letnici rojstva Zum 200. Geburtstag / Fara Loče – Pfarre Latschach, 2009.
[A bißal iban See, a bißal duach'n Wold, wo mei teires Heim mit meina Wiagn stond. – Pfarrer, Kulturschaffender und Komponist Franc Treiber, *..., †... – Autor der Hymne der Kärntner Slowenen „A bißal iban See". – Er war ein glühender Priester, Liebhaber des slowenischen Wortes und Liedes, anerkannter Sänger und Chorleiter und ein sich aufopfernder Arbeiter in Gottes Weinberg. – Zum 200. Geburtstag. – Die Pfarre Latschach, 2009.]
(Št./Šent/St./Sankt. – LMR, 07.06.2019. Siehe Abbildung 31.)

3.4.3.3 Jakob Knaflič

Tukaj počiva č. g. JAKOB KNAFLIČ, roj. 26. aprila 1841 na Bledu, umrl 23. novembra 1913, 36 let župnik v Ločah. / Cel zarod ste tukaj v grob položili, / In zarod nov ste v veri vzgojili. / Naj prvi se z Vami v Bogu veselijo, / A drugi hvaležno za Vas molijo.
[Hier ruht der hochwürdige Herr Jakob Knaflič, geboren am 26. April 1841, in Veldes, gestorben am 23. November 1913, 36 Jahre Pfarrer in Latschach. – Eine ganze Generation haben Sie hier ins Grab gelegt und eine neue [Geschlechterfolge] im Glauben erzo-

gen. Die Erstgenannten mögen sich mit Ihnen im Herrn erfreuen, und die Letzteren dankbar für Sie beten.]
(LMR, 07.06.2019. Vgl. www.kleindenkmaeler.at > Gemeinde Finkenstein. – č. g./častiti gospod/der hochwürdige Herr.)

3.4.3.4 Dr. Janko Mikula

Rož, Podjuna, Zila, / venec treh dolin, / moja domovina, / narod moj trpin. / Župnik, pisec in svetovni popotnik – Pfarrer, Autor und Weltreisender DR. JANKO MIKULA, *29.10.1904 na Hribru/in Oberaichwald, †8. 4. 1988 Syney, Australien. / Zapisal je besedilo pesmi ROŽ, PODJUNA, ZILA, ki ga je uglasbil koroški slovenski skladatelj PAVLE KERNJAK – das vom Kärntner slowenischen Komponisten PAVLE KERNJAK vertont wurde. – Bil je duhovnik iz loške fare, doživel bridkosti druge svetovne vojne, pomagal izseljencem in beguncem in bil dušni pastir v daljni Avstraliji. / Ob 105-letnici rojstva – Zum 105. Geburtstag – Fara Loče – Pfarre Latschach, 2009.
[Rosen-, Jaun- und Gailtal, dreier Täler Kranz, meine liebe Heimat, mein Volk im Kampf. – Pfarrer, Autor und Weltreisender Dr. Janko Mikula, *…, †… – Er schrieb den Text zum Lied „Rosen-, Jaun- und Gailtal“, das der Kärntner slowenische Komponist Pavle Kernjak vertonte. – Er war ein Priester aus der Pfarre Latschach, erlebte die Bitterkeit des 2. Weltkrieges, half den Auswanderern und Flüchtlingen und war Seelsorger im entfernten Australien. – Zum 105. Geburtstag – Die Pfarre Latschach, 2009.]
(LMR, 07.06.2019. Vgl. www.kleindenkmaeler.at > Gemeinde Finkenstein.)

3.4.3.5 Jakob Škofič

Im Dienste des Guten Hirten Jesus Christus und der Menschen – V službi Dobrega pastirja Jezusa Kristusa in ljudi Geistlicher Rat JAKOB ŠKOFIČ – duhovni svetnik, *1915, [posvečen/geweiht] 1941, †1990, 1957-1990 Pfarrer in Latschach – župnik v Ločah. / Jaz sem vstajenje in življenje. / Ich bin die Auferstehung und das Leben. / Ego sum resurectio et vita. [Johannes 11,25]
(LMR, 07.06.2019. Siehe Abbildung 32.)

3.4.3.6 Lukas Markowitz

Starb im Jahr 1817, den 20. April, im 69. Jahr, Lukas Markowitʒ, Pfarrer.
(LMR, 07.06.2019. Siehe Abbildung 30. – Gedenktafeln für Dr. Josip Ogris, Franc Treiber, Jakob Knaflič, Dr. Janko Mikula, Jakob Škofič und Lukas Markowitz befinden sich an der nördlichen Außenmauer der Pfarrkirche. – Lukas Markowitz war von 1780 bis 1817, Jakob Knaflič von 1878 bis 1913, Dr. Josip Ogris von 1914 bis 1956 (außer während dem 2. Weltkrieg) und Jakob Škofič von 1956 bis 1990 Pfarrer von Latschach. Vgl. Finkenstein, Chronik, 2005, S. 415.)

3.4.3.7 Johannes Leitschacher, Epitaph

H**I**C **CV**bat, abrept**VM D**et**L**e, Te**QV**æso. **VI**ator [1772] /
Ioannes **L**e**I**tshaher Pr**IMV**s Paro**C**h**V**s et / **AV**thor æ**DI**f**ICII**. 24. Febr. [1772] /
VIg**I**nt**I** ann**I**s **DI**re**XI**t **ECCL**es**I**a**M**. [1772] //
Quinque decem Numeres ac His / Super addito Quintum /
ætatis Numerum Mox libi Crede dabit. /
Ep**I**taph, ho**CC**e art**I**fe**X M**an**I**b**V**s / **D**at ere**C**tor**I**s **ILLV**str**I**b**V**s! [1931] /
Sub rectore Dr. jur. J. Ogris
(Dieses Chronogramm/Zeitgedicht ergibt für die ersten drei Verse jeweils die Jahreszahl 1772, Leitschachers Todesjahr, und für die letzte Zeile das Jahr 1931. Leitschacher war der erste Pfarrer von Latschach. – Kirchen-Innenraum, südliche Seitenkapelle, vorne. – Zahlenwerte der lateinischen Buchstaben: M = 1000, D = 500, C = 100, L = 50, X

= 10, V = 5, I = 1. Hier wurden sie im Fettdruck wiedergegeben, im Original sind sie in Gold geschrieben. – Das Chronogramm wurde von Pfarrer dr. Josip Ogris verfasst. Es wurde 1931 errichtet und am 15. Mai 1932 [nicht 1922] enthüllt. – LMR, 07.06. 2019. Vgl. www.kleindenkmaeler.at > Gemeinde Finkenstein. – Johannes Leitschacher war von 1752 bis 1772 Pfarrer von Latschach. Vgl. Finkenstein, Chronik, 2005, S. 415.)

3.4.4 Friedhof bei der Pfarrkirche zum Hl. Martin in Petschnitzen/ Pokopališče pri farni cerkvi svetega Martina na Pečnici

3.4.4.1 Anton Oblak

Tukaj počivajo č. g. ANTON OBLAK, vpokojeni župnik Gozdanjski, rojeni 11. jan. 1831 v Moravčah na Kranjskem, umrli 16. marc. 1900. / Naj počivajo v miru.
[Hier ruht der hochwürdige Herr Anton Oblak, pensionierter Köstenberger Pfarrer, geboren am 11. Jänner 1831, in Moräutsch in Oberkrain, gestorben am 16. März 1900. – Er möge ruhen in Frieden.]
(č. g./ častiti gospod/der hochwürdige Herr, jan./januar/januarja/Jänner, marc./marec/ marca/März. – Kirchen-Außenmauer nach Südosten. – LMR, 24.06.2019. Siehe Abbildung 26.)

3.4.4.2 Josef Gabruč

Josef Gabruč, župnik, 7.2.1922 – 10.11.1975; Katarina Gabruč, 28.5.1886 – 9.11.1944. (LMR, 29.07.2019. Siehe Abbildung 27.)

3.5 Inschriften für die Gefallenen der beiden Weltkriege/ Napisi padlim obeh svetovnih vojn

3.5.1 Denkmal am Pfarrfriedhof in St. Leonhard bei Siebenbrünn/ Spomenik na farnem pokopališču v Šentlenartu pri Sedmih studencih

Den Helden im Weltkriege 1914 – 1918.
Johann Pinter / geb. 26.2.1889, gef. 14.12.1914 / in Galizien.
Martin Wirtitsch / geb. 5.11.1894, gef. 21.4.1915 / in Galizien.
Ulrich Bergmann / geb. 16.7.1885, gef. 19.5.1915 / bei Kolomea.
Peter Kepold / geb. 14.6.1895, gef. 14.7.1915 / am Dnyester.
Johann Kutin / geb. 27.9.1896, gef. 21.7.1915 / in Galizien.
Jakob Gallob / geb. 30.4.1886, gef. 22.10.1915 / bei Flitsch.
Lukas Galle / geb. 17.10.1893, gef. 25.11.1915.
Johann Koller / geb. 20.12.1886, gef. 4.3.1916 / bei Kastrein.
Anton Klawora / geb. 11.1.1893, gef. 19.3.1916 / am Plöckenpas.
Josef Knoflacher / geb. 19.3.1885, vermisst 1915 / in Galizien.
Andreas Oitzl / geb. 27.2.1876, vermisst 1915.
Matth. Mickl / geb. 29.3.1891, gest. 20.6.1915, / Marmarostziget, Ungarn.
Josef Fojan / geb. 6.1.1896, gest. 24.6.1916.
Franz Mörtl / geb. 17.7.1895, gest. 14.10.1916 / bei Görz.
Johann Rijavec / geb. 2.3.1889, verunglückt / 1.6.1918 in Wollersdorf.
Matth. Knoflacher / geb. 14.2.1896, gest. 18.11.1918 / in Korpitsch.
Franz Schuller / geb. 24.2.1875, gest. 23.7.1920.
Josef Podlipnig / geb. 28.7.1898, gest. 10.9.1922.
Franz Kugi / geb. 8.8.1892, gest. 12.12.1922.

(14 Fotos. Tafel an der Westseite der Totenkammer (an der östlichen Friedhofmauer), südlich vom Eingang. – LMR, 16.07.2019. Siehe Abbildung 35.)

Franz Pinter / geb. 21.11.1887, vermisst.
Joh. Jaklitsch / geb. 14.1.1889, gest. 27.5.1915.
Jos. Oprisnig / geb. 10.1.1887, gest. 4.2.1916.
Joh. Romauf / geb. 31.12.1893, gest. 1915, / Russland.
Blas. Wucherer / geb. $^{26}/_{10}$ 1896, vermisst 1915, / Russland.
Alois Podlipnig / geb. 22.4.1891, gef. 7.10.1914, / All so Oder, Ungarn.
Albin Kremser / geb. 1.3.1883, gef. 18.8.1916 / bei Görz.
Franz Podlipnig / geb. 30.3.1895, gef. 7.9.1916 / in Galizien.
Valentin Urschitz / geb. 10.2.1882, gef. 1.11.1916 / am Isonzo.
Valentin Meisslitzer / geb. 5.2.1895, gef. 12.1.1917 / bei Görz.
Josef Pinter / geb. 16.2.1896, gef. 16.3.1917 / am Mittagskofel.
Peter Martinz / geb. 19.10.1889, gef. 24.8.1917 / am Isonzo.
Franz Wallas / geb. 27.7.1887, vermisst 1914, / Russ. Front.
Georg Kazianka / geb. 29.12.1895, vermisst 1915.
Matth. Pinter / geb. 26.5.1878, gest. 1914 / in Klagenfurt.
(11 Fotos. Tafel an der Westseite der Totenkammer (an der östlichen Friedhofmauer), nördlich vom Eingang. – LMR, 16.07.2019. Siehe Abbildung 34.)

3.5.2 Denkmal vor der Pfarrkirche St. Leonhard bei Siebenbrünn/ Spomenik pred farno cerkvijo Šentlenart pri Sedmih studencih

DEN GEFALLENEN UND OPFERN DER WELTKRIEGE 1914-1918, 1939-1945
1914: ALOIS PODLIPNIG · MATTHIAS PINTER · FRANZ WALLAS · JOHANN PINTER · 1915: MARTIN WIRTITSCH / ULRICH BERGMAN · PETER KEPOLD · JAKOB GALOB · JOHANN KUTTIN · LUKAS GALLE · JOSEF KNOFLACHER / ANDREAS OITZL · MATTHIAS MICKL · JOHANN JAKLITSCH · BLASIUS WUCHERER · JOHANN ROMAUF · GEORG / KATZIANKA · 1916: ALBIN KREMSER · JOSEF OPRISNIG · FRANZ MÖRTL · JOSEF FOJAN · VALENTIN URSCHITZ / FRANZ PODLIPNIG · JOHANN KOLLER · ANTON KLAWORA · 1917: VALENTIN MEISSLITZER · PETER MARTINZ / JOSEF PINTER · 1918: JOHANN RIJAVEC · MATTHIAS KNOFLACHER · 1920: FRANZ SCHULLER · 1922: / JOSEF PODLIPNIG · FRANZ KUGI · VERMISST: FRANZ PINTER · 1940: FRANZ ARNOLD · 1941: FRIEDRICH GALLOB / MATTHIAS OMANN · ADOLF MERLIN · 1942: GEORG GALLOB · FRANZ GLANTSCHNIG · FRANZ SKARBINA / ANTON JURI · ALOIS MERTL · JOSEF KOFLER · JOHANN MIKL · ALOIS WOSCHITZ · 1943: PETER LEPUSCHITZ / ALOIS MIKL · ALBIN OITZL · JOHANN OITZL · JOSEF OTTOWITZ · GREGOR OSCHOUNIG · HERMANN SKARBINA / MICHAEL PINTER · LUDWIG PÖCK · JOHANN TARMANN · JOSEF SPITZER · JOSEF KANDUTSCH · FRANZ GALLOBITSCH / PHILIPP ROMAUCH · ALBERT SPITZER · URBAN WOSCHITZ · JOSEF TSCHELIGI · 1944: KARL FATZI · STEFAN GALLE / GEORG HROBATH · JOHANN OITZL · JOHANN LAFER · ANTON JANSCHITZ · NORBERT PÖCK · VIKTOR HASSELMAYER / LEOPOLD RIAWEZ · LEOPOLD SLADKO · JOSEF WURZER · CHRISTIAN SLUGA · JAKOB ZIAK · FRANZ HOCHKOFLER / JOHANN SPITZER · MATTHÄUS STIESSEN · KARL STRAUSS · JOSEF PAULITSCH · PAUL TRUPPE · URBAN PAULITSCH J. / LUDWIG TSCHELISNIG · SIMON WALUSCHNIG · HANS FLASCHBERGER · 1945: JOSEF PLÖSCH · URBAN PAULITSCH S. / THOMAS OFFIZIA · ADOLF POGACNIG · ALOIS OITZL ·

THOMAS HROBATH · JOHANN WOSCHITZ · VERMISST: / KONRAD TREIBER · BLASIUS PAULITSCH · JOSEF SAMONIG · BALTHASAR JANNACH · MAX TARMANN · FRANZ KUGI / ADOLF BRUGGER · FRANZ FISCHER · FERDINAND RIJAVEC · JOHANN KATZIANKA · MAX TAUCHER · ERNST KLAMPFERER / JAKOB PINTER · HANS HAFNER · JOSEF GALLOB · JOHANN REICHMANN · JOHANN HOCHKOFLER · GUSTAV POPOLARI / URBAN ARNOLD · FRANZ ZOLLNER · JOSEF FIAN · JOSEF TARMANN · PAUL BECELJ · LUKAS SAMONIG / 1942: KOVSCA AUGUST · 1944: SPITZER JOHANN · 1945: DOBNIG MATTHIAS
(J./junior/der Jüngere, S./senior/der Ältere. – LMR, 01.07.2019. Siehe Abbildung 33.)

3.5.3 Gedenktafel in der Vorhalle der Filialkirche in St. Job/ Spominska plošča v preddverju (lopi) podružnice v Št. Jobu

1939 – 1945
ZUR ERINNERUNG AN UNSERE KAMERADEN
Kepold Michael geb. 23.3.1921 gef. 10.8.1941
Kepold Matthäus geb. 9.5.1922 gef. 2.7.1942
Poglitsch Johann geb. 16.2.1913 gef. 21.9.1941
Tarmann Johann geb. 12.11.1925 gef. 17.11.1943
Dermutz Leopold geb. 26.3.1925 gef. 18.4.1944
Oschounig Lorenz geb. 4.10.1907 gef. 11.3.1945
Podlipnik Stefan geb. 22.12.1906 verm. 30.6.1944
Muschett Friedrich geb. 3.4.1924 gef. 18.10.1944
Kofler Johann geb. 17.10.1908 verm. 1.2.1945
Stele Ignaz geb. 1.2.1914 gef. 18.4.1945
Gallob Georg geb. 6.10.1901 gef. 9.2.1942
(11 Fotos. LMR, 01.07.2019. Vgl. www.kleindenkmaeler.at > Gemeinde Finkenstein.)

3.5.4 Denkmal am Waldfriedhof in Fürnitz/ Spomenik na pokopališču sredi gozda na Brnci

DEN GEFALLENEN BEIDER WELTKRIEGE DER PFARRE FÜNITZ ZUM DANK UND BLEIBENDEN EHRENDEN GEDÄCHTNIS

1914 – 1918
FAAK FRANZ
FAAK JOHANN
FAAK JOSEF
FAAK VALENTIN
GAILBERGER MARTIN
GREGORI JAKOB
HASSLER ALOIS
HASSLER JOHANN
JAMNIG JOHANN
JUTH JOHANN
KARGL KARL
KOFLER JOHANN
LAMPRECHT MATHIAS
LAMPRECHT MICHAEL
LIMPL FRANZ
MELCHER FRANZ
MESCHNIG MICHAEL
MESCHNIG MICHAEL
MESOTITSCH JOSEF
KÄRNTNER / ABWEHRKAMPF 1918 – 1920 (Spalte 1.)

1914 – 1918
NAPOKOJ THOMAS
NESSMANN FRANZ

NESSMANN JOSEF
PODLIPNIG ANTON
POGLITSCH FRANZ
POGLITSCH JOHANN
POPOLARI FRANZ
SCHNABL FLORIAN
TRUNK JOHANN
UDERMANN ANTON
ULBING CHRISTIAN
ULBING FRANZ
URSCHITZ THOMAS
URSCHITZ VALENTIN
WALAS FRANZ
WALLAS JOHANN
WEBER ANTON
WIELTSCH FRANZ
WIELTSCH JOHANN
ZETTINIG GREGOR

KÄRNTNER VOLKSABSTIMMUNG 10. OKTOBER 1920 (Spalte 5.)

1939 – 1945

AICHHOLZER JOHANN
ANDERWALD ANDREAS
BACHMANN WALTER
BADER JOHANN
BAUMGARTNER JOSEF
CIGOJ EDUARD
DABERNIG JOHANN
DERMUTZ LEOPOLD
DOMEUSCHEGG JOHANN
DRAGASCHNIG CHRISTIAN
ERLACH DR. RAIMUND
FRANZ ALOIS
FRANZL LEOPOLD
GALLOB FRANZ
GALLOB GEORG
GITSCHTHALER HERMANN
GRUBER ANTON
JELOVĆAN JOHANN
KAZIANKA GOTTFRIED
KAZIANKA NIKOLAUS
KAZIANKA THOMAS
KÄFERBOCK LEOPOLD
KEPOLD MATTHÄUS
KEPOLD MICHAEL
KEUSCHNIG FRANZ
GRAF ERNST
KLAMPFERER ERNST
KLAMPFERER PHILIPP
KOFLER JOHANN
KRAZINA AUGUST
KREUZER FRIEDRICH
KREUZER JOHANN
KRONLECHNER OSWALD
KROPIUNIK JOHANN
KUGI FRANZ
KUTTIN ALBERT
LACKNER GEORG
MERLIN FRANZ
MILLONIG FRANZ
MISCHKOT JOHANN
MUSCHETT FRIEDRICH
MUSCHETT JOHANN
MUSCHETT MATTHÄUS
MÜLLER JOHANN
MÜLLER JOHANN
MÜLLER RUDOLF
NESSMANN SIMON
OSCHOUNIG LORENZ
PASTERNAK FRANZ
PIRKER ANDREAS
SABUTSCH FRANZ
SKARBINA FRANZ
PIRKER ANDREAS
PIRKER FRIEDRICH
PODLIPNIG MATTHÄUS
PODLIPNIG STEFAN
POGLITSCH JOHANN
POGLITSCH VIKTOR
RABITSCH ALOIS
REGAR GEORG
REGGI EMIL DE
SCHMOLINER JOSEF
SCHNABL JOHANN
SIGEL GERHARD
STELE IGNAZ
STRAUSZ JOSEF
STRAUSZ RUDOLF
TARMANN JOHANN
TRUNK FRANZ
TRUPPE JOSEF
URSCHITZ THOMAS
WALLAS JOHANN
WEBER JOHANN
WIELTSCH KARL
WUCHERER MAX
WUNSCH HARALD
ZETTINIG ERICH
SKARBINA HERMANN

IHR TOD IST UNS VERPFLICHTUNG (Spalten 2-4.)

UNSERE TEILNEHMER AM ABWEHRKAMPF 1918 – 19

GRIESZER JOHANN 1887
GUGGENBERGER JOSEF 1886
HASSLER JOHANN 1883
JAMNIG ANTON 1895
JANTSCHKO FRANZ 1897
KANDUTSCH FRANZ 1889
KEPOLD KASPAR 1900
KLEINFERCHER HANS 1882
KOMANN JOHANN 1899
LIERSCHAFT PETER 1893
MARKTL LUKAS 1885
PIRKER JOHANN 1903
PIRKER JOSEF 1874
POGLITSCH JOHANN 1897
POGLITSCH JOSEF 1897
SCHMOLINER JULIUS 1898
STRESCH ANTON 1895
ZETTINIG HEINRICH 1896

HEIMAT, HEILIGES WORT, / ÜBER DIE ZEITEN FORT, ... (Zusatztafel im Osten.) (Siehe Abbildung 38.)

GESANG DER HELDENGLOCKE / SIE STARBEN FÜR EUCH OHNE KLAGE , / DASZ ES KEINER VERGESSE: / IHR SOLLT IHREN TOD / MITESSEN IN EUREM BROT, / MITTRINKEN AUS EUREM KRUG / MIT JEDEM ATEMZUG, – / DASZ KEINER ES LASSE, / IM HAUS, AM ACKER, AUF JEGLICHER GASSE / IHRER ZU DENKEN IN WÄHRENDER ZEIT, / DASZ JEDER IN GEIST UND GEBLÜT ES TRAGE, / NICHT VON NIEDRIGEM WANDEL ZERSTREUT: / ALSO WILL MEIN GELÄUT / MAHNEN EUCH BIS ANS END EURER TAGE! / JOHANNES LINDNER, MOOSBURG (Auf der Rückseite der großen Tafel.) (LMR, 19.07.2019.)

3.5.5 Denkmal vor dem Pfarrfriedhof in Fürnitz (Hl. Michael)/ Spomenik pred farnim pokopališčem na Brnci (sv. Mihael)

DEN GEFALLENEN KAMERADEN IN DANKBARER ERINNERUNG GEWIDMET – ZVEST SPOMIN NAŠIM PADLIM
[Zur treuen Erinnerung an unsere Gefallenen.] (Westseite.)

FARK FR.
FARK JOS.
GREGORI JAK.
HASSLER JOH.
JAMNIG JOH.
PODLIPNIG ANT.
POGLITSCH FR.
POGLITSCH JOH.
UDERMANN ANT.
URSCHITZ THOM.
FARK JOH.
FARK VAL.
HASSLER ALOIS
MELCHER FR.
KOFLER JOH. (Südseite, oben.)
URSCHITZ VAL.
WIELTSCH FR.
WIELTSCH JOH.
ZETTINIG GREG. (Südseite, unten.)

DEN HELDEN VON / 1914 – 18 (Ostseite.)

JUTH JOH.
KARGL KARL
TRUNK JOH.
ULBING CHRIST.
WALLAS FR.
LIMPL FR.
SCHNABL FLOR.
ULBING FR.
WALLAS JOH.
WEBER ANT. (Nordseite, oben.)

GAILBERGER MART.
LAMPRECHT MATH.
LAMPRECHT MICH.
MESOTITSCH JOS.
MESCHNIG MICH.
MESCHNIG MICH.
NAPOKOJ THOM.
NESSMANN FR.
NESSMANN JOS.
POPPOLARI FR. (Nordseite, unten.)
(LMR, 01.07.2019. Vgl. www.kleindenkmaeler.at > Gemeinde Finkenstein. Eingeweiht im September 1921, gewidmet von den Bewohnern der Ortschaften Gödersdorf und Fürnitz.)

3.5.6 Gedenk-Kapelle in Müllnern/Spominska kapela v Mlinarah

1939 – 1945
DEN GEFALLENEN KAMERADEN DER ORTSCHAFT MÜLLNERN ZUM EWIGEN GEDENKEN GEWIDMET
KOFLER FRANZ / *4.7.1922, gef. 9.10.1943, Rußland
KOFLER JOSEF / *13.8.1919, gef. 8.3.1944, Norwegen
KRIBITSCH FRIEDRICH / *8.3.1918, gef. 27.1.1942, Rußland
LABER FRIEDRICH / *23.2.1923, gef. 12.11.1943, Rußland
LINDNER REINHOLD / *21.10.1920, gef. 18.10.1943, Rußland
MOSER LUDWIG / *21.10.1884, gef. 31.3.1945, Villach
OBERSTEINER OTTO / *20.4.1908, gef. 16.1.1943, Rußland
SIMONI FRANZ / *20.3.1915, gef. 3.11.1943, Rußland
SMOLEJ PAUL / *21.4.1923, gef. 21.10.1944, Norwegen
ULBING ALFRED / *17.10.1924, gef. 14.5.1943, Rußland
ASSMANN MARIA, geb. Poglitsch / *6.12.1904, gef. 22.9.1944, Villach
MARKOWITZ FRANZ / *24.7.1903, gest. 24.2.1947, Rußland
POPOLARI OTTO / *12.9.1941, gest. 2.4.1949, Villach
KOFLER ANTON / *1.2.1925, verm. 18.2.1945, Rußland
MORETIUS JOSEF / *8.7.1920, verm. 2.9.1944, Rumänien
SCHOJER FRANZ / *15.8.1901, verm. 16.1.1945, Rußland
TSCHERNITZ OTTO / *2.9.1925, verm. 2.8.1944, Frankreich
ULBING EMIL / *5.9.1922, verm. 7.1.1943, Rußland
Renoviert, Dorfgemeinschaft Gödersdorf, 1986.
(Südwestlich vom Installateur Stefan Murrer, Warmbader Straße 54, und nördlich vom Seebach/Potok. – LMR, 16.07.2019. Siehe Abbildung 41. Vgl. www.kleindenkmaeler.at > Gemeinde Finkenstein.)

3.5.7 Gedenktafeln in der Vorhalle der Filialkirche in Gödersdorf (Hl. Laurentius)/ Spominski plošči v preddverju (lopi) podružnice v Vodiči vasi (sv. Lovrencij)

1939 – 1945
Den gefallenen Kameraden der Ortschaft Gödersdorf-Stobitzen zum ewigen Gedenken gewidmet
TRUPPE JOSEF / geb. 23.9.1920, gef. 12.9.1943 Kertsch
TRUPPE MATTHIAS / geb. 27.3.1924, gef. 13.1.1944 Krimm, Petrutzsöhne
WARZILEK ANDREAS / geb. 25.2.1920, gef. 2.12.1942 Toropez
WARZILEK FRANZ / geb. 26.6.1925, gef. 6.2.1944 in Nikopol
NEFF VINZENZ / geb. 17.6.1899, / gest. 3.10.1940 Laz. Villach
NEFF JOHANN / geb. 16.5.1925, gef. 10.10.1943 am Isonzo
MEINDLHUBER GERHARD / geb. 9.11.1924, gef. 15.2.1945 Westmark

MEINDLHUBER HELMUT / geb. 5.8.1926, gef. 24.3.1945 bei Ratibor
KENZIAN JOSEF / geb. 10.9.1919, gef. 4.4.1945 Würtemberg
OGRIS MATTHIAS / geb. 16.7.1927, / gef. 18.2.1945 Oberschlesien
SIMONITSCH FRANZ / geb. 20.12.1914, / gef. 11.9.1941 an der Lizza
KOPAUNIG JOSEF / geb. 9.3.1921, gef. 9.1.1942 am Donez
MAURER BARTL / geb. 7.12.1913, gef. 22.1.1942 in Kaluga
(Laz./Lazarett. – 13 Fotos. Tafel im Norden. – LMR, 15.07.2019. Siehe Abbildung 39.)

1939 – 1945
Den gefallenen Kameraden der Ortschaft Gödersdorf-Stobitzen zum ewigen Gedenken gewidmet
OMANN JAKOB / geb. 20.7.1903, gef. 2.5.1942 Wolchow
ADUNKA ANTON / geb. 16.12.1916, gef. 15.9.1941 Murmansk
MAKUZ LEOPOLD / geb. 19.5.1919, gef. 15.10.1942 Nürnberg
FLEISS JOHANN / geb. 7.12.1921, gef. 18.10.1942 Kaukasus
RABITSCH JOHANN / geb. 13.9.1905, gef. 18.1.1943 Wolchow
MÜLLNERITSCH FRANZ / geb. 29.10.1920, / gef. 24.9.1943 an der Lizza
JESSE FRANZ / geb. 22.10.1909, / gef. 24.10.1943 in Sabaroschnje
BINTER EDUARD / geb. 1.6.1924, gef. 1.12.1943 am Dnjepr
MÖRTL WILLI / geb. 4.7.1924, gef. 10.7.1944 Toskana
HOFER HERMANN / geb. 23.9.1914, gef. 2.8.1944 Stanislau
MÜLLER SIMON / geb. 5.2.1909, gef. 5.11.1944 in Küstrin
BINTER FERDINAND / geb. 25.11.1924, / gef. 29.11.1944 bei Fünfkirchen
(12 Fotos. Tafel im Süden. – LMR, 15.07.2019. Siehe Abbildung 40.)

3.5.8 Gedenktafeln in der Vorhalle der Filialkirche in Techanting (Hl. Radegund)/ Spominski plošči v preddverju (lopi) podružnice v Teharčah (sv. Radenka)

Gedenket der Gefallenen im Weltkrieg 1914 – 1918
Binter Philipp
Guldenbrein Joh.
Juritſch Franʒ
Juritſch Thom.
Komatʒ Math.
Koffler Johann
Lepuſchitʒ Franʒ
Lepuſchitʒ Joh.
Lepuſchitʒ Paul
Lepuſchitʒ Mich.
Lepuſchitʒ Math.
Markuwitʒ Joh.
Mrak Anton
Marx Ferd.
Göldner Aug.
Oſchgan Elias
Truppc Joh.
Urſchitʒ Franʒ
Zollner Franʒ
(Holz-Tafel in Holzrahmen, im Norden. – LMR, 15.07.2019. Siehe Abbildung 36.)

1939 – 1945
DOMIUSCHEG JOH. 1907-1945
FRANZL LEOPOLD 1908-1944
GOLSER JOSEF 1921-1943
KOFFLER JOHANN 1911-1945
KATZIANKA RUD. 1922-1942
KRATZINA AUG. 1915-1945
LACKNER GEORG 1917-1945
LEPUSCHITZ JOS. 1924-1944
MILLONIG FRANZ 1924-1944
MÜLLER THOMAS 1914-1941
MUSCHETT JOH. 1903-1948
MARKOWITZ GEORG 1908-1944
OMANN MARTIN 1914-1942
OSCHOUNIG LOR. 1907-1945
PIRKER ANDREAS 1906-1942
RABITSCH JOHANN 1923-1942
SCHLEPPERNIG ROCH. 1917-1945
TRUNK FRANZ 1904-1944
TSCHEMERNJAK MATTH. 1913-1944
URSCHITZ FRANZ 1897-1945
ZELLOT JOHANN 1923-1944
GOLSER MICHAELA 1916, gest. 1943

NESSMANN VALEN. 1877, gest. 1945 NESSMANN MARIA 1882, gest. 1944
(LMR, 15.07.2019. Siehe Abbildung 37. – „Gest.“ ist im Original groß geschrieben.)

3.5.9 Gedenk-Kapelle auf dem Gemeindefriedhof in Finkenstein (Mallestig)/ Spominska kapela na občinskem pokopališču v Bekštanju (Malošče)

MIT GOTT FÜR DIE HEIMAT

GORITSCHACH 1914 – 1918
JURITSCH ANTON 1896-1915
JURITSCH JOHANN 1894-1915
KATZIANKA MARTIN 1886-1914
MELCHER FRANZ 1886-1914
SUSCHNIG FRANZ 1879-1917
ZOLLNER FRANZ 1886-1916
MALLESTIG 1914 – 1918
FERTSCHEI IGNAZ 1886-1915
KANDUTSCH THOMAS 1892-1919
KOREN SIMON 1883-1914
KRABATH HANS 1895-1915
KREULITSCH HANS 1896-1917
LEPUSCHITZ HANS 1884-1916
MÜLLER GREGOR 1880-1916
PINTER JOSEF 1897-1915
GUEDRITSCH FRANZ 1895-1918
STEINER LUDWIG 1882-1916
WALLUSCHNIG GREGOR 1883-1917
WALLUSCHNIG HANS 1890-1914
WOLBANG FRANZ 1892-1914
ALT-FINKENSTEIN
TONDER KARL 1888-1914
GORITSCHACH 1939 – 1945
ABRAHAM JOSEF 1904-1944
FRITZ ANTON 1925-1944
MUSCHET JOFEF 1923-1944
SMOLE ALOIS 1915-1941
SMOLE ANDREAS 1910-1942
STEINER ALOIS 1923-1943
TONDER VALENTIN 1923-1944

MALLESTIG 1939 – 1945
DERMUTZ HEINRICH 1914-1941
DERMUTZ HUBERT 1923-1945
FEICHTER VALENTIN 1902-1945
GALLOB ALOIS 1913-1941
GALLOBITSCH AUGUST 1923-1945
GLAWUGGER ALFRED 1926-1946
JUTH JOSEF 1905-1946
KANDUTSCH JOSEF 1919-1943
KOREN FRANZ 1909-1945
KOREN JOHANN 1911-1943
LEGAT FRANZ 1923-1943
LEGAT JOSEF 1922-1944
LEGAT FRANZ 1926-1945
LEGAT MATTHÄUS 1924-1945
MARTINZ ANTON 1914-1944
MORETTI ADOLF 1916-1942
PINTER THOMAS 1908-1942
PRESSLAUER JOSEF 1925-1944
ROMAUF JOHANN 1915-1944
SAMONIG KARL 1908-1945
SAMONIG LORENZ 1916-1943
SMOUNIG FRANZ 1912-1941
STRAUSS FRITZ 1921-1944
STRAUSS RUDOLF 1919-1941
TONDER FRANZ 1901-1942
UMELE LORENZ 1904-1944
URSCHITZ ANTON 1921-1942
WARUM MATTHÄUS 1914-1944
WEBER GEORG 1925-1945
WEISS KARL 1913-1944
ZWICK ALFRED Dr. 1913-1941
ZWICK ERNST 1914-1944
(LMR, 16.07.2019. Vgl. www.kleindenkmaeler.at > Gemeinde Finkenstein.)

3.5.10 Gedenktafel in der Pfarrkirche in Latschach (Hl. Ulrich)/ Spominska plošča v farni cerkvi v Ločah (sveti Urh)

VEČEN SPOMIN ŽRTVAM SVETOVNE VOJNE 1914 – 1918.
[Zur ewigen Erinnerung an die Opfer des Weltkrieges 1914 – 1918.]
ARNEJC FRANC *1891 †18.12.1918 na Monte Assolone v Italiji.
BLENKUŠ IGNAC *1887 †1914 v Galiciji.
ČOP ANTON *1875 †1917 na Dunaju.
KREUZER ANTON *1886 †1915 v Karpatih.
MAČIČ JANKO *1893 †24.7.1918 v Ločah.
MÖRTL JANEZ *1891 †30.9.1915 v Chodsentu v Turkestanu.
PIRKER MAX *1893 †23.9.1918 v Corbolone v Italiji.
PRAINTZ IGNAC *1893 †22.8.1917 pri Gorici.
RABIČ FRANC *1887 †1915 na Ruskem.
SLAMNIG TOMAŽ *1894 †6.6.1917 pri Gorici.
SIMČIČ VINCENC *1878 †29.1.1918 v Taškentu v Turkestanu.
TRISNIK JOŽEF *1879 †25.10.1914 v Ryblo v Galiciji.
MILNERIČ PETER *1879 †1914 na Ruskem.
ULBING ANTON *1880 †18.5.1917 v Namanganu na Ruskem.
PRESL FERDINAND *1894 †12.2.1915 v Karpatih.
PUŠNIK HUBERT *1926 pogr. 1945
[am Berg Assolone in Italien; in Gallizien; in Wien; in den Karpaten; in Latschach; in Chodsent in Turkestan; in Corbolone in Italien; bei Görz; in Russland; bei Görz; in Taschkent in Turkestan; in Ryblo in Gallizien; in Russland; in Namangan in Russland; in den Karpaten.]
V zemlji tuji daleč spite, / V srcih naših Vi naprej živite! / „Ljubezen zmaga vse.“ Kor. 1.13,7. / Žalujoči domovi.
[In fremder Erde schlaft Ihr in der Ferne, in unseren Herzen lebt Ihr weiter! – Die Liebe vermag alles. Korintherbrief 1.13,7. – Die Trauerfamilien.]
(13 Fotos. LMR, 07.06.2019. Vgl. www.kleindenkmaeler.at > Gemeinde Finkenstein.)

3.5.11 Denkmal am Pfarrfriedhof in Latschach (Hl. Ulrich) Spomenik na farnem pokopališču v Ločah (sv. Urh)

UNSERE GEFALLENEN 1939 – 1945

ADUNKA IGNAZ 1945
ADUNKA JOSEF 1942
AUTZ FRANZ 1941
BERGMANN ULRICH 1941
BLENKUSCH JOSEF 1940
EGGER OSWALD 1943
GASPERSCHITZ ANTON 1944
HARTMANN ALOIS 1942
JELLENIG MATTHIAS 1945
KNAFL ANTON 1945
KOFLER IGNAZ 1943
KRAINER IGNAZ 1944
KREUZER ANTON 1945
LAMPRECHT JOHANN 1944
MAIER FERDINAND 1942
MATSCHITSCH JOSEF 1944
MELCHER JOHANN 1941
MÖRTL CHRISTIAN 1944
ODER ANDREAS 1944
PIESSNEGGER JOSEF 1945
RAPPEL ANTON 1944
ROSENZOPF FRANZ 1941
SAMONIG JOHANN 1942
SCHAUNIG JOSEF 1944
STAUDACHER HANS 1941
STISSEN VINZENZ 1944
STISSEN MATTHÄUS 1944
TRIPLAT GOTTFRIED 1944
TSCHERNUTH RUDOLF 1946
UNTERWEGER MAX 1942
URSCHITZ MATTHÄUS 1944
USCHNIG JOHANN 1945

WALLUSCHNIG JOHANN 1942
WALLUSCHNIG KASPAR 1941
WALLUSCHNIG PAUL 1943
WEISS KARL 1944
WEISCH KARL 1941
WOCHINZ JOHANN 1945
WOSCHITZ THOMAS 1943
WUCHERER FRANZ 1944
ZOLLNER THOMAS 1941
ANDRITSCH JOHANN 1945
GLANTSCHNIG MICHAEL 1944
HOBER CONRAD 1945
KOMATZ HUBERT 1945
KREULITSCH JOHANN 1945
KREUZER SIMON 1945
KUSTERNIG GREGOR 1945
MARTITSCH WILLIBALD 1945
PREINZ ALOIS 1944
ROBITSCH FRANZ 1942
SCHAUNIG VALENTIN 1944
SCHWINGER ANDREAS 1945
SIMČIČ JAKOB 1945
SIMČIČ JAKOB 1944
SKUBIN FRANZ 1945
STROITZ FRANZ 1944
Sie starben als Opfer und mahnen für den Frieden
KAMERADSCHAFTSBUND FINKENSTEIN-FAAKER SEE
(LMR, 07.06.2019. Vgl. www.kleindenkmaeler.at > Gemeinde Finkenstein.)

3.5.12 Gedenktafel in der Vorhalle der Filialkirche in Faak (Hl. Georg)/ Spominska plošča v preddverju (lopi) podružnice v Bačah (sv. Jurij)

2. WELTKRIEG 1939 – 1945
GEFALLENE / AUS DEM ORT FAAK AM SEE
GLATZ ERHARD (Mörtik Mühle)
HAFNER JOSEF
HOBER KONRAD
KREULITSCH JOHANN
KUSTERNIG GREGOR
NADRAG JOSEF
ODER ANDREAS
RABITSCH FRIEDRICH
ROSENZOPF FRANZ
SAMONIG JOHANN
SEMEN ERICH
SCHAUNIG VALENTIN
STAUDACHER HANS
STISSEN MATTHÄUS
STISSEN VINZENZ
TRIPLAT GOTTFRIED
TSCHERNUTH RUDOLF
UNTERWEGER MAX
URSCHITZ MATTHÄUS
WALLUSCHNIG JOHANN
WALLUSCHNIG PAUL
WEISCH KARL
(LMR, 01.07.2019. Vgl. www.kleindenkmaeler.at > Gemeinde Finkenstein.)

3.5.13 Gedenktafel in der Vorhalle der Pfarrkirche in Petschnitzen (Hl. Martin)/ Spominska plošča v preddverju (lopi) farne cerkve na Pečnici (sv. Martin)

V SPOMIN ŽRTVAM SVETOVNE VOJSKE 1914-1918 IZ ŽUPNIJE PEČNICA
[Zur Erinnerung an die Opfer des Weltkrieges 1914-1918 aus der Pfarre Petschnitzen]
JANEZ RESSMANN / roj. 1881, padel 1914 pri Nowe Miasto v Galiciji.
JANEZ WOSCHITZ / roj. 1883, padel 1914 pri Čindra Nuowi v Galiciji.
JAKOB OGRADNIK / roj. 1887, padel 1914 pri Jodlowi v Galiciji.
ANDREJ PEČNIK / roj. 1889, umrl 1915 v Kosicah na Slovaškem.
JAKOB PEČNIK / roj. 1882, umrl 1916 v Ruskem ujetništvu.
ALOJZ PEČNIK / roj. 1897, umrl 1920 v Mariboru.
FRANC PEČNIK / roj. 1894, padel 1915 pri Beretu v Galiciji.
TOMAŽ PEČNIK / roj. 1878, padel 1916 na Plökenu.
GASPAR ZOLLNER / roj. 1887, umrl 1920 vsled vojske doma.
JOŽEF RABIČ / roj. 1894, umrl 1918 v Celovcu.

FRANC MIKL / roj. 1897, umrl 1917 v Inomostu.
FERDINAND ROGAČNIK / roj. 1897, padel 1915 v Karpatih.
ANTON WUZELLA / roj. 1890, padel 1915 pri Dnjestri v Galiciji.
JANEZ SCHÖFFMANN / roj. 1891, umrl 1917 v Ilonawicu.
JANEZ JELENIK / roj. 1888, umrl 1915 v Beljaku.
ANTON WIDMAN / roj. 1880, padel 1914 v Galiciji.
ANDREJ STURM / roj. 1892, padel 1917 na Plökenu.
JAKOB MEŠIK / roj. 1885, padel 1914 pri Grodeku v Galiciji.
GEORG MAIER / roj. 1889, umrl 1917 v Fossalta na Laškem.
ALOJZ ASCHGAN / roj. 1882, padel 1915 na sv. Mihaelu pri Gorici.
FILIP AICHHOLZER / roj. 1885, padel 1915 pri Borastinu v Galiciji.
JOŽEF KODER / roj. 1895, umrl 1917 vsled vojske doma.
MATHIAS HOCHMÜLLER / roj. 1896, padel 1916 na Tirolskem.
JAKOB SMOLE / roj. 1891, umrl 1915 v Galiciji.
GREGOR AICHHOLZER / roj. 1881, umrl 1917 v Feltre na Laškem.
[bei Nowe Miasto in Gallizien; bei Čindra Nuowi in Gallizien; bei Jodlow in Gallizien; in Kosice in der Slowakei; in russischer Gefangenschaft; in Marburg; bei Beret in Gallizien; am Plöcken; an den Kriegsfolgen daheim; in Klagenfurt; in Innsbruck; in den Karpaten; bei Dnjestr in Gallizien; in Ilonawic; in Villach; in Gallizien; am Plöcken; bei Grodek in Gallizien; in Fossalt in Italien; in St. Michael bei Görz; bei Borastin in Gallizien; an den Kriegsfolgen daheim; in Tirol; in Gallizien; in Feltre in Italien.]
Minuli so boji, minulo trpljenje, za dom svoj preljubi smo dali življenje. /
Zdaj širom sveta naša trupla trohne. A gor nad oblaki spet vidimo se.
[Vergangen sind die Kämpfe, vergangen ist das Leid, für unser über alles geliebtes Heim gaben wir unser Leben. Jetzt verwesen unsere Körper verstreut überall auf der Welt. Aber über den Wolken sehen wir uns dereinst wieder.]
(LMR, 24.06.2019. Siehe Abbildung 42.)

3.5.14 Gedenktafel in der Vorhalle der Filialkirche in Unterferlach (Hl. Gregor)/ Spominska plošča v lopi podružnice v Spodnjih Borovljah (sv. Gregor)

ZUM GEDENKEN 1939 – 1945 ZA SPOMIN

MARTIN SMOLE *1925 gef. 1946
FRANZ SMOLE *1925 gef. 1945
JOHANN SMOLE *1908 gef. 1944
ROBERT SMOLE *1927 gef. 1945
JOSEF MAURER *1921 gef. 1942
ANDREAS MAURER *1922 gef. 1944
JOSEF OGRADNIG *1927 gef. 1946
JOSEF OGRADNIG *1923 gef. 1943
MAX KOSCHAT *1927 gef. 1944
JOSEF KIRCHER *1907 gef. 1945
JOSEF MELINZ *1908 gef. 1945
ANDREAS JURITSCH *1924 gef. 1944
JOSEF JURITSCH *1902 gef. 1944
ALOIS OITZL *1908 gef. 1943
JOHANN KOREN *1911 gef. 1943
JOSEF WOSCHITZ *1924 gef. 1943
JOHANN NOVAK *1906 gef. 1945
KASPAR PETSCHNIG *1921 gef. 1942
JOSEF WOSCHITZ *1910 gef. 1945
SIMON WOSCHITZ *1920 gef. 1945
JOSEF KATTNIG *1907 gef. 1946
FRANZ GALLOB *1920 gef. 1943
STEFAN GALLOB *1911 gef. 1944
JOSEF GALLOB *1917 gef. 1940
JOHANN AUTZ *1916 gef. 1943
JOSEF SCHWEI *1923 gef. 1944
MICHAEL KOFLER *1906 gef. 1944
EMI KOFLER *1927 gef. 1945
JAKOB MIKL *1916 gef. 1945
FRANZ MIKL *1921 gef. 1944
FRANZ KLEEWEIN *1907 gef. 1943
JOHANN GREIBL *1921 gef. 1944
ANTON RAUTER *1907 gef. 1945
JOHANN WOSCHITZ *1919 gef. 1943
JAKOB RUTAR *1906 gef. 1945
FRANZ SAMONIG *1912 gef. 1941

POČIVAJTE V MIRU! RUHET IN FRIEDEN!

(In der Vorhalle./V preddverju/lopi. – Aus Gestaltungsgründen wurde hier das „geb." durch „*" ersetzt. – 33 Fotos. LMR, 24.06.2019. Vgl. www.kleindenkmaeler.at > Gemeinde Finkenstein. –)

3.6 Inschriften auf Denkmälern für die (gefallenen) Abwehrkämpfer/ Napisi na spomenikih (padlim) brambovcem

3.6.1 Kapelle beim Gasthof Zenz in Latschach/Kapela pri gostilni Zenz v Ločah

Zum dauernden ehrenden Gedenken an die im Kriege 1914 – 1920 Gefallenen

Errichtet von Heimattreuen

Arneitz Franz
Bergmann Ulr.
Blenkuſch Joh.
Borſtner Joh.
Drolle Franz
Rat Johann
Goriup Joh.
Kreutzer Ant.
Kreulitſch Joh.
Lach Franz
Leſſiak Joh.
Mačič Joh.
Moro Oswald
Mörtl Franz
Mörtl Johann
Oder Franz

Pirker Max
Pirker Simon
Praintz Ig.
Robitſch
Thaler Simon
Preßl Ferdin.
Rabitſch Franz
Sames Walter
Simčič Vinzenz
Slamnig Thomas
Thaler Simon
Tichy Hans
Tonder
Trießnig Joſef
Triplatt Joſef
Čop Anton

Ulbing Ant.
Ulbing Jos.
Unterweger Th.
Wank
Woschitz F.
Gailer Ernſt
Neuhold Joh.
Zollner Georg

Ehrlich Arn.
Pelzeder Joſef
Walluſchnig Val.
Weber
Seidl Joſef
Drolle Hubert

– Haltet das Werk am Leben –

Die Abwehrkämpfer und Orts- und Gemeinde-Heimaträte 1918 – 1920

Adelbrecht Hans
Ambrusch Josef
Andritsch Michael
Arneitz Johann
Arneitz Johann vlg. Piber
Arneitz Vinzenz
Baumgartner Alois
Baumgartner Johann
Baumgartner Karl
Baumgartner Valentin
Baumgartner Valentin sen.
Berger Melchior
Berger Theresia geb. Glantschnig
Bizjak Domenikus
Bodner Hugo
Böhm Clemens
Böhm Matthäus
Borovsky Max
Bürger August
Cieschutti Valentin

Dermutz Hans
Dermutz Ida geb. Gabron
Drolle Franz
Frank Lukas
Fritz Karl
Gasperin Franz
Glantschnig Franz
Golser Michael
Hermann Friedrich
Hoja Jakob
Holzer Matthäus
Jakubetz Maria
Koffler Emmerich
Koffler Josef
Koller Josef
Koren Johann
Krainer Lukas
Kreuzer Simon
Lamprecht Johann
Marinitsch Winfried

Maurer Peter
Micelli Alois
Michelitsch Anton
Millonig Franz
Millonig Philipp
Mörtl Josef
Müllneritsch Josef
Nadrag Agnes geb. Moser
Nadrag Johann
Nadrag Johann sen.

Uns, die wir es miterlebten und denen, die nach uns kommen, zum Gedächtnis.
Die Abwehrkämpfer und Orts- und Gemeinde-Heimaträte 1918 – 1920
Napokoj Josef
Ogris August
Oitzl Josef
Piesnegger Josef
Pirker Josef
Puschnig Christian
Rabitsch Franz
Rabitsch Gregor
Rampitsch Matthäus
Ronge David
Sattler Josef
Schliessnig Alois
Schöffmann Anton
Schoitsch Valentin
Schreier Heinz
Simonitsch Hans
Skarbina Matthias
Slamnig Johann
Smolej Paul
Smoliner Franz
Staudacher Dr. Max
Stissen Josef
Strugger Simon
Thalmann Josef
Thatzahn Josef
Tragatschnig Hans
Truppe Johann
Trusʒcʒak Maria geb. Fritz
Tschermenjak Anton
Tschemernjak Johann
Tschemernjak Johann sen.
Tschemernjak Matthäus
Tschernuth Valentin
Ulbing Matthias
Wallner Georg
Walluschnig Klemens
Walluschnig Raimund
Warschilek Andreas
Wieltsch Matthias
Willitsch Leopold
Winkler Franz
Wochinz Johann
Wochinz Johann
Woschitz Georg
Woschitz Johann
Woschitz Valentin
Writze Valentin
Wurzer Jakob
Wuzella Hans
Zenz Franz
(sen./senior, Dr./Doktor. – Dieses Denkmal wurde 1922 errichtet und 1999 restauriert. – LMR, 07.06.2019. Vgl. www.kleindenkmaeler.at > Gemeinde Finkenstein.)

3.6.2 Gedenktafel an der Filialkirche in Unterferlach (Hl. Gregor)/ Spominska plošča na podružnici v Spodnjih Borovljah (sv. Gregor)

UNSER LETZTER GEDANKE, HEIMAT, WARST DU
DEN LETZTEN TOTEN DES KÄRNTNER ABWEHRKAMPFES 1918 – 1920
Feuerwerker ARNOLD EHRLICH
Zugführer PETER PÖLZEDER
Korporal JOSEF PFEIFER.
GEFALLEN 20. JUNI 1919 IN LEDENITZEN
(An der südlichen Außenmauer. LMR, 24.06.2019. Vgl. www.kleindenkmaeler.at > Gemeinde Finkenstein.)

3.7 Inschriften auf Denkmälern zur Kärntner Volksabstimmung 1920/ Napisi na spomenikih koroškega plebiscita leta 1920

3.7.1 Denkmal an der Demarkationslinie/Spomenik na demarkacijski liniji

Kärntner Freiheitskampf 1918 – 1919 / Kärnten ungeteilt
Demarkationslinie vom 6. Juni 1919 bis 10. Oktober 1920
Hier konnten sich Kärntner wieder die Hände reichen. Möge es immer so sein!
(Östlich des Rauschenbaches an der Rosental-Bundesstraße. LMR, 07.06.2019. Vgl. www.kleindenkmaeler.at > Gemeinde Finkenstein.)

3.7.2 Denkmal in Ledenitzen/Spomenik v Ledincah

1914 – 18, 1918 – 20, 1939 - 45
In diesem Hauſe wurde am 10. Oktober 1920 über die Freiheit Kärntens abgeſtimmt. / DIE TOTEN MAHNEN / DEN HASS ZU ÜBERWINDEN / DEN FRIEDEN ZU SUCHEN.
(Nordöstlich vom Wohnblock am Denkmalweg 10 und von der Lebenshilfe Ledenitzen sowie südwestlich von der Poststelle in Ledenitzen. Wurde 1950 errichtet. – LMR, 01. 07.2019. Vgl. www.kleindenkmaeler.at > Gemeinde Finkenstein.)

3.8 Denkmäler für Gegner des Nationalsozialismus/ Spomeniki nasprotnikom nacizma

3.8.1 Partisanen-Denkmal am Parrfriedhof in St. Leonhard bei Siebenbrünn/ Spomenik partizanom na pokopališču v Št. Lenartu pri Sedmih studencih

PARTIZANI, PADLI V BORBI PROTI FAŠIZMU 1941 – 1945 /
ZVEZA KOROŠKIH PARTIZANOV 1970 (Am Hauptquader, gegen Osten.)
PARTISANEN, GEFALLEN IM KAMPFE GEGEN DEN FASCHISMUS 1941 – 1945 / VERBAND DER KÄRNTNER PARTISANEN 1970 (Am Hauptquader, gegen Westen.)

FRANC HERLE, ANTON MALEC, VALENTIN SUHAR, ALOJZIJ VIDMAR, 4 NEZNANI / 4 UNBEKANNTE (Am kleinen Quader, gegen Süden.)
(Pfarrfriedhof. LMR, 16.07.2019. Siehe Abbildung 43.)

3.8.2 Partisanen-Denkmal am Gemeindefriedhof in Finkenstein (Mallestig)/ Spomenik partizanom na občinskem pokopališču v Bekštanju (Malošče)

PARTIZANI, PADLI V BORBI PROTI FAŠIZMU 1941 – 1945 /
ZVEZA KOROŠKIH PARTIZANOV 1970 (Am Hauptquader, gegen Osten.)
JANKO JAMAR – KAZIMIR (Am Hauptquader, im Süden.)
PARTISANEN, GEFALLEN IM KAMPFE GEGEN DEN FASCHISMUS 1941 – 1945 (Am Hauptquader, gegen Westen.)

JOŽE HODIŠEK, JANKO JABER – KAZIMIR, OTO VINČEK, BORCA JOŽE IN STANKO (Am Westquader, gegen Süden.)

LJUBO GRABNER – VRHAN, FRANZ GREGORI, FELIKS HOBEL – JANKO, TONČEK HOBEL (Am Ostquader, gegen Süden.)
(LMR, 15.07.2019. Vgl. www.kleindenkmaeler.at > Gemeinde Finkenstein.)

3.8.3 Pöck-Denkmal am Kirchenfriedhof in Latschach (Hl. Ulrich)/ Spomenik družini Pöck na farnem pokopališču v Ločah (sv. Urh)

Našim žrtvam! / PÖCK ALOJZIJA, / r. 31.10.1882, umorjena 5.3.1944 v Liublinu / PÖCK HANEJ, / r. 6.4.1913, umorjen 26.4.1944 v Dachauu / PÖCK FRANJO, / r. 19.9.1906, umorjen 25.4.1945 v Dobju. / Padel naš je zarod. Tekla naša kri: / Prost da vstane narod. Dom da nam stoji! / Mikulova hiša.
[Unseren Opfern! – Pöck Alojzija, geboren am 31.10.1882, ermordet am 5.3.1944 in Lublin. – Pöck Hanej, geboren am 6.4.1913, ermordet am 26.4.1944 in Dachau. – Pöck Franjo, geboren am 19.9.1906, ermordet am 25.4.1945 in Aichwald. – Gefallen ist unsere Generation. Geflossen ist unser Blut: Frei und aufrecht soll unser Volk stehen. Unser Heim soll für uns weiter bestehen! – Das Mikul-Haus.]
(3 Fotos. LMR, 18.07.2019. Siehe Abbildung 16. Vgl. www.kleindenkmaeler.at > Gemeinde Finkenstein. – Siehe LMR: Sie slowenische Sprache und Kultur in Kärnten, 2016, S. 129-133 und S. 134-137. Vgl. auch Wilhelm Baum und andere: Das Buch der Namen. Die Opfer des Nationalsozialismus. 2010, S. 495 ff. > Gastl und S. 679 ff. > Pöck. Vgl ebenso Brigitte Entner: Wer war Klara aus Šentlipš/St. Philippen? 2014, S. 400 ff. Gastl und Pöck.)

3.9 Mahnmal für alle Opfer von Krieg und Gewalt/ Opomnik vsem žrtvam vojne in nasilja

Mahnmal von Valentin Oman am Kirchenfriedhof in Latschach (Hl. Ulrich)/ Opomnik Valentina Omana na farnem pokopališču v Ločah (sv. Urh)

ALLEN OPFERN VON KRIEG UND GEWALT, FÜR TOLERANZ UND VÖLKERVERSTÄNDIGUNG – VSEM ŽRTVAM VOJNE IN NASILJA, ZA STRPNOST IN SLOGO MED NARODI
(Dieses Mahnmal wurde im Jahre 2010, 65 Jahre nach dem Ende des 2. Weltkrieges, errichtet. – LMR, 07.06.2019. Siehe Abbildung 48. Vgl. www.kleindenkmaeler.at.)

3.10 Denkmäler und Mahnmale außerhalb der Gemeinde Finkenstein/ Spomeniki in opomnika izven občine Bekštanj

3.10.1 Gedenktafel für Autorinnen und Autoren im Klagenfurter Stadthaus/ Spominska plošča avtoricam in avtorjem v mestni hiši v Celovcu

1938 – 1945
In respektvoller und dankbarer Erinnerung an jene Autorinnen und Autoren, die für das freie Wort als überzeitlichen, politischen Wert eingetreten sind.
Der Österreichische PEN-Club 2018.
[Robert Musil, Guido Zernatto, Michael Guttenbrunner, Joseph Buttinger, Johann Ciesciutti, Milka Hartmann, Andrej Kokot, Janko Messner, Rudolf Blüml, Jurij Trunk. (Vgl. Gedenkschrift von Vinzenz Jobst. Klagenfurt, 2018.)]
(LMR, 05.02.2019. Siehe Abbildung 44.)

3.10.2 Denkmal des Vereines „Erinnern" in Villach/ Spomenik društva „Erinnern" v Beljaku

(Die vielen Namen werden hier nicht wiedergegeben. LMR, 13.10.2000. Siehe Abbildungen 46 und 47. – Vgl. www.erinnern.at. – Dieses Denkmal wurde im Oktober 2010 nach einer massiven Beschädigung erneuert. Hans Haider leitet den Verein „Erinnern". Jetzt heißt dieses Denkmal: „Denkmal der Namen". – Am 15.09.2009 befanden sich auf diesem Denkmal 252 Namen von Opfern des Nationalsozialismus, u. zw. in 9 Sektionen jeweils 28 Namen; auf jeder der 7 Glasplatten stehen 4 Namen mit Geburts- und Sterbejahr bzw. –ort. – Am 17.02.2020 gab es auf diesem Denkmal 336 Namen von Opfern des Nationalsozialismus, u. zw. in 12 Sektionen jeweils 28 Namen. Darunter gedenken wir in Sektion 1 folgender Personen: Elisabeth Fritz, Franz Frühauf, Peter Gangl, Aloisia Gasser; Josef Gasser, Anna Gastl, Anton Gastl, Theresia Gangeler; Johann Genzer, Josef Gitschtaler, Gertraud Gober, Wassil Golobin. LMR.)

3.10.3 Denkmal für ein freies Österreich am Friedhof in Klagenfurt-Annabichl/ Spomenik svobodni Avstriji na pokopališču v Trnji vasi v Celovcu

(Auch hier werden weder der umfangreiche Text noch die unzähligen Namen wiedergegeben. LMR, 05.02.2019. Siehe Abbildung 45. – 2011 waren bereits 2.400 Namen erfasst. Vgl. https://www.klagenfurt.at/leben-in-klagenfurt/friedhöfe/gedenkstaetten.html. Vgl. auch http://volksgruppen.orf.at/v2/slovenci/stories/2739199/. Betreut werden Denkmal und Forschung vom Verein „Memorial Kärnten/Koroška" > Peter Gstettner. – Unter den Opfern befinden sich: Aloisia Pöck 1882/1944, Franz Pöck 1906/1945, Johann Pöck 1913/1944 aus Latschach ober dem Faaker See/Loče nad Baškim jezerom. LMR.)

3.10.4 Mahnmal für die ausgesiedelten Kärntner Slowenen in Ebenthal/ Opomnik izseljenim koroškim Slovencem v Žrelcu

„Am 14. und 15. April 1942 wurden insgesamt 1075 Kärntner Slowenen von den Nationalsozialisten aus ihren Häusern geholt und zunächst in das Sammellager in Ebenthal gebracht. 158 Personen wurden noch aus Ebenthal wieder entlassen. Die restlichen 917 wurden nach Hesselberg bei Wassertrüdingen, Frauenaurach, Hagenbüchach, Eichstätt, Rehnitz bei Glasow und andere Lager in Deutschland gebracht. 53 von ihnen fanden dort den Tod. Für die Überlebenden dauerte es oft noch eine lange Zeit, bis sie nach dem Ende des Zweiten Weltkrieges auf ihre Höfe zurückkehren konnten."
(Aus: https://www.kath-kirche-kaernten.at/dioezese/detail/C2488/70._jahrestag_der_aussiedlung_der_kaerntner_slowenen, Nedelja, 13. April 2012. Zugriff: 30.09.2019, 09:30 Uhr. Printversion: Nedelja vom 15. April 2012 samt Sonderbeilage.)

„Mahnmal erinnert an deportierte Kärntner Slowenen. Am Bahnhof Klagenfurt-Ebenthal [alter Bahnhof] erinnert ein Kunstwerk von Valentin Oman an ein ganz dunkles Stück Kärntner Geschichte." Aus: https://www.klagenfurt.at/rathaus-direkt/medien-presse/stadtpresse-aussendungen/2012/oktober/mahnmal-erinnert-an-deportierte-kaerntner-slowenen, Zugriff: 17.01.2020, 22:40 Uhr. (Siehe Abbildung 49.)

Von den am 14. April 1942 aus den Gemeinden Finkenstein/Bekštanj (aus den Pfarren Fürnitz/Brnca, St. Stefan/Šteben und Latschach/Loče, jedoch nicht aus der Pfarre St. Leonhard bei Siebenbrünn/Št. Lenart pri Sedmih studencih) sowie Ledenitzen/Ledince (aus der

Pfarre Petschnitzen/Pečnica) ausgesiedelten 24 Familien von Kärntner Slowenen seien hier folgende stellvertretend erwähnt:

Familie Gallob, vlg. Trupi, Obergreuth/Zgornje Rute, u. vlg. Mušet, Susalitsch/Žužalče;
Familie Kofler, vulgo Vavčar, St. Stefan/Šteben;
Familie Mertel, vulgo Prangar, Sigmontitsch/Zmotiče;
Familie Mickl, vulgo Mager, Mallestig/Malošče;
Familie Mikl, vulgo Braček, Goritschach/Zagoriče;
Familie Ressmann, vulgo Tratnik, Ledenitzen/Ledince;
Familie Triesnig, vulgo Birt, Latschach/Loče (LMR).

In Villach, Widmanngasse, und in Klagenfurt-Annabichl, Friedhof, wurden neben Kärntner Slowenen auch Sozialisten, Kommunisten, Juden, Zeugen Jehovas, Sinti, Roma, Homosexuelle, Zwangsarbeiter, Kriegsgefangene sowie weitere Opfergruppen erfasst. Ferner gibt es in Klagenfurt noch weitere Denkmäler, die an das grausame Schicksal vieler Kärntner Slowenen erinnern, so z. B. am Universitätsgelände, im Bergbaumuseum und im Burghof. (Vgl. Nadja Danglmaier und Helge Stromberger: Orte der nationalsozialistischen Gewalt in Klagenfurt.) Die slowenische Kärntner Kirchenzeitung „Nedelja" erfasste am 15. April 2012 (digitale Fassung vom 13. April 2012) zum 70. Jahrestag alle ausgesiedelten Kärntner Slowenen.

3.10.5 Denkmal zur 75-Jahr-Feier der Befreiung des KZ Ravensbrück/ Spomenik 75-letnici osvoboditve koncentracijskega taborišča Ravensbrück

Der Verband der slowenischen Frauen (Zveza slovenskih žena, Sitz in Klagenfurt, Obfrau Daniela Topar) hat anlässlich des Internationales Tages der Frau am 8. März bei seiner Feier am Samstag, dem 7. März 2020, mit Beginn um 14 Uhr, im Kulturhaus Ledenitzen das Mobile Denkmal zur 75-Jahr-Feier der Befreiung des KZ Ravensbrück (Gestaltung Villi Ošina) vorgestellt. Auf 6 weißen Stoffbahnen befinden sich 133 Namen von Kärntnerinnen, die im KZ Ravensbrück interniert waren und dort zum Teil auch grausam ums Leben gekommen sind. Darunter sind folgende Finkensteinerinnen: Josefine (Pepca) Gastl, später verehelichte Smole; Rosa (Roza) Maizinger, geb. Gastl; Lojzka (Aloisia) Pöck, geb. Binter; Seraphina Zitterer, geb. Pöck. Auf einem zusätzlichen Streifen wird das Motto vorangestellt:

75 LET OSVOBODITVE KONCENTRACIJSKEGA TABORIŠČA RAVENSBRÜCK / Koroške Slovenke v koncentracijskem taborišču Ravensbrück in ženske, ki so zaradi podpore Osvobodilni fronti prišle v koncentracijsko taborišče
[75 Jahre Befreiung des KZ Ravensbrück / Kärntner Sloweninnen im KZ Ravensbrück und Frauen, die wegen der Unterstürtzung der Befreiungsfront ins KZ kamen]
(LMR, 07.03.2020. Siehe Abbildung 51-54.)

3.11 BILDTEIL

Gräber von Privatpersonen

St. Leonhard bei Siebenbrünn, Pfarrfriedhof, LMR, 16.07.2019.

Abb. 1:
Familie Merlin.

St. Leonhard bei Siebenbrünn, Pfarrkirche Vorhalle, LMR, 01.07.2019.

Abb. 2:
Johan Gangl.

Abb. 3:
Urfula Gangl.

St. Leonhard bei Siebenbrünn, Pfarrfriedhof, LMR, 16.07.2019.

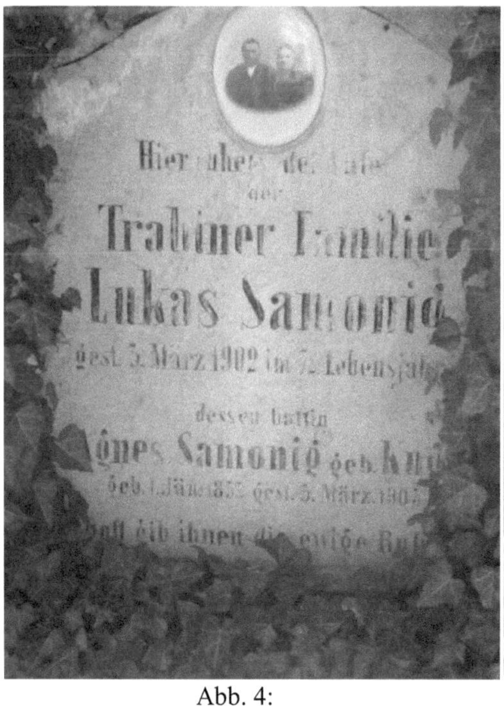

Abb. 4:
Familie Samonig, vulgo Trabiner.

Abb. 5:
Theresia Kugi.

Fürnitz, Pfarrfriedhof, LMR, 01.07. und 15.07.2019.

Abb. 6: Familie Abruč.

Abb. 7: Familie Tarmann.

Abb. 8: Familie Wieltsch.

Abb. 9: Franc Wiltsch, vulgo Žvižgovc.

Fürnitz, Pfarrfriedhof, LMR, 15.07.2019.

Mallestig, Gemeindefriedhof, LMR, 25.07.2019.

Abb. 10: Familien Mertel, vulgo Oic/Ojc und Prangar.

Abb. 11: Familie Suschnig.

Abb. 12: Gustav Hölbling.

Latschach, Pfarrfriedhof, LMR, 07.06.2019.

Abb. 13:
Jožef Sticker, vulgo Kopanik.

Abb. 14:
Familie Aichholzer, vulgo Ižnik u. Skledar.

Abb. 15:
Familie Plösch, vulgo Kronig.

Abb. 16:
Familie Pöck, vulgo Mikul.

Petschnitzen, Pfarrfriedhof, LMR, 29.07. und 24.06.2019.

Abb. 17:
Ana Arnejc, Josef und Anna Arneitz.

Abb. 18:
Gefreiter Caſpar Petſchnig.

Abb. 19:
Familie Ottowitz.

Gräber von Priestern:

St. Leonhard bei Siebenbrünn, Pfarrfriedhof, LMR, 01.07.2019.

Abb. 20:
Peter Stöcklein MSC.

Abb. 21:
Simon Stöckl.

Abb. 22:
Valentin Knaffl.

Abb. 23:
Augustinus Čebul.

St. Leonhard bei Siebenbrünn, Pfarrfriedhof, LMR, 01.07.2019.

Abb. 24:
Franc Bergmann.

Abb. 25:
Janez Starc.

Petschnitzen, Pfarrfriedhof, LMR, 24.06.2019.

Abb. 26:
Anton Oblak.

Abb. 27:
Josef Gabruč.

Fürnitz, Pfarrfriedhof, LMR, 01.07.2019.

Abb. 28:
Adam Fvgger.

Abb. 29: Johann Mikula,
Maksimilian Stindl.

Latschach, Pfarrfriedhof, LMR, 07.06.2019.

Abb. 30:
Lukas Markowitz.

Abb. 31:
Franc Treiber.

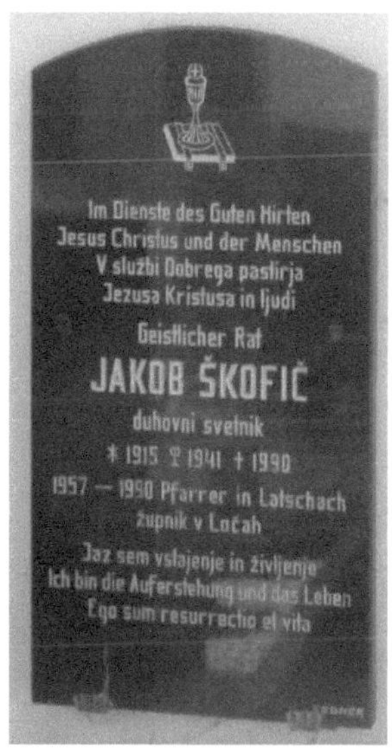

Abb. 32:
Jakob Škofič.

Kriegerdenkmäler

St. Leonhard bei Siebenbrünn, vor der Pfarrkirche, LMR, 16.07.2019.

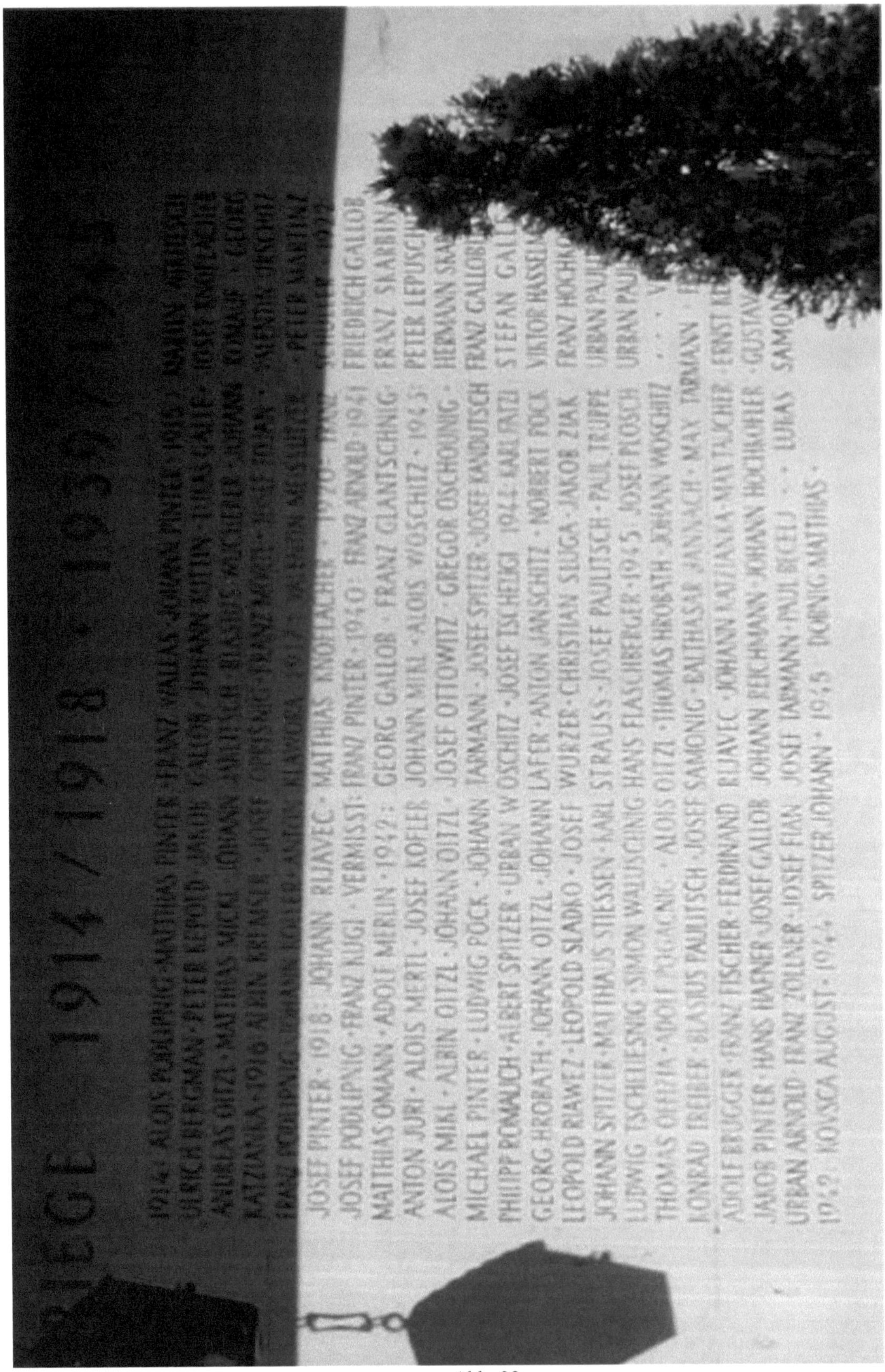

Abb. 33:
1. und 2. Weltkrieg

St. Leonhard bei Siebenbrünn, Pfarrfriedhof, LMR, 16.07.2019.

Abb. 34 und 35:
Gedenkkapelle, 1. Weltkrieg, 2 Tafeln, im Norden und im Süden.

Techanting, Filialkirche, Vorhalle, LMR, 15.07.2019.

Abb. 36:
1. Weltkrieg.

Abb. 37:
2. Weltkrieg.

Fürnitz, Waldfriedhof, LMR, 15.07.2019.

Abb. 38:
1. und 2. Weltkrieg sowie Abwehrkampf;
rückwärts, im Süden, Gesang der Heldenglocke.

Gödersdorf, Filialkirche, alte Vorhalle, LMR, 15.07.2019.

Abb. 39:
2. Weltkrieg, Tafel im Norden.

Abb. 40:
2. Weltkrieg, Tafel im Süden.

Müllnern, Kapelle, LMR, 16.07.2019.

Petschnitzen, Filialkirche, Vorhalle, LMR, 07.06.2019.

Abb. 41:
2. Weltkrieg.

Abb. 42:
1. Weltkrieg.

Denkmäler und Mahnmale für Gegner des Nationalsozialismus

St. Leonhard bei Siebenbrünn, Pfarrfriedhof, LMR, 16.07.2019.

Klagenfurt, Stadthaus, PEN-Club, LMR, 05.02.2019.

Abb. 43:
Partisanen im 2. Weltkrieg.

Abb. 44:
Kärntner Autorinnen und Autoren im 2. Weltkrieg.

Klagenfurt, Friedhof Annabichl, Denkmal für ein freies Österreich, LMR, 05.02.2019.

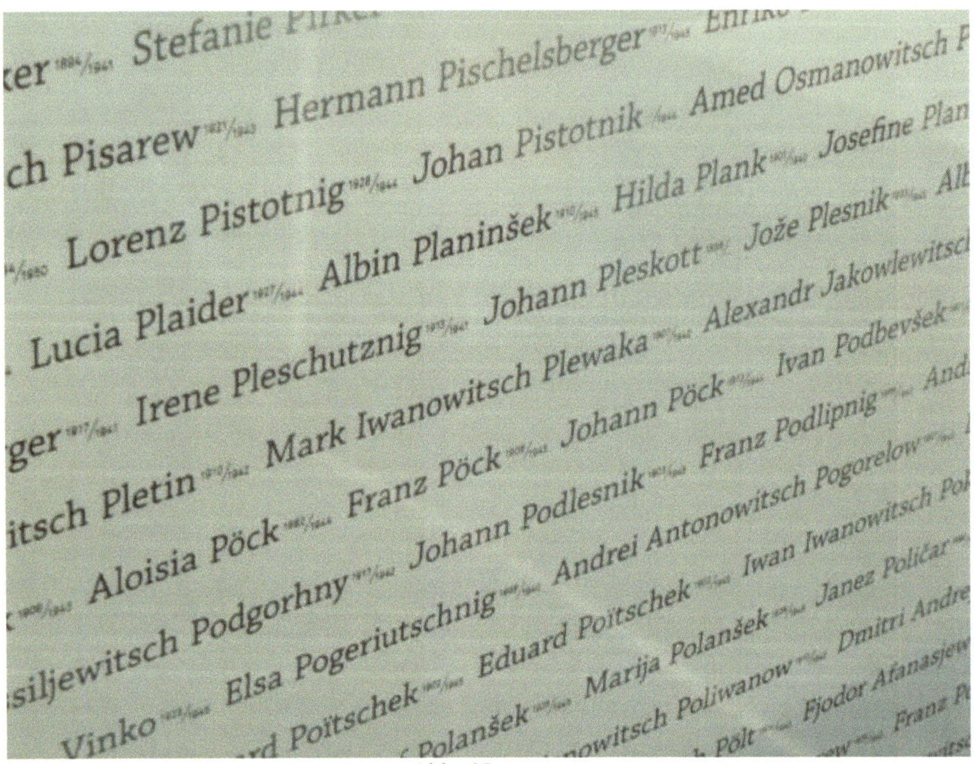

Abb. 45:
Denkmal für ein freies Österreich, Ausschnitt.

Villach, Denkmal der Namen, LMR, 13.10.2000.

Abb. 46:
Villach, Widmanngasse, Verein „Erinnern“.

Villach, Denkmal der Namen, 15.09.2009.

Abb. 47:
Villach, Widmanngasse, Verein „Erinnern“.
Quelle: https://de.wikipedia.org/wiki/Denkmal_der_Namen/..., Zugriff: 05.02.2020, 09:15 Uhr.

Latschach, Mahnmal gegen Krieg und Gewalt von Valentin Oman.

Klagenfurt, Bahnhof Ebenthal, Mahnmal für die deportierten Kärntner Slowenen.

Abb. 48:
Quelle: Marlen Smole-Taupe, 04.11.2019.

Abb. 49: DENK-MAL: Deportation!
https://www.oman-valentin.com/denkmal-ebenthal.html, Zugriff: 18.01.2020, 01:00 Uhr.

Gewidmet den 1942 aus den Gemeinden Finkenstein und Ledenitzen Ausgesiedelten

Abb. 50:
Apfelbaum in voller Blüte, mit Wildbiene. Quelle: LMR, 26.04.2018.

Abb. 51-54: Zveza slovenskih žena, Internationaler Tag der Frau, Kulturhaus Ledenitzen. Tischschmuck und Ausschnitte aus den Namenslisten. Quelle: LMR, 07.03.2020.

Land- und Wasserwege

Eichenrindentransportweg, Dobrova, 25.02.2018.

Niederwald am Seebach beim vulgo Mlinč, 18.01.2012.

Wehranlage am Seebach beim vulgo Kovač, 1993.

Hochwasser beim vulgo Mlinč, 18.11.2019.

Quelle: LMR, alle 4 Fotos. Abb. 55-58 aus der KG St. Stefan.

3.12 Schlussbemerkungen

Es mag verwundern, hier Land- und Wasserwege abgebildet zu sehen. Sie symbolisieren den Lauf der Zeit. So mancher Weg verliert an Bedeutung, wie eben auch der Eichenrindentransportweg in der Dobrova. Der Seebach fließt unaufhörlich vor sich hin, auch er ist stummer Zeuge unserer Geschichte. Nur im Falle von Hochwasser überflutet er seine Ufer, stoppt er den Verkehr und reißt er alles mit, was ihm im Wege scheint. Schließlich glätten sich seine Fluten wieder, plätschert sein Wasser wieder ruhig dahin, und liefert seine Antriebskraft neuerlich Energie. Unaufhörlich begleitet er die Sehnsucht der Menschen nach Frieden und Wohlstand durch die Jahrhunderte.

In der Gemeinde Finkenstein fehlt bisher ein dementsprechendes Denkmal bzw. Mahnmal zum Gedenken an die Aussiedlung von Kärntner Slowenen im April 1942. (Siehe Abbildung 50.) Der slowenische Kulturverein Jepa-Baško jezero setzt sich für die Errichtung eines solchen Mahnmals für seine 24 ausgesiedelten slowenischen Familien ein.

Es gibt übrigens auch im gesamten Finkensteiner Gemeindegebiet kein eigenes Denkmal für die Gegner der Kämpfe von 1914 bis 1920, also für Gegner des 1. Weltkrieges (1914-1918), des Abwehrkampfes (1918-1919) und der Volksabstimmung am 10. Oktober 1920. Personen, die für den SHS-Staat agierten, waren z. B. mein Großvater Anton Gastl und der St. Stefaner Pfarrer Dr. Ivan Lučovnik (Zone B). In der Zone A stimmten damals 22.025 für Kärnten und 15.279 für den SHS-Staat. (Vgl. Kleine Zeitung, 01. März 2020, Sonntagsbeilage, S. 7.) Viele Kärntner Slowenen, z. B. Lehrer, Eisenbahner und Pfarrer, mussten nach der Volksabstimmung aus Kärnten nach Süden flüchten. Dazu gehört auch der Pfarrer Franc Ksaver Meško. Die Kärntner Slowenen erlitten damals einen riesigen kulturel-len Aderlass.

Eigentlich müssten wir aller Kärntner gedenken, denn es gibt in jedem Krieg immer mindestens 2 Gruppierungen, nämlich Befürworter und Gegner. (Siehe Abbildung 48).

Dieses Buch regt zum gemeinsamen Gedenken an alle Opfer an. Es dient der gegenseitigen Wertschätzung unter den verschiedenen Völkern, Sprachen und Kulturen. Mohandas Karamchand Gandhi sagt: „Es gibt keinen Weg zum Frieden, denn Frieden ist der Weg." Und das sollten wir sowohl am Dreiländereck zwischen Kärnten, Friaul-Julisch Venetien und der Oberkrain sowie auch im Staatenverbund in der Europäischen Union und darüber hinaus beherzigen. Denn Gandhi sagt auch: „Meine Vorstellung von Demokratie ist die, dass unter ihr der schwächste die gleiche Chance haben sollte wie der Stärkste. Das kann nur durch Gewaltfreiheit geschehen. Kein Land der Welt betrachtet heute den Schwachen anders als herablassend. Den Schwächsten, sagt man, beißen die Hunde. (IV, 342)" (Mahatma Gandhi: Es gibt keinen Weg zum Frieden, denn Frieden ist der Weg. München: Kösel Verlag, 2019, S. 173.)

Im Kapitel 3 verwendete Literatur:

Die Volksabstimmung in Kärnten am 10. Oktober 1920. In: Kleine Zeitung, 01.03.2020, Sonntagsbeilage, S. 7.

Mahatma Ghandi: Es gibt keinen Weg zum Frieden, denn Frieden ist der Weg. Hrsg. Franziska Roosen. München: Kösel Verlag, 2019.

http://volksgruppen.orf.at/v2/slovenci/stories/2739199

http://www.geopedia.si/#T105_L14705_F14705:4107_x419502.584960938_y157554.805633545_s15_b4

http://www.kath-kirche-kaernten.at/dioezese/detail/C2488/70._jahrestag_der_aussiedlung_der_kaerntner_slowenen. Nedelja, 13. April 2012.

http://www.kleindenkmaeler.at/kategorija/pomnik

https://www.klagenfurt.at/leben-in-klagenfurt/friedhöfe/gedenkstaetten.html

https://www.klagenfurt.at/rathaus-direkt/medien-presse/stadtpresse-aussendungen/2012/oktober/mahnmal-erinnert-an-deportierte-kaerntner-slowenen.html, 27.10.2012.

https://www.oman-valentin.com/denkmal-ebenthal.html, DENK-MAL: Deportation! 2005-2012.

janez-stergar@guest-arnes.si, E-Mail, 04.06.2019, 15:43 Uhr.

www.erinnern.at

www.kleindenkmaeler.at > Gemeinde Finkenstein.

Die einzelnen Zugriffe wurden der Häufigkeit wegen jeweils im Text vermerkt.

Inhaltsverzeichnis zum Dritten Abschnitt:

Vierter Abschnitt:

Prosa über Gereut (Altfinkenstein)

4.1 Roman über den Türkeneinfall 1478

Nachdem ich im Buch über die Finkensteiner Vulgonamen (2016) zu den Anwesen in einzelnen Orten und Weilern nur sehr wenige bis gar keine Besitzerdaten angeben konnte, weil diese im Buch von Franz Kattnig und Simon Trießnig (Herausgeber) über die Häuser in der Urpfarre Maria Gail (Bertrand Kotnik, 2009) nicht vorhanden sind, habe ich hier in diesem Buch die Liste der Besitzer an Hand zusätzlicher Quellen erweitert. Ich wollte aber als Einzelperson keine empirische Untersuchung durchführen. Daher ergänze ich meine wissenschaftlichen Angaben bezüglich der Gehöfte in Altfinkenstein noch um Aussagen, die ich aus dem Roman „Der lange Christoph" von Rudolf Haas (1940) bezogen habe. Ich schicke voraus, dass ich dem darin vorkommenden nationalsozialistischen Gedankengut keinesfalls beipflichte. Ich übernehme daraus aber den Haupthandlungsstrang und analysiere dann, welche Fakten darin vorkommen und was meiner Meinung nach literarische Fiktion darstellt.

Inhalt: Der lange Christoph verstaut im Herbst 1476 im Gebüsch auf der Insel im Faaker See (Baško jezero) in einer gut getarnten Kiste weitere Geldschätze und kehrt auf seiner Wanderung in Gereut (Altfinkenstein/Stari Grad) beim vulgo Eder ein. Dort hat er vor 17 Jahren ein Findelkind aus Kroatien, namens Johanna, abgegeben, das von den Bauersleuten Mert Stockreuter und seiner Ehefrau adoptiert worden ist. Die Bäuerin ist 37 Jahre alt. Der Ederbauer war der erste, der im Gereut rodete. Das bezeugen sowohl der Hofname als auch der Schreibname, denn „Eder" steht für „Einöde" und „Stockreuter" für „Reuten" oder „Roden". Johanna ist seit einem Jahr dem Zwanzgerbauer Jörg Hojer versprochen. „Zwanzger" kommt von „svojenica, svojen" für „frei", ist also ein sogenannter Freisasse, der wie der Ederbauer seine Erbfolge selber bestimmen kann.

Beim Eder leben außerdem noch die Oberdirn (Magd) Theresia, 32 Jahre alt, und andere Dienstborten wie die Pirker Liesel. Beim Zwanzger wirtschaftet außer dem Junggesellen Jörg, kaum 30 Jahre alt, noch seine Mutter, die Altbäuerin Hedwig Hojer, 55 Jahre alt, die bereits Witwe wurde, als ihr Sohn ein Jahr alt war. Die Burg Finkenstein verwaltet der gestrenge Pfleger, Herr Albrecht von Raspen. Die Burg besteht aus einem Burgfried und einem Palas mit einer Ringmauer. Sowohl der Eder als auch der Zwanzger waren ursprünglich Deutsche, letzterer aus Bamberg. Ihre Höfe bestehen aus einem Wohnhaus, einem Wirtschaftsgebäude und einem hölzernen Schweinestall. Hedwig Hojer stammt aus der Sippe der Edlinger aus Unterkärnten, die das Recht besaß, den Herzog von Kärnten einzusetzen. Als Jörg großjährig war, übernahm er den Zwanzger-Hof. Außerdem gibt es in Gereut noch den vulgo Galster und den Kleinbauern Mikel, der Ganggele-Mikel genannt, weil er oft nachts im Rausch mit dem Teufel zu kämpfen hat.

In Gereut entdeckt man das sogenannte „Hadenloch" oder die „Bärengrube", wie dieser Versteck auch genannt wird, das im Kellergewölbe des Ederhofes mündet. Theresia verliebt sich in den alten Ferm, sodass der Ederbauer innerhalb kürzester Zeit zwei Arbeitskräfte verlieren würde, nämlich auch die Adoptivtochter Johanna, und zwar durch die Heirat mit Jörg. Der alte Christoph veranlasst im Geheimgang Vorkehrungen für den Kriegsfall. Johanna und Jörg heiraten in der Pfarrkirche in Latschach (Loče). (Brauchtum, Speisen, Getränke, Kleidung und Ähnliches kann man im Roman nachlesen. Hier ebenso weggelassen werden zahlreiche Nebenhandlungen, die nicht Gereut betreffen.)

Im Herbst 1476 waren die Türken schon in Faak am See (Bače), kamen aber nicht nach Gereut. Am Lichtmesstag, dem 2. Feber 1478, treffen sich die genannten Bauern aus Gereut, also der Eder, der Zwanzger, der Galster und der Mikel sowie der alte Ferm und der starke Ander, etwa 20 Jahre alt, beide auch aus Gereut, und der lange Christoph, ein Graukopf, mit Peter Wunderlich, dem Bauernführer aus Millstatt, in Spittal an der Drau (Spittal ob Dravi), um die Verteidigung des Landes bei etwaigen weiteren Türkeneinfällen zu besprechen. Und am 19. Juli 1478 findet ein Landtag in der Kärntner Landeshauptstadt St. Veit an der Glan (Št. Vid ob Glini) als weitere Lagebesprechung statt.

Die Türken kämpfen am 22. Juli 1478 in Bosnien (Bosnija/Bosna) und stehen am 24. Juli vor Karfreit (Kobarid). Die genannten Gereuter Bauern und der lange Christoph als Obrist sowie Peter Wunderlich als Bauernführer mit ungefähr 3.000 Mitstreitern stehen bei Tarvis (Trbiž/Tarvisio) bereit, um die Türken aufzuhalten. Nur der alte Galster ist noch nicht da, weil er noch sein Geld vergraben will, wobei er zu Hause von vier Räubern überfallen und getötet wird. Die Altbäuerin vom Zwanzgerhof kann mit Hilfe des Hundes vom langen Christoph die Räuber überwältigen und töten, sodass sie einerseits Johanna aus der Gefahrenlage befreit und andererseits die Ehefrau vom Galster letztlich mehr Geld zurückbekommt, als eigentlich ihrem Mann gehört hat.

Die Türken kommen über den Predil-Pass (Predel, sedlo/Passo di Predil) ins Kanaltal (Kanalska dolina/Val Canale) und umgehen am 25. Juli 1478 die Stellung der Kärntner bei Goggau (Kokova/Coccau), sodass sie mit einer Stärke von etwa 20.000 Mann in Richtung Thörl (Vrata) sowie Arnoldstein (Podklošter) weiterziehen können. 2.500 Kärntner fliehen, es kommen aber noch einige Bergleute und andere Kämpfer hinzu. Der Bauernbund verzeichnet ungefähr 60 Tote. Der lange Christoph sammelt seine Leute aus Gereut (Altfinkenstein/Stari Grad). Mit ihnen zieht auch der Bauernführer Peter Wunderlich nach Gereut, weil von seinem Hof in Millstatt nichts übrigbleiben wird. Auf den beiden Hohlwegen vor Gereut stellen sie gemeinsam Fallen auf, sägen Bäume an, halten sie Steine bereit und treffen sonstige Vorbereitungen, damit die Türken Gereut nicht plündern und dem Erdboden gleichmachen können. Der Pfarrer von Latschach (Loče) flieht in die Burg Finkenstein (Bekštanjski grad), die für die Landbevölkerung jedoch verschlossen bleibt. Pater Hans von der Kirche St. Kanzian (Škocjan/Škocijan) steht den Gereutern jedoch tatkräftig zur Seite.

Die Türken überrennen ganz Kärnten (Koroška/Carinzia), auch das Rosental (Rož), diesmal auch Gereut. Sie brennen alle Höfe nieder, vergewaltigen die Frauen, nehmen Männer gefangen und führen auch das Vieh in ihrem Beutezug am 15. August 1478 aus Kärnten mit in Richtung Windischgraz (Slovenj Gradec). Sie ziehen über die Südsteiermark (Spodnja Štajerska) nach Gurkfeld (Krško) und nach Kroatien (Hrvaška/Croazia). Die Gereuter Bevölkerung kommt nicht zu Schaden, weil der lange Christoph einige Türkenanführer erschießt und die Leute im Kämpfen unterwiesen bzw. die Alten, Kranken und Kinder im Geheimgang untergebracht hat, während andere in die Karawanken (Karavanke) geflohen sind. Auch das Vieh haben sie rechtzeitig im Wald versteckt.

Der lange Christoph zieht dem Türkentross nach, besorgt sich in der Steiermark (Štajerska) ein Pferd und reitet den Rennern und Brennern voraus bis zum Schloss Serin (heute vermutlich Sevnica) an der slowenisch-kroatischen Grenze, wo er den Schlossherrn Peter sehr gut kennt. Dieser war vor 25 Jahren Knappe beim langen Christoph, bei Herrn Christoph, dem Harracher, als er die Sachsenburg verwaltete. Der Harracher erzählt Herrn Peter von Serin, dass die Türken, als er vor 20 Jahren Pfleger auf Schloss Raun in der Steiermark (vermutlich Rann, heute Brežice) war, seine drei Söhne und seinen Schwiegersohn umgebracht haben, und dass Alibeg, ihr Anführer, seine Tochter vergewaltigt hat, worauf sie sich das Leben nahm, als ihre Tochter Johanna ein Jahr alt war. Da schwor Herr Christoph Rache und nun würde er seinen Schwur einlösen. Nach drei Tagen kamen die Türken am Schloss Serin vorbei und Herr Peter sowie Herr Christoph und viele Adelige und getreue Bauernkämpfer stellten sich dort der Schlacht mit den Türken. Zuerst brachten die Türken ihre Gefangenen um, dann tötete Herr Christoph ihren Anführer Alibeg, und die Türken flüchteten weiter hinunter durch Kroatien (Hrvaška/Croazia).

Herr Christoph, der Harracher, ritt zum Kaiser Friedrich III. nach Graz (Gradec), erzählte ihm seine Lebensgeschichte und klärte ihn darüber auf, dass die Adeligen und die Landstände die Bauern im Kampf gegen die Türken allein gelassen haben, sodass sich die bäuerliche Bevölkerung am freien Land allein verteidigen musste. Der Kaiser hatte seinen adeligen Getreuen geglaubt, dass die Bauern meutern und keine Abgaben zahlen, während diese aber eigentlich gegen die viel zu hohe Steuerlast protestierten.

Herr Christoph ritt nach einem Besuch bei seinem versteckten Schatz auf der Faaker Insel (Otok v Baškem jezeru) nach Gereut und klärte seine Enkelin Johanna über ihre Herkunft auf. Er verschwieg ihr nur, wie grausam ihre Mutter von Alibeg misshandelt worden und wie sie wirklich zu Tode gekommen war. Johanna ist überglücklich, so einen Großvater zu haben. Dieser wurde vom Kaiser zum Pfleger auf Schloss Finkenstein bestellt. Er behandelt die Bauern zuvorkommend. Er lässt am Fuße der Burg ein neues, kleines Haus errichten, worin der alte Ferm als Söldnerführer mit seiner Theresia wohnt, und der starke Ander wird Christophs rechte Hand und hütet die Pforte von Burg Finkenstein (Bekštanjski grad). Jörg Hojer wurde schon vom früheren Pfleger aus dem Burgfried entlassen, und Mert Stockreuter kehrt aus dem Wald auf seinen Hof zurück. Gereut ist total verwüstet. Der neue Pfleger von Finkenstein (Bekštanj), Pater Hans von St. Kanzian (Škocjan/Škocijan), ein Dominikanerpater vom Stift Ossiach (Osoje), und die Gereuter Bevölkerung bewältigen gemeinsam den Wiederaufbau des Ortes Gereut (Altfinkenstein/Stari Grad). (Die Nebenhandlungen mit Peter Wunderlich und anderen werden hier nicht nacherzählt, weil sie für Gereut nicht von Bedeutung sind.)

4.2 Fakten und Fiktion

Historisch belegbar sind die Türkenüberfälle, die Gestalt des Bauernführers Peter Wunderlich, der Eder- und der Zwanzgerhof in Gereut (vulgo Bukovnik und Cvanckar in Altfinkenstein/Stari Grad), die im Roman erwähnten Burgen und Schlösser. Es ist möglich, dass der Autor Rudolf Haas in verschiedenen Urbaren sowie in der Chronik des Jakob Unrest die Namen der Gereuter Gehöfte, ihre Besitzer und Bewohner recherchiert hat. Es kann aber auch sein, dass diese und andere Figuren sowie die Nebenhandlungen **frei erfunden** sind. In der Finkenstein-Chronik (2005) findet man für die Jahre 1475 bis 1477 bezüglich der Burg Finkenstein keine wesentlichen Aussagen.

Geschichte:

> Im Zuge der allgemeinen Geldentwertung verlangte der Kaiser bzw. sein Vizedom (Verwalter) 2 neue (an sich schlechtere) Pfennige für einen „Agler“ (Agleier = Pfennig aus Aquileia) Steuerschuld. Die Bauern wollten aber nur 3 Halbpfennige, also „Hälblinge“ geben. Sie verweigerten die Zahlung und zogen nach Spittal.
> (S. 102. – Aquileia/Oglej/Aquilea.)

Chronist dieser Jahre ist Jakob Unrest [Pfarrer in St. Martin am Techelsberg von 1466 bis 1500]. Seine „Österreichische Chronik“, aus der die Textstellen stammen, vertritt bedingungslos den Standpunkt der Herren, die im Bauernbund nur ein Zeichen revolutionärer Gesinnung sahen. (S. 102.)

1468 – Gründung des St.-Georgs-Ritter-Ordens in Millstatt. Der gegen die Türken aufgestellte Verband bleibt bedeutungslos.
1473 – Erster Türkeneinfall in Kärnten. Trotz nur fünftägiger Dauer gewaltige Verwüstungen. 1476 zweiter Einfall.
1478 – Bildung eines Bauernbundes unter Peter Wunderlich, der bald ganz Kärnten umfaßt. Als sich die Bauern wieder einfallenden Türken entgegenstellen, unterliegen sie auf der Höhe von Goggau bei Thörl. Die Stände bemächtigen sich der Bauernführer und lassen sie hinrichten. (S. 343.)
(Herbert Stejskal: Kärnten. Geschichte und Kultur in Bildern und Dokumenten. 1999, S. 98 f: 1473 – Erster Türkeneinfall; S. 100 f.: 1476-1483 – Weitere Türkeneinfälle; S. 102 f.: 1478 – Bauernaufstand; S. 340 ff: Zeittafel zur Geschichte Kärntens.)

Im Unterkapitel 4.1 und 4.2 verwendete Literatur:

Haas, Rudolf: Der lange Christoph. Roman. Berlin: Wegweiser Verlag. Salzburg: Das Bergland-Buch, 1940.

Kattnik, Franc, Miha Kulnig, Janko Zerzer: DVOJEZIČNA KOROŠKA. Seznam dvojezičnih krajevnih imen južne Koroške. Druga, popolnoma preurejena in dopolnjena izdaja. Urednik: Miha Kulnik. Celovec: Mohorjeva založba, 2004/05. / ZWEISPRACHIGES KÄRNTEN, Zweisprachiges Ortsverzeichnis von Südkärnten. Zweite, vollständig überarbeitete und vervollständigte Ausgabe. Redaktion: Miha Kulnik. Klagenfurt: Verlag Hermagoras/Mohorjeva, 2004/05.

Ruhdorfer, Luise Maria: Die Finkensteiner Vulgonamen und der Barbara-Zyklus in St. Martin am Techelsberg. Zweiter Band der Reihe: Slowenisch als Fremdsprache im Alltag, in der Kirche und in der Literatur. Remscheid (D): Rediroma Verlag, 2016, Printversion. – Als pdf-Datei siehe www.flurnamen.at bzw. www.ledinskaimena.si unter Höfe und Fluren, Beiträge und Abhandlungen (29. Mai 2019).

Stejskal, Herbert: Kärnten. Geschichte und Kultur in Bildern und Dokumenten. Von der Urzeit bis zur Gegenwart. Klagenfurt: Universitätsverlag Carinthia, 1985. Überarbeitete Neuauflage, 1999.

Inhaltsverzeichnis zum Vierten Abschnitt:

Fünfter Abschnitt:

Bio-Bibliographie der Autorin

5.1 Lebenslauf

Luise Maria Ruhdorfer wurde 1944 in St. Stefan bei Finkenstein als Aloisia Maria Hasenbichler geboren und war bis zum siebenten Lebensjahr zweisprachig. Sie besuchte die erste Klasse der Volksschule in Mallestig und dann die weiteren Klassen in St. Georgen im Lavanttal sowie die Hauptschule in Wolfsberg. Sie maturierte 1963 an der Handelsakademie Villach. Dann arbeitete sie als Sekretärin in einem Notariat und als Postbedienstete/-beamte. Sie heiratete 1967 und gebar vier Kinder. 1975 beendete sie ihre berufliche Tätigkeit. Seit Ende 2006 ist sie verwitwet.

Mit fünfzig Jahren begann sie an der Alpen-Adria-Universität in Klagenfurt das Slowenisch-Studium, das sie 2002 mit der Diplomarbeit über das slowenische St. Stefaner Passionsspiel des Edmund Müller aus dem Jahre 1931 abgeschlossen hat. 2007 reichte sie ihre Dissertation über Lipušs Romanhelden auch an der AAU Klagenfurt ein. Seither schreibt sie literarische und wissenschaftliche Bücher und Artikel und ist Mitglied der IG Literatur Kärnten.

Luise Maria Ruhdorfer erhielt im November 2018 beim Köstenberger Literaturwettbewerb „Andreas Schuster-Drabosenig heute" den 3. Preis für ihr Gedicht „Že-Ze-Ve" über die Finkensteiner Flurnamen (statt Abc-Gedicht rückläufiger Z-Y-X-Reigen).

5.2 Qualifikation

BHAK Villach, Reifeprüfung (Deutsch, Englisch, Italienisch) 27.05.1963
VS Ledenitzen, Slowenischkurse bei Mag. Stefan Schellander, 1992-1994
AAU Klagenfurt, Bachelor- und Diplom-Studium Italienisch, 1994-2000
Piran-Fiesa, Sprachkurs Slowenisch, September 1995 (2 Wochen)
Ljubljana, Universität, Seminar slovenskega jezika, literature in kulture, Juli 1996
Ljubljana, Sommerschule, Juli 1996 (2 Wochen) und Juli 1997 (4 Wochen)
Ljubljana, Universität, Studienberechtigungsprüfung für Slowenien, 25.07.1996
AAU Klagenfurt, Slowenisch-Studium, 1994-2002, Diplomprüfung 02.05.2002
Premuda, Kroatien, Übersetzerseminar der Universität Graz, August 2004 (2 Wochen)
Ljubljana, Universität, Studentenaustausch, November 2005 (2 Wochen)
Ljubljana, Universität, Ausbildung zur Slowenisch-Trainerin, Mai/Juni 2006 (8-mal)
AAU Klagenfurt, Doktoratsstudium 2003-2006, Rigorosum Slowenisch, 21.01.2008
VHS Villach, Spanischkurse 2007, Sprachenportfolio 2010, Kroatischkurse 2018/19
VHS Villach, Slowenischtrainerin 2004, 2009-2012; Schriftstellerin ab 2007
Übersetzerin Slowenisch-Deutsch 2008-2013, Privatunterricht Slowenisch 2004-2020

5.3 Kratka biografija avtorice Luise Maria Ruhdorfer

Luise Maria Ruhdorfer se je rodila leta 1944 v Štebnu pri Bekštanju dvojezični materi. Maturirala je leta 1963 na trgovski akademiji v Beljaku. Delala je kot namenščenka pri notarju in kot uradnica na pošti. Leta 1994 je začela študij slovenščine na Univerzi v Celovcu in ga zaključila leta 2002 z diplomsko nalogo o Štebenskem pasijonu iz leta 1931. Nato je leta 2007 zagovarjala disertacijo o Lipuševih romanskih likih. Kot udova živi v Bekštanju in je mati štirih odraslih otrok. Piše knjige o pasijonskih in pastirskih igrah, o dvojezičnosti na avstrijskem Koroškem in o literarnih kritikah Lipuševe kratke in dolge proze. Objavlja tudi pesmi, pripovedke in zgodbe o svojih prednikov ter je članica DSPA. Novembra 2018 je prejela tretjo nagrado za cikel pesmi „Že-Ze-Ve" pri literarnem natečaju „Andrej Šuster-Drabosnjak danes", ki ga je razpisalo Kostanjsko društvo ob 250. letnici Drabosnjakovega rojstva.

5.4 Wissenschaftliche und literarische Bücher und Artikel

5.4.1 Geistliche Volksschauspiele, Passions- und Hirtenspiele

Das Passionsspiel „Terplenje in smrt Jezusa Kristusa“, St. Stefan bei Finkenstein, 1931. [Diplomarbeit.] Klagenfurt: Hermagoras Verlag, 2007. ISBN 978-3-7086-0247-9. Format Din A-5, 223 S., 22,00 €, vergriffen. Sponsor: Bundesministerium für Unterricht, Kunst und Kultur, Wien.

Verurteilt zum Tod am Kreuz. Kärntner Christi-Leiden-Spiele. Klagenfurt: Verlag des Kärntner Landesarchivs, 2012 (2011). ISBN 978-3-900531-83-6. Format Din A-4, 340 S., 19,50 €, vergriffen. Sponsoren: Kärnten Kultur, Kärnten Kultur Volkskultur, Die Kärntner Sparkasse.

Geboren zum Leiden und Sterben. Kärntner geistliche Volksschauspiele. Remscheid (D): Rediroma Verlag, 2015, book on demand. ISBN 978-3-86870-810-3. Format Din A-4, 337 S., 23,95 €. Sponsor: LAND KÄRNTEN Kultur

Passionsspiel-Artikel im Hermagoras-Kalender 2008, 2015 und in „Rastje“ 2015, 2018.

Kärntner Passionsspiele. Remscheid (D): Rediroma Verlag, 2018, book on demand. ISBN 978-3-96103-380-5. Format Din A-5, 40 S., 12,95 €.

Dr. France Kotnik und P. Dr. Romuald Pramberger. Remscheid (D): Rediroma Verlag, 2018, book on demand. ISBN 978-3-96103-457-4. Format Din A-5, 320 S., 24,95 €. Sponsor: LAND KÄRNTEN Kultur

„Razmišljanja o ljubezni v verskih ljudskih igrah.“ In: „Rastje“ 12/2018, S. 227-228. [Gedanken zur Liebe in den geistlichen Volksschauspielen.]

„Das Tresdorfer „Kreuzziachn“./Vlečenje križa.“ In: Pasijonski doneski 14/2019. Hrsg. Muzejsko društvo Škofja Loka. Verleger: Občina Škofja Loka. 2019, S. 86-95.

„MI kot varuhi domovine – VI pa samo kot mrčes.“ In: „Rastje“ 13/2019, S. 166-171. [Wir als Hüter unserer Heimat – IHR aber nur als Ungeziefer.]

5.4.2 Florjan Lipušs Prosa

Lipušs Identitätenkarussell. Eine Untersuchung über den Umgang mit Eros, Pathos und Thanatos. [Doktorarbeit.] Remscheid (D): Rediroma Verlag, 2010, book on demand, ISBN 978-3-86870-173-9. Format Din A-5, 196 S., 15,50 €. (e-Buch 2016.)

Elitarnost po Florjanu Lipušu. Slovenske literarne kritike iz periodičnega tiska. Remscheid (D): Verlag Rediroma, 2016, book on demand, ISBN 978-3-96103-173-3. Format Din A-5, 256 S., 19,95 €. [Elite nach Florjan Lipuš. Slowenische Literaturkritiken in Originalzitaten aus Periodika.]

Elite-Kanon nach Florjan Lipuš. Slowenische Literaturkritiken [in Originalzitaten] aus Periodika in deutscher Übersetzung. Remscheid (D): Rediroma Verlag, 2016, book on demand, ISBN 978-3-96103-201-3. Format Din A-5, 272 S., 19,95 €.

„Ena zgodba in nebroj izjemnih odtenkov.“ [Eine einzige Geschichte und unzählige außergewöhnliche Nuancen.] Rede zu Florjan Lipušs 80. Geburtstag auf der Tagung des DSPA (Verein der slowenischen Schriftsteller in Österreich) beim vulgo Kovač/Schmied in Ebriach (Obirsko) am 30. September 2017 im Koroški koledar (Kärnten-Kalender) 2018, S. 23-27.

5.4.3 Kärntner zweisprachige Volkskultur

Die slowenische Sprache und Kultur in Kärnten. *Erster Band der Reihe Slowenisch als Fremdsprache im Alltag, in der Kirche und in der Literatur*. Remscheid (D): Rediroma Verlag, 2016, book on demand, ISBN 978-3-86870-961-2. Format Din A-4, 185 S., 22,95 €. [Die Zweisprachigkeit in Kärnten; Florjan Lipuš als Kulturkritiker; Slowenische Gebete, Messtexte und Kirchenlieder mit deutscher Übersetzung; Prosa zur Familiengeschichte.]

Die Finkensteiner Vulgonamen und der Barbara-Zyklus in St. Martin am Techelsberg. *Zweiter Band der Reihe Slowenisch als Fremdsprache im Alltag, in der Kirche und in der Literatur*. Remscheid (D): Rediroma Verlag, 2016, book on demand, ISBN 978-3-96103-006-4. Format Din A-4, 160 S., 24,95 €. – Korrigierte und ergänzte elektronische Fassung im pdf-Format auf www.flurnamen.at bzw. www.ledinskaimena.si, 29. Mai 2019.

Slowenische Schriftsteller, Reformatoren und Dichter. *Dritter Band der Reihe Slowenisch als Fremdsprache im Alltag, in der Kirche und in der Literatur*. Remscheid (D): Rediroma Verlag, 2019, book on demand, ISBN 978-3-96103-577-9. Format Din A-4, 204 S., 21,95 €.

Slowenische Wortformen mit Anwendungsbeispielen. *Vierter Band der Reihe Slowenisch als Fremdsprache im Alltag, in der Kirche und in der Literatur*. Remscheid (D): Rediroma Verlag, 2018, book on demand, ISBN 978-3-96103-329-4. Format Din A-4, 200 S., 28,95 €.

„Slowenische Schriftsteller, Reformatoren und Dichter“ in: Jepa (glasilo SKD Jepa-Baško jezero / Zeitschrift des slowenischen Kulturvereins Mittagskogel-Faaker See), oktober 2019, letnik XXVIII, štev. [Nr.] 2 (88), S. 2.

„Literarna dela slovenskih reformatorjev“ in Jepa (glasilo SKD Jepa-Baško jezero / Zeitschrift des slowenischen Kulturvereins Mittagskogel-Faaker See), december 2019, letnik XXVIII, štev. [Nr.] 3 (89), S. 3 und 4. [Literarische Werke der slowenischen Reformatoren.]

5.4.4 Gedichte, Erzählungen, Geschichten

klagen-fragen-plagen. NACHDENK-REIME ÜBER VORDENKER-TRÄUME. [Gedichte.] Remscheid (D): Rediroma Verlag, 2010; book on demand, ISBN 978-3-86870-196-8. Format Din A-5, 166 S., 15,50 €. (e-Buch 2014.)

Gedichte in der „Nedelja“ (6. 1. 2010), in den „Wörterspuren“ (2011, 2012) und in der Anthologie „Rastje“ (2013, 2014).

Gott im Verstand, das Herz in der Hand. Erzählungen über ein geglücktes Leben. Remscheid (D): Rediroma Verlag, 2011; book on demand, ISBN 978-3-86870-382-5. Format Din A-5, 163 S., 16,95 €. (e-Buch 2013.) Siehe http://www.MenschenSchreibenGeschichte.at als Dokumentation der Universität Wien.

Artikel zur Familiengeschichte in der „Finkensteiner Chronik“ (2005), im Hermagoras-Kalender (2010, 2012), in der Anthologie „Rastje“ (2013, 2014), in der „Nedelja“ (24.01. 2014), unter http://kaerntenerzaehltsichselbst.aau.at (25.12.2013), in der „Jepa“ (Zeitschrift des slowenischen Kulturvereins Mittagskogel-Faaker See, II/2015, III/2015, I/2016).

„Veliki požar v Štebnu leta 1764“ [Der Großbrand in St. Stefan im Jahr 1764] in der Anthologie „Rastje“ 2017, S. 116-119. [Ausgeschmückte Geschichte.]

„Der Scherenschleifer Jože“ in der Anthologie „Sternspritzer. Das etwas andere Weihnachtsbuch. Texte von Kärntner Autorinnen und Autoren.“ Hrsg. IG Autorinnen Autoren Kärnten. Klagenfurt: Hermagoras Verlag, 2017, S. 156-173. [Erzählung.]

„Anton Gastl“ und „Luise Maria Ruhdorfer“ in Tatjana Gregoritsch: Popotnik po Rožu. Kulturnozgodovinski turistični vodnik. V Celovcu: Mohorjeva družba, 2019, S. 199 u. S. 203. [Kulturgeschichtlicher Touristenführer durch das Rosental.]

5.5 Visitenkarte

Dr. phil. Luise Maria Ruhdorfer
Höflinger Straße 15
A-9584 Finkenstein, Österreich
Handy: 0043-664-1202852
e-Mail: luise.ruhdorfer@gmx.at

Inhaltsverzeichnis zum Fünften Abschnitt: